U0522342

同济大学政治学丛书

古希腊罗马政治哲学史纲

GUXILA LUOMA ZHENGZHI ZHEXUE SHIGANG

孙 磊 著

中国社会科学出版社

图书在版编目（CIP）数据

古希腊罗马政治哲学史纲 / 孙磊著 . —北京：中国社会科学出版社，2016.7

（同济大学政治学丛书）

ISBN 978 - 7 - 5161 - 8200 - 0

Ⅰ.①古… Ⅱ.①孙… Ⅲ.①政治哲学—哲学史—古希腊—高等学校—教材 ②政治哲学—哲学史—古罗马—高等学校—教材 Ⅳ.①B502

中国版本图书馆 CIP 数据核字（2016）第 109531 号

出 版 人	赵剑英
责任编辑	罗　莉
责任校对	李　林
责任印制	戴　宽

出　　版	中国社会科学出版社
社　　址	北京鼓楼西大街甲 158 号
邮　　编	100720
网　　址	http://www.csspw.cn
发 行 部	010 - 84083685
门 市 部	010 - 84029450
经　　销	新华书店及其他书店
印　　刷	北京明恒达印务有限公司
装　　订	廊坊市广阳区广增装订厂
版　　次	2016 年 7 月第 1 版
印　　次	2016 年 7 月第 1 次印刷
开　　本	710×1000　1/16
印　　张	18.5
插　　页	2
字　　数	309 千字
定　　价	68.00 元

凡购买中国社会科学出版社图书，如有质量问题请与本社营销中心联系调换

电话：010 - 84083683

版权所有　侵权必究

目　　录

导论 …………………………………………………………（1）

上编　古风与古典时代的希腊政治哲学

第一章　神话—史诗时代的政治哲学 ……………………（23）
　　第一节　阿喀琉斯的愤怒——《伊利亚特》中的英雄世界 ………（24）
　　第二节　重回伊塔卡——《奥德赛》中的神明、
　　　　　　命运与人的自然 …………………………………（30）
　　第三节　宇宙的起源与王权的神话——赫西俄德的
　　　　　　政治哲学 …………………………………………（38）

第二章　希腊历史学家的政治史学 ………………………（47）
　　第一节　希罗多德的政治史学 ……………………………（48）
　　第二节　修昔底德与荷马之争 ……………………………（51）
　　第三节　城邦与帝国 ………………………………………（54）

第三章　智者派的政治哲学 ………………………………（66）
　　第一节　智者派与雅典的启蒙运动 ………………………（66）
　　第二节　普罗泰戈拉论技艺与德性的可教 ………………（69）
　　第三节　晚期智者派对古典自然与礼法传统的颠覆 ……（72）

第四章　苏格拉底的政治哲学 ……………………………（77）
　　第一节　苏格拉底的两种面相：公民与哲人 ……………（78）

    第二节　德性即知识——苏格拉底与道德哲学的发端 ………… (82)
    第三节　苏格拉底之死——政治哲学的开端 ……………………… (85)

第五章　柏拉图的政治哲学 ……………………………………………… (91)
    第一节　柏拉图的政治实践与其思想转变的历程 ……………… (91)
    第二节　灵魂的自然 ………………………………………………… (100)
    第三节　柏拉图的礼乐教化 ………………………………………… (113)
    第四节　立法者与政制 ……………………………………………… (127)

第六章　亚里士多德的政治哲学 ………………………………………… (140)
    第一节　亚里士多德晚年政治哲学的转向 ……………………… (140)
    第二节　天、人与城邦的自然 ……………………………………… (144)
    第三节　伦理政治中的礼法 ………………………………………… (157)
    第四节　立法者、公民与政制 ……………………………………… (168)

第七章　色诺芬的政治哲学 ……………………………………………… (182)
    第一节　修身 ………………………………………………………… (183)
    第二节　齐家 ………………………………………………………… (186)
    第三节　治国 ………………………………………………………… (189)

下编　希腊化与古罗马政治哲学

第八章　伊壁鸠鲁派的政治哲学 ………………………………………… (197)
    第一节　伊壁鸠鲁政治哲学中的自然与礼法之争 ……………… (198)
    第二节　伊壁鸠鲁的罗马传人——卢克莱修 …………………… (201)
    第三节　伊壁鸠鲁派与现代性问题 ………………………………… (206)

第九章　西塞罗的政治哲学 ……………………………………………… (212)
    第一节　西塞罗与罗马共和政治 …………………………………… (212)
    第二节　西塞罗的国家观 …………………………………………… (216)
    第三节　西塞罗的自然法学说 ……………………………………… (223)
    第四节　道德与政治——西塞罗的义利观 ……………………… (229)

第十章　塞涅卡的政治哲学 ·················· (234)
　　第一节　君主的仁慈——塞涅卡论政治道德 ········· (236)
　　第二节　激情与恩惠——塞涅卡论社会道德 ········· (240)
　　第三节　贤哲的德性——塞涅卡论个人道德 ········· (246)

第十一章　奥古斯丁的政治哲学 ·················· (253)
　　第一节　奥古斯丁与罗马 ······················ (253)
　　第二节　奥古斯丁的历史神学 ··················· (259)
　　第三节　奥古斯丁的国家观 ····················· (265)
　　第四节　奥古斯丁政治哲学的现实影响 ············ (271)

主要参考文献 ·································· (278)

导　论

　　正如中国先秦时代是中国政治思想史上最有创造力的时期一样，古希腊罗马时代是西方政治文明的开端，也是其最有创造力的时期。一切思想文化的产生必须依赖于孕育它的土壤，古希腊政治哲学产生的土壤是城邦，古罗马政治哲学产生的土壤是共和国与帝国。在本书对古希腊罗马政治哲学的探讨中，始终都离不开对城邦、共和国与帝国的关注，这种关注又体现为对生活在其中的思想家的理论与实践的思考。鉴于本书的核心是对古典政治哲学家思想的探讨，以下我们先对古希腊城邦政治与古罗马政治的基本历史背景与政治特性做一简单梳理。

一　古希腊城邦的兴衰

　　古希腊文明的诞生处在四大古典文明的后期，尤其是古埃及文明对古希腊文明有非常重要的参照意义。美国学者马丁·贝尔纳的名著《黑色雅典娜：古典文明的亚非之根》，彻底打破了种族主义者认为希腊是欧洲人的希腊的神话，从而揭示出希腊文化不仅受埃及和闪米特文化的影响，而且很可能是亚非文明混合的结果。① 在公元前1000年的前半段时期里，埃及文明和美索不达米亚文明起主宰作用。希腊人的祖先——当时作为蛮族的多里安人也正是从此时开始一点点壮大。希腊文明的崛起正是在斯巴达和雅典率领众邦战胜波斯之后。德国哲学家雅斯贝尔斯称公元前500年左右是人类文明的"轴心时代"，这一时期诞生了中国的孔子，印度的释迦牟尼，古希腊的苏格拉底、柏拉图和亚里士多德。实际上，柏拉图和亚里士多德所生活的雅典时代已经开始走向衰落，正如孔子生活的春秋时代

---

① ［美］马丁·贝尔纳：《黑色雅典娜：古典文明的亚非之根》，郝田虎、程英译，长春：吉林出版社2011年版，第2页。

已经礼崩乐坏一样。思想的兴起与文明的发展并不同步，但伟大的思想家必然会通过对人类历史上伟大文明的回忆，从古老的传统中汲取新的力量来回应现时代的危机。

历史学家将古希腊历史分为青铜时代、黑暗时代、古风时期、古典时期和希腊化时期。随着考古的发现，考古学家先后在爱琴海周边发现特洛伊、迈锡尼和克诺索斯（米诺斯）文明。青铜时代最辉煌的文明是迈锡尼文明，其政制属于王政（basileus）。据说，公元前12世纪的一场大火依次席卷了诸多王国，一种以王宫为中心的社会生活形态被彻底废除。① 迈锡尼文明瓦解后，希腊进入被称为"希腊中世纪"的"黑暗时代"，这主要是由于在此时期文明的陨落，希腊再也没有出现过宏伟的建筑，文字也几乎被人遗忘，而这一时期恰恰酝酿着一个崭新的希腊。《荷马史诗》所描述的时代被看作"黑暗时代"的末期，特洛伊战争大约发生在公元前12世纪。有关希腊政治文明的源头，《荷马史诗》是最早的文献。柏拉图说，荷马是希腊人的教师，这一点千真万确。古希腊的宗教和神话直接扎根于早先的迈锡尼文明，荷马描述的时代是迈锡尼王政的残影。

城邦的确立是在古风时期，即公元前700年左右，尽管在此前，城邦的两个重要机构在荷马时代的氏族社会就已经建立，其一是由达到作战年龄的男子构成的公民大会（ecclesia），其二是由贵族构成的议事会（bouli）。希腊城邦的形成源自村社的联合（synoecism），该词直译为"各氏族在一起生活"。亚里士多德在《政治学》中讲到，城邦的形成经历了家庭—村社—城邦三个阶段。家庭是最小的政治单位，具有血缘关系的家庭聚集成村社，村社（kome）是以血缘为基础的氏族共同体，各村社为了寻求更好的生活联合起来组成新的政治共同体——城邦（polis）。② polis这个词在荷马史诗中指卫城，如雅典卫城即为 akropolis。后世把卫城、市区和乡郊统称为 polis，村社联合过程所构成的城邦多为一个中心市镇加上周边的乡郊。

亚里士多德对城邦形成的描述仍然比较简单。为什么从村社形成城邦

---

① ［英］萨拉·波默罗伊等：《古希腊政治、社会和文化史》，傅洁莹等译，上海：上海三联书店2010年版，第46页。

② ［古希腊］亚里士多德：《政治学》，吴寿彭译，北京：商务印书馆1996年版，1255b15－1255b30，第19—20页。

共同体？法国学者库朗热详细阐述了这个问题。在他看来，家庭的联合首先形成了胞族（phratrie），原因在于他们共同信奉比家神更大的神。于是他们建祭坛，燃圣火，立新祭。胞族的壮大又组成了部落（ethnos），其形成与胞族一样，有共同的神、祭火、祭坛、祭礼和英雄。部落的联合最终形成城邦。城邦不是个体之间的联合，而是团体之间的联合。城邦形成后，仍然尊重各个胞族和部落的宗教信仰，也不过问其内部事务，其共同点只是在于信仰共同的城邦神。① 库朗热的研究表明，城邦形成过程中的决定因素是信仰的发展，从信仰家神到信仰胞族神到部落神，最后才是城邦神。希腊城邦与中国先秦时期的邦国有相似之处，它们都是在血缘共同体的基础上形成的政治共同体。但正如库朗热所言，城邦形成最关键的因素是对共同神的信仰，其中希腊宗教的作用是决定性的。而先秦诸邦的形成更多是对共同祖先的追怀，其中血源性的家族宗教起决定性的作用，这一点决定了先秦政治哲学与古希腊城邦政治哲学诞生土壤的根本差异。

在西方古典政治中，城邦（polis）和城市（astu）并非同义。城邦是各家及各部落互相结合所形成的宗教与政治团体，城市则是这个团体进行集会、居住和神庙的所在。城邦基于共同体对共同神的信仰而联合，如雅典的命名源自女神雅典娜。雅典卫城则为雅典娜神庙所在地。建城是非常神圣的事业，希腊人建城时必访德尔菲神，建城者是王或英雄，建城日举行大典纪念。城的周围是神圣的城墙，中央是祭坛，神居住在其中。凡城都是圣地，都可成为圣城。因此，希腊城邦从来没有像西方中世纪城镇那样，发展成一种由个体公民所组成的共同体，也没有像西方近代民族国家一样，发展出一种由个体公民为主体所构成的民族共同体。个体在希腊城邦中从没有获得独立的政治地位，而在基督教理念的影响下，个体成为西方政治文明构架的基本单位。②

希腊城邦的形成和发展是在贵族社会的末期，当古老的贵族德性日渐腐朽，一种新的政治制度慢慢在其中酝酿。城邦的兴起是日益兴盛的平民文化对贵族文化的损益。希波战争后，雅典随着海军的强大，贸易日益繁

---

① 参看［法］库朗热《古代城邦》，谭立铸等译，上海：华东师范大学出版社2006年版，第107—122页。
② 参看［美］沃格林《城邦的世界》，陈周旺译，南京：译林出版社2009年版，第185页。

盛，经济迅速崛起。立法者梭伦注意到平民力量的扩大，制定了"解负令"，减免奴隶和平民的债务。之后庇斯特拉图的僭主统治采纳了梭伦的立法，缓和了贵族与平民的矛盾。克里斯蒂尼的变革打破了贵族所依赖的权力网络，粉碎了各种贵族团体，将德谟（demo，意为民众）提升为宪法中政治团体的基本构成因素，从而彻底摧毁了贵族的政治地位。土地的自由流通和不断细分，构成阿提卡民主在伯利克里时代进一步深化的物质原因。古典时期是希腊城邦的繁荣时期，其巅峰是伯利克里担任雅典执政官时，雅典成为希腊经济、政治和文化的中心。伯罗奔尼撒战争爆发后不久，伯利克里逝世。雅典新的领导人或者如克里昂目光短浅，或者如亚西比德野心勃勃，他们对私利的追求超过了城邦的公共利益，雅典领导人内部开始分崩离析，最终导致雅典制定错误的远征西西里岛的决策，在此全军覆没。斯巴达与雅典的内战，最终使周边的马其顿王国渔翁得利，一点点控制了整个希腊联盟。之后希腊城邦告别了辉煌的古典时期，进入马其顿君主国统治的希腊化时期。

二 城邦政治的特性

亚里士多德认为，城邦是追求善的最高共同体。这意味着城邦在西方政治史上具有不可替代的地位。城邦是追寻德性的共同体，这与现代政治将政治与道德分开，把政治看作权术与治理术完全不同。20世纪一批政治哲学家，如施特劳斯、阿伦特与沃格林，重新阐释了城邦政治哲学的魅力。麦金泰尔的《追寻美德》奠定了"德性伦理学"的地位，为社群主义（共同体主义）批判自由主义提供了强有力的思想武器。我们将城邦政治的特性归纳为以下四点：伦理政治的共同体，共同的言说与行动，神人共处与"不朽"的宗教，以及追寻德性。

1. 伦理政治的共同体

所谓伦理政治，实乃实践科学的总称。它不是我们今天意义上的伦理学和政治科学的划分，而是处理人类事务的最高学问。伦理学从人的自然开始，探讨人的灵魂中的德性及其实现，然而伦理学还只是更加宏大的学问——政治学（确切地说应该是伦理政治意义上的政治学）的一部分。政治学关乎人类事务中的最高德性的实现，是最高主导意义上的科学，因为政治学关乎城邦的德性，关乎众人的德性及其幸福的实现。

尤其需要注意的是，希腊伦理政治中没有个体权利的认识，其主题也并非个体与城邦的对立，国家与社会的对立。这些现代政治哲学的范畴并不适合理解希腊城邦。希腊城邦是共同体在先，城邦是一个整体，而且是一个最高的共同体。尽管家庭、部落都比城邦先产生，但城邦的自然要高于构成它的部分，因为城邦意味着整权，个人离开城邦则无法生活。另一方面，城邦共同体伦理也绝非现代政治中以爱国主义为核心的集体主义，所谓牺牲个人利益，成就国家和集体的荣耀。因为城邦之所以值得人们追求，乃在于它是追求善的共同体，人的灵魂在其中得以完善。此外，国家与社会的对立在希腊城邦中根本不适用，希腊城邦更没有抵制国家强权意义上的社会自治。城邦的自治基于公民将一种自足（autarkie）的政治看作城邦的善，看作追求共同幸福的生活方式。

2. 共同的言说与行动

亚里士多德的著名命题"人是言说的动物"（zoon logon echon）是城邦政治传统最贴切的表述。它表明在希腊政治中，语言是公民身份的体现。无言，则无名，也就不被在政治中承认，诸如奴隶和蛮人。语言是对人的身份（who）的承认，身份的承认是在交往的言说中展现，这种承认只有在平等者之间的对话中才能实现。主人和奴隶之间永远也不可能有承认，他们不是通过本真的言说获得承认，而只有通过暴力、劳动这些无声的语言实现。当语言被看作与敌人斗争的工具时，诸如流言、狡诈之言、党争和暴力，语言就不再是行动者在展现性的行动中对自身身份的确认，而是已经丧失了自己的神（daimon）。

在希腊传统中，logos原初的含义是指言说，说意味着使事物呈现出来，意义是在言说中呈现。早期的诗人和乐师就是用言说和音乐使人们理解不朽。行动短暂即逝，言说通过回忆使行动保存了下来。他们并不只是客观的报告，而是在说故事中展现行动的精神。奥德修斯的例子是经典的例证。为什么奥德修斯在听到乐师歌唱自己的故事时，会感动得泪流满面。因为行动者在行动中并不知道行动的意义。只有在他听到自己的故事时，意义才会对他呈现。① 由此可见，诗人与后来哲人的观照使行动的意义得以呈现，意义只有在行动消失后，通过回忆，才呈现出来。回忆即意味着看，观照神的起源，这构成了理论的起源。

---

① Hannah Arendt, *The Life of the Mind/Thinking*, New York, Harcourt Brace Jovanovich, 1978, p. 132.

当代著名的政治哲学家汉娜·阿伦特通过阐释亚里士多德"人是政治的动物"来阐释世界的空间性。亚里士多德说，城邦之外非神即兽，政治即意味着在城邦中生活。城邦作为公共空间的建立，并非在其物理意义上而言，而是在人们共同的言说和行动中建立，因此城邦的空间位于"人与人之间"，是"言说与行动的共享"。城邦并非是时间意义上的存在，如果没有展现性的言说和行动，城邦就消失了。阿伦特曾经多次形象地将"人与人之间"的空间比做一张桌子，大家围绕桌子而交谈。抽掉了桌子，大家也就无法坐到一起。① 显然桌子并不是行动，而是早于行动而生或者是在行动中产生但在此之后被凝聚的无形的力量，它才是维系公民交往的纽带。阿伦特对亚里士多德城邦政治思想的阐释表明，城邦政治反对以个人作为政治的基础，而个人主义的政治体现在从霍布斯、洛克到康德、黑格尔的近代政治传统中。其次，城邦政治意味着平等的言说，反对暴力与征服，而暴力与征服正是近代民族国家的特点。由此可见，共同的言说与行动是城邦复数性和交往性的写照，也是城邦成为"公共空间"的根本所在。

3. 神人共处与"不朽"的宗教

希腊宗教在西方属于神人共处的多神教，它不同于犹太—基督教的一神教，神并非唯一的、永恒的、绝对的、完美的和超验的存在物。在希腊不存在神圣与世俗，超自然与自然世界的划分。与基督教的神创世界和人类相比，希腊诸神并没有创造世界，而是从宇宙中催生。在混沌神卡俄斯（chaos）与大地神该亚（gaia）、天神乌兰诺斯（uranos）的斗争中，诸神与人共同从宇宙中诞生。诸神与人同属于宇宙。

我们从希腊神话中能体会出这种独特的神圣性，这种对神圣的探求构成了生活世界，所有的自然景物都可以跟万神殿中的神一样被感知和体验，都分有神性。"天和地被创造了，大海涨落于两岸之间。鱼在水里面嬉游。飞鸟在空中歌唱。大地上拥挤着动物。"② 在希腊神话传说的开端，人就在这样的宇宙中由普罗米修斯和雅典娜赋予生命与灵魂。在希腊的世界中，没有"创世纪"，世界是在先存在的。神圣也就没有超越此岸世界

---

① Hannah Arendt, *The Human Condition*, Chicago, 1958, p.52.
② ［德］斯威布：《希腊的神话和传说》（上），楚图南译，北京：人民文学出版社1996年版，第1页。

的彼岸的意味。

"不朽"是希腊城邦的政治宗教。城邦不同于神的世界,因为神的世界是永恒的,居住在奥林匹斯山上的众神不需要回忆使自己永远存在;城邦也不同于自然界,这种生物进程受自然法则的束缚,人无法改变这种自然进程。因此"不朽"只是对人的世界而言,它取决于最根本的事实——人是有死的(mortal)。人只能通过伟大的行动展现自身的德性,在有死的世界中展现相对的"永恒"。荷马歌颂的阿喀琉斯是"不朽"的典范。阿喀琉斯宁以生命维护高贵的德性。希腊人对"不朽"的体验保留在希腊的诗歌和历史以及城邦政治中,而在理性主义的哲学传统中逐渐被遮蔽。

4. 追寻德性

希腊人所理解的"德性"(arete)来源于贵族文化。在荷马史诗中,arete 被用来表示任何一种卓越,如长跑健将展示了他身体的 arete,勇敢的战士展示了他勇敢的 arete,英雄展示了他的荣耀的 arete。任何一种好的东西都有自身的德性,如眼睛明亮是德性,能言善辩也是一种德性。德性来源于希腊人对"不朽"的追求,是对神的虔敬。贵族这个词来自"最好的"(ariston),贵族就是努力成为最好的,是希腊人追求卓越的体现。尼采和布克哈特在对希腊早期文化的阐释中将追求卓越称为"竞赛"(agonal)的英雄德性。体操中的训练,竞赛场上的展现,戏剧家与诗人的歌唱,所有这些展现性的行动都构成了竞赛的英雄德性。在《荷马竞赛》中,尼采称早期的希腊人是古代最有人性的人。憎恨、嫉妒和残酷与爱美构成人的行动的原动力。扼杀这些原动力会造成人的生命力的枯竭,没有伟大的人,就没有伟大的文化。[①]

在城邦政治中,最根本的德性是政治友爱(politike philia)。在亚里士多德看来,友爱存在于万事万物之间,是造化者与造化物之间的共同默契。人类的友爱不仅仅出于必需,而且蕴含着美好与高贵。城邦之所以是共同体,正如同船的旅伴,同伍的士兵一样,追求共同的利益。"友爱是

[①] Nietzsche, "Homers Wettkampf", *Nietzsche Werke* III, Herausgeben von Karl Schlechta, Frankfort am Main, 1969, 13, S. 999.

把城邦联系起来的纽带，立法者心仪友爱更胜过正义。"① 显然，政治友爱体现了更高的自然，即"和睦"（homonia），因为它与公共的善和共同利益密切相关。城邦政治家所要实现的最高目标是"和睦"，因为这是具有神性的宇宙秩序（kosmos）的德性。当城邦实现了和睦，也就实现了共同生活的最高德性。

英雄时代的德性构成希腊城邦政治的基础，但希腊历史发展的不同时期对德性都有不同理解。例如，荷马时代彰显的是勇敢和热爱荣耀的贵族德性，平民诗人赫西俄德彰显的是正义与守法的平民德性。前苏格拉底时期的哲人彰显的是理性，智者派彰显的是技艺与智慧。柏拉图提出正义、勇敢、节制、智慧的四大美德，亚里士多德则将德性划分为理智德性和伦理德性两大类，其中尤以明智（phronesis）作为实践科学的最高德性。因此，我们将在以下部分中对不同政治哲学家所理解的德性进行深入分析，展示古希腊政治哲学不同时期的变化。

三 希腊化时期的君主政治

从公元前323年马其顿国王亚历山大去世到公元前30年罗马皇帝奥古斯都登基，史称希腊化时期（Hellenism）。在此时期中，希腊文化成为世界文化，它跨越了希腊城邦的界限，开始在亚洲和埃及，甚至在印度和阿富汗传播。德国历史学家布克哈特首先使用"希腊化"这个词，以此来描述希腊从政治时代向文化时代过渡的巨大转型。② 布克哈特使用"希腊化"表面上看是中性的，内心则隐含着对希腊城邦政治精神衰落的哀叹。希腊化时期是在亚历山大的征伐中开启的。他先后征服希腊、波斯、埃及，其所到之处建立的多为君主制，希腊的民主城邦形同虚设。

亚历山大建立的君主制绝非柏拉图和亚里士多德歌颂的"王政"，而是一种绝对君主制（absolute monarchism），是东方（波斯、埃及）君主制的变体。最典型的是亚历山大的自我神化。希腊人不会相信一个君主会成为神，希腊诸神生活在奥林匹斯山上，只有那些有高贵德性的英雄才会

---

① ［古希腊］亚里士多德：《尼各马可伦理学》，邓安庆译，北京：人民出版社2010年版，第271页。

② Henning Ottmann, *Geschichte des politischen Denkens*, Band I/2, Stuttgart, Metzler, 2002, S. 255.

成为像神一样的人，但终究是有死的人。少年时受过亚里士多德教育的亚历山大最喜欢读《荷马史诗》，在战场上经常自比为阿喀琉斯。有人说亚历山大是希腊城邦文化的最后一位英雄，终生向往荷马的世界。而实质上亚历山大只是徒有其表，没有友爱，没有共同体，没有神明，只有一个孤独的自我。当亚历山大32岁攻占巴比伦时，他已觉得世界没有什么意义了。整个世界都匍匐在他的脚下，蛮族向神王下跪，无人可以反对他的意见。①

亚历山大结束了城邦的旧时代，开启了朝向普遍化的"世界城邦"（kosmopolis）的新时代。从此，民族的神开始衰落，神也随着民族一起融合。亚历山大最热衷建立联盟，对于由征伐建立起的君主国，只能让他们信奉一个共同的新神——即神王亚历山大，才能保持政治稳定。② 希腊化时代的政治哲学顺应了亚历山大普遍化的潮流，开始跨越城邦的界限。无论是犬儒派，还是斯多亚派，都着眼于"世界城邦"的构想。他们开始思考普遍的人的权利，而非共同体的兴衰。与之相对的是另一反政治的伊壁鸠鲁派和怀疑派，他们崇尚个人内心的平静，关注个人的快乐。

对于亚历山大，历史学家普鲁塔克曾美化他的功绩代表了历史的进步。亚历山大修正了亚里士多德关于希腊人和野蛮人的划分，给众多愚昧无知的蛮族送去了法律与和平。甚至芝诺设想的"世界城邦"也来源于亚历山大的实践。根据斯多亚哲学的教诲，一种合乎自然的生活就是要消除各城邦间专横和惯有的疆界，将理论上已然证明了的普世人性付诸实践。唯有亚历山大展示了该哲学的真相，因为其帝国功业只能这样被理解：他意图"将世间万物都展现为同一个逻各斯（one logos）和同一个城邦（one politeia）的臣属，将所有人都展现为同一个民族（one people）的成员"。③按照普鲁塔克的解释，亚历山大的君主制是古罗马帝国和基督教帝国的先声，亚历山大是"全球化"政治实践的第一人。

---

① [古罗马]普鲁塔克：《希腊罗马名人传》（中），席代岳译，长春：吉林出版集团2011年版，第1264—1267页。

② [英]约翰·麦克米兰：《西方政治思想史》，彭淮栋译，海口：海南出版社2003年版，第95页。

③ Plutarch, "On the Fortune or the Virtue of Alexander", *Plutarch's Moralia*, Cambridge University Press, 1936, 328b.

四 古罗马共和国与帝国的兴衰

与希腊文明的原创性相比，罗马文明似乎有太多对希腊的模仿。罗马诗人贺拉斯说，被征服的希腊把她那粗鲁的征服者变成了被征服者，并把艺术带给了那未开化的拉丁姆。① 维吉尔的史诗《埃涅阿斯纪》是对《荷马史诗》的模仿，西塞罗的哲学几乎是希腊化斯多亚派、怀疑派哲学家的综合。然而，论及政治实践，没有人能否认罗马人是政治民族，创造了希腊人不可替代的伟大功绩。维吉尔对此有清醒的认识，希腊人将在艺术与科学上高于罗马人，但罗马人将在武功和治理国家上超过希腊人，"罗马人，你记住，你应当用你的威权统治万国，这将是你的专长。你应当确立和平的秩序，对臣服的人要宽大，对傲慢的人，通过战争征服他们"。② 罗马共和国是西方历史上反对暴政，追求自由的楷模，罗马是西方历史上第一个在地中海周边建立统一的帝国的民族，其帝国幅员广阔，历史悠久。众多罗马诗人、哲人、历史学家和政治家都曾经讴歌"永恒的罗马"的神话。

罗马历史通常分为三个时期：王政—共和国—帝国。罗马王政由罗慕路斯创建于公元前753年，一直延续到公元前510年，最后一个国王塔奎尼乌斯由于强暴民女被放逐，反抗暴政的平民英雄布鲁图斯成为共和国的领导者。共和国时期从公元前509年至公元前27年。这一时期，罗马先是在意大利，随后在地中海地区进行武力扩张。它先后与迦太基进行两次战争，最终击败了汉尼拔，使迦太基成为罗马的行省。直到最后100年，共和国政治失序，道德混乱，在不断扩张中开始走向衰落。第三个时期从公元前27年奥古斯都创立"元首制"开始，一直到公元476年，西罗马帝国被蛮族消灭，东罗马帝国又延续了近千年，尽管它已不能算作罗马的政治。希腊城邦在西方历史上发挥影响不过几百年，犹如昙花一现，而罗马共和国与帝国的政治却绵延千年。

罗马共和国被认为是对亚历山大君主制的反省，是对自由的追求。根

---

① ［英］詹金斯主编：《罗马的遗产》，晏绍祥、吴舒屏译，上海：上海人民出版社2002年版，第1页。

② ［古罗马］维吉尔：《埃涅阿斯纪》，杨周翰译，南京：译林出版社1999年版，第170页。

据波利比乌斯的看法，共和国兴衰的关键在于罗马的混合政制。在共和国早期，元老院是由贵族组成的重要决策者，执政官的权力源于王政中的君王，执政官的人选必须得到元老院认可。然而在后期由于征战不断，罗马政治上演了残酷的"阶级斗争"。商人构成新贵，对元老院的旧贵族不满；执政官多为征战沙场、屡立战功的将军，自然要求不断扩充行政权力；平民凭借共和的诉求要求设立保民官。从格拉古改革开始，政治的分裂已成定局，直到苏拉、恺撒、庞培掀起的内战彻底断送了共和国的性命。西塞罗感慨道，德性的衰败使共和国有名无实。①

奥古斯都创立"元首制"是为了恢复共和国，结束国家的内战。他汲取了恺撒的前车之鉴，使其权力得到宪法的承认。奥古斯都将边疆行省的军队掌握在自己手中，其余行省归元老院管理。同时，他还将保民官的权力与人民投票赋予的某些权力归为己有，使其披上代表人民的外衣。他保留了政府的执政官，并将其工作与元老院划分开。② 元首职能与元老院职能的分开，遵循了罗马政治的分权制衡的原则，而实质上奥古斯都却将原本属于元老院的最高权威篡夺到自己手中。这使得在奥古斯都后世的某些皇帝那里，元老院几乎形同虚设，执政官成为皇帝命令的执行者。在这样的帝国政治中，贺拉斯、李维、维吉尔致力于复兴罗马精神，重建罗马的伟大。塞涅卡寄希望于君王以仁慈和宽厚治国，实行仁政。塔西佗以其火眼金睛看清了帝国政治的实相，用辛辣的嘲讽和隐晦的语言揭露了权力政治的本质。

早期的基督教让罗马皇帝非常懊恼，因为他们宣称只效忠上帝。基督教的千禧年主义（millenarianism）拒绝参与尘世的政治活动，他们将在复活后与基督徒一同统治千年。谁也没有预测到君士坦丁大帝会颁布"宽容敕令"，宣称基督教成为罗马国教。教会史学家尤西比乌斯将基督教的历史与罗马的历史融为一体，认为罗马帝国的永恒不衰会推进基督教在全世界的传播。然而，对于教会的"世俗化"，公元4世纪教会的"隐修主义"（monasticism）则全然拒绝，其被看作另一种形式的千禧年主义。③

---

① 详见［美］巴洛《罗马人》，黄韬译，上海：上海人民出版社2000年版，第44—58页。
② 同上书，第85—86页。
③ Christophe Rowe, *The Cambridge History of Greek and Roman Political Thought*, Cambridge, 1999, pp. 411–413.

奥古斯丁就是这种"隐修主义"的代表人物。他用浩瀚史书般的《上帝之城》终结了古典文明,开启了一个新的基督教时代。基督教时代与古典时代断裂,与近现代则有着隐秘的联系。

五 罗马政治的特性

当我们思考希腊时,最难忘的是"希腊性"。同样,当我们思考罗马时,也会时时想到"罗马性",即什么铸就了罗马精神。罗马精神是农夫—士兵精神的体现。罗马民族最初是农耕民族,田园中不懈地劳作塑造了罗马人的简单与节俭、坚韧与勇敢的美德。士兵精神体现在罗马人的忠诚和服从权威,环境的恶劣使罗马民族特别注重家庭、部落与国家,注重服从纪律和集体的领导。罗马宗教没有人与神之间内在的深度的精神沟通,而是在祖先崇拜基础上建立的家族宗教。与希腊人相比,罗马人更务实,他们把更多的精力不是投向思考宇宙与真理,而是投向实践的事务。这就是罗马人的德性,我们在西塞罗和塞涅卡所赞美的罗马英雄加图、雷古卢斯身上能看到它们。这些德性体现在罗马政治中,塑造着罗马政治的精神。罗马共和国追求的自由与德性曾无数次成为后世政治的楷模。罗马基于元老院、执政官、保民官所建立的混合政制在实践中保证了罗马政治的长期稳定,为现代的英国和美国政治实践所继承。罗马帝国的"元首制"(或"恺撒主义")为后世形形色色的帝国所效仿。罗马的人文主义思潮成为文艺复兴时期"公民人文主义"的思想源泉。以下我们将从三方面概括罗马政治的特性。

1. 罗马的传统主义

没有哪个民族比罗马人更注重起源与传统,正如诗人恩尼乌斯所言,"罗马屹立于祖先的风俗及其人民的基础上"(Moribus antiquis res stat Romana virisque)。对一个人最高的赞美是,"他的德性堪与古人相匹"。对一个妇女的最高称赞莫过于将她描写成"古老生活标准"的代表。① 最能体现罗马传统主义的是权威的观念。权威(auctorias)来自动词"扩大"(augere),正是在罗马建城的开创性行动中,权威不断扩大。拥有权威的是老年人、元老和父辈,他们靠世袭获得权威,又将其从祖先、建国者手中传递下去。"权威在元老院"意味着元老院时时可以对人民的意见提出

---

① [美]巴洛:《罗马人》,第18页。

重要的建议，政治要时刻听取元老院德高望重者的建议。① 此外，厚重（gravitas）字面的意思是"重大"，由此引申指一个人的严肃认真，一种责任感与郑重感（类似于儒家"君子不重则不威"）。相反，罗马人鄙弃轻浮，其意味着一个人应当持重时却视之无物，意味着无礼无常。与厚重紧密相连的是坚忍（constantia），它往往指农民和士兵精神中的勤恳努力，男子汉的气魄和毅力。② 总之，罗马人重视传统体现在，其德性建立在"祖先的德性"（mores maiorum）基础上。

2. 罗马的政治宗教

罗马的宗教起先是家族的宗教，随后成为家族的延伸——国家的宗教。家族宗教与祖先崇拜相关，祖先在逝去后成为神，每个家族都有自己的家神，对祖先的祭祀是秘密的。③ 家族的首领成为祭司，规定祈祷词，主持祈祷的仪式。当家族聚合扩大成为国家时，国王最先就是祭司，然后由专业的祭司团体，负责乞灵的仪式和祈祷词，负责制定律法，记录宗教庆典和具有宗教意义的大事。罗马的国家宗教融合希腊宗教、东方宗教与罗马人自身的宗教于一体，通过士兵的列队行进、节日庆典、娱乐活动等，构成罗马独具特色的宗教。罗马宗教与政治密切相关，每个重大的政治决定都要占卜，如果不出现吉兆，则元老院不开会。只有祭司说能取得胜利时，罗马的士兵才会在战场上奋勇杀敌。因此，西塞罗在列举国家赖以存在的基本原则时，将"宗教和占卜"置于首位。贺拉斯曾说，对神的敬畏给了罗马人以帝国。波利比乌斯也曾说到，使罗马人的国家真正团结起来并高于其他国家的原因在于对神的敬畏。④

库朗热指出，罗马宗教与政治的关联并不是说罗马人不虔敬，用宗教去欺骗和愚弄民众，而是那些元老和国家的上层人士一样对宗教保持敬畏。正是当贵族开始对神意操纵利用时，宗教对人心的影响才丧失殆尽。⑤ 在维吉尔的史诗《埃涅阿斯纪》中，作为罗马城的奠基者的埃涅阿斯是虔敬的榜样。他将父亲从熊熊燃烧的特洛伊城背出，在特洛伊城毁灭

---

① Hannah Arendt, *Between Past and Future*, New York, 1961, pp. 121-122.
② Henning Ottmann, *Geschichte des politischen Denkens，Die Römer*, Band 2, Stuttgart, Metzler, 2002, S. 18-19.
③ ［法］库朗热：《古代城邦》，第25—27页。
④ ［美］巴洛：《罗马人》，第6—7页。
⑤ ［法］库朗热：《古代城邦》，第205页。

后，他还承担着重新安置家神的使命。与希腊的不朽宗教相比，罗马的宗教更注重传统与祖先，以及仪式与权威。罗马传统、宗教与权威的三位一体塑造了罗马政治的精神。一个天性眷恋过去的民族，却在与其他民族的竞争中脱颖而出，不断开创未来。

3. 罗马的人文主义

拉丁文 humanitas 的意思源自希腊语的两重意思：一是"博爱"（philanthroia），二是"教化"（paideia）。教化的含义无疑是古希腊政治哲学的重中之重，但博爱的含义在古希腊没有得到特别阐释，色诺芬和伊索克拉特曾用其赞美希腊君主的仁爱。[①] 随着希腊文化传入罗马，尤其是斯多亚派的自然法学说，humanitas 在罗马文化中进一步发扬光大，并获得新的发展。

西塞罗是罗马人文主义之父。他的"人文精神"（humanitas）表明，罗马文化本身受希腊文化的教化。当时接受贵族教育的人接受的都是希腊的文化方式。这种教化是对德性的教化，不是针对所有人的大众教育，而是要培育出色的德性。西塞罗用 decorum 形容这种德性，它不仅指高贵，而且指美学意义上的生活方式。建立在审美基础上的文化，是愉悦的美感文化，而不是沉思的罪感文化。西塞罗看到美感文化的友爱与交往，只有在公共的空间中才能产生。[②] 西塞罗创立的古典人文主义传统表明，受到自由教育者（artes liberals）才能被称作真正的人（homo humanus），而受到鄙俗教育者（artes sordidae）则被称作没有文化的人（homo barbarus）。这种古典人文教化重视的不是要创造多少财富，也不是创造多少价值，没有功利性的产出评定，而是重视如何过一种属于人的高贵的生活，如何熏陶出高尚的品位。

受斯多亚派自然法的影响，"博爱"的精神在西塞罗、塞涅卡那里有更深入的阐发。在西塞罗看来，人性具有普遍性，应当摒弃希腊人和野蛮人的对立，只根据理性和智慧来评判。人与人之间遵循共同的自然法，存在共同的利益，因此应当互助互爱，不应当为自身的利益伤害他人。西塞罗为捍卫人的尊严而辩，甚至提出奴隶和战俘也有自己的尊严和权利。在塞涅卡那里，"博爱"的精神无处不在，赞美君主的仁慈宽厚，反对愤怒

[①] Henning Ottmann, *Geschichte des politischen Denkens*, *Die Römer*, Band 2, S. 22.

[②] Ibid, S. 78–80.

和残忍，赞美仁爱与宽容、善意与感恩。

罗马人文主义传统是西方古典人文主义的瑰宝。它构建了社会诚信与道德的基础，使社会充满了友爱与高度凝聚力。当然，西塞罗那里的人文教化思想与古希腊柏拉图、亚里士多德的传统一脉相承，塞涅卡那里的仁慈宽容思想更注重与政治分离后的道德教育，这在奥古斯丁的基督教人文主义中由"爱自己"上升为"爱邻人"与"爱上帝"的宗教情感。

六 本书的研究

1. 问题的提出

本书对古希腊罗马政治哲学的研究兴趣并非基于历史考古式的探究"客观真理"，也非从现代自由民主的立场出发为古希腊罗马的民主共和唱赞歌。本书的研究始于对西方现代性危机的根源——"古今之争"的考察。当我们今天学习西方的现代价值或批判西方的现代性危机时，我们并没有清楚地理解西方古今之间的冲突乃至断裂。由于现代思想的进步主义倾向，我们想当然地以为现代人的自由民主优于古人的自由民主，现代人的政体比古人的政体更先进。[①] 当我们思考当今世界的道德虚无主义与政治虚无主义时，我们只是将其原因追溯到近代启蒙运动，在哲学上追溯到形而上学传统。我们的视野仍然局限在现代思想传统中，这无异于盲人摸象，根本无法认清现代性的根源，又如何能更好地应对现代性危机？如果只是在现代思想传统中思考古今问题，就始终无法避免"法古"与"法今"的二元对立。纯粹的保守主义者时常陷入"言必称希腊（罗马）"的自我陶醉中，以自身所谓的"高贵的德性"傲睨一切；纯粹的激进主义者时常陷入捍卫自由民主的意识形态的狂热中，以所谓的"民主平等"压倒一切。实际上，柏拉图和亚里士多德既非"法古"的保守主义者，也非"法今"的激进主义者，而是深谙古今之间的变易之道。他们既不是民主政治的敌人，也不是"强者政治学"[②] 的代表。因此，我们重新考察古希腊罗马政治哲学史，正是思考这种古今对立如何形成，如何破除古今之间的对立，弥合古今之间的断裂，还原政治生活本身生生不息

---

① 近代法国思想家贡斯当第一次在《古代人的自由与现代人的自由》中系统地提出这种进步主义的政治观念。

② 参看包利民《古典政治哲学史论》，北京：人民出版社2010年版，第26—30页。

的变易之道。

"古今之争"在政治哲学中体现为一个永恒而古老的问题——自然（physis）与礼法（nomos）之争。人在历史中的存在是在天、地、人、神共同构成的世界秩序中展开的，这是希腊 kosmos（宇宙秩序）的本意。存在的问题关乎人在历史中生活的意义，人类共同体所选择的生活方式的意义。对存在的追问总是离不开秩序，秩序就是人类共同体所构建的能体现人的存在意义的生活方式。自然的问题就是对存在的追问，而礼法的问题是对秩序的追问。这两者之间永远无法分离。当柏拉图晚年写《米诺斯篇》时，他指出礼法的本质在于发现存在。① 柏拉图正是在思考最根本的存在与秩序问题时，思考自然与礼法的变易之道。

在西方政治哲学史上，启蒙的问题根本上关乎神人关系，神人关系始终是影响自然与礼法之争的达摩克利斯之剑。在希腊神话史诗时代，神是法的制定者，一切政治秩序都来自神，然而神人和谐共处，人的德性体现在效仿神，成为像神一样的半神和英雄。在柏拉图那里，神不再具有人性，神与人之间的距离越来越大，统治人的金质绳索暗含一种至高无上的神的力量。尽管如此，但希腊文化的生命力，即尼采所说的"希腊性"始终能打通神人间的阻隔，使自然与礼法保持畅通。究其根本，这种"希腊性"正是希腊人的德性。而在伊壁鸠鲁学派身上，我们已经看不见那种上观宇宙神明，下察人间民风的哲人宏大气象，哲人退回到自我的内心世界。"希腊性"由此丧失殆尽，伟大的希腊文明走向终结。

虽然深受希腊化哲学内在化的影响，但在古罗马的西塞罗那里依然保留了"罗马性"——罗马民族的质朴勇敢与诚信虔敬。西塞罗将斯多亚派自然法的理性融入罗马伦理政治的礼法中，教化罗马人如何既继承祖先的政治高贵，又具有良知与节制的道德。西塞罗继承了柏拉图与亚里士多德自然与礼法的变易之道。然而在西塞罗之后，斯多亚主义的道德政治兴起，一直到基督教政治终结古典文明，道德与宗教的自然始终与政治的礼法处于对立冲突中。"罗马性"也不可避免地遭逢与"希腊性"一样的悲惨命运。

基督教特有的神人关系决定其对古典文明的吸收必然服务于经院神学。新柏拉图主义和亚里士多德主义将柏拉图与亚里士多德丰富的"希

---

① ［古希腊］柏拉图：《米诺斯篇》，林志猛译疏，北京：华夏出版社2009年版，第20页。

腊性"全部抽干,只剩下干瘪的理智(nous),理性(logos),理念(eidos)的概念学说,附着在基督教神圣的教义下。而文艺复兴的重回古典不过是希望从至高无上的神的束缚下解放人的欲望,回到世俗的人间。超越与世俗是一神教下神人关系的主题,启蒙哲学继承的正是超越的精神气质,其试图在世俗社会中构建"理想国"、"上帝之城"或"共产主义社会"。现代世俗政治奠定了自然权利和个体理性的基础,其试图构建的不过是智者或伊壁鸠鲁般的安全稳定的政治社会。超越与世俗的冲突体现了自然与礼法的冲突。一方面,启蒙哲人高举哲学(自然)的大旗,驱逐礼法,这恰恰是形而上学哲人抽取古希腊"自然"的片段以对抗礼法。另一方面,世俗的政治哲人将人类世界的礼法去神圣化,以对抗"自然"。总之,由于启蒙形而上学的观念,西方世界的自然与礼法之争丧失了原初的生生不息的生命力,因各执于一端而陷于对立与冲突中,不知两端的中和之道。

自然与礼法的冲突使现代社会从亚里士多德时代的"天人合一"走向"天人相争"。西方近代的自然法传统造成天与人的分裂,在此传统中,"天"体现为基督教与自然法的戒律与规则,体现为有开端和终点的历史。现代人在打破服从天的禁忌后,进入了文艺复兴的世俗化时代。然而,经过启蒙运动洗礼的现代人要求用自己的理性掌握天,甚至改造天,由此摧毁了传统习俗礼法与宗教信仰,只留下一个孤独而自由的自我。在西方近代思想传统中,"天人相争"导致人对自然的主宰和控制,自然的物质化和虚无化彻底摧毁了古典世界中的"天人合一",由此带来了自然与历史、自然与人为等众多形而上学的二元对立。"天"最终被"人"赶出了存在的世界,而现代人也因此变得无家可归。

现代西方政治哲学的危机的根本乃在于神(天)人关系的危机在城邦中的投射。现代政治的"自然状态"奠定在激情与欲望的自然正当之上,以自利和自我保存作为政治的根本目的。现代民族国家的自然体现在追逐无限权力的激情和欲望,即霍布斯所言的权力与剑的共存。就古典自然法与现代自然法来看,两者的区别绝不在于政治体的疆域大小,而是在于政治体的灵魂。当现代政制如一匹脱缰野马,挣脱了自然法与道德等各种束缚之后,它的灵魂已然被激情和欲望败坏了。启蒙运动后,西方政治所追求的不再是不断向上,追求卓越的"法天"之道,而是人人平等的"法人"之道。而平等政治的潜在危险在于人定胜天,人人皆可以为上帝的僭越观念。当现代人不再效仿神或法天，不再慎终追远，民德何以归厚，"天人合一"由此走向"天人相争"。

自然与礼法的否隔不通本来是在智者那里形成，经由苏格拉底的启蒙彰显的理性主义，柏拉图与亚里士多德政治哲学有关自然与礼法的变易之道恰恰是要破除这种否隔不通。然而，基督教偏偏吸纳了与自己精神气质相近的理性主义，而摒弃了自然与礼法的变易之道。不仅如此，它还成功地改造了希腊哲学，给其贴上"理性主义"的标签。现代西方或者以哲学理性对抗宗教信仰，或者以世俗政治对抗启示与理性，抑或后现代以情感和非理性解构理性，无不是落在"理性主义"的窠臼中，而自然与礼法的变易之道却连同古典传统一切被遮蔽和遗忘。一部现代西方政治哲学史是启蒙与反启蒙的历史，是自然与礼法的否隔不通。

因此，自然与礼法之争的意义并不在于哲学史上有关智者运动的老生常谈，而是政治哲学关乎"古今之争"的永恒主题。重提这个问题，是对西方现代性危机的回应。我们不仅要重新阐释古希腊罗马政治哲学中丰富的自然之道，更要将自然之道融入城邦的礼法，要在城邦中考察自然与礼法相互损益的变易之道。西方哲学的危机乃在于理性（logos）的危机，能够突破它的重要途径乃在于政治哲学。我们重新回到古希腊罗马政治哲学，正是要以自然与礼法之争为核心，展现古典哲人如何应对时代的礼崩乐坏。这种考察试图还原未经形而上学哲学裁剪的斗争史，展现一种在天、地、神、人之间的自然与礼法之道的变易史。

2. 研究框架

本书对古希腊罗马政治哲学的考察并非全面而详尽地对政治哲学史上各个时期的代表人物的观点均有所涉及，而是对古典政治哲学史提纲挈领的考察。这种考察以自然与礼法之争为主题，通过展示自然与礼法在古希腊、希腊化时期和古罗马政治哲学中的张力，探讨古典政治哲学家如何在诸神衰落、礼崩乐坏的背景下构建新的政治秩序，回应当时的时代困境。本书分为上下两编，上编为古希腊政治哲学（1—7章），下编为希腊化与罗马政治哲学（8—11章）。全书共分为十一章，基本内容如下：

第一章是希腊古风时期荷马与赫西俄德所处的神话与史诗时代的政治哲学，自然与礼法在这一时代展现了最原始、最活泼的抗争，天、地、神、人的宇宙秩序最为壮阔。荷马与赫西俄德构成了希腊性的阴阳两端，作为希腊开端的立法者，荷马与赫西俄德各自对人世有着不同的深谋远虑。

第二章到第三章属于古典时期早期。第二章考察希腊历史学家希罗多德和修昔底德,尤其是修昔底德的政治史学。修昔底德不同于一般的智者,他通过考察城邦衰变的历史,展示自然与礼法的张力,展现人性、神性和命运与战争中的城邦礼法之间的相互抗争。修昔底德的政治史学透露出驳杂的生命力,蕴含着复杂的变易之道。第三章考察智者派的政治哲学,智者将自然与礼法的对立推向了"古今之争"。智者通过对传统权威的质疑,以确立新的权威。智者运动是第一次大范围的启蒙运动。自然与礼法的对立冲突,正是"古今之争"和启蒙运动的产物。

第四章到第七章属于古典时期政治哲学的黄金时期。第四章考察苏格拉底独特的政治哲学,强调其哲人和公民的两重身份的影响,苏格拉底之死构成西方政治哲学的开端。第五章考察柏拉图的政治哲学,尤其是其晚年的《礼法》对自然与礼法的张力的把握。柏拉图既反省了早年的理念城邦,又将灵魂论的教义融入希腊城邦的礼法中,从而开创出西方思想史上自然与礼法的变易之道的新传统。第六章考察亚里士多德的政治哲学,他的伦理政治思想在柏拉图晚年的思想基础上展开,并进一步贯彻柏拉图自然与礼法的变易之道。第七章考察色诺芬的政治哲学,揭示色诺芬的修身、齐家和治国的思想。与苏格拉底和柏拉图不同,色诺芬是投身于现实政治事务最多的希腊政治哲人。色诺芬更是一个政治人,通过色诺芬,我们可以真正贴近一种政治本身的哲学。

第八章考察希腊化时期伊壁鸠鲁派的政治哲学。希腊化时期的特点是内在化的道德哲学代替了古典政治哲学。伊壁鸠鲁派是希腊化哲学三派中对现代性影响最深远的一派。作为希腊最伟大的启蒙思想家,伊壁鸠鲁终结了希腊古典政治哲学,从而开启了一个全新的时代。伊壁鸠鲁是现代性的真正鼻祖。

第九章考察古罗马共和国时期西塞罗的政治哲学。尽管深受希腊化哲学的影响,但西塞罗仍然是一个典型的罗马人,一个"以政治为志业"的政治家,一个以古希腊哲学的精致之"文"净化古罗马政治的粗野之"质"的政治哲人。西塞罗的政治哲学与苏格拉底、柏拉图、亚里士多德古典政治的德性传统一脉相承,又颇具罗马人注重实践智慧的特色。

第十章考察古罗马帝国时期塞涅卡的政治哲学。塞涅卡是晚期斯多亚派哲学的代表,同时也是罗马帝国皇帝尼禄的"太傅"。与古典政治的德性传统不同，塞涅卡延续了斯多亚道德哲学的传统，思考如何通过内在的道德来影响君主和社会中的每个人。塞涅卡的政治哲学是对古典政治精神的反叛，它用"道德人"代替了"政治人"，将人们对政治的热爱引向了对个人内在道德的追求。

第十一章考察古罗马最后一位伟大的思想家——奥古斯丁的政治哲学。奥古斯丁恰好是一只脚踏在希腊罗马文明中，另一只脚则踏在基督教文明中。通过对古典文明的彻底否定，奥古斯丁影响了中世纪近千年的基督教文明以及深受基督教影响的近现代文明。奥古斯丁的政治哲学中孕育了现代性危机的种子。

上 编

古风与古典时代的希腊政治哲学

第 一 章

神话—史诗时代的政治哲学

希腊早期的英雄时代是西方历史的开端。英雄时代是巨人的时代，这些巨人往往是半人半神，既有神的伟大，又有人的有限。谈起这些巨人，常常让我们现代人不寒而栗，在我们眼中，他们往往是金发怪兽，杀人如麻的嗜血动物，仰天长啸、怒气冲天；又是具有神力的怪物。我们文明人，尤其是为理性主宰的现代学者，想尽一切办法除去英雄时代的"魑魅魍魉"，给其蒙上一层温情脉脉的面纱。难怪维柯会否认荷马具有任何哲学家才有的玄奥智慧。因为这种酷毒野蛮的描绘风格不可能来自受过任何哲学感染和人道化的心灵。[①] 毕竟，我们这个时代离古典的英雄时代太遥远了。然而，要理解古希腊政治，乃至理解整个西方政治精神，英雄时代是无法逾越的。在尼采看来，英雄时代蕴含着最灿烂辉煌的"希腊性"。只有考察神与人之间关系的转变，我们才能洞察西方的自然与礼法的变化。

希腊人清楚地看到，人和神之间存在不可逾越的界限——人必有一死，神是永生的。人有生有死，生命才有痛苦与快乐，善与恶，这一切恰是由于人的有生有死才呈现出来。虽然早先的希腊人对冥府（hades）的观念并未广泛接受，但有关人的死亡以及灵魂的观念却在神话史诗中普遍存在。神是无法企及的，人也决不能与神平起平坐。另一方面，希腊诸神与人又有着特殊的亲缘性。人的所有行动都是为了配得神恩，像神一样伟大。英雄就是神一样的人。希腊人面对的是在此世和当下的生活中，如何能实现人生的不朽。

---

① ［意］维柯：《新科学》（下），朱光潜译，北京：商务印书馆1987年版，第442—443页。

荷马是英雄时代最伟大的"神学诗人"（维柯语）。"诗人"（poetic）在希腊文中有"创制者"的含义，他们以崇高的精神气魄去创造，通过各种神话故事教导人们像神一样出色。占卜就是关于神的语言的学问。掌握占卜就掌握了由神赋予的权力。盲诗人荷马由此成为整个希腊的教育者。根据古典学家的考证，《荷马史诗》原封不动地保存了迈锡尼文明晚期的记忆，甚至可以充当考古挖掘的指导手册。对于荷马所处的是否真是希腊历史上的英雄时代，维柯认为，荷马生活的时代，英雄已经可以和外方人结婚，其私生子亦可以继承王位。此时的英雄体制已经告终。① 换言之，荷马面对的同样是"礼崩乐坏"，他的诗歌就是在重新"制礼作乐"。亚里士多德对荷马的评价可谓意味深长："只有荷马才会制造诗性的谎言"。② 可见荷马是运用"春秋笔法"的大师，他在史诗中对神话传说的笔削增删，可谓深思熟虑地想展现那些高贵的、英雄的和人性的东西。荷马的名字中包含"和谐"的意思，例如缪斯是用声音把故事和谐地串起来，荷马则是用故事将宇宙秩序与人伦礼法串了起来，将"神道"与"人道"统一在一起。在此意义上，荷马这位最伟大的神学诗人当然是西方意义上的"为万世立法者"。③ 我们由此进入荷马笔下的英雄世界，透过神明、自由与命运的关系来考察神—人世界中的自然与礼法。

第一节　阿喀琉斯的愤怒——《伊利亚特》中的英雄世界

一　英雄的高贵的自然

《伊利亚特》的主题是歌颂特洛伊战争中的英雄。荷马塑造了许多刚强勇敢、奋勇杀敌的英雄。史诗开篇序曲中说道，"女神啊，请歌唱佩琉斯之子阿基琉斯的／致命的愤怒，那一怒给阿开奥斯人带来／无数的苦难，把战士的许多健壮英魂送往冥府，使他们的尸体成为野狗／和各种飞禽的肉食，从阿特柔斯之子／人民的国王同神样的阿基琉斯最初在争吵中／分离

---

① ［意］维柯：《新科学》（下），朱光潜译，北京：商务印书馆1987年版，第448页。
② ［古希腊］亚里士多德：《诗学》，陈中梅译注，北京：商务印书馆2002年版，1460a19，第169页。
③ 参看程志敏《荷马史诗导读》，上海：华东师范大学出版社2007年版，第43—46页。

时开始吧,就这样实现了宙斯的意愿。"① 著名的古典学家拉塔齐(Joachim Latacz)由此认为,《伊利亚特》的主题就是阿喀琉斯的愤怒。从国王阿伽门农抢夺他的礼物开始愤怒,到愤怒地杀死赫克托尔为友报仇,到最后在自己的命运面前,愤怒逐渐平息。不仅有英雄的愤怒,而且神明也是一样愤怒,宙斯、阿波罗、波塞冬,众神和人一样愤怒、嫉妒、争吵。

阿伽门农的权杖体现了人间的最高权力,但阿喀琉斯是神的儿子,天然拥有神一样的勇敢,这是人间之王阿伽门农所无法企及的。阿伽门农抢走祭司的女儿,触犯了阿波罗神,引发城中的瘟疫,最后只能作罢。出于心中的嫉妒与怒气,阿伽门农在分配战利品后,抢走了阿喀琉斯的礼物(geras),冒犯了英雄的荣誉(timē),致使阿喀琉斯感到自己像流浪汉一样受到轻视。尽管后来经各方相劝,阿伽门农以数倍的礼物偿还阿喀琉斯,也无法消除阿喀琉斯心中的怒气,仍不愿参战。阿喀琉斯觉得这些礼物代表的荣誉的分量只能和一根头发相比。②

阿喀琉斯为失去一个女奴会如此愤怒,这常常让现代人难以理解。勇士在共同体中为荣誉而战,但分配中难以保持绝对正义。阿喀琉斯为自己的荣誉,不顾整个希腊人的生死安危,他因为无法节制自己的怒气,致使好友帕特罗克罗斯替他出战而牺牲,又因为无法节制怒气,侮辱赫克托尔的尸体,引起天神的怒气。③ 这种理解已经不是英雄时代的理解,而是平民化道德的理解。

就如众神受人景仰一样,荣誉是英雄的生命。与神不同,英雄与所有凡人一样必有一死。他们所追求的是不朽的死。阿喀琉斯早已从母亲那里知道自己的两种命运,他却说:"我不要这种尊重,我满足于宙斯的意愿,只要我胸中还有气息,膝头还强健;那就是我在我的有弯顶的船上的命运。"④ 英雄看重的不是物质的奖励,而是要配得上像神一样的身份。因此,他们并不畏惧死亡,而是希望能在战场上实现不朽。韦尔南指

---

① [古希腊] 荷马:《伊利亚特》,罗念生、王焕生译,北京:人民文学出版社1994年版,Ⅰ,1-7,第1页。本书所引用的古希腊罗马著作均标明原著编码和译著页码。

② [古希腊] 荷马:《伊利亚特》,Ⅸ,378,第202页。

③ 参看 [美] 萨克逊豪斯《阿喀琉斯传说中的血气、正义和制怒》,载刘小枫主编《血气与政治》(《经典与解释》,18),北京:华夏出版社2007年版。

④ [古希腊] 荷马:《伊利亚特》,Ⅸ,602-610,第210页。

出:"不朽的荣耀(kleos aphthiton),在'漂亮的死'中,这是超出于一个活着的人得意自豪的所有相对和暂时的荣誉之上的一种荣誉的极点。善人(agathos aner),有骨气的人,通过英雄的死亡获得一种特别身份:必死性与不朽性不但不相互对立,反而在他身上彼此结合,相互渗透。"① 在英雄的眼中,没有个人,没有"自我",甚至也没有族群与党派,他们在乎的只是沐浴神恩。交战双方的胜负并不重要,不管是特洛伊还是阿开奥斯人胜利,阿喀琉斯和赫克托尔都是神一样的英雄。

整个英雄世界都笼罩在命运的光环下。神明知道人间世界的生死无常,"正如树叶的枯荣,人类的世代也如此。秋风将树叶吹落到地上,春天来临,林中又会萌发,长出新的绿叶,人类也是一代出生,一代凋零"。② 宙斯也曾感慨,"在大地上呼吸和爬行的所有动物,确实没有哪一种比人类活得更艰难"。③ 人生前并不知道自己的命运,只有神才知道,甚至神虽然知道,也无法改变人的命运。阿喀琉斯的母亲忒提斯知道儿子必死在特洛伊的战场上,也只有望洋兴叹。宙斯也救不了他的儿子萨尔佩冬。"人一生下来,不论是懦夫还是勇士,我认为,都逃不过他的注定的命运。"④

这种"神义论"和"命定论"却并没有给整个英雄世界染上灰暗的色彩,它的主旋律仍然宏亮而光明。阿喀琉斯从母亲那里知道,"有两种命运引导我走向死亡的终点。要是我留在这里,在特洛伊城外作战,我就会丧失回家的机会,但名声将不朽;要是我回家,到达亲爱的故邦土地,我就会失去美好名声,性命却长久,死亡的终点不会很快来到我这里"⑤。没有有意去逃避命运,与命运抗争。当荣誉受到侮辱时,他退出战争,似乎成就了寿终正寝的命运。然而为朋友而出战,他别无选择,即使他知道自己无法回家。在命运面前,英雄没有徘徊犹豫,没有审慎地算计。人的自由意志在英雄世界中并不重要,他不需要思虑自己的命运,只要在当下的世界中展现自己的德性(arete)。

---

① [法]韦尔南:《神话与政治之间》,余中先译,北京:三联书店2001年版,第506页。
② [古希腊]荷马:《伊利亚特》,Ⅵ,146-149,第136页。
③ 同上书,ⅩⅦ,446-447,第409页。
④ 同上书,Ⅵ,489-490,第148页。
⑤ 同上书,Ⅸ,410-415,第203页。

对于英雄世界的高贵的自然，尼采在《荷马的竞赛》的前言中这样描述：

> 当人们谈到人性（Humanität），立于如此的观念上，它意愿这样，人从自然分离出来并突出于自然之上。但实际上并没有这样的分离："自然"（natürlich）的特性与所谓真正的"人性"（menschlich）不可分离地一同生长。人，在他的最高大与最高贵的力量中，是完全自然的，并自身承受着非同寻常的双重特性。他的可怕的，非人性的能力甚至也许是丰腴的土壤，从中能够生长出在言说、行动与劳作中体现的人性。如此，有了古希腊人，古代最人性的人。①

这种高贵体现在人无限逼近神性，却又无法和神一样，人无法避开自己的命运。这就是英雄身上自然（physis）与礼法（nomos）的统一。自然体现为神性，礼法体现为人自身的命运，二者无法分开，"他的可怕的能力"也是其生长的"丰腴的土壤"。尼采理解的强大的本能和生命力就是在这种竞赛中展开。人的嫉妒、争吵、发怒、仇恨都没有被做一种善恶的评价，没有被视为罪与苦难。② 希腊人充满了对生命的热爱，对神性的灿烂与辉煌的追求。

英雄世界的人的强大而饱满的自然，远处于平民的道德视野之外。即使是海伦也不是罪恶的人，老国王普里阿莫斯对海伦说，"在我看来，你没有过错，只应归咎于神，是他们给我们引起阿开奥斯人来打这场可泣的战争"③。阿喀琉斯出于愤怒，将赫克托尔的尸体拖在战车后跑，这种达到了深渊的仇恨体现人身上的血气（thumos）。荷马没有做道德上的谴责，因为这里就是人性生长的"丰腴的土壤"。宙斯最后平息了阿喀琉斯的愤怒，让他归还了尸体，并答应在赫克托尔的葬礼期间休战，这体现了神明

---

① Nietzsche, "Homers' Wettkampf", *Nietzsche Werke* III, Herausgeben von Karl Schlechta, Frankfort am Main, 1969, 13, S. 999.

② 沃格林将荷马所说的 ate 理解成人的堕落犯罪、触犯法律，这显然已经是道德化的解释。ate 源于复仇女神，ate 是人身上的血气（thumos），属于人性中固有的东西，在荷马的伦理中显然是超越善恶的。参见［美］沃格林《城邦的世界》，陈周旺译，南京：译林出版社2009年版，第157—174页。

③ ［古希腊］荷马：《伊利亚特》，Ⅲ，164-166，第65页。

赋予人另一面的慷慨大度（megathymoi）①的德性，也体现了荷马将能最终解决人类争端的力量诉诸神明。

特洛伊战争是神明之间的战争。神明遥望着特洛伊人的都城，高举金杯。他们坐在远处观望，或坐在顶峰上面，光荣得意，遥望着特洛伊城和阿开奥斯人的船只。② 这种征战的异教世界在基督教神学家的眼中当然被诅咒为"人类世界的残忍的相互残杀"。然而，神明并没有拿世间人开玩笑，也没有刻意折磨人类，使人痛苦。英雄世界的神人关系并没有阴暗沉重的苦难色彩，也没有牺牲与救赎的关系。毋宁说，神人所展现的都是强有力的、高贵的自然，一种光明灿烂的，如张开的弓弦一般的自然。

二 英雄时代的礼法

英雄时代的礼法起源于神明以及对神意的预兆。缪斯女神的最初特性就是凭天神预兆来占卜，因此从divinari（占卜或猜测）这个词派生出神的本质或神道（divinity）。荷马在《奥德赛》中给智慧的定义是"关于善与恶的知识"，即占卜术，这是一切民族的凡俗智慧。③ 礼法的神圣性来自于占卜中对神意的预兆。英雄时代的政治制度模仿的是神的制度，就像英雄效仿神一样。因为他们分有神性，神明的占卜权也就自然而然属于他们。凭这种占卜权，英雄也就把城邦中一切公私制度都掌握在自己手中。在他们看来，平民源于野兽，因而是没有神明的人，也没有占卜权。

据古典学家一致的看法，特洛伊战争发生在公元前12世纪初，处于迈锡尼文明末期。④ 荷马史诗中能看到迈锡尼王政的残影。在英雄与平民的政治斗争中，荷马捍卫的是王政（basileus，中文又译为巴西琉斯）。王政由王（basileus），由贵族构成的长老会（boule），以及由平民构成的平民大会（agore）组成。典型的王政模仿的是神人世界的秩序，王起源于神，具有像神一样的高贵德性，诸如阿伽门农与阿喀琉斯。阿伽门农的权

---

① 参看［古希腊］亚里士多德《尼各马科伦理学》，邓安庆译，北京：人民出版社2010年版，1120a 20，第135页。

② ［古希腊］荷马：《伊利亚特》，Ⅳ，4-9，第77页；Ⅷ，51-52，第169页。

③ ［意］维柯：《新科学》（上），第173页。

④ 参见［苏］兹拉特科夫斯卡雅《欧洲文化的起源》，陈筠、沈澄译，北京：三联书店1984年版，第45页。

杖是王政的象征。权杖由赫菲斯托斯为宙斯打造而成，后传给其他神明，又传给先王阿特柔斯，几代之后传给阿伽门农。① 这表明王政既有来自神的授权，也有来自先王祖传的合法性。

荷马对阿喀琉斯盾牌的描述尤其体现希腊王政的古风。② 开始时从盾盘上可以看到天、地、海、日、月和星辰，这是神话中宇宙的诞生。其次是城邦中的歌唱与婚礼，然后有英雄的"家人"们在田地中的耕作、放牧。这表明只有英雄才举行正式结婚的婚礼，而最早来源于英雄"家人"的平民则没有正式的礼法。维柯将战神阿瑞斯和爱神阿佛洛狄特的偷情解释为平民的自然婚姻，以有别于宙斯和赫拉的正式婚姻。阿瑞斯和阿佛洛狄特分别代表了替英雄们服兵役的平民和平民们的妻子。③ 亚里士多德说："在英雄政体下没有关于私人犯罪或受害的法律"，亦是此意。在举行婚礼的城邦中，荷马还描写了长老、法律、审判与刑罚，这些权力的拥有者都是英雄以及由此衍生出的贵族。

在阿喀琉斯的盾牌上，有王田、牧场和葡萄园。"王田"（temenos）是荷马史诗中迈锡尼社会有关土地的所有词汇中唯一保留下来的词。在王政中，这些通常被连同土地上的平民一起，作为军事业绩的报酬，献给国王与神或某个重要人物。④ 另一种相对于王田的土地是"村田"，属于手工匠人和牧人的田地。王田归国王和王宫所有，村田由村社中的长老会和族长掌管。而普通的村民，即本义上"村社公有土地上的人"对战争和长老会则无足轻重，至多只能充当听众，听那些有资格的人讲话，只能用满意或不满意的喊声来表达他们的意见。例如，在《伊利亚特》中描写阿伽门农召开全军大会时，有个平民士兵特尔西特斯公开与国王争吵，荷马描述他为"长舌男"，最丑陋不过，形象极为猥琐。奥德修斯最后厉声斥责"这个鲁莽的诽谤者"，并动之以权杖：

    我们阿开奥斯人不能人人作国王；
    多头制不是好制度，应当让一个人称君主，

---

① ［古希腊］荷马：《伊利亚特》，Ⅱ，100-110，第29页。
② 同上书，ⅩⅧ，480-605，第437—442页。
③ ［意］维柯：《新科学》（上），第310页。
④ ［法］韦尔南：《希腊思想的起源》，秦海鹰译，北京：三联书店1996年版，第18页。

>当国王，是狡诈的天神克罗诺斯的儿子（宙斯）
>
>授予他王杖和特权，使他统治人民。①

英雄崇拜与城邦的兴衰密切相关。尼采所说的"荷马的竞赛"就是不断追求更好、更出色的英雄崇拜。古希腊人对怨恨与嫉妒的思考意义不同，它并非仅仅产生生死决斗的行动，而是实现一种"追求和谐的神的行为"。这种竞赛精神在希腊人身上"燃起了更明亮的野心的火苗，渴望吞下每一个和他在一条跑道上的人"。② 当希腊人在在竞赛中获得荣誉时，城邦之神使他的胜利花环神圣化。柏拉图在所有对话录中也是在同诗人、智者和修辞家竞赛，他在竞赛中追求比所有人做得更好。没有英雄崇拜的竞赛精神，希腊城邦就会和希腊人一样没落。第一次希波战争中，雅典将领米尔提亚戴斯在立下丰功伟绩之后，晚上翻墙跳入圣洁的神殿，这种亵渎神灵的行为置其于死地。③ 一位高贵的希腊英雄在傲慢与对神的僭越中走向毁灭。雅典城邦也是在无神的僭越中，走向前荷马时代野蛮仇恨、嗜欲毁灭的深渊。

第二节　重回伊塔卡——《奥德赛》中的神明、命运与人的自然

一　《伊利亚特》与《奥德赛》中的神人关系

从《伊利亚特》到《奥德赛》，两部史诗的风格迥异，变化甚多，以致学界有许多人怀疑它们是否都出自荷马之手。《伊利亚特》展现的是神性的英雄世界，其中神与人相互转化，荷马把神变成人，又把人变成神。亚里士多德认为，《奥德赛》展现的则是人世的伦理世界，"《伊利亚特》是一部简单史诗，表现苦难；《奥德赛》属于复杂型，同时也展现人物的性格（ethike）"。④ ethike 这个词的词根 ethe 与 ethos（习惯、伦理）同源，表示"常去的地方，居所，习惯等"。由此可见，《奥德赛》更具有

---

① ［古希腊］荷马：《伊利亚特》，Ⅱ，203－206，第33页。
② Nietsche, "Homers Wettkampf", *Nietsche Werke*, Ⅲ, S. 1001.
③ ［古希腊］希罗多德：《历史》（下），王以铸译，北京：商务印书馆1983年版，Ⅵ. 134，第459页。
④ ［古希腊］亚里士多德：《诗学》，1459b 5－8，第163页。

人间伦理性*,则是不争的事实。

《伊利亚特》与《奥德赛》可以看作最早的诗与哲学之争。《伊利亚特》体现了非反思的、更纯粹的"神义论",《奥德赛》由于渗入大量人的自由意志,体现了人的理智审慎的智慧,因而更具反思性,更加哲学化。维柯认为:

> 荷马作出《伊利亚特》是在少年时代,当时希腊还年轻,因而胸中沸腾着崇高的热情,例如骄傲,狂怒,报仇雪恨,这类热情不容许弄虚作伪而爱好宏大气派。因此,这样的希腊爱好阿喀琉斯那样的狂暴的英雄。但是他写《奥德赛》是在暮年,当时希腊的血气仿佛已为反思所冷却,而反思是审慎之母,因此这样老成的希腊爱慕奥德修斯那样以智慧擅长的英雄。①

维柯的看法背后隐含的是希腊人关于神人关系理解的变化。神明在《奥德赛》中的地位远没有在《伊利亚特》中重要,甚至经常处在退隐中。宙斯的地位不再是统领众神的高高在上者,经常受到太阳神阿波罗,海神波塞冬的挑战,甚至连神女卡吕普索起先也没有把宙斯的旨意放在眼里,以为宙斯太横暴,喜好嫉妒神女与凡人喜结良缘。②《奥德赛》中尤为突出的是智慧女神雅典娜地位的上升,其本身就蕴含着智慧更加重要。雅典娜似乎因为奥德修斯与其相像,才一直特别保护他,"你我俩人都善施计谋,你在凡人中最善谋略,最善辞令,我在所有天神中间也以睿智善谋著称",③ 而奥德修斯一直在与雅典娜及其他诸神斗智斗勇。荷马史诗总体上是赞美"神义论",坚忍顽强,足智多谋的奥德修斯成了宙斯的代言人,《奥德赛》毋宁是奥德修斯经过艰苦斗争,证明了奥林匹斯诸神仍然屹立在山峰上。

同是愤怒,《伊利亚特》中阿喀琉斯的愤怒隐含着神的愤怒。在第一卷中,阿喀琉斯被阿伽门农激得火冒三丈,他在想是杀死阿伽门农,还是

---

① [意] 维柯:《新科学》(下),第473页。
② [古希腊] 荷马:《奥德赛》,王焕生译,北京:人民文学出版社1997年版,V, 116-120,第99—100页。
③ 同上书,XIII, 296-299,第278页。

压住自己的怒气（thumos），在他正要拔剑时，雅典娜站在他身后，按住他的头发，"只对他显圣，其他人看不见她"。① 奥德修斯的名字就有愤怒之意，但当他想要刺杀独目巨怪时，他已经拔出了利刃，这时"一转念（thumos）又立即停顿"②。英雄阿喀琉斯离不开神明，而英雄奥德修斯却能自己控制自己的行为，似乎并不需要神明。③ 因此，当神的重要性在下降时，人的自由意志的地位就更加凸现。

在经历了海上漂泊，智斗独目巨怪后，奥德修斯碰上王，艾奥洛斯给了他一只风口袋，里面装有各种狂风。为了尽快抵达伊塔卡，他一直在掌舵，实在累得不行，才将船舵交给同伴。而离伊塔卡已经很近，可以望见故乡的人们在远处生火添柴。但当奥德修斯在疲惫中睡去时，同伴们却以为口袋里是财宝而偷偷打开，结果狂风外涌，又将他们卷到海上。"是纵身离开船只，跃进海里淹死，还是默默地忍耐，继续活在世上"，④ 奥德修斯的心灵反复思索，最后决定忍耐继续活下去。当奥德修斯想到自己的凡人之身的有限，终无法与神明相匹敌时，他感受到命运的绝望，甚至曾想到死亡。随后是面对自己的凡人之身，奥德修斯平静地躺在甲板上，对自己的命运感到坦然。荷马似乎想表明，人的自由意志固然可以神机妙算，足智多谋，却最终难以抵挡神对命运的安排。奥德修斯可以像神一样聪明，甚至可以预测到自己的命运，但终究无法预测到具体的时机，也根本无法改变自己的命运。

在神女基尔克带领奥德修斯进入哈德斯后，他更加意识到自由意志的有限。令奥德修斯感到绝望的是，在哈德斯中，人的灵魂与身体分裂，人死后变成了空虚的影子，他无法拥抱自己的母亲。尽管死后的人仍然牵挂着人世的公正，但人间的正义在此无效，阿伽门农死去，而赫拉克勒斯则永生。借助先知特瑞西阿斯的魂灵，奥德修斯知道了自己的命运。经历哈德斯后，命运的主题逐渐缓和，奥德修斯与神的斗争减少，更多的是与人的斗争。神明会为人生设置九九八十一难，每一难都无法摆脱。尽管奥德修斯从神明那里知道不能杀食神牛，但神明又让他睡去，他的同伴不知道

---

① ［古希腊］荷马：《伊利亚特》，Ⅰ，188—198，第8页。
② ［古希腊］荷马：《奥德赛》，Ⅸ，302，第182页。
③ 参看［美］伯纳德特《弓弦与竖琴》，程志敏译，北京：华夏出版社2006年版，第90—91页。
④ ［古希腊］荷马：《奥德赛》，Ⅹ，48—50，第195页。

命运，又杀食神牛，亵渎了太阳神。① 奥德修斯逐渐参透神明，也逐渐放弃了与神明的对抗。他深知自己无法成为神，却依然保持对神的虔敬。

二 奥德修斯的自然与王政的礼法

虽然历尽千般磨难，奥德修斯始终不忘故乡伊塔卡。史诗一开始，宙斯和雅典娜就说出奥德修斯的命运，他必将归返伊塔卡。其后这种命定论被反复吟唱，以致没有人会怀疑这一点。然而，英雄奥德修斯的伟大在于归途中他的自由意志做出的选择。在史诗中，伊塔卡的意象又有何蕴意呢？

首先，伊塔卡体现了人命运的最终归属。奥德修斯的命运扑朔迷离，充满不透明的色彩。这种不透明就是因为他一方面具有神性，渴望像神一样不朽，另一方面属于人世，有生有死，无法掌控自己的命运。从哈德斯中出来后，奥德修斯更加坚定了自己凡人的身份。凡人必有其生死之所，有其栖居的家园。伊塔卡是人的此在，也就是人间世。因此，奥德修斯在神女卡吕普索那里过了七年神仙的日子，仍然要回故乡伊塔卡。他放弃了像神一般长生不老的诱惑，也放弃了神明的仙境。奥德修斯深知自己不属于神明，整日"用泪水、叹息和痛苦折磨自己的心灵"，② 思念妻子儿女，高大的宫宇与故土家园。神明的世界固然可以永恒，却没有他的位置。尽管人世充满苦难，但只有在伊塔卡，他才重新成为高贵的王。自《奥德赛》起，回家就成为西方文化反复讴歌的主题，西方人的命运不断在出离与回家中展开。

其次，伊塔卡体现了凡人自由意志的最高点。在20年的漂泊中，奥德修斯在无限接近伊塔卡，却总是无法回去。十年征战中，他展示了像神一样的勇武；此后十年漂泊中，他四处颠簸流浪，以足智多谋，审慎坚毅的自由意志效仿神明。在即将到达伊塔卡，已看到故乡的炊烟时，一时松懈，疲倦掩住了自由意志，结果又是更加远离故乡。奥德修斯的自由意志始终与苦难交织在一起，自由意志就是如何运用理智克服苦难。他从来没

---

① [古希腊] 荷马：《奥德赛》，王焕生译，北京：人民文学出版社1997年版，XII, 260-373，第258—262页。

② 同上书，V, 157，第101页。

有为自己的自由意志沾沾自喜，神明与命运尽管时隐时现，却化作苦难，使他永远保持虔敬之心。奥德修斯不食忘忧草，选择保留记忆，也就保留了自己的"心灵"，但他在与独目巨怪搏斗时，又称自己的名字叫"无名"。奥德修斯关于"心灵"（metis）与"无名"（outis）的双关语意味深长。"无名"表明在他身上隐含着外乡人的身份，因而回到伊塔卡后他乔装成外乡人。"心灵"表明他身上的理智与自由意志。这里展现了奥德修斯身上的三种自然之间的转化：从勇武的英雄到作为思想者存在的无名的奥德修斯，在到达伊塔卡后，奥德修斯将王政的自然看作与前两者具有同样的地位，甚至认为自己在一步步走向光明。① 通向伊塔卡的归途意味着奥德修斯的自由意志不断增长。最终回归王政的自然，是奥德修斯的新生，也体现了凡人最高的自由意志。此时，雅典娜在使他确信自己已经抵达故乡，并商定计策后，就已退场。神明的隐没意味着奥德修斯作为王的自由意志的全面登场。

第三，重回伊塔卡意味着王者重新建立政治新秩序。伊塔卡有王宫，军人大会，吵吵嚷嚷的贵族和安安静静地待在后面的平民，这个例子清楚地说明了迈锡尼社会的某些特征还在延续。② 奥德修斯离开前在伊塔卡行仁政。在王后佩涅罗佩看来，奥德修斯"从未对人们做事不义，说话不公正，尽管这是神圣的国王们的素常习惯"。③ 甚至在雅典娜的眼中，奥德修斯也是统治公正的一代圣王："今后再也不会有哪位执掌权杖的国王仁慈、亲切、和蔼，让正义常驻自己的心灵里，他会是永远暴虐无限度，行为不正义，如果人们把神样的奥德修斯忘记，他曾经统治他们，待他们亲爱如慈父"。④ 在神明眼中，奥德修斯的统治是近乎完美的王政。但王政面临着巨大的危机。奥德修斯出走二十年，伊塔卡在此期间一直面临着王位的危机与权力的真空。老王退隐，儿子尚小，王后不断面临求婚者的困扰。求婚者是王位潜在的挑战者，也是各地显赫的贵族。这意味着古老的王政秩序已经面临严峻的危机，奥德修斯重回伊塔卡，隐含着在王权危机中建立一种政治新秩序。

---

① ［美］伯纳德特：《弓弦与竖琴》，第 129—130 页。
② ［法］韦尔南：《希腊思想的起源》，第 27 页。
③ ［古希腊］荷马：《奥德赛》，Ⅳ，690-692，第 87 页。
④ 同上书，Ⅴ，8-12，第 95 页。

归返的奥德修斯当然已不是二十年前的王。他经历了十年战争和无尽的灾难，去过冥府哈德斯，也经历过天堂般与神仙共度的日子。这些都会在他构建政治新秩序时影响他的判断。神明的退隐意味着奥德修斯会思考建立一种新正义，这种正义不再以虔敬为核心，而是以作为王者的奥德修斯为核心。他对求婚者和女仆的复仇就是用自己的明智、节制和勇敢重新树立了王的权威。明智体现在他利用牧猪奴和保姆的忠诚，乔装扮成外乡人，察探实情，又安排了宫殿中的弓箭比武，巧妙地杀死了求婚人。节制体现在奥德修斯的忍耐，他数次扮成外乡人，受到侮辱时，控制自己的心灵，压住内心的愤怒，才成就了复兴的大业。勇敢体现在奥德修斯家族祖孙三代奋不顾身地为荣耀而战。明智、节制、勇敢成为柏拉图和亚里士多德教育政治家所应具备的德性。奥德修斯身上确实体现了柏拉图的"哲人王"的特点，只是他更是天然的王，而不是学园中教育出来的。柏拉图的"哲人王"无疑在效仿奥德修斯，这其中的关系就譬如夫子从周，夫子制礼作乐效仿的是周公。

王权的危机隐含着王政向民主政治转化的趋向。奥德修斯先前爱民如子，令百姓感恩戴德。但漫长的岁月也会抹去人们对先王的记忆，如何面对纷争中的民众就成为建立新秩序的大问题。在《奥德赛》的后半部分，牧猪奴欧麦奥斯占有重要的地位，而他的名字的含义是"民众的首领"。奥德修斯巧妙地让欧麦奥斯参与到杀戮求婚者的计谋制定中，并将惩罚其他不忠诚的奴隶的任务作为对欧麦奥斯的奖赏。当奥德修斯杀死求婚者后，城邦的危机骤然彰显。求婚者的亲人所代表的王族怂恿平民复仇，奥德修斯的朋友使人们相信奥德修斯一直有神明相助，才让这些吵嚷的平民产生恐惧。最后又是宙斯出面让双方放下武器，订立盟誓，和平修好。盟誓是城邦中法律的雏形，它是基于人们对神明的恐惧而订立。这意味着奥德修斯今后的政权就可能以神圣的恐惧为基础，从而过渡到民主政治。当伯纳德特感慨地说，"不管宙斯如何说，伊塔卡再不复往昔矣"，就看到这种从王政向民主政治的衰变。[①]

伊塔卡不复往昔，当然与奥德修斯二十年在海外飘荡直接相关。时间性的因素在其中很重要。作为偶然性的时间因素蕴含一切政治变化的可能性。在二十年前的王政中，奥德修斯的合法性是天然的，他既是子承父

---

① ［美］伯纳德特：《弓弦与竖琴》，第176页。

位,又爱民如子,具有祖传世袭和仁义智慧的双重合法性。在二十年后重新建立的王政中,奥德修斯的合法性要依靠盟誓,依靠平民对神的恐惧。这其中也隐含从"仁政"到"法治"的变化。没有"法治",奥德修斯可能就会行"僭政"。他对求婚人的杀戮引起伊塔卡上下恐慌与不满,如果没有宙斯主张下的盟誓,奥德修斯可能会杀死更多求婚人的复仇者。王依赖于令臣民产生恐惧才能统治,这些都有可能会滑向"僭政"。法律在希腊政治中的地位由此日益彰显,从伊塔卡前后的政治变迁就可以预见到这种变化倾向。

三 荷马的政治神学

神、人与城邦的关系是理解古希腊自然(physis)与礼法(nomos)关系的关键。荷马史诗的主题是展现神人关系的变化对人类政治生活的影响。史诗通篇都有神对人的政治生活的干预,但前后却在不断变化。在《伊利亚特》中,人的行动处处体现神意,特洛伊人和阿开奥斯人为各自的神而战,奥德修斯在平民大会上的发言来自雅典娜的受命。在奥德修斯要建立的政治新秩序中,神高悬于城邦与人之上。神虽然隐没,但并不等于说神不在场。毕竟人们最后出于对神明的畏惧而放弃争斗,又按神意订立盟誓。老王拉埃尔特斯最后认为神明彰显人间的正义,使求婚人的暴行受到报应,"父宙斯,神明们显然仍在高耸的奥林波斯"[1]。这不同于《伊利亚特》中的神人关系,其中神生活在人间,人具有神性,神人之间相互影响。在这种典型的王政中,王具有神性,属于神王。人更接近神明,更有亲和感。人的自由意志因此就较少出场。自然与礼法都具有神性,都统一于神意。而在《奥德赛》中,神明退隐,人的自由意志成为调节自然与礼法关系的重要因素,也使其变得更加复杂。问题的关键不再是如何使人更具神性,而是如何使人基于对神明的畏惧而守法。从《伊利亚特》到《奥德赛》意味着从神(或神一样的人)的自然到人的自然,从"神法"到"人法"的转变。

从《伊利亚特》中的海伦到《奥德赛》中的佩涅洛佩,其中女性的变化体现出"神法"到"人法"的转变。在《伊利亚特》中,海伦是神的女儿,特洛伊战争中海伦不是邪恶者,阿佛洛狄特让帕里斯抢走了海

---

[1] [古希腊] 荷马:《奥德赛》,XXIV,351-352,第504页。

伦，赫拉和雅典娜嫉妒阿佛洛狄特，特洛伊战争是因神明的嫉妒而起。在《奥德赛》中，奥德修斯的妻子，伊塔卡的王后佩涅洛佩却是典型的贤淑能干的女性。在冥府中的阿伽门农歌颂佩涅洛佩，"奥德修斯，你确实得到一个德性善良的妻子，因为高贵的佩涅洛佩有如此高尚的心灵。她如此怀念奥德修斯，自己的丈夫，她的德性会由此获得不朽的美名，不死的神明们会谱一支美妙的歌曲称颂聪明的佩涅洛佩"。① 与海伦相比，佩涅洛佩身上更强调女性在家庭中的淑德。女性身上伦理道德色彩的加重，也是人间礼法更加道德化的体现。

荷马通过史诗展现了人类苦难的生活，展现了迈锡尼王政的衰落。人的苦难究竟是由神造成，还是由人本身造成？表面上看，海伦和帕里斯的爱欲引来了灾祸，阿伽门农的嫉妒和阿喀琉斯的愤怒使阿开奥斯人分裂。然而，战争的胜负只是神之间的游戏，无论是特洛伊人，还是阿开奥斯人，最后都走向衰落。失败者的苦难降落到胜利者头上。② 在《奥德赛》中最后仍然是神出面使奥德修斯和求婚者之间订立盟誓，平息冲突，尽管奥德修斯具有雅典娜的智慧。荷马借此表明，人的盲目，人性的驳杂使人终究难以摆脱命运的无常，迈锡尼王政的消逝最终只能归因于宙斯与诸神的神意。

从《伊利亚特》中的特洛伊战争到《奥德赛》中重建伊塔卡王政，荷马似乎在不经意间预言了西方今后的历史趋向。从特洛伊战争到城邦之间的诸神之争，修昔底德叙述的伯罗奔尼撒战争史既是在效仿荷马，又是在挑战荷马的地位。而伊塔卡的王政是城邦中追求高贵的政治秩序的体现。柏拉图的"哲人王"与亚里士多德的"理想政治"都体现了这种传统。城邦间的外交与城邦中的内政隐含着西方政治"帝国—城邦"的双重变奏。荷马在两部史诗中并没有说明外交与内政之间的关联。《奥德赛》中战争结束，希腊盟军解散，各自返乡。其中几乎没有提到城邦间的政治关系，只是在回顾特洛伊战争时，涅斯托尔、墨涅拉奥斯和奥德修斯的叙述已不再具有共通的语言和信仰。

---

① ［古希腊］荷马：《奥德赛》，XXIV，193-198，第497页。
② ［美］沃格林：《城邦的世界》，第146页。

第三节 宇宙的起源与王权的神话
——赫西俄德的政治哲学

一 平民时代的神人关系

赫西俄德是公元前7世纪左右希腊第一位著名的平民诗人。据说,他曾经在卡尔克斯城的诗歌竞赛中获奖,奖品是一支三角鼎,理由是,他教人以和平和勤劳,而荷马教人战争和残杀。2世纪后的作品《竞赛》中还录有鼎上铭文:"赫西俄德把它献给赫利孔的缪斯,他在卡尔克斯唱圣歌赢了神一般的荷马。"[①] 我们在《神谱》的开始也看到,神谱的故事是赫西俄德在赫利孔山下放羊时,缪斯交给他的歌。赫西俄德暗示自己的身份是缪斯的传人。

在古希腊文中,theogonia 指"诸神的诞生"。亚里士多德将赫西俄德的《神谱》理解为迈向哲学思辨坚实的第一步。他倾向于将赫西俄德看作"早期神学化"的思想家,以区别于"早期哲学化"的爱奥尼亚的思想家。由此可见,赫西俄德在从希腊神话到哲学的转变中,占有重要地位。[②] 荷马、赫西俄德与希罗多德都曾讲述过以宙斯为首的奥林匹斯诸神的起源。《神谱》中记载了许多古希腊的神话故事,赫西俄德当然对吟唱的故事做了很多加工,正如他开篇借缪斯之口告诉我们,"我们知道如何把许多虚构的故事说得像真的,但是如果我们愿意,我们也知道如何述说真事"[③]。同样是歌颂神明,赫西俄德有许多地方在模仿荷马,荷马史诗为整个希腊人吟唱,他肯定也是耳濡目染。然而,正如后世柏拉图与荷马,哲学与诗歌的竞赛一样,赫希俄德同样在与荷马竞赛,《神谱》就是平民时代的诗人在挑战荷马歌颂的神—人秩序。

诸神诞生时的开端(ex arches)并非从无中产生(ex nihilo)。赫西俄德说首先来到地面的是混沌神卡俄斯(chaos),其次是大地女神该亚

[①] 参看 [古希腊] 赫西俄德《工作与时日 神谱》"译者序",张竹明、蒋平译,北京:商务印书馆1991年版,第3页。

[②] [古希腊] 亚里士多德:《形而上学》,李真译,上海:上海人民出版社2005年版,984b23-b30,第25页。

[③] [古希腊] 赫西俄德:《神谱》,27-28,第27页。

(gaiya)，还有爱神厄罗斯（eros），在不朽的诸神中数她最美丽。① 卡俄斯代表巨大的深渊，一种虚空的状态，从它产生出黑暗之神厄瑞波斯和黑色的夜神纽克斯。该亚代表坚实与稳固，卡俄斯与该亚这两个强大的神之间的合作构成开创世界与稳固世界的两种力量。厄罗斯代表结合，它表明后世通过婚姻、生育繁衍后代的重要。philotes（指情欲、性欲）本义就与繁殖有关。在宇宙起源的第一阶段，各种主宰的神都是大自然相生相克的力量，诸如天空与大地，黑暗与白昼。赫西俄德赋予最初的世界以在混沌与无序中斗争的特点，这构成整个诸神世界演变的基调。

在宇宙起源的第二阶段，厄罗斯发挥作用，该亚生下天神乌兰诺斯。天空与大地的孩子构成宇宙的整体。克罗诺斯因其狡诈而扮演弑父的角色，他的大胆得到母亲该亚的支持，这一大胆的行为运用最残酷的暴力。致残的乌兰诺斯发出诅咒，他的儿子将来一定会受到报应。克罗诺斯的故事表明，以众神间权力等级为基础的宇宙秩序，似乎只有通过必须为之付出代价的一种罪恶暴力，一种奸诈诡计才能得以建立。通过克罗诺斯的这一记砍柴刀，斗争、暴力、欺诈一下子进入了世界的舞台。宙斯本人也像该亚不能脱离卡俄斯一样，将无法取消这些东西。② 而乌兰诺斯的阉割在海上却孕育了爱神阿佛洛狄特，一方面是暴力、仇恨、战争，另一方面是温柔、和谐、爱情。赫西俄德总是让宇宙在神的相生相克的力量中前进，又如爱神厄罗斯（eros）与争吵女神厄利斯（eris）的结合，狰狞可怕的复仇女神厄里倪厄斯（erinyes）是正义女神狄刻（dike）不可缺少的助手。

《神谱》中宇宙的起源并非在发生学的意义上，而是借此来塑造王权的神话。赫西俄德颂扬的是宙斯如何在混沌无序的世界中通过斗争，重新分配正义和荣誉，确立宙斯神下的"大一统"的政治秩序。在王权的更替中，始终伴随着狡诈、阴谋与暴力。克罗诺斯树立了典范，他也无法避免自己遭受同样的命运，宙斯以巧计瞒过了他才活了下来，并以武力推翻了克罗诺斯。③ 在宙斯与提坦神以及随后与提丰神的交战中，权力与暴力

---

① ［古希腊］赫西俄德：《神谱》，115–121，第 29 页。
② ［法］韦尔南：《神话与政治之间》，第 291 页。
③ 正如克罗诺斯，宙斯也是最小的孩子（hoplotatos），这个词从 hoplon（工具、武器）派生而出。

起到了根本作用，独目巨人与百臂巨人等站在宙斯一边。而机警奸诈也是宙斯胜利不可缺少的，他与变化无常的聪明女神墨提斯结婚，后来又害怕她生出一样聪明的后代反对自己，而将墨提斯吃掉。宇宙起源的第三阶段是在宙斯与提坦神和提丰神的交战中展开，最终以提丰神的失败标志着王权斗争的结束，宙斯建立了诸神对自身的绝对敬畏。

在赫西俄德的神话史诗中，神与人的关系有何变化？《神谱》虽然是描写通过诸神斗争宙斯建立主宰的秩序，但它并非与人的世界无关。在《神谱》中，有三处神与人之间的相遇。开篇赫西俄德遇见缪斯，表明自己从神那里得到授权。其中的普罗米修斯神话位于史诗的中心，处在宙斯诞生到与提坦神交战之间。结尾歌颂的是嫁给凡人的女神。① 普罗米修斯的神话是理解赫西俄德史诗中神人关系的关键。

普罗米修斯属于提坦神家族，但并没有与宙斯为敌。但他同情遭受痛苦的人类，一心想将神明的技艺传给人类。宙斯将在奥林匹斯诸神与凡人之间进行分配的苦差交给了普罗米修斯。最先，神人之间的界限很清晰，然而普罗米修斯却愚弄了宙斯，让他选择了掺假的白骨，而不是牛肉，引发了宙斯的愤怒。当普罗米修斯为人类从宙斯那里盗得火种时，宙斯给人类造出邪恶的潘多拉，并将普罗米修斯绑在锁链上，任由大鹰啄食他的肝脏。② 普罗米修斯虽然属于神，但更足智多谋，有强大的自由意志，他更代表人的自由意志与神意的对抗。人要为自己的自由意志付出代价，这就是潘多拉打开了灾难的魔盒，各种不幸与灾难纷涌而来。③ 通过牺牲献祭的礼仪以及盗火种的行为，人类从中得到的教训是：普罗米修斯之火，耕种粮食，女人与婚姻，不幸与死亡，这一切都是宙斯为人类所规定的地位，即人位于动物与神明之间。④ 同样是神明、命运与自由意志的主题，与荷马相比，赫西俄德对人的命运非常悲观。人与神之间的鸿沟不仅无法逾越，而且这种距离越来越大。人不可能像神一样，人也不可能具有神性。"从此后，人再也不可能与神明有什么接触，而通过牺牲献祭的接触，同样是对人与神之间的一种无法逾越的障碍的认可；从此，就不再有

---

① 参看［美］勒克莱尔《赫西俄德〈神谱〉中的叙事结构》，载刘小枫主编《政治哲学中的摩西》（《经典与解释》14），北京：华夏出版社2006年版，第167页。

② ［古希腊］赫西俄德：《神谱》，510–615，第42—45页。

③ ［古希腊］赫西俄德：《工作与时日》，90–105，第4页。

④ 参看［法］韦尔南《神话与政治之间》，第313页。

不带不幸的幸福，不带死亡的诞生，不带艰苦的丰饶，不带无知的知识，不带女人的男人，不带厄庇墨透斯的普罗米修斯"。①

《神谱》是人世间衰败的写照，它不是普通百姓中流传的神话，而恰恰是对荷马所吟唱的宙斯宗教的颠覆。当贵族文化走向衰落，荷马所歌颂的诸神世界受到质疑时，人自身生存的苦难成为永远无法改变的事实。由此，英雄时代的礼法开始衰落。生活在这样的时代，立法者又应当如何立法？

二 《工作与时日》——平民时代的立法诗

在《工作与时日》中，赫西俄德如先知一般，描述了衰变的启示录图景。由于人类打开了潘多拉的魔盒，一切苦难由此而来——邪恶、劳累、病痛、死亡，等等。人类生活在黑铁时代，善恶不分，正义与非正义不分。强者以权力欺凌弱者。诗人预言，宙斯将毁灭这个凡人种族。赫西俄德通过"潘多拉魔盒"的寓言警告那些践踏正义的当权者，让他们当心，宙斯将要惩罚他们。② 赫西俄德的理想世界是摆脱生存的苦难，生活在正义的世界中。然而，宙斯的意志无从逃避，人类每一次抗争，最后都意味着违背宙斯制定的正义秩序，意味着人类之间无休止的纷争。潘多拉的魔盒注定了人与神之间无法逾越的鸿沟，人生活在动物与神明之间。

与此相对应，赫西俄德讲述了人类生活的物种时代的神话。黄金时代的人为神所造，他们和神一样快乐，但终有一死，不能繁衍后代；在白银时代，人类始终生活在孩童时代，由于无知而生活在悲哀中。在青铜时代，宙斯造出的人类喜欢战争和暴力，强悍有力，最终互相残杀。在英雄时代，英雄像神一样高贵正直，生活在极乐岛上。最后，宙斯造出的人生活在黑铁时代中，人类身上已完全失去金属元素的光泽，而变得肮脏邪恶。通过五种时代的神话，赫西俄德展现了人类衰败，走向末世的图景。在已经不对人的高贵德性抱有希望的情况下，如何能够维系人世间的正义秩序？

赫西俄德试图为人世间的百姓立法。宙斯作为公正审判的神，已不再作为高贵的神存在，这表明从荷马到赫西俄德，德性的主题已经从"高

---

① 参看 [法] 韦尔南《神话与政治之间》，第314页。
② 参看 [美] 沃格林《城邦的世界》，第226页。

贵"变成了"正义"。因为人类已经堕落到黑铁时代,羞耻(aidos)和敬畏(nemesis)已经离人而去,他们相信力量就是正义,虔诚不是美德。① 立法者面对的是降低的人性起点,他所劝谕告诫百姓的就是要努力劳动,服从正义。正义女神是诗人唯一讴歌的神,她是宙斯的女儿。与潘多拉相反,正义是宙斯送给人的礼物。然而,由于人早已不知正义为何物,正义女神进入人世,并非与人共处,使人分享神性,而是要人服从神。随着正义女神到来的是保护与臣服,惩罚与奖赏。② 面对人的高贵德性的降低,赫西俄德所寄希望的美好政治不是高贵的城邦,而是实现百姓遵纪守法的正义。他关注穷困百姓的日常生计,而不再相信高贵的言辞,与其相信法庭上的花言巧语,不如踏踏实实地勤劳工作。他教导百姓按农时耕作生活,对神明要虔敬,不用暴力与欺诈。而对于那些冥顽不化者,赫西俄德发明了通过宗教戒律进行惩罚,所有这些戒律都在进行威慑,如果违背正义,必将受到惩罚。所有这些都属于对平民百姓安分守法的教化。柏拉图《理想国》第十卷的"地狱神话"模仿了赫西俄德的方式,从较低起点的人性出发来立法。

三 荷马与赫西俄德——希腊性的阴阳两端

在荷马的英雄史诗与赫西俄德的神话史诗之间,谁更能代表希腊性?仅仅从真实性来看,赫西俄德或许更贴近真实的古代世界。史家的研究表明,《神谱》中乌兰诺斯—克罗诺斯—宙斯的线索与公元前 8 世纪叙利亚的库马毕神话具有非常重要的相似之处。希腊的神谱与巴比伦的创世神话之间也有许多相似。开创的史诗讲述的总是历代神祇和各种神力为统治世界而相互对抗的故事。王权的确立和秩序的建立是同一出神界悲剧不可分割的两个方面。③ 赫西俄德笔下神的世界是真正的诸神之争,奥林匹斯诸神与提坦诸神这两个敌对世系相互残杀的战斗故事明确描述了世界向模糊混乱的原始状态的回归。韦尔南对此形象地描述道:

---

① [古希腊]赫西俄德:《工作与时日》,193 – 197,第 7 页。
② 参见林国华《古典的"立法诗"——政治哲学主题研究》,上海:华东师范大学出版社 2006 年版,第 10 页。
③ 参看[法]韦尔南《希腊思想的起源》,第 97—99 页。

可见的世界不是把它稳定有序的背景安置在两个限制它的固定基点之间——人类居住的大地和诸神所在的天空，而是恢复了原始的混沌面貌，变成了一个令人昏眩的黑暗深渊，一个无底洞，一个没有方向、旋风任意乱舞的空间。宙斯的胜利使一切又恢复了正常。冥界诸神提坦被套上锁链打入有风的塔尔塔罗斯深处。从此，在这个天、地、海共同扎根其中的地下深渊里，狂风尽可以无休止地胡闹，因为波塞冬永远封死了黑夜的大门，关闭了提坦诸神，"混沌"再不会闯入光明，吞没可见的世界。①

这种阴暗恐怖、残酷欺诈与暴力复仇是黑暗时代人间衰变世界的投影。格兰斯登的看法是对的，"赫西俄德生活和描述的世界是黑铁时代，荷马对此厌烦而想象出一个更加辉煌的时代——尽管远离和平，而对此的回忆由于英雄史诗传统却被保留下来"。② 与荷马相比，赫西俄德笔下的神性是一种退化与降格。即使就奥德修斯与赫西俄德的克罗诺斯和宙斯相比，奥德修斯的足智多谋也是神性的人的自由意志，透出思的理性的光亮，而非赫西俄德凸现出的是狡诈与狠毒，暴力与复仇，罪与罚。赫西俄德以阴沉灰暗的眼光理解神之间的斗争，神性的降格也是人的自然，人的德性的降格。在赫西俄德这里，普罗米修斯的神话表明人以计谋获得胜利，人能够对自身的起源与善恶负责，而不是从神中产生善恶。

赫西俄德对宇宙—城邦—人的审视，表明只有正义的道德力量才能改变衰败邪恶的旧秩序。宙斯塑造的是和平与正义的新秩序，一切暴力、阴暗的诸神都被打入了冥府。城邦是对宇宙秩序的模仿，城邦遵循善恶各有所报，正义必胜的秩序，否则就会像宇宙起源时期一样充满混乱、暴力与邪恶。尽管赫西俄德描述的神的纷争世界仍然是某种王权政治的投影，但他已经将希腊人带入平民伦理的世界。宙斯更像是人间的王，而不是高贵的神。赫西俄德面对不断衰败的政治世界，希望出现一种高高在上的力量，驯化人身上的兽性和傲慢。在《工作与时日》中，他以彼奥提亚农夫的身份描述农事生活中的悲哀与欢乐，这里已看不出希腊人对高贵荣耀

---

① 参看 [法] 韦尔南《希腊思想的起源》，第97—99页。
② [英] 芬利主编：《希腊的遗产》，张强等译，上海：上海人民出版社2004年版，第95页。

的追求，对公共政治的关心。从黄金时代到青铜时代、白银时代、英雄时代与黑铁时代，诗人在政治衰变中感受不到对神的敬畏与热爱。① 宙斯的形象更多是对人间事务的分配与审判，这就是正义的含义。从《神谱》到《工作与时日》，隐含着赫西俄德对充满纷争的城邦政治的不信任。他认为：

> 大地上不是只有一种不和之神而是有两种……一种天性残忍，挑起罪恶的战争和争斗；只是因为永生天神的意愿，人类不得已崇拜这种粗厉的不和女神，实际上没有人真的喜欢她。另一不和女神是夜神的长女，居住天庭高高在上的克罗诺斯之子把她安置在大地之根，她对人类要好得多。她刺激怠惰者劳作，因为一个人看到别人因勤劳而致富，因勤于耕耘，栽种而把家事安排得顺顺当当时，他会因羡慕而变得热爱工作。邻居间相互攀比，争先富裕。这种不和女神有益于人类。陶工与陶工竞争，工匠与工匠竞争；乞丐忌妒乞丐，歌手忌妒歌手。②

我们看到，恰恰是神的斗争世界是天性残忍的恶的世界，而宙斯统治下的人间和平，人类之间的相互竞争才是善的世界。这与荷马的世界有天壤之别。在荷马那里神对人的嫉妒能激发人身上的生命力与对荣誉的热爱，赫西俄德这里只有民间百姓的苦难，寄希望于万能的神为民做主，解救民间疾苦。荷马的世界像匹驰骋的高头大马一样，它是迈锡尼文明与王政的残影。赫西俄德的世界透露出黑铁时代的衰败，神与英雄退隐，人逐渐丧失神性，成为自己主宰善恶的平民。

尼采的洞察力异常敏锐，他看到赫西俄德笔下神的世界又回到了前荷马时代，而离开了荷马的引导和保护，希腊人只会掉入前荷马时代令人恐怖、野蛮仇恨的深渊。尼采写道：

> 我们在什么地方看到，什么时候，我们不再受荷马之手的引导和

---

① Christophe Rowe, *The Cambridge History of Greek and Roman Political Thought*, Cambridge, 1999, p. 36.
② ［古希腊］赫西俄德：《工作与时日》，12-25，第1—2页。

保护，缓慢地进入前荷马世界？仅仅在夜晚和恐惧中，进入一个习惯于恐惧的幻象的产物。重新反观这个令人反感的可怕的神谱传说，到底是什么样的生存？一种生活，关于夜神的孩子，战斗、爱欲、老年的欺骗，死亡的统治。让我们设想一下赫西俄德诗歌中那种令人窒息的气息，继续变浓变厚，越来越阴沉昏暗，即使从德尔斐神庙和诸神祭所涌入希腊，也没有得到净化。我们将粗野浓厚的空气与阴沉昏暗的淫欲的空气混合，由此会逼迫出这样一个神话世界，在其中乌兰诺斯、克罗诺斯和宙斯与提坦神们的斗争好像变得缓和。在这种残酷的氛围中，斗争是拯救与解脱，惨无人性的胜利是生命之欢愉的顶峰。①

尼采看到，在希腊性以及希腊的自然方面，赫西俄德与荷马代表一阴一阳的两端。荷马是对日益衰败的古代希腊世界的提升，给它注入神性的光明。英雄效仿神，追求勇敢、智慧、节制的德性。赫西俄德身处这个衰败的世界，他记录了这种衰败，在此基础上立法以将人们带出黑铁时代。他并不寄希望于提高人身上高贵的金属成分，而是希望维持人间的正义与和平。在礼法方面，荷马使具有神性的英雄成为天然的王，继承了王政诗教的传统，英雄崇拜的荷马竞赛就是英雄伦理的体现；赫西俄德通过以是非善恶的道德教育平民，开创了平民诗教的传统。安分守己、虔敬守法是平民伦理的体现。

荷马与赫西俄德开创了希腊性中一阳一阴的两端，这两端之间的张力构成了古希腊自然与礼法之间的张力。作为希腊开端的立法者，荷马与赫西俄德各自对人世有着不同的深谋远虑，隐去人世间的苦难与纷争，提升人性中的更高更好的东西，这是荷马的用心。彰显人世间的苦难与邪恶，立法约束人心的傲慢与僭越，这是赫西俄德的用心。作为缪斯的传人，他们共同维护的仍然是虔敬的世界。荷马世界的继承者是公元前 5 世纪的诗人品达，他继续歌颂的是王者的德性，谱写王政的立法诗。赫西俄德的"黑铁时代"的继承者是修昔底德，赫西俄德讲述"鹰和夜莺"的故事，预言了人世间的强权即公理；修昔底德讲述的米

---

① Nietsche, "Homers Wettkampf", *Nietsche Werke*, Ⅲ, S. 1000.

洛斯对话，则印证了赫西俄德的启示录般的预言。[①] 然而，真正的"古今之争"是对荷马与赫西俄德的虔敬世界的共同挑战，古典的诗教传统，无论是王政诗教，还是平民诗教，都遭到了破坏。希腊的启蒙运动正是在此背景下登上历史的舞台。

[①] 参看［美］沃格林《城邦的世界》，第230—236页。

第 二 章

希腊历史学家的政治史学

公元前 5 世纪是希腊历史上继荷马之后最重大的转型期，也是希腊历史真正形成和展现的巅峰期。正如布克哈特所言："对于希腊人而言，这个世纪开始得很辉煌，但结束得却很令人悲伤。"① 这个时期出现了两次具有关键意义的战争。首先是东西文明的大碰撞——希腊人和波斯人的战争。两种不同的文明代表两种不同的生活方式、礼法、宗教和政制。希波战争是希腊文化日益上升的时期。其次是希腊的内战——雅典和斯巴达的战争，这场战争是希腊文化日益下降的时期。希罗多德和修昔底德分别是两次伟大战争的见证者和记录者，也最能体现希腊人那种鲜活丰富、生生不息的历史意识。

希罗多德和修昔底德的伟大在于他们写下了希腊人和异族人的不朽生活，这种不朽恰恰在于它们处在有限的时空中，或许只是昙花一现，或许能延续百年，然而却终归于无。他们的不朽是有死的人的不朽，而不是本质秩序的不朽。西方文明的另一重要开端是希伯来人，他们是依赖神的启示构建一种超越的秩序。但希腊人则完全不同，当我们试图以启示宗教的眼光解释希腊人的历史，试图从中找到某种本质的秩序和符号的体系时，我们其实过滤了很多希腊历史中鲜活的东西，而用一种僵化的自然——所谓的本质秩序对希腊人活生生的礼法进行裁剪。这是形而上学化的哲学对历史的解读，它的弊病在于将希腊人生生不息、融合一体的自然与礼法割裂开，去掉其血肉，只剩下没有生命力的自然（如超越性秩序、理念、历史理性等）。

---

① ［德］雅各布·布克哈特：《希腊人和希腊文明》，王大庆译，上海：上海人民出版社 2008 年版，第 284 页。

希腊人对"不朽"的体验保留在希腊的诗歌和历史中,而在理性主义的哲学传统中逐渐被遮蔽。历史与政治在希腊人那里融为一体。在历史学家和诗人对故事的叙述中,听者,行动者和叙述者在对伟大的观照和摹仿中共处于一个世界。他们共同被其中的伟大所"净化"。历史与悲剧一样,是城邦的教育方式。通过不断地言说伟大,历史培育的是具有高尚德性的公民,使他们像榜样一样,通过伟大的行动克服无限的生命进程。

第一节 希罗多德的政治史学

历史学家希罗多德(公元前约484—前425年)被西塞罗称为"历史之父"。他出生在小亚细亚的一个城市的名门,云游四方。他一生经历了希波战争和伯罗奔尼撒战争的早期。希罗多德不但到过雅典,还和伯里克利的民主派有交往,晚年曾参与图里伊的泛希腊殖民化活动。影响希罗多德的知识世界包括史诗文献、伊奥尼亚的抒情诗,埃斯库罗斯和品达,从泰勒斯到赫拉克利特的伊奥尼亚哲学家的世界。希罗多德把这些都融入《历史》中,他很善于讲故事,书中充满各种神话、传说和奇闻异事。因此,虽然他讲述的是西方一场空前的欧亚冲突——希波战争,但人们却感受不到修昔底德笔调的那种沉重与阴暗。

据说希罗多德和荷马有明显的继承关系。他用荷马的方言——伊奥尼亚方言写作,整个风格有很浓厚的荷马味道。古典学家康福德甚至认为,希罗多德不是"史学之父",而是荷马史诗家族的最后一人。[①] 我们看到,希罗多德的叙述风格与行吟诗人非常相近,他的政治思想置身于从荷马到希腊悲剧的诗歌传统中。与史诗、抒情诗、悲剧诗人的使命一样,希罗多德的历史在文化、政治与道德的层面同样是希腊人的教育者。

希腊文 istoria(后来的 history 源于这个词)本义指"探究""究本"。希罗多德在开篇表明他的研究的动机:"之所以把这些研究成果发表出来,是为了保存人类的功业,使之不致由于年深日久而被人们遗忘,为了使希腊人和异邦人的那些值得赞叹的伟大的言说和行动不致失去他们的光

---

① [英]弗朗西斯·康福德:《修昔底德——神话与历史之间》,孙艳萍译,上海:上海三联书店2006年版,第207页。

彩，特别是为了把他们纷争的原因给记载下来。"① 希罗多德绘声绘色地讲了很多战争的原因，阐释为什么会引发战争。他从部族的抢婚开始讲起，从腓尼基人抢了伊奥开始，冤冤相报，一直到帕里斯拐走海伦，引发特洛伊战争。希罗多德描述了各种各样的礼法（nomos），却并没有明确的立场，一定要赞同哪种礼法。各种礼法之间的冲突对立构成了历史的本相，而礼法背后的自然（physis）正是天意或天命的无常。

希罗多德对海伦的解释也不同于荷马。在荷马史诗中，海伦是神的女儿，她的身上没有恶，特洛伊战争是神的战争。希罗多德讲了埃及祭司的看法，说海伦后来确实被送到埃及，特洛伊人告诉希腊人，但他们不相信，结果攻下城来，发现确实如其所说。希罗多德很赞同埃及祭司的看法，理由是如果海伦在特洛伊，普利阿莫斯王也不会冒着牺牲亲人和城邦的危险留下海伦，肯定会把她送给希腊人的。②

希罗多德何以会给出与荷马不同的看法？原因在于他对特洛伊战争的根本看法，"我相信并认为，天意注定特洛伊的彻底摧毁，这件事将会在全体世人的面前证明，诸神确实是严厉地惩罚了重大的不义之行的。我是按照我自己相信的来讲的"。③ 可以看出，历史学家希罗多德讲故事的方式确实不是今天的历史学家可以接受的，他没有说自己讲的故事是客观事实。希罗多德所说的天意带有阴阳不测，天命无常的色彩，他更多受到阿那克西曼德和赫拉克利特的影响，城邦和人都笼罩在一种不可测的天意下，不管是统治者，还是被统治者。

> 不管人间的城邦是大是小，我是要同样加以叙述的。因为先前强大的城邦，现在他们有许多都变得默默无闻了；而在我的时代雄强的城邦，在往昔却又都是弱小的。这两者我所以都要加以论述，是因为我相信，人间的幸福是决不会长久停留在一个地方的。
>
> 如果你觉得你自己是一个凡人，而你所统治的也还是凡人的时候，那么首先便要记住，人间的万事万物都是在轮子上面的，轮子的

---

① ［古希腊］希罗多德：《历史》（上），王以铸译，北京：商务印书馆1983年版，第1页。
② 同上书，Ⅱ.120，第161页。
③ 同上。

转动是绝不容许一个人永远幸福的。①

希罗多德的天意观念，明显沿袭了爱奥尼亚的自然哲学家对宇宙自然的看法。阿纳克西曼德说："存在者生成之处，也是其必然毁灭之处；因为根据时间的秩序，它的正义必将受到审判，不正义必将受到惩罚。"赫拉克利特说："人必须意识到斗争是平常事，正义是斗争，一切事物都通过斗争而存在，并如此被注定。"人的命运就像轮子在不停旋转，或许是徒劳的，或许有所回报。天命无常，阴阳不测，只有神知道这一切，神是最终的胜利者。萨拉米海战后，泰米斯托克利告诉雅典人："取得这场胜利的不是我们，而是神和英雄，一个人做了亚欧之王，招来了他们的嫉妒"。人的悲哀恰在于明知走向灾难，却无法改变。普拉提亚战役之前，一个波斯人说："凡是上天注定要发生的事情，任何人都不能扭转；甚至对那些讲真话的人，都没有人肯相信他们。我方才所说的话，我们许多波斯人已经知道了，可是由于受制于必然，我们还非得遵命而行不可。在人类的一切悲哀当中，最可悲的莫过于一个人知道的多，却又无能为力了。"② 正因如此，希罗多德对人世间的惊天动地的战争有一种冷静平和的心态和悲天悯人的情怀。既无绝望，也无希望，以一种"古今多少事，都付笑谈中"的史家笔调，透露出一种"是非成败转头空，青山依旧在，几度夕阳红"的历史沧桑感。

希罗多德的《历史》由三部分组成：礼法、政制与战争。爱欲与礼法的冲突是其中一个重要的主题。希罗多德开篇说特洛伊战争是为一个漂亮女人海伦而战，然后又讲了巨吉斯篡夺王位，也是为了爱欲而违背礼法。但巨吉斯之前的王坎道列斯首先被爱欲所诱惑，让巨吉斯偷看其妻子的裸体，事发后巨吉斯在王后的威胁下为了自保，只能杀死国王篡位。类似的故事很多，希罗多德尤其渲染的是僭主的爱欲与城邦的礼法的冲突。

对于礼法，希罗多德秉承诗人的传统无时不在捍卫其正当性。他赞同诗人品达的观点，"礼法是众生之王"（nomos basileus）。③ 礼法源于神法，

---

① [古希腊] 希罗多德：《历史》（上），I.5，第3页；I.207，第103页。
② [古希腊] 希罗多德：《历史》（下），Ⅷ.109，第604页；Ⅸ.16，第629页；[美] 沃格林：《城邦的世界》，第422—425页。
③ [古希腊] 希罗多德：《历史》（上），Ⅲ.38，第212页。

乃是人们虔敬的体现。然而，当人心中的爱欲膨胀，僭越之心超越了对礼法的虔敬，于是开始出现礼崩乐坏，僭主政治也同样如此。当波斯王冈比西斯杀害自己的兄弟，娶自己的两个妹妹为妻，无疑犯下了弑兄和乱伦的大忌。冈比西斯对礼法的嘲笑，促成其僭越之心的不断膨胀，最终他杀死了埃及的神灵。冈比西斯的癫狂注定了波斯帝国终将毁灭于僭主无视礼法的僭越中。希罗多德对波斯王的叙述表明，帝国的战争正是灵魂的战争的延伸。帝国的灵魂如同个人的灵魂一样，当理智主宰激情和欲望（如居鲁士统治早期），表现出的是节制而有德性的"王政"，但当激情和欲望主宰理智（如大多数波斯王的统治），表现出的是僭越而失德的"僭政"。希罗多德的"王霸之道"使我们看到，"城邦礼法的败坏最终会导致城邦的衰亡，而导致礼法败坏的正是政治人灵魂之法的紊乱，灵魂之法比城邦之法显得更为紧要。从这个意义上讲，希罗多德修史的意图，就是要矫治政治人的灵魂。灵魂就像河水，不断地涌动，城邦习俗和自然的界限就像河水的两岸，希罗多德就在这动与静之间观察城邦治乱兴亡的历史"。[①]

第二节 修昔底德与荷马之争

修昔底德虽然只比希罗多德晚 20 年，但两人的风格却迥然不同。修昔底德公元前 460 年出生于雅典一个上流家庭，与塞蒙、米太雅德都有亲戚关系。公元前 424 年当选为将军，被派往安菲波利斯城支援，因武器不足未完成任务，而被流放，从此在色雷斯默默修史。与希罗多德不同，修昔底德是典型的政治家，并没有受到自然哲学家的影响，却受到智者的很大影响，传说他曾经受过高尔吉亚的教诲。修昔底德笔下的伯罗奔尼撒战争史是一部悲剧，很少有神话传说和有趣的故事，而是充满纷争、党争和血腥的屠杀。传统史学向来把他看作现实主义和理性主义的代表，哲学家则把他看作智者的一员，这恐怕是比较简单的理解。我们先来看修昔底德自己如何看他和希罗多德以及荷马的差异：

> 我这部没有奇闻逸事的史著，读起来恐难引人入胜。但是，如果研究者想得到关于过去的正确知识，借以预见未来，从而认为我的著

[①] 吴小峰编译：《希罗多德的王霸之辩》，北京：华夏出版社 2011 年版，第 49 页。

作是有用的，那么，我就心满意足了。我所撰写的著作不是为了迎合人们一时的兴趣，而是要作为千秋万世的瑰宝。①

修昔底德写历史的目的是要以古鉴今。在他看来，诗人和诗性历史学家（如希罗多德）并没有用批判的方式去处理所有的传说。他们记载了许多希腊人中间流传的没有根据的看法。修昔底德认为自己的结论比诗人的结论可信，"因为诗人经常夸大事实；也比散文编年史家的结论更可信，因为他们追求的是吸引听众而不是说出事实真相"。② 如同柏拉图反对荷马，展开哲学与诗的论争，修昔底德反对荷马，展开了史学与诗的论争。

修昔底德与荷马之争，不仅仅是叙事风格的差异，而是对古今不同的看法。论争首先体现在对特洛伊战争的看法上。在修昔底德看来，

> 阿伽门农之所以能募集军队，主要是由于他实力突出，而不是因为那些求婚者向丁达流斯宣了誓就必须跟随他……阿伽门农还拥有比其他统治者强大的海军，他之所以能够组建远征军，固然是由于参加者的拥戴，同样重要的是由于参加者对他的畏惧。如果我们能够相信荷马史诗所提供的证据的话，阿伽门农自己的海上力量事实上是所占份额最大的。③

由此看出，希腊联军的获胜是靠实力取胜，根本是冒险者组建强大的海军，而荷马则把战争的获胜看作神的胜利。

其次，修昔底德反复强调，伯罗奔尼撒战争是比任何一场战争都更值得叙述的最伟大的战争。因为，过去的时代不是伟大的时代，显然，在修昔底德眼里，公元前5世纪是比过去的黄金时代或荷马时代都更伟大的时代。特洛伊战争不是最伟大的战争，因为古人和古代金钱匮乏，物质和勇气都贫弱。正如施特劳斯所言，修昔底德在质疑荷马的智慧。"要不是由

---

① [古希腊]修昔底德：《伯罗奔尼撒战争史》，徐松岩、黄贤全译，桂林：广西师范大学出版社2004年版，Ⅰ.22，第14页。
② 同上书，Ⅰ.21，第13页。
③ 同上书，Ⅰ.9，第7页。

于修昔底德的作品，过去时代的吸引力——主要是经由荷马的魅力而提升出的吸引力——将会始终遮蔽住当前时代的优势。"①

显然，在与荷马的竞赛中，修昔底德的立场是厚今薄古。他质疑的是荷马歌颂的诸神以及人对神的虔敬。如同他笔下的伯里克利轻视荷马所吟唱的英雄时代，如同当时多数智者藐视荷马歌颂的神，修昔底德的眼光开始从传统的荷马神学转移，直接审视当今时代的现状。而当今时代，即所谓伯罗奔尼撒时代的伟大正是因为它是一个动荡的时代，一个希腊在此期间达到巅峰，又逐渐日薄西山的时代。修昔底德展现的是动荡（kinesis）中的静止（stasis）。动荡是人类事务的本来面目，动荡中蕴含着静止。"最开始的动荡以衰弱、贫穷、野蛮、喧闹、混乱和恐惧为特征。而最大的静止的顶峰部分已部分延伸入最大的动荡，其中有着力量、财富、艺术、文雅、秩序、勇气，甚至还有对真理的清醒探寻，并战胜了诗的夸大。"② 这就是修昔底德为何称伯罗奔尼撒战争是空前伟大的战争的原因。

我们前面讲到，荷马和赫西俄德的史诗代表希腊性一阳一阴的两面。荷马的英雄世界更近于神性的世界，是希腊政治教育的楷模。赫西俄德的黑铁时代是神—人分离的世界，人的德性日益降格，平民（demos）开始出现，神与人之间的关系日益复杂。赫西俄德甚至用人世的眼光去看神的谱系，它也如人世一样是令人昏眩的黑暗深渊。修昔底德描述的世界更像赫西俄德的衰败的世界。在赫西俄德那里还有宙斯分配的正义，修昔底德记述的场景甚至很少有神的在场，也很少有对神圣法的敬畏。

然而，修昔底德并非后世马基雅维利和霍布斯之类的现实主义者，他所描述的世界展现了希腊人的高贵，能在读者心中唤起一种悲剧感。修昔底德笔下城邦政治的庄严肃穆达到了极致，在此之后的史家对城邦政治都不再有这样的庄严感。修昔底德笔下的英雄继承了荷马竞赛的德性，他们热爱荣誉，追求卓越，尽管身上没有神性，但却展现了高贵的人性，一种坚硬、勇敢、丰富的生命力。

尼采曾经说："让我从一切柏拉图主义那里获得恢复，嗜好和疗养的，在任何时候都是修昔底德……人们得一行一行地翻阅他，像读他的文

---

① ［美］施特劳斯：《修昔底德：政治史学的意义》，载刘小枫主编《修昔底德的春秋笔法》（《经典与解释》17），北京：华夏出版社2007年版，第9页。

② 同上书，第14页。

字那样清晰地读懂他的隐念（hintergedanken Denken）：很少有这样富有隐念的思想家……希腊哲学是希腊人本能的颓废，修昔底德是古代希腊人本能中那强大、严厉、坚硬的事实性的伟大总结和最后呈现。"① 可以说，修昔底德是一个前苏格拉底的希腊人，又不同于哀叹天命无常的爱奥尼亚的自然哲学家或希罗多德，他只关注城邦与人的世界。尽管质疑荷马的智慧，修昔底德却体现出如荷马一般的高贵与智慧。伯罗奔尼撒战争不是偶然和特殊的事件，就是我们的现实世界。与柏拉图的理想政制不同，修昔底德具有一种现实的勇气，他不是去追求人要达到的最高，而是审视人已经达到的最高。我们要在修昔底德的现实世界中，去体会古今自然与礼法的纷争。这种纷争最能体现人世间鲜活的生命力，而非观点思想的纷争。

第三节　城邦与帝国

一　伯利克里与雅典

尼采曾经这样说，阿那克萨哥拉最伟大的信徒是伯利克里，他的演说有如雷鸣电闪，当此之时，伯利克里就是阿那克萨哥拉的宇宙的缩影，"努斯"的肖像。"努斯"在他身上为自己建造了最美丽、奇异的屋宇。② 普鲁塔克笔下的伯利克里是一个高贵的人，尽管受到各种攻击，却能保持理智与温和，从不嫉妒人，从不轻易发怒。③ 伯利克里的雅典时代在后人眼中，已成为希腊的黄金时代。在修昔底德的史书中，雅典执政官伯利克里是最伟大、最高贵、最明智的政治家。伯利克里领导下的雅典民主是希腊政治的巅峰，也是雅典的全盛时期。修昔底德记下伯利克里的三次演说，在此之后还做出少有的长篇评论。即使如此，我们还是要注意区分修昔底德和伯利克里判断的差异，尤其是修昔底德对伯利克里的隐微的看法。

伯利克里的第一次演说是在斯巴达即将宣战时，他给雅典人鼓气。伯

---

① ［德］尼采：《偶像的黄昏》，卫茂平译，上海：华东师范大学出版社2007年版，第184—185页。

② ［德］尼采：《希腊悲剧时代的哲学》，李超杰译，北京：商务印书馆2006年版，第168页。

③ ［古罗马］普鲁塔克：《希腊罗马名人传》（上），陆永庭等译，北京：商务印书馆1999年版，第500页。

利克里告诉雅典人，战争是不可避免的，我们要对战争做精心的准备。在对双方形势的分析上，他指出雅典的优势在于金钱和海军实力雄厚。而且，雅典人继承了父辈在波斯战争中的贤智和勇敢，而不是依靠幸运和实力。① 修昔底德对伯利克里有关战争的判断完全赞成。我们从他对斯巴达王阿基达摩斯的判断可以看出。阿基达摩斯一向以睿智而温和著称，他认为斯巴达在金钱和海军上不及雅典，需要静观时日。但在他的演说后，修昔底德就让斯巴达的监察官出场，表明斯巴达不能再坐视自己的同盟国受到侵害，眼看着雅典的势力继续壮大。整个伯罗奔尼撒同盟都支持对雅典的战争，甚至德尔菲神谕也暗示胜利终会属于斯巴达的。修昔底德赞扬阿基达摩斯的节制，但完全不同意他对战争的判断，他不懂得求变，因而一再延误了对斯巴达的有利时机。而伯利克里的明智恰恰在于他既看到战争的不可避免，又不冒险出击，而是鼓舞士气、整装待发。

伯利克里的第二篇演说是葬礼演说词，这是对雅典民主最高的赞美。伯利克里诠释的最高德性是荷马意义上的勇敢，他赞美了祖先和阵亡将士的英雄气概，在城邦敌人面前，苟且偷生让人耻笑。当然勇敢并不限于战争，而是体现在政治和各种城邦的竞赛中。伯利克里所说的勇敢、慷慨与远见、判断力、风险考虑紧密相连，那种清楚地理解危难与快乐而又不因此逃避危险的人，才应该算作最勇敢的人。② 然而，伯利克里对传统并非完全持敬畏之心，他说：

> 我们不需要一个荷马为我们唱赞歌，也不需要任何他人的歌颂，因为他们的歌颂只能使我们暂时陶醉，而他们对于事实的印象不足以反映事实真相。我们勇敢无畏地攻入每一片海洋，进入每一块陆地；我们在各地所造成的不幸，或所布施的恩德，都为后世留下了不朽的纪念。③

---

① ［古罗马］普鲁塔克：《希腊罗马名人传》（上），陆永庭等译，北京：商务印书馆1999年版，第383页。
② 柏拉图《礼法》中所讲的深知灵魂的快乐和痛苦所表现出的勇敢即来自于此。参看［美］威廉斯《修昔底德笔下的个人与城邦》，载刘小枫主编《修昔底德的春秋笔法》（《经典与解释》，17），第94页。
③ ［古希腊］修昔底德：《伯罗奔尼撒战争史》，Ⅱ.41，第101页。

这就是雅典人的勇于革新、敢于冒险、果断行事的特性。处在民主制下的伯利克里与修昔底德对荷马的态度一样，已然看到荷马神学在城邦中的衰落，他现在敬畏的是城邦的成文法和不成文法。与修昔底德称当今的战争是最伟大的战争一样，伯利克里也是把当今的雅典民主看作独一无二，雅典是全希腊人的学校。

如果修昔底德不是在葬礼演说之后紧接着记述了第二年的雅典瘟疫，我们也许以为修昔底德对伯利克里葬礼词中歌颂的雅典民主完全赞同。因为战争，很多住在阿提卡乡村的村民搬到雅典城中，人口的增加无疑加大了瘟疫的泛滥程度。面对空前的死亡和灾难，违法乱纪、耽于享乐之事时有发生，公民对神圣之事和世俗之事都漠不关心。修昔底德特别提到好几处有违神法的事情，面对灾难，许多人不再求神祈祷，因为无用；因为人口增加，有人住在神庙中，结果神庙中堆满了死尸；人们对死者开始草草葬之，后因死者太多，就采用最伤风败俗的方式来埋葬。看上去雅典是由于瘟疫的偶然事件才使人心大乱，实际上伯利克里的演说词从来没有提到敬神，除了在提到城邦的保护神雅典娜时，说如果缺少金钱，人们可以把神像上的金片剥下来用，等到战争结束后再给神像重塑金身。伯利克里的理性使他以为，只要凭借周密考虑、审慎、勇敢等人的德性，就可以实现城邦最高的善。雅典的伟大可以超越一切神谕和命运的支配，成为永恒的存在。修昔底德对于这种人性的伟大并不乐观，以他对整个战争史的把握，对人性阴暗面的洞察，他对人能超越神和命运是十分悲观的。

修昔底德对于政治家的清明审慎的理性给予很高评价。政治家的使命是清晰地认识他的时代，并领导他的城邦和民众在时代中前进。伯利克里就是这样的出色的政治家。他在第三次演说中，就强调了雅典帝国的时代性，在于顺应了海洋战略。泰米斯托利斯确立的发展海军的战略的确铸就了雅典的强大，伯利克里是这一战略最伟大的继承者。在总结性的评论中，修昔底德对伯利克里的评价极高，他追求温和稳健（to metron）的政策，他对战争有正确的预见，他没有个人野心，他的个人利益和城邦的利益保持一致。对于伯利克里的领导艺术，修昔底德也多有褒词：

> 他领导民众，而不是民众领导他。因为他从来没有使用不当的手段来追求权力，他也从来没有被迫逢迎他们，相反，由于他享有崇高的威望，以至于他敢于提出相反的意见，甚至向他们发怒。每当他看

到他们过分得意的时候，他都会说服他们想到自己的危险；另一方面，如果他们由于恐慌而丧失勇气的时候，他会马上恢复他们的信心。一言以蔽之，雅典虽名义上是民主制，但事实上权力掌握在第一公民手中。①

作为政治家的伯利克里在民主时代只有与民众联合，才能实行城邦的政治战略（伯利克里担任执政官由雅典公民直接选举产生），然而又不被民众操纵，并能够比民众更清明审慎，从而掌握城邦之船的舵。由此看出，雅典的民主并非纯粹的权力在民，而实际上隐含着贵族政治的成分。它的领导人是克里斯马型的贵族人物。修昔底德虽然没有清楚表明自己对民主制的看法，但我们从他对伯利克里的评价中可以推测，他的政治品位与柏拉图和亚里士多德一样，倾向于一种符合中道的混合政制。实际上，修昔底德后来评论道，在他的时代中，战争结束后雅典成立的五千人政制比以前的政制都要好，因为它使少数的上层阶级和多数的下层民众之间的斗争得到适当的和解。②

作为雅典公民，作为一个城邦中的政治人，修昔底德与伯利克里的政治判断是一致的。但修昔底德还是一个历史学家，有超越伯利克里和他的时代的一面。如果科西拉党争的残酷、嫉妒、仇杀是政治权力的真相，这种权力斗争的恐惧丝毫不亚于超人力的瘟疫，那么对于伯利克里的时代，我们就不用去美化。伯利克里的改革也会触怒盘根错节的利益集团，哪怕其身后任何细微的变动都会如此。那么，权力政治的背后折射出什么？

作为历史学家的修昔底德，考虑的是政治中的正义（dike）与必然（ananke），考虑政治中的常与变。伯利克里支持战争，就像斯巴达最后被迫进攻阿提卡一样，体现了希腊历史中的必然之势。雅典的强大与正义本身并不冲突，正如雅典之前的斯巴达因其强大担当希腊同盟的领导者一样。斯巴达后来被雅典取代，不是因为其政制的节制，而是其人口的不足和希洛人的造反。然而，在正义与必然之间有看不见的度，超越这个度，正义就不再是正义，必然也就不再是历史趋势。这个度是政治中最高的东西，也最不可测，或许体现为神意、机运与天命。伯利克里对这个度的把

---

① ［古希腊］修昔底德：《伯罗奔尼撒战争史》，Ⅱ.65，第113—114页。
② 同上书，Ⅷ.97，第480页。

握是片面的，他以为为战争已做好最充分的准备，唯独瘟疫是出乎预料的。伯利克里因良好的教养而具有的高贵德性和出色的政治天赋，使他所在的时代中的雅典并没有超越正义与必然的度，而在他之后的雅典政治家就很难如此了。普鲁塔克对伯利克里的评价可谓是非常公允的：

> 后来发生的种种事情，使雅典人很快看清了伯利克里的为人，对他非常怀念。有一些人，在他活着的时候觉得被他的权力压着，不得出头，现在他们在他离去以后领教过别的演说家和领袖，这才承认，没有谁像伯利克里那样，能够在严厉时做到适可而止，在温和之中不失威严。他那招人忌妒的权力，曾被成为专制独裁，如今看来，却是政体中的中流砥柱，他能使城邦当时所遭受的种种败坏和邪恶缓和下来，减到最低程度，把它们掩盖起来，不让他们成为不可救药的祸害。①

二　米洛斯对话与西西里远征

伯纳德特曾经指出，修昔底德的史书围绕两个轴心展开：伯利克里在葬礼上的演说立即因随后的瘟疫而落空，米洛斯对话预示了西西里灾难。② 实际上，米洛斯对话与西西里远征之间的关系并没有那么简单，似乎雅典的帝国主义政策导致恶有恶报，似乎不从传统习俗意义上理解神圣律法就一定会导致灾难。修昔底德对政治与道义的看法，并不是完全站在道义一方，至少不是站在现代人理解的人道主义和道德的立场上。我们肯定不能把两者之间的联系看作因果报应，尽管修昔底德在书写上似乎有意把两者放在一前一后的位置上。那么，修昔底德如何来理解这个问题？

米洛斯的地位就像任何两个大国交战中，一个弱小的国家自身难保一样。它寄希望于寻求中立，而雅典人则要求它正视事实，实现切实可行的目标。米洛斯人的正义是，即使弱小的一方也能行使正当的权利。雅典人的正义是，公正的基础是双方实力均衡，既然这样的前提不存在，米洛斯

---

① ［古罗马］普鲁塔克：《希腊罗马名人传》（上），第 501 页。
② ［美］伯纳德特：《施特劳斯的城邦与人》，载刘小枫编《施特劳斯与古典政治哲学》，上海：上海三联书店 2002 年版，第 574 页。

人的行为显然是螳臂当车，以卵击石。米洛斯人虔诚地求助于神灵的保佑，而雅典人相信神灵站在实力强大的一边。① 如果从必然性来看，则米洛斯的实力注定无法抵挡强大的雅典，米洛斯和众多的小国一样，在雅典成为海军强国的时势上，不过是一个铺路石子。雅典人对必然性的看法也是事实。然而，雅典人的正义问题出在过分自大，这种傲慢僭越的征服心理，恰恰是从雅典的内政中体现出来的。

从雅典帝国的利益上看，即使是伯利克里在位，他也不会反对征服米洛斯。泰米斯托利造就的海洋帝国刚刚起步，伯利克里时期完成了它向帝国扩张的前期准备。因为瘟疫，伯利克里无法继续推动雅典帝国的伟大事业，他清楚地知道这是天命，而自己不过是履行这一天命的一颗棋子。据普鲁塔克的记载，伯利克里染上瘟疫临死时，人们互相谈论他的功绩尤其是他所建立的九座记功柱，以为他已失去知觉，听不到，但他突然说："这种赞扬使他感到很纳闷，因为这些功绩都是凭运气得到的"。② 伯利克里把功绩归于运气，有如他的前辈泰米斯托利清楚地知道，希波战争最后不是雅典人的胜利，而是神的胜利。政治家的审慎体现在知天命上，他必须清楚地知道，哪些是人要努力去追求的伟大，哪些是天意和神意，人不可以以为自己能够将神意操纵在自己手中。

伯利克里之后的政治家很难把握人与神之间的中道。克里昂在修昔底德笔下是一个最丑陋的小丑。在雅典人中，他是最暴虐的。③ 他坚决要求处死米提林城的所有居民，足以体现其血腥。而克里昂的演说则最具有煽动民众的力量，当帝国的维系只有依靠武力时，牺牲所有一切都在所不惜。克里昂狂妄地声称自己可以在二十天内生擒派罗斯岛上的斯巴达人，而最具戏剧性的是雅典人凭运气占领了派罗斯，克里昂实现了自己的诺言。修昔底德借这样一幕闹剧，提醒雅典人注意战争中的运气和意外成功后的节制。④ 然而雅典人的僭越使他们坚决不相信这是出于运气，克里昂为此提出过分的条件，不肯与斯巴达人缔结和约。

成就雅典帝国的伟大，可谓是几代政治家共同致力的事业。修昔底德

---

① ［古希腊］修昔底德：《伯罗奔尼撒战争史》，V. 85–111，第312—317页。
② ［古罗马］普鲁塔克：《希腊罗马名人传》（上），第501页。
③ ［古希腊］修昔底德：《伯罗奔尼撒战争史》，Ⅲ. 36，第154页。
④ ［英］弗朗西斯·康福德：《修昔底德——神话与历史之间》，第105页。

也将雅典的帝国梦看作高贵的光荣的梦想。对于西西里远征,修昔底德认为这一战略是切实可行的,关键的问题出在雅典的内政和政治家身上。也许我们并不能否认从伯利克里时期开始,西西里远征的计划就已经开始酝酿。然而伯利克里恰恰主张防御性政策,雅典最大的敌人是斯巴达,雅典人不能通过利用战争实行新的征服计划,从而主动把自己带入新的危险中。因此,伯利克里虽然知道这样的远征计划,但他不会在当时就主动出击。修昔底德由此认为后伯利克里时代的雅典人已经不再能坚持伯利克里的长远战略,他一针见血地指出西西里远征失败的主要原因:

> 伯利克里的继任者大都处于平等地位,而每个人都想力争居于首要地位,最终他们竟准备靠牺牲整个城邦的利益来迎合民众的幻想。这种情况,正如我们所预料的那样,在一个伟大的、居于统治地位的城邦中,必然会导致许多错误,西西里远征就是这些错误之一。尽管这些错误不在于对他们所进攻的敌人的军事实力的判断失误,而是派遣他们出去的人随后没有采取最得力的措施给予海外军事援助。因为他们忙于施展个人阴谋,以图获得对民众的领导权。这样便不仅使远征军军心涣散,而且在国内第一次导致内讧。①

亚西比德是西西里远征最有代表性的政治家。他出身高贵,外貌英俊,天赋惊人。正如普鲁塔克所言,亚西比德是伟大的煽动家,雅典民众常常完全被他迷惑。然而,贵族世家到亚西比德这一代已经世风日下,尽管他有出色的天赋和雅典人的激情、爱欲和勇敢,但生活中却是骄奢至极,甚至粗野奸诈。尼基阿斯在演说中对亚西比德的指责并不为过,亚西比德的确是为了私人的目的鼓动雅典人远征,指望从指挥官职位中捞取好处,保持他那奢华的生活。② 如果说克里昂是米提林事件的鼓吹者,那么米洛斯事件背后的指使者则是亚西比德。亚西比德的放纵与野心激发了雅典民众的野心,而雅典民主德性的败坏体现在英雄人物身上德性的降格,对荣誉的热爱和追求变成对个人私利的追求。正如布克哈特所言:

---

① [古希腊]修昔底德:《伯罗奔尼撒战争史》,Ⅱ.65,第114页。
② 同上书,Ⅵ.12,第330页。

在希腊人当中，个人坚决地从其他所有人中脱颖而出的做法是非常独特的，个体权力的观念变得极为重要；随着环境的变化，他们从城邦最忠实的仆人蜕变成那些犯下滔天大罪来反对它的人。正是这种城邦本身，一方面怀抱着其充满猜疑和狭隘的平等的观念，另一方面从个人的角度又极力追求完美无缺，把有才能的人引向肆无忌惮的贪欲成为自大狂。[1]

正是雅典民主制的猜疑和狭隘的平等观念，使民众对领导人缺少信任感。修昔底德和客蒙被放逐，伯利克里因为主张战争以及后来的瘟疫受到民众的诅咒，还被处以罚款。远征中赫尔墨斯神像事件已成为政治阴谋，亚西比德由此被召回，他害怕回来后被放逐而逃往斯巴达，这对雅典造成巨大的损失。尼基阿斯深知雅典民众的性格，与其在雅典人手下受到不公正的审判，并在一项令人耻辱的罪名下被处死，不如作为军人死在西西里的敌人手下。

施特劳斯对此问题的解读颇为精到。他以为伯利克里的葬礼演说和瘟疫，米洛斯对话与西西里远征之间的联系在于，公共利益与私人利益之间的和谐总是变化莫测。在伯利克里的葬礼演说中，两者似乎是和谐一致的。施特劳斯则反问：为城邦获取更多利益，而以牺牲其他城邦为代价，最终不是同样激发个人为自己获取更多利益，而以牺牲其他公民为代价？伯利克里理解的公共利益真的会使城邦和公民幸福吗？[2] 从后伯利克里时期的政治家来看，公共利益和私人利益之间的冲突越来越大，政治家更多考虑个人利害，党争形势之险恶也使政治家不得不如此。米洛斯对话体现了雅典最强硬的获取利益的方式，而西西里远征则表明这种方式在很大程度上损害了城邦和个人的和谐，损害了城邦公民的德性。雅典的衰落并非由战争引起，而是在战争中没有把握正义与必然之间的度，致使必然之势蜕变为行霸道之实，而离王道日渐远矣。

三 城邦与帝国

希腊城邦的"阿喀琉斯脚踵"在于城邦本身的自足性构成了政治秩

---

[1] ［德］雅各布·布克哈特：《希腊人和希腊文明》，第 316 页。
[2] L. Strauss, *The City and Man*, Chicago, 1964, pp. 199–200.

序扩展的最大障碍。结合修昔底德的伯罗奔尼撒战争史来看，对此就会有更深入的理解。在修昔底德笔下，诸神之争是切切实实的城邦利益之争。这种利益之争逐渐由于对神的不虔敬以及礼崩乐坏而演变为智者所理解的"正义即强权"。在希腊历史上，斯巴达和雅典的先后强大都曾经盛极一时，然而它们如何能担当希腊同盟的领导者，促进整个希腊的和谐？修昔底德和柏拉图都在思考这个问题，修昔底德是战争的亲身经历者，更是柏拉图的老前辈。在修昔底德看来，斯巴达和雅典的先后强大既合乎正义，也合乎必然之势。荷马时代最伟大的战争是特洛伊战争，过去最伟大的战争是希波战争，斯巴达是战争中希腊同盟的领导者。现在的战争，也是有史以来最伟大的战争是伯罗奔尼撒战争，雅典是这场战争中的最强大者。

雅典与斯巴达构成希腊性的两面。理解希腊性意味着要理解雅典与斯巴达的差异，理解它们的特性，它们特有的局限和特有的卓越。科林斯的使者在伯罗奔尼撒同盟大会上曾经描述了两个民族的不同性格：

> 雅典人热衷于革新，其特点是敏于构想，并立即付诸实施。而你们（斯巴达人）善于维持现状，总是缺乏革新意识，在被迫行动时也从未取得过足够大的成就。其次，雅典人的冒险精神超过了他们的国力，他们的胆量超出了他们的判断……雅典人的果断和你们的迟疑形成对照；他们总是在海外，你们总是在家乡。①

科林斯的使者当然有意激将斯巴达参战，因此对斯巴达的民族性颇有指摘之意。而修昔底德则不完全如此，他对斯巴达的节制和虔敬的德性给予很高评价，如斯巴达有良好的法律，使它能在四百年中保持稳定的政制，较少受到僭主的侵扰。在作为王一级的英雄中，修昔底德对斯巴达国王阿基达摩斯的赞许似乎仅次于伯利克里。

对于雅典民族的大胆与冒险，修昔底德亦有许多褒扬。除了伯利克里，修昔底德对德莫斯蒂尼的评价极高。派罗斯战役中，他凭冒险与神机妙算占领了派罗斯，使雅典处于战争中的优势地位。西西里远征的最后，他反对尼基阿斯的战略，主张快速撤退，又一次显现雅典政治家的果断。斯巴达将军伯拉西达的勇敢和智谋也颇合雅典人的德性，他成功游说众多

---

① ［古希腊］修昔底德：《伯罗奔尼撒战争史》，Ⅰ.70，第36页。

阿提卡人加入斯巴达同盟，从而孤立雅典，修昔底德对颇似雅典人的伯拉西达的褒扬和对颇似斯巴达人的克里昂的贬低形成鲜明对比。

雅典与斯巴达之争构成了希腊历史上的古今之争。从西方王政的衍生秩序来看，王政最先始于奥德修斯重新建立的伊塔卡，它仍保留一些国王（basileus）的王政的特征，王是神的后代，具有神性。到了城邦政治时期，希腊历史悠久的古邦为米诺斯、克里特和斯巴达，雅典城邦的民主制则最能体现当时的时代色彩。修昔底德的历史谱系学表明，从最初的王政到雅典的崛起，海军实力最为关键。然而克里特，尤其是斯巴达在军事上都是凭重装步兵而壮大。修昔底德对斯巴达领导的时代只是稍稍提及。公元前6世纪是重装步兵国家的时代，斯巴达的扩张首先是征服美塞尼亚，在继续征服特该亚等城邦时受阻，改用结盟的形式（这一过程恰恰为柏拉图特别重视）。① 斯巴达和雅典的扩张在本质上是一样的，都是为了能充当希腊的领导者。修昔底德曾经提到斯巴达的问题，国内希洛人的暴动一直是内忧，人口稀少造成兵员不足（伯拉西达率领的伯罗奔尼撒联军中有三分之一是希洛人，并鼓励他们打胜仗可以成为自由人）。而斯巴达政制中，国王与监察官之间的冲突也日益剧烈，斯巴达也不再保持古代的王统治下的贵族制。

修昔底德对雅典的褒扬不是因为他自己是雅典人，也不是因为他推崇民主制，而是他明显在古今之争中推崇法今，公元前5世纪是海军的时代，雅典顺乎当时的时代大势。从雅典民主制的渊源看，克里斯蒂尼的变革打破了贵族所依赖的权力网络，粉碎了各种贵族团体，将德谟提升为宪法中政治团体的基本构成因素，从而彻底摧毁了贵族的政治地位。土地的自由流通和不断细分，构成阿提卡民主在伯利克里时代进一步深化的物质原因。② 修昔底德主要从政治军事上追述雅典的崛起，而伯利克里海洋帝国的民主基础正是大量的阿提卡小农、手工业者与外邦人。对于伯利克里的海洋帝国战略，修昔底德认为它完全是合于时宜的。

希腊同盟的脆弱是希腊从城邦向帝国扩展的重大障碍。柏拉图曾经提

---

① 参看［英］奥斯温·默里《早期希腊》，晏绍祥译，上海：上海人民出版社2008年版，第252—258页。

② 参看林国荣《伯利克里与他的帝国》，收入《复旦政治学评论》2007年11月第5期，第32页。

到斯巴达不能很好地处理与阿戈斯、美塞尼亚人的同盟关系，结果同盟者之间不能保持和谐一致。修昔底德向我们展示的伯罗奔尼撒同盟依然如此。斯巴达对普拉提亚的做法，足以表明雅典使者有关"拉西代梦人最显著的特点是把他们所爱做的事视为光荣的事，把符合他们自己利益之事视为正义之事"所言不虚，米洛斯人期望斯巴达来救援，的确是空洞的希望。① 雅典的提洛同盟以各盟邦向雅典所缴纳的贡金作为经济基础，贡金的数量往往不是经协议确定，而是雅典单方面确定，并且盟邦的一切诉讼都在雅典进行。伯利克里为提洛同盟辩护的理由是，盟邦出钱，雅典人出兵来保护他们。既然雅典是"全希腊人的学校"，各盟邦自然要为雅典给予的东西付出一定代价。然而，提洛同盟十分脆弱。雅典人对米提林人和米洛斯的态度，与斯巴达人的霸权完全一样。西西里远征军的构成以雅典海军为主，在与西西里联军作战时，雅典海军甚至缺少盟邦的帮助。雅典的不得人心，使它已然成为希腊城邦的奴役者。

斯巴达和雅典都无法胜任希腊的领导者，究其根本原因，乃在于城邦之间的诸神之争。每个城邦的神都不一样，界限之深难以逾越，即使最具开放性的雅典也仍是一个封闭的城邦。这使得希腊的政治秩序从最初的伊塔卡王政开始，就注定在现实政治中难以超越城邦的界限。雅典帝国的实质是泛希腊联盟。伯利克里的雅典帝国最缺乏的是能够超越城邦之神的精神伦理。伯利克里曾经热心于建立全希腊的神庙，最后也不了了之。柏拉图在理论上构建了能够超越城邦神的理念论和灵魂论，但直到基督教的帝国它才被成功运用。

伯利克里的雅典帝国是一个脆弱的泛希腊联盟。真正的帝国要到亚历山大的君主帝国才形成。在希腊化的时期，城邦实现了向帝国的扩展，然而真正的希腊性几乎荡然无存。亚历山大被西方人看作野蛮的东方君主的代表。西方的主流观点认为罗马人继承了希腊文明和希腊的德性，罗马共和国与希腊城邦一样被看作高贵的自由的政制，罗马帝国，尤其到晚期的基督教罗马帝国，已经发展出适应帝国的精神伦理——普世化的政治宗教。然而，西方历史上的帝国给人的印象始终是武力征服，殖民地扩张，用武力推行普世化的宗教，几千年来一贯如此。当今西方政治思想家考虑的关键在于，对一贯行使霸道的帝国而言，如何在民族国家内部建立如希

---

① 参看［古希腊］修昔底德《伯罗奔尼撒战争史》，V.105，第316页。

腊城邦一样的王政。西方政治注定要在城邦与帝国之间寻求妥协与折中的方式。

修昔底德的城邦世界保持了前苏格拉底的风格，尤其是保持了荷马世界诸神之争的风格。他对城邦政治的严肃和投入，后世的政治史家很少有人能及。修昔底德政治史学的意义在于，它是西方政治史学的过渡，它的上端是荷马的英雄世界，它的下端是民族国家诸神之争的世界。修昔底德效仿的是荷马，而其继承者则是马基雅维利和霍布斯。我们只有从正义与虔敬的角度去审视修昔底德，才能看出他的过渡性，看到他上与荷马，下与马基雅维利和韦伯之间的差异，由此才能理解西方政治中诸神之争的根本问题所在。修昔底德在虔敬上与荷马站在一起，这是希腊世界的高贵精神之所在。而正是在修昔底德后来的继承者马基雅维利和霍布斯身上，我们看到的只是赤裸裸的人性的贪婪和邪恶，它需要由强大的机器来震慑，否则人就会如脱缰的野马一样放纵自己。古典世界的神性与高贵性由此丧失殆尽，人性的下降带来了现代世界的下降，古典世界是向上看，现代世界是向下看，这就是尼采所说的现代人的"视角转移"。

让我们最后以施特劳斯的一段精辟之见来做结：

> 另外一些当代读者，从马基雅维利的学说，联想到了修昔底德；他们在这两个作者的身上，看到了共同的所谓"现实主义"，就是说，看到了对于神明力量的共同否认，或者对于正义力量的共同否认，以及对于严酷的必然性的共同敏感，与对于难以捉摸的偶然机遇的共同敏感。然而，修昔底德从来没有质疑过高贵品第针对猥琐品第所拥有的内在优势，这种内在的优势，特别在高贵者被猥琐者所毁灭的时刻，尤其会焕发出夺目的异彩。因此，修昔底德的《伯罗奔尼撒战争史》，遂在读者的心灵之中，激发出一种悲哀，而马基雅维利的著述，则从来没有唤起过这种悲哀。①

---

① ［美］施特劳斯：《关于马基雅维利的思考》，申彤译，南京：译林出版社2003年版，第467—468页。

第 三 章

智者派的政治哲学

第一节 智者派与雅典的启蒙运动

智者运动的出现有其特殊的历史和社会背景。公元前5世纪的希腊经历过希波战争，雅典成为希腊最繁荣、最强大的城邦。从伯利克里的葬礼演说可以看出，雅典的文化之辉煌足以使其成为全希腊人的学校。雅典的民主政治是希腊经济发展的产物，经过梭伦改革和克里斯蒂尼改革，雅典的民主政治在伯利克里担任执政官时期达到了巅峰，此后开始日益衰退。智者的出现，体现了希腊从荷马时期的英雄和贵族时代转向了平民时代。智者就是平民化的知识分子。巴克曾经指出，智者真正的新颖之处在于反对伊奥尼亚的自然哲学，他们提供关于善或实践智慧的教导，承诺传授关于正确管理国家和家庭技艺的知识。① 换言之，智者进入了"后物理学时代"，他们不再追问世界的本源和开端，而是完全融入现实社会和政治发展的要求中。智者是希腊最初的专职教师，大多数是语言学和修辞学大师，因为民主政治决定了公民有权利在法庭中为自己申辩，维护自身权益，年轻的政治家要获得民众的支持，修辞术是必不可少的技艺。这些智者多是外邦人，从各地汇集到当时的政治文化中心雅典，为雅典政治出谋划策。

智者派对雅典文化和教育的贡献功不可没，其影响之大，范围之广，构成了对希腊传统宗教和文化教育的最大挑战。在某种程度上可以说，雅典的社会秩序就是在智者派的思想影响下形成的。因此，公元前5世纪的智者运动是希腊历史上第一次真正意义上的古今之争。古今之争的根本在

---

① ［英］巴克：《希腊政治理论》，卢华萍译，长春：吉林人民出版社2003年版，第83页。

于权威的动摇，智者通过对传统权威的质疑，以确立新的权威。智者运动是第一次大范围的启蒙运动。一种普遍的观点认为，古典政治哲学与智者派的关系，犹如德国唯心主义尤其是黑格尔，与法国大革命的理论家尤其是法国哲人的关系。自由主义者倾向于支持智者派，而保守主义者倾向于支持古典政治哲学。① 自然与礼法的对立，正是古今之争和启蒙运动的产物。

智者（sophist）这个词来自"智慧"（sophia），sophia 的含义十分丰富，第一，指理论哲学的智慧；第二，审慎的实践智慧，有关实际生活和政治生活的明智；第三，某种专门技艺。② 以往的古圣贤哲都是被别人称为有智慧的人，比如荷马和赫西俄德，或者只认为自己是爱智慧，神是唯一有智慧的，比如毕达哥拉斯和赫拉克利特，但是到了智者这里，则公开宣称自己是有智慧的人。普罗泰戈拉说：

> 我个人认为智者的技艺是一种古老的技艺，但是从前做这种事情的人害怕这种怨恨，于是采用伪装，有些人用诗歌作掩护，例如荷马、赫西俄德、西门尼德，有些人用宗教祭仪和预言作伪装，比如奥菲斯和穆赛乌斯……我承认自己是一名智者和教育家，我认为公开承认这一点比隐匿或否认更明智。③

启蒙运动中的知识分子和他们的先辈不同，他们以传授知识和技艺为业，以此谋生，收取学费，自然要标榜自己的博学多才、无所不知。一来可以声名鹊起，多招学生，扩大影响；二来智者多为外邦人，必须谋求豪门权贵的扶持。当时诸多智者都是政治家伯利克里的座上宾即可为证。智者将诗歌和宗教预言看作伪装，恰恰表明，只有他们教授的技艺才是真知，因为其有用处。启蒙的意义就在于告诉人们，以前的知识和教育都是没有用的，而只有具有实用价值，可以解决问题的技艺才是有意义的。因

---

① Eric Havelck, *The liberal Temper in Greek Politics*, New Haven, 1957. 转引自 L. Strauss, *Liberalism: Ancient and Modern*, Chicago, 1968, Chap 3.

② [英] 柯费尔德：《智者运动》，刘开会、徐名驹译，兰州：兰州大学出版社 1996 年版，第 26 页。

③ Platon, *Protagoras*, in: *Platon: Sämtliche Werke, II*; Übersetzt von Schleiermachers, Baden‑Baden, 1991, 316d‑317c.

此，智者派对当时的雅典社会影响极大。他们一方面支配了对年轻人的教育，他们到处巡回演讲，办学校，表明传统的高贵（kalokagatia）已经不再适用，最重要的是学习实践技艺。另一方面，他们是传统社会秩序的颠覆者和新思想的传入者。自然（physis）和礼法（nomos）在他们那里的面目焕然一新，有了很多全新的解释，这些新思想在雅典社会和政治生活中可谓影响深远。①

智者派在当时的启蒙运动中无疑是文化界的领导者。一般认为四大智者包括普罗泰戈拉、高尔吉亚、希庇阿斯和普罗迪科。在此之外，老一辈的阿克萨戈拉是连接巴门尼德哲学和主流智者的学说的桥梁。同时期，希腊医学的祖先希波克拉特，希腊历史学之父希罗多德，历史学家修昔底德，希腊悲剧诗人索福克勒斯和欧里庇得斯，喜剧诗人阿里斯托芬都受到了智者思想的影响。而这些人中有许多都属于伯利克里的圈子，他们是伯利克里领导的雅典新文化运动的中坚力量。

智者在西方哲学史上的地位不高，当然要归咎于柏拉图对他们形象的刻画。柏拉图称他们是"精神食粮的兜售商"。② 从形而上学哲学理念论的角度看，智者的理论水平不甚高（也可能是许多材料没有流传下来）。然而西方今天的古典学界主流几乎都认为，柏拉图笔下的智者形象是对智者的歪曲，他们多少想为智者翻案，诸如强调智者在政治和教育等实践领域中的重要作用，强调伊索克拉特与柏拉图完全不同的政治智慧和影响。这些研究固然对我们了解智者思想有很大意义，然而古典学界的一致努力却也反映了他们自身的立场——作为现代民主政治下的知识分子应努力为自由主义体制效力，西方现代性的危机在他们那里是不成之为问题的，因为古典学的诸多研究方法都是启蒙后的现代文学、哲学、历史学的方法，研究古典对于他们和研究当今的各个流派没有什么根本差别。那么，苏格拉底和柏拉图为什么要反对智者派，为什么要重新提出一套学说，尽管他们无疑从智者派那里汲取了很多东西。显然柏拉图认为，智者派以及他们开启的新文化运动要为雅典城邦的衰落和社会秩序的混乱负主要责任。以下我们将通过展现自然与礼法之争在智者这里的紧张与对立如何一步步展

---

① ［德］策勒尔：《古希腊哲学史纲》，翁绍军译，济南：山东人民出版社1992年版，第82—84页。

② Platon, *Protagoras*, 313c.

开，来回答上述问题。

第二节　普罗泰戈拉论技艺与德性的可教

要考察自然（phyis）与礼法（nomos）的根本对立，必须要考察自然与礼法在智者这里含义发生的根本变化。一般认为，智者和自然哲学家的区别在于，自然哲学家更关注灵魂、理性（logos）、理智（nous）等天上的事物，智者更关注习俗与伦理，政治与法律等地上的事物，因此从前者向后者的转化意味着哲人的目光从天上转向地上，苏格拉底就是受到智者这一转向的影响。[①] 这种看法十分片面，我们已经在前面指出，前苏格拉底的自然哲学家是知行合一的实践者，他们行走于天地之间、出世与入世之间。智者派从自然哲学家那里继承的只是"概念"，诸如存在、理智（nous），这些概念的生命力在智者那里却荡然无存。例如，高尔吉亚的《论存在》是唯一一篇保存完好的智者的作品。他回应巴门尼德的存在问题，却只不过指出巴门尼德的存在谓语将会导致的自相矛盾，把巴门尼德的概念当作抽象的符号抽出来，再从一般的经验角度加以理解。[②] 这里的关键在于，与自然哲学家相比，智者生活在无神的时代中。因此，能否进入古代神话—史诗诗人和自然哲人的世界，并非完全由时间决定。智者生活的时间离他们并不遥远，但对于古人的世界已经大加诋毁，其中最严重的是打破古人世界中的神像。

西方启蒙运动总是要从神的问题入手。我们前面讲到希腊的自然（physis）与礼法（nomos）的共同起源在于对神的虔敬。自然是使其自然地生长与孕育，礼法是在祭神与敬神中形成的礼法。当城邦中礼崩乐坏时，各领域中都出现不敬神的观点。普罗泰戈拉认为，"关于神，我不可能感受他们如何存在或如何不存在，我也不可能感知他们的型相是什么。因为有许多感知方面的障碍，人们不可能亲自体验到神，而且人生又是短促的"。[③] 这种对神的阐释体现了智者的"智慧"对古代宗教的瓦解。智

[①] 此种说法源于西塞罗对苏格拉底的评价，其实应该首先用来指智者派。转引自 W. Guthrie, *A History of Greek Philosophy*, Cambridge, 1975, Vol III, p. 103.

[②] 参见［美］沃格林《城邦的世界》，第358页。

[③] 汪子嵩等:《希腊哲学史》（二），北京：人民出版社1993年版，第194页。

者宣扬的无神论和不可知论在城邦中到处蔓延,成为最流行的思潮。在城邦政治中,伯利克里认为"神的存在只是一种推断而已,我们谁也没见过"。① 我们在伯利克里的葬礼演说中,也没有找到关于敬神的字句。悲剧诗人欧里庇得斯在《柏勒洛丰》残篇第 286 行中写道:"谁说天上有神?不,没有!……那些违背誓言的人将城邦引向毁灭,可是他们这样行事的时候却比那些日夜虔信神的人更加快乐。我还知道那些崇奉神的城邦在战争中被人多势大的城邦颠覆了,臣服于那些比它们更不虔诚的城邦。"② 我们可以将不敬神概括为三种观点:第一,诸神并不真实自然地存在,只是相对的,甚至神是人根据自己的需要创造出来;第二,诸神即使存在,也会受到祭礼的诱惑,违反正义;第三,彻底的无神论。在智者派的启蒙运动中,人与神的关系面临信仰与理性的冲突。人的理性(智慧)对神的怀疑与否定消解了古代世界中自然(physis)的根基,荷马、赫西俄德与自然哲人那里自然原初的生命力丧失,作为生生不息的变易之道的自然变得十分狭隘,没有天地之象,没有神明之象,一切都从人的感觉和欲望出发。

普罗泰戈拉的"人是万物的尺度"是智者派自然观念的集中体现。他在某一著作的开始写道:

> 人是万物的尺度,是存在者存在的尺度,也是不存在者不存在的尺度。③

这句话显然是借用巴门尼德的概念,表达了一切以人为中心的观念。人是万能的,人可以战胜一切,因为人拥有技艺(techne)。在柏拉图的《普罗泰戈拉篇》中,普罗泰戈拉通过重新讲述赫西俄德有关普罗米修斯的神话,勾勒了一幅人类无限进步的图景。它揭示出:第一,人的技艺来自神,普罗米修斯给人间带来火种,厄比墨透斯教给人制造与分配的技艺。这表明人是分有神性的。第二,仅有技艺,人仍处在相互争斗的自然

---

① [古罗马]普鲁塔克:《希腊罗马名人传》(上),第 466 页。
② 汪子嵩等著:《希腊哲学史》(二),第 196 页。
③ [古希腊]第欧根尼·拉尔修:《名哲言行录》(下),徐开来、溥林译,桂林:广西师大出版社 2010 年版,IX.51-52,第 588 页;[古希腊]柏拉图:《泰阿泰德篇》,载《柏拉图全集》(二),王晓朝译,北京:人民出版社 2003 年版,152a,第 664 页。

状态中。宙斯于是让赫尔墨斯带给每个人正义（dike）与敬畏（aidos），才有了城邦秩序。第三，城邦中的美德并非天生的或自然而然拥有，而是通过学习和接受教育获得。由此，普罗泰戈拉表明，德性是可教的，因为每个人身上都有宙斯赠予的礼物——正义与敬畏。普罗泰戈拉有关人类进步的"新文明论"在当时早已广为流传。埃斯库罗斯的《被缚的普罗米修斯》是对解放人类的普罗米修斯的歌颂，索福克勒斯的《安提戈涅》开篇对人之伟大的歌颂，与普罗泰戈拉所表达的"人本主义"意思相通。①

然而，普罗泰戈拉只是看到通过传授技艺，人类的进步就可以延续下去。这种心态无疑是对雅典所处的繁荣盛世的赞美。他看不到盛世背后的礼崩乐坏。《普罗泰戈拉篇》的故事发生在公元前433年，当时正处于时代的刀口上，是一个极度焦虑却又对人类充满盲目自信的时代；两年之后，伯罗奔尼撒战争爆发，紧接着一场大瘟疫在雅典肆虐，伯利克里染病辞世，雅典的命运经受着前所未有的考验。② 但普罗泰戈拉却以为人只要拥有技艺，建立正义的政治制度，就能够使人类获得解放，实现政清人和。他没有看到，在礼崩乐坏的时代，人心惟危，道心亦惟危。普罗泰戈拉这位教授政治技艺的大师，教公民"学会恰当地照料他的私人事务和国家事务，这样他就能把自己的家庭管理得井井有条，也就能够在城邦中成为强大的人，就国家事务做最好的发言和采取行动"。③ 对于人心惟危，普罗泰戈拉以为通过完善政治制度，建立奖励惩罚机制，通过威胁让民众服从，就能教育出好的公民。

这就是苏格拉底与普罗泰戈拉的根本分歧。苏格拉底不否认教育的重要，也不否认技艺的培训对于城邦公民教育的重要，问题在于德性的教化要使公民反躬自省，这是外在的制度建设不能代替的。苏格拉底对灵魂的思考以及对"整全的德性"的思考，正是拯救人心的事业。当传统的奥林匹斯宗教已经衰落后，苏格拉底继承了自然哲人的事业，德性的教化首先不是技艺的培训，而是教化人心，正人心。在此意义上，苏格拉底借评判斯巴达古风时代的思想，引出希腊七贤之一的开隆（Chilon）将智慧果

---

① 刘小枫：《重启古典诗学》，北京：华夏出版社2010年版，第162—163页。
② 参见肖厚国《古希腊的思想与历史》，上海：上海人民出版社2010年版，第54页。
③ Platon, *Protagoras*, 319a.

实献给德尔菲的阿波罗，德尔菲神谕即为"认识你自己"和"勿过度"。苏格拉底显然指出智者普罗泰戈拉的问题是不能认识到自身的限度，因而会毫无节制地称任何德性都可以教。苏格拉底将美德是否可教的问题推向探讨什么是美德，以后又进一步提出"美德即知识"的观点。

普罗泰戈拉所代表的早期智者是民主政治的拥护者，他的政治学说确实具有保守主义的色彩。他认为神在分配技艺时，每个人都拥有一份正义和敬畏。他的教育理念体现了雅典民主政治中的公民教育，如敬神，模仿善人，音乐与体育，守法，柏拉图在《理想国》中吸收了许多普罗泰戈拉的教育理念。正如巴克指出，普罗泰戈拉并不主张自然与礼法的对立，也没有不敬神。[①] 然而，此时希腊民主政治中关于伦理与正义的混乱已暴露无遗。普罗泰戈拉几乎否认城邦有其自然，而认为每一社会有其不同习俗，当然有不同的正义，立不同的法，法是纯粹习俗的体现。这种观点当然有其支持现实政治权威的用意。

普罗泰戈拉维护既定的城邦秩序，这已经不是古代世界礼法（nomos）的本意。如前所述，在古代世界中，人间的礼法是对神法的模仿，并不是简单地对现实秩序的肯定。持此观点的智者容易用当前统治者制定的法律规范代替源自神与祖先的礼法，从而将礼法降低为要求公民服从的高高在上的规范。把现实秩序当作祖传的习俗固定下来，奉其为权威，这其实是对古代礼法精神的误解，而误解的根源在于，普罗泰戈拉把自然（physis）仅仅看作人的技艺，阻断了人通过追求德性，不断向善，实现不朽的古典传统。在普罗泰戈拉之后的智者那里，关于自然与礼法的争论使城邦陷入前所未有的伦理危机中。

第三节 晚期智者派对古典自然与礼法传统的颠覆

智者时代的创新在于颠覆古典传统的自然（physis）的内涵，又从人的欲望和意志的角度赋予其新的含义。在高尔吉亚的《海伦颂》中，他认为自然与礼法的对立在于，自然不可选择，礼法可以选择。听命于自然，按情欲行事或受语言诱惑是合乎自然的。合乎自然，无法选择也就是

---

① ［英］巴克：《希腊政治理论》，第109页。

必然（ananke）。① 高尔吉亚为海伦的辩护在于，海伦是无罪的，因为海伦只是听命于自己的欲望。完全肯定了人的欲望的正当性，视之为必然之自然，我们从中能看到文艺复兴与现代启蒙运动的影子。由此而衍生出更极端的观点则是，把一切法律看作强制自然的暴君。智者希庇阿斯说："根据自然而不是根据礼法，你们都是我的亲人、朋友和同伴。按照自然我们各位同类相连，但是礼法是人类的暴君，以违背自然的方式强制人类行事。"② 另一位智者安提丰则将此观点更加理论化，他提出："法律所确认的许多正义行动是违背自然的……法律所作的限制却使人们越来越背离自然，它教唆人们逆自然而动……法律所确认的利益是自然的桎梏，自然所确定的利益却是自由自在的。"③ 希庇阿斯和安提丰是现代极端放任的自由主义者和无政府主义者的先驱，后现代的解构主义者也是如此消解礼法以及一切共同体的信仰的。

从自然的立场上反对礼法，只不过是肯定了人的欲望的自然，把人的欲望放在不可置疑的最高位置上，这正是现代智者霍布斯的出发点。人的激情和欲望高于一切，成为最高的自然权利，既消解了古代社会的自然法，又质疑一切习俗与伦理的权威。而这种人的欲望的自然在所有人中都是一样的，由此建立人人平等的基础。安提丰有关希腊人与野蛮人的惊世骇俗的论述可以算是开平等主义的先河。他说：

> 实际上按照 physis，不论是哪里人，是希腊人，还是野蛮人，生下来都一样。自然给与一切人应有的补偿，这是人人都看得到的；所有人也都有能力获得这种补偿。在这方面不可能像区分希腊人还是野蛮人一样做出区分，我们大家都用嘴和鼻子呼吸，用手拿吃的东西……④

这里的自然即动物式的自然，没有出身、民族和文化的差异。霍布斯论述人的能力平等也采用同样的方式。在此种自然面前，人已经没有文化

---

① 汪子嵩等著：《希腊哲学史》（二），第 219 页。
② Platon, *Protagoras*, 337d.
③ 汪子嵩等著：《希腊哲学史》（二），第 222—223 页。
④ 同上书，第 224 页。

上的差异。而去除文化的差异，就无所谓人的差异，人在此种平等面前已经不再能被称为希腊意义上的人。

安提丰的"自然正义"观点是对希腊城邦政治的颠覆。如此论述我们在亚里士多德《政治学》有关奴隶问题的论述中也可以看到。亚里士多德固守希腊人与蛮人的划分，认为其合于自然，因为理智统治欲望，天然的奴隶缺乏理智，灵魂是不自由的。[①] 亚里士多德其实早已看到安提丰的学说对雅典城邦启蒙所带来的危害，这种危害在希腊晚期的犬儒主义者那里暴露无遗。因为人具有相同的自然，相同的本质，由此就可以建立一个世界城邦。希腊城邦政治的薪火至此彻底熄灭。

另一类智者从礼法（nomos）的立场上反对自然（physis），属于习俗主义者。他们把礼法的根源追溯到习俗。礼法是习俗性的，因为礼法本质上属于城邦，而城邦本身是习俗性的，一切从城邦中产生的事物都如此，诸如语言、正义等。这涉及对礼法的本质的理解。在《回忆苏格拉底》中，苏格拉底和希庇阿斯有一段关于"礼法与正义"的对话。苏格拉底认为礼法（nomimon）即正义（dikaion），希庇阿斯说礼法没那么严肃，它经常变来变去。苏格拉底说还存在"不成文法"，它来源于神。[②] 苏格拉底道出了礼法的神性起源，这正是赫西俄德所说的"正义"（dike）和赫拉克利特所说的"神法"（logos）。而去除礼法的神圣起源，把它仅仅看作城邦的约定，这是对古典传统的反叛与颠覆。在此基础上，习俗主义的智者越走越远，于是出现了卡利克勒斯和色拉叙马霍斯这样庸俗的智者，他们代表了习俗主义更低级的版本。卡利克勒斯将"强权正义"提升到"自然正义"的高度。他指责苏格拉底忽视了自然与礼法的区别——按照礼法是作恶者更可耻，而按照自然是遭受不义者比行不义者更可被耻，因为自然与礼法关于正义与不正义的标准正好相反。在卡利克勒斯看来，自然本身是强者按其强大应该比弱者获取更多，礼法是作为多数人的弱者为防止强者超过他们而制定的。所谓的正义即合乎"自然法"（nomos tes physis），使强者更强大，保护强者利益，因为按照自然，强者

---

① 参看［古希腊］亚里士多德《政治学》，吴寿彭译，北京：商务印书馆1996年版，1254a20-1255b10，第13—16页。
② ［古希腊］色诺芬：《回忆苏格拉底》，吴永泉译，北京：商务印书馆2001年版，4.4，第161—168页。

的能力高于弱者。① 卡利克勒斯的观点是霍布斯的现代社会契约论的鼻祖。他将人的自私、自利、自保看作自然，而合于自然的礼法则是为了维护人的自保。而色拉叙马霍斯的"正义即强者的利益"不过是卡利克勒斯的翻版。

我们看到，自然和礼法在智者派中的根本对立表明，希腊人古老的自然与礼法的感召力，一种从传统中产生的文化自豪感正在走向瓦解。而诸如安提丰、希庇阿斯、卡利克勒斯这样的智者对城邦正义的颠覆更加剧了城邦精神的衰朽。喜剧诗人阿里斯托芬对此有深刻的洞察，《云》中充满对智者的愤怒与嘲讽。智者是城邦正义与礼法的败坏者，跟他们学习的人回来后，儿子开始打父亲。城邦的伦理危机在伯罗奔尼撒战争中暴露无遗。修昔底德这样描述科西拉革命：

> 过去被认为是不顾一切的鲁莽之举，现在被认为是一个忠诚的同盟者所必备的勇气；谨慎周到的等待时机，被看做是懦弱的代名词；中庸之道被视为缺乏男子汉气概的表现；……疯狂的暴虐变成了男子汉气概的标志；耍阴谋诡计变成了合法自卫的手段。

苏格拉底正是看到城邦的内忧外患，才去反对智者。在《高尔吉亚篇》中，苏格拉底批评修辞学是"奉承的技艺"，修辞学不考虑对与错、高尚与卑劣、正义与非正义、不关注人的灵魂。苏格拉底批评伯利克里等城邦政治家正使城邦变得腐败和溃烂，"他们不注意纪律和正义，而只用港口、船坞、城墙、税收以及类似的垃圾来喂养我们的城邦"，"伯利克里使雅典人变得愚蠢、胆怯、夸夸其谈与邪恶，因为他第一个向公民提供的劳役支付报酬"。② 智者是城邦政治的"智囊团"，伯利克里就是高尔吉亚的好友，并委托其为雅典的殖民地立过法。以经世致用为本的智者，颇似战国时的纵横家，在传授政治技艺时，却不探讨人的美德。在强调齐家治国时，却忘记了以修身为本。无本则无源，城邦的腐败源于人的腐败，人不再追求高贵的生活，而更在乎现实生活中的有用与强大。

---

① Platon, *Gorgias*, in: *Platon: Sämtliche Werke, I*; Übersetzt von Schleiermachers, Baden - Baden, 1991, 482e - 483a.

② Platon, *Gorgias*, 519a, 515e.

智者的启蒙运动造成了西方思想中自然与礼法之间的截然对立，这种对立我们在古风时期和"自然哲学家"那里是看不到的。智者以疑神开始质疑自然，将人的欲望和利益的满足看作新的"自然正义"。无论是彻底反对礼法的希庇阿斯与安提丰，还是维护城邦现实法律的普罗泰戈拉，都将人的欲望与城邦的强大作为最高的自然。自然的物质化与平庸化反映了在民主社会的普遍平等中，城邦与个人逐渐丧失对虔敬与高贵的德性的追求。面对城邦的礼崩乐坏，智者或者与现实的政治妥协，或者站在反城邦的革命立场上，直到今天仍然如此。他们缺少中道的实践智慧，不能使自然与礼法在城邦中和谐相处。智者固然是现实政治中的灵活变通者，却并非"圣之时者"，他们无法理解人更高的自然，无法理解城邦需要的"礼乐教化"，因而无法承担制礼作乐的立法者的使命。

第四章

苏格拉底的政治哲学

苏格拉底一生述而不作，没有写下任何作品。要理解历史上的苏格拉底，我们只能诉诸柏拉图、色诺芬、阿里斯托芬以及拉尔修等人对苏格拉底的画像。柏拉图比苏格拉底小43岁，色诺芬还要更小一点。据说柏拉图20岁时拜师苏格拉底，苏格拉底收下了他"梦中的小天鹅"。[①] 柏拉图笔下的苏格拉底是他对苏格拉底作为哲人生活方式的反思，这种反思贯穿其一生。色诺芬出身行伍，他最后一次见苏格拉底时至多不过24岁，此后离开雅典加入居鲁士的远征军，就再也没有见过苏格拉底。[②] 色诺芬笔下的苏格拉底更是城邦中德性高尚的公民，作为哲人的苏格拉底则是非常隐微地体现出来。阿里斯托芬是与苏格拉底同时代的喜剧诗人，他对苏格拉底的讽刺揶揄极尽夸张之词，与柏拉图和色诺芬截然相反。但要理解苏格拉底与雅典城邦政治，我们离不开阿里斯托芬。柏拉图的对话很多时候都在回应阿里斯托芬，尼采认为阿里斯托芬具有可靠的直觉，因为他将欧里庇得斯和苏格拉底的出现看作希腊文化的衰退。20世纪的政治哲学家列奥·施特劳斯的《苏格拉底与阿里斯托芬》一书对于我们理解此问题深有启发。

阿里斯托芬清楚地感受到苏格拉底与欧里庇得斯——他不同于索福克勒斯，尤其不同于埃斯库罗斯——之间的深刻亲缘关系，所以他才从马拉松战士"美好旧时光"的角度看待苏格拉底，把

[①] [古希腊] 第欧根尼·拉尔修：《名哲言行录》，徐开来、溥林译，桂林：广西师大出版社2010年版，第275页。

[②] [英] A. E. 泰勒：《苏格拉底》，李真译，北京：商务印书馆1999年版，第4页。

苏格拉底公正地描写成"最首要的智术师",描写成"一种堕落文化"的症状之一。阿里斯托芬的政治姿态似乎预示了尼采的政治姿态。①

我们的目的并非对史料进行甄别考证,探寻历史上真实的苏格拉底形象,而是探讨苏格拉底的政治哲学。苏格拉底具有公民与哲人的双重身份,政治哲学的真正开端始于苏格拉底之死,这意味着作为公民的苏格拉底与作为哲人的苏格拉底之间的冲突达到了极致。本章就是要考察这种冲突如何产生、如何化解,如何理解公民与哲人、政治与哲学的关系。尼采早已警告我们,苏格拉底是最值得拷问的古代现象,他是超越人的尺度的人,是个半神。

第一节 苏格拉底的两种面相:公民与哲人

苏格拉底生活在雅典民主的繁盛时期。他出生时,伯里克利还是一个年轻人。在埃斯库罗斯的《阿伽门农》上演时,苏格拉底只是一个孩子。他和雅典公民一起观看索福克勒斯和欧里庇得斯的悲剧,感受着雅典的伟大文化。伯罗奔尼撒战争爆发时,苏格拉底40岁左右。阿里斯托芬的《云》上演时,苏格拉底57岁。70岁时,苏格拉底被雅典城邦判处死刑。

苏格拉底的父亲是一名工匠,他笑称自己的祖先是工匠的始祖代达罗斯,但苏格拉底却没有任何手艺。他体魄强健,相貌丑陋,类似林神塞利纳斯。苏格拉底生活异常节俭,由于没有什么收入来源,最后只能靠朋友学生接济。他酒量很大,但除非场合适当,否则滴酒不沾。一年四季一件长袍,赤足行走,冬天亦如此。

在雅典城邦中,苏格拉底立下无数战功。柏拉图提到,苏格拉底以其非凡的勇敢而闻名。在《申辩篇》中,苏格拉底以自己作为一名出色的战士而自豪。在《会饮篇》中,通过亚西比德之口我们知道苏格拉底面对严酷的战役表现出的勇敢和顽强的毅力,远远超过他的同伴。在《拉

---

① [美]施特劳斯:《苏格拉底与阿里斯托芬》,李小均译,上海:华东师范大学出版社2011年版,第7页。

凯斯篇》中，拉凯斯将军评论道，如果其他雅典士兵都像苏格拉底一样勇敢，雅典就不会失去自己的光荣，大撤退的事根本就不会发生。① 这也说明了像色诺芬这样的将军为什么会由衷地崇拜苏格拉底。但色诺芬笔下的苏格拉底不是以勇敢著称，而是以节制著称。苏格拉底敬拜诸神，节制欲望，注重实践德性。他教人们虔敬友爱，锻炼身体，遵守法律，他自己几乎没有违背城邦礼法的地方。

关于苏格拉底如何对待法律，有两处史实可考。一是苏格拉底作为公民被推选为"五百人大会"议员，雅典人要集体审判十位将军，因为他们由于风暴没有运回阵亡士兵的尸体。当时诸多议员迫于压力，只有苏格拉底冒着被逮捕和处死的危险坚持十位将军无罪。虽然苏格拉底的意见没有奏效，但事实证明雅典人最后还是承认法律的宣判是错误的。在三十僭主统治雅典时期，议员苏格拉底受三十僭主的胁迫，要他判萨拉米斯的赖翁死刑，但苏格拉底坚持不去行不义。② 另有一例是苏格拉底被判死刑，他本来缴纳一笔罚金，就可以改判，或者在克里同的帮助下逃往其他城邦，但他仍然选择死亡。除了作为哲人的原因外，作为公民的苏格拉底深深热爱自己的父母之邦，违背法律是公民的耻辱，即使逃到其他城邦，也会被人耻笑。③ 由此可见，苏格拉底在危难时期的表现真正体现了一个负责任的公民如何履行公民义务。而对于法律，除了成文法的城邦法律之外，苏格拉底提到还有更高的不成文法。当他与希庇阿斯辩论法律和正义的关系时，提出"正义即守法"。苏格拉底这里意指守法包括城邦法和不成文法，而不成文法是神明制定的法律，诸如孝敬父母，禁止乱伦。④ 关于不成文法，亚里士多德举过安提戈涅的例子，从中引申出礼法本身的正当在于自然法。20世纪政治哲学家汉娜·阿伦特在其著名的文章《公民不服从》中，称公民不服从精神在于履行对原初社会契约的承诺，履行

---

① ［古希腊］柏拉图：《苏格拉底的申辩》，吴飞译疏，北京：华夏出版社2007年版，28e，第105页；《会饮篇》，219e，第349页，《拉凯斯篇》，181b，第110页，载《柏拉图对话集》，王太庆译，北京：商务印书馆2004年版。
② ［古希腊］柏拉图：《苏格拉底的申辩》，32b－32e，第115页；［古希腊］色诺芬：《回忆苏格拉底》，4.4，第161页。
③ ［古希腊］柏拉图：《克里同篇》，载《柏拉图对话集》，王太庆译，北京：商务印书馆2004年版，50e－51c，第67页；53b－e，第70页。
④ ［古希腊］色诺芬：《回忆苏格拉底》，4.4.11－25，第163—169页。

公民的政治责任。① 苏格拉底服从法律实际上正是体现了阿伦特所说的公民不服从精神，彰显了真正的公民美德。

　　苏格拉底有大量闲暇，他每天在广场上和别人讨论问题，如正义、勇敢、虔敬等，常常没有结果。苏格拉底不像智者一样担任专职教师，收受高额费用，也不是职业思想家，他并不想强制别人接受真理，他的观点是城邦中意见的一种。这种对话处在城邦敞开的空间中，是商谈（dialegesthai）的对话。苏格拉底把这种商谈称为助产术。对话不是要摧毁意见，而是帮助公民使意见呈现出来。② 阿伦特把苏格拉底解释成城邦的友爱者。哲学在城邦中不是要提供真理，而是要唤起和帮助公民去思。意见也有真与非真，但是这种真是在对话的空间中展现，而不是在与世界隔离的思考中。苏格拉底以雅典公民的身份和公民交朋友，他和所有的公民都平等地处在空间中。苏格拉底开创了一种新的塑造共同体的方式——商谈的对话。这种对话不同于智者的修辞术，教人如何利用言词取胜；也不同于形而上学的逻辑，以绝对的真理压倒一切现象。

　　然而，如果苏格拉底仅仅如色诺芬描述的一样是城邦中虔敬守法的公民，或者如阿伦特设想的一样是城邦中与公民平等对话的哲学家，那么就不会有哲人与城邦的冲突，不会有苏格拉底被判死刑。以上所展现的仅仅是苏格拉底生活中作为公民的一面，这一面体现了苏格拉底高贵的公民美德，而且与城邦政治没有冲突。以下我们来考察苏格拉底作为哲人的另一面，这是理解哲学与政治的关键。

　　作为哲人的苏格拉底，被神称为有智慧的人，尽管苏格拉底称自己一无所知。苏格拉底的学问来源包括自然哲学家、智者、城邦诗人、俄耳甫斯教等。在《斐多篇》中，苏格拉底称自己早年对自然哲学感兴趣，曾经为阿那克萨戈拉理智（nous）思想的魅力所折服，但最后走向了理念的辩证法。苏格拉底与埃利亚学派的巴门尼德和芝诺讨论过，这表明他对巴门尼德的学说非常熟悉。关于城邦诗人，苏格拉底对荷马以下的诗人作品如数家珍。《会饮篇》中苏格拉底与诗人的竞赛表明苏格拉底受益于诸多

---

　　① ［美］汉娜·阿伦特《公民不服从》，载《共和危机》，蔡佩君译，台北：时报文化出版公司1996年版，第49页。

　　② Hannah Arendt, "Socrates", *The Promise of Politics*, Ed. by Jerome Kohn, New York, Schocken, 2005, pp. 11 – 16.

诗人。《斐多篇》中他多次梦见自己学习作诗，称哲学是伟大的音乐。①如前所述，俄耳甫斯教对毕达哥拉斯和赫拉克利特等前苏格拉底哲人产生了很大影响，在雅典城邦中也非常流行。苏格拉底"灵魂不朽"的学说来自于俄耳甫斯教。关于智者，苏格拉底从普罗泰戈拉、高尔吉亚等智者那里受益甚多，这在柏拉图的对话录中由于批评智者而被掩盖了。苏格拉底同样擅长修辞术，这很可能就是受益于智者。在诸多学问来源中，最重要的是苏格拉底与智者、哲学与诗的关系。

智者与苏格拉底在城邦公民那里没有区别。阿里斯托芬的《云》中将苏格拉底描述为智者，教授自然哲学和修辞术，结果教出来的人荒诞可笑，儿子打老子。《云》早在苏格拉底被审判前就已上演，其形象早已为城邦公民熟知，城邦对作为智者的苏格拉底的不满已有很长时间。我们可以从柏拉图那里看到作为哲人的苏格拉底在城邦中的形象。第一，苏格拉底是一只牛虻（《申辩篇》），他要不时叮咬城邦，使城邦处于不断思考和反省中。第二，苏格拉底是助产士（《泰阿泰德篇》），他要帮助人们净化他们的意见，去除那些未经反省的偏见。第三，苏格拉底是一支电鳐，他总是不断使自己处在瘫痪状态中，也使别人感到困惑。② 这就是苏格拉底的辩证法。在此追问中，个人的特质成为需要抽象东西，这些都是意见，苏格拉底要追寻的是普遍的真理。尽管苏格拉底仍然处在城邦的空间中，但其思想可以摧毁各种既定的标准，瓦解城邦的伦理，而这些正是公民行动力量的来源。当思想的飓风吹到城邦时，不仅唤醒了沉睡的城邦，使人们冷冻的思想解冻，而且会彻底击倒日常生活中的普通人，击碎他们对生活的信念。尽管苏格拉底并没有要城邦接受他的意见，他的问题本身却具有解构的力量，诸如什么是虔敬，什么是法。这种怀疑和摧毁旧的价值的思想成为西方启蒙运动的主导思想。尽管苏格拉底并不是虚无主义者，但从他的形而上学的抽象思考方式开始，西方就陷入虚无主义的命运中。

显然，哲学与政治的关系在哲人苏格拉底这里处在紧张的冲突中。尽

---

① ［古希腊］柏拉图：《斐多篇》，王太庆译，北京：商务印书馆2004年版，60d–61c，第212页。

② Hannah Arendt, *The Life of the Mind/Thinking*, New York, Harcourt Brace Jovanovich, 1978, p.173.

管苏格拉底之思化作城邦中的一种意见，还是对公民有巨大的威胁。问题不是说城邦排斥哲学家的思，任何一种优良的政体都离不开理论家的守护。理论的思考守护的是城邦的伟大传统，守护的是城邦的精神。苏格拉底与智者不同，他关心城邦的安危与城邦精神的传承。但问题在于苏格拉底不知道哲学之思以及哲学式发问具有如飓风一般的毁灭性，这样的思与问在整个城邦中传播，公民还会相信城邦神和城邦礼法吗？公民是日常生活中的政治人，彻底摧毁他们的信仰，政治就会陷入虚无。"上帝死了"与虚无主义的政治不正是近代形而上学政治酝酿的恶果吗？

第二节 德性即知识——苏格拉底与道德哲学的发端

西塞罗在其《学园派哲学》中说："苏格拉底是第一位把哲学从神秘中召唤出来的人，而这些神秘事物是被自然本身隐藏于幽暗之中的；虽然在他之前的所有哲学家都在从事哲学，但只是他才把哲学引向日常生活的主题，以便探索德性与恶行，以及普遍的善与恶，并使我们认识到，天上的东西，无论是我们的知识遥不可及的还是别的什么，纵然完全为我们所知，也与善的生活毫无关系。"① 西塞罗的观点表明，苏格拉底的学说是西方道德哲学的发端，正是苏格拉底提出，道德哲学要从明辨善恶开始。

苏格拉底与智者的区别在柏拉图与亚里士多德那里才显示出来。学界一般认为，柏拉图早期的对话录是对苏格拉底形象的刻画，而晚期的对话录则是柏拉图自己对苏格拉底思想和行动的反思。在《普罗泰戈拉篇》中，苏格拉底与普罗泰戈拉就德性是否可以教授进行争论。普罗泰戈拉对德性的看法与城邦社会完全一致。城邦道德的基础源于神赠予每个人最初的政治技艺——正义与敬畏，在此基础上一切德性都是可以教授的。例如，普罗泰戈拉说政治技艺就是成功地处理私人事务和公共事务的技艺，他对德性本身毫无反省，德性就是有用的技艺。高尔吉亚、卡里克勒斯以及色拉叙马霍斯等其他智者对德性的看法均如此。苏格拉底通过追问勇敢、节制、智慧等特殊德性与整体德性的关系，表明德性不是一种特殊的技艺。又如在《拉凯斯篇》中，苏格拉底问拉凯斯是否有技艺的人，如马术师、弓箭手、擅长游泳者，在经受危险时，比其他没有这些技艺的人

---

① 转引自 Guthrie, *A History of Greek Philosophy*, Vol III, p. 103.

更加勇敢，拉凯斯否定了这种看法。苏格拉底最后得出，勇敢不是特殊技艺，勇敢是德性的一部分，它与善恶相关。① 因此，苏格拉底和智者的区别得以明晰：智者称自己教授特殊的技艺，能够使学习者在德性上有所增强，但从根本上讲，他们不知道德性的本质，他们的目的只是有用和成功，而不是善恶。苏格拉底的"德性即知识"并没有否定德性的有用，而是关注怎样使用德性。寻求德性的道路是追求善的历程，也是追求知识的历程。

当德性不再是技艺，而上升到知识的层面，苏格拉底就触及伦理学的永恒问题——知行合一。智者那里不存在对知识的反思，他们所有的知识来自未经反省的常识，行动就是教授人们如何成为常人眼中的强者和成功人士。如果是在一个礼法健全、民德归厚的城邦，智者的教授是没有问题的。然而在礼崩乐坏、民德衰落的雅典城邦，这无疑是在助长城邦的衰落和人的堕落。在苏格拉底那里，"知识是高贵和统领一切的东西"。它无法被快乐征服，被快乐征服则是无知。建立在知识基础上的智慧是一切德性之本。② 为什么并非任何人都有资格对德性发言，德性也并非轻而易举就能获得，原因在于人们很难将德性上升到统领一切的知识的层面。大多数人对人生都缺少反省，都是随波逐流。而苏格拉底指明爱智慧和关注德性都是为了实现人生的幸福。在《欧绪德谟篇》中，苏格拉底认为，每个人都追求幸福，而为了追求它们，我们必须拥有善。而唯一的真正的善就是知识或智慧，一切表面上的善只有当它们为知识所引导时，才是善的。因此，每个人都应当尽可能追求成为有智慧的人。③ 由此可见，在苏格拉底这里，知识与人追求幸福的行动是合一的，追求知识关乎人选择什么样的生活方式。

苏格拉底的重要命题"人们作恶是由于无知，有知的人是不会作恶的"，"人们宁愿蒙冤，也不愿去作恶"正是"知行合一"的写照。在苏格拉底看来，人具有趋善避恶的天性，而正是无知才遮蔽了人的天性。因此人需要接受教育，需要不断求知，求知就是认识你自己。由此，苏格拉

---

① [古希腊] 柏拉图：《拉凯斯篇》，194a–197a，第 127—131 页。
② Platon, *Gorgias*, 352c–352d.
③ [古希腊] 柏拉图：《欧绪德谟篇》，载《柏拉图全集》（二），王晓朝译，北京：人民出版社 2003 年版，278e–292a，第 11—31 页；[英] 泰勒主编：《从开端到柏拉图》，谢随知等译，济南：山东人民出版社 1991 年版，第 379 页。

底的"良知"学说得以成立。人的心灵和谐源于"我与自我的对话",它像城邦中朋友之间的对话一样,遵循友爱与和谐的原则。所以,良知意味着当你回家时,你所期待的朋友正在等待你。① 这条道路的确开启了西方的道德哲学之路。但另一方面,"德性即知识"凸显了教育的重要性,德性的可以教授意味着人需要也能够通过不断学习来趋善避恶。如果教育在城邦中展开,如果教育与城邦的音乐、体育等传统教育方式结合,那么这条道路才是真正的伦理学之路。

然而,苏格拉底对德性与知识的进一步思考借助下定义的方式,例如在《游叙弗伦篇》中,苏格拉底追问游叙弗伦什么是虔敬,知道了虔敬是什么,"从而依靠它,把它作为范式(paradigm),才能说任何与它相仿的行为是虔敬的,无论你还是别人做的,而那些不与之相仿的行为是不虔敬的"。② 这种方法是理性主义的方法,它最终将德性的问题从伦理和礼法中抽象出来,变成抽象思辨的问题,由此德性也变得可以放之四海而皆准,而不再依赖个人的特性,甚至在犬儒学派和伊壁鸠鲁学派那里不再依赖城邦。亚里士多德后来在批评苏格拉底时说:"固然,对每类高尚事物的认识本身也是高尚的,但关于德性,最有价值的不是知道它是什么,而是认识它源出于什么。因为我们的目的不是想知道勇敢是什么,而是要勇敢,不是知道公正是什么,而是要正义,正如我们更想健康,而不是认识健康是什么,更想具有良好的体质,而不是认识良好体质是什么一样。"③ 虽然苏格拉底开启了道德哲学,但他的理性主义方法却隐含着解构伦理学的危险。伦理是政治的一部分,处理的是城邦和公民的关系。在此意义上,希腊城邦传统的德性是政治德性,其核心问题不是某个人是否善,而是他的行动是否对于他所居住的世界是好的。考虑的中心是世界,而不是自我。伦理内化成为内在道德,是从苏格拉底开始,其盛行是在基督教传统主宰下的近代,由此,伦理学变成道德哲学,其关注的重心从世界转向个体灵魂的救赎。

尼采称苏格拉底文化构成了现代西方理性主义的形而上学。在苏格拉

---

① Platon, *Gorgias*; Hannah Arendt, *The Life of the Mind/Thinking*, pp. 185–191.
② [古希腊]柏拉图:《游叙弗伦篇》,载《柏拉图对话集》,王太庆译,北京:商务印书馆2004年版,6e,第8页。
③ [古希腊]亚里士多德:《优台谟伦理学》,载《亚里士多德全集》(八),苗力田、徐开来译,北京:中国人民大学出版社1997年版,1216 b15—25,第348页。

底的身上，第一次产生了这样的信念——知识的力量具有普遍疗效。苏格拉底是理性主义的原型，也是乐观主义的原型，他相信知识可以消灭世界中的恶，思考不仅理解存在，而且可以校正存在。苏格拉底文化引发的现代社会的重大转变在于：相信启蒙，相信科学，相信人在世俗社会中的普遍幸福。由此来看，道德哲学的发端在某种程度上意味着伦理学的灾难。如果苏格拉底不是为哲学赴死，道德哲学就不会在西方构成影响深远的思想传统。

第三节 苏格拉底之死——政治哲学的开端

苏格拉底在西方文化上的地位无与伦比，这不是因为他使哲学从天上转向地下，开创了道德哲学，也不是因为他的辩证法和理性主义，而是因为苏格拉底为哲学献身。苏格拉底之死与耶稣在十字架上受难，是西方哲学与宗教的最高事件。它们表明哲学与宗教作为真正的生活方式，其存在几千年来一直影响着西方人的心灵。

公元前 399 年，一个叫莫勒图斯的年轻人在雅典状告苏格拉底，说他不信城邦神并引进新神，败坏青年。于是苏格拉底在法庭上面对 500 人的陪审团做出申辩，但最后苏格拉底仍然被判处死刑。柏拉图的《申辩篇》非常生动地展现了这一过程，这篇对话虽然是苏格拉底的申辩，但却可以被看作苏格拉底与城邦的对话。[①] 本来苏格拉底的朋友吕西亚要为他写一篇申辩词，凭其出类拔萃的修辞学技艺，肯定没有问题，但苏格拉底拒绝了。苏格拉底本人其实也颇擅长修辞技艺，但在法庭上他却不是想怎样利用修辞博得法官们的同情，而是讲他的真理，结果处处惹恼法官，以至于本来根本不会判处死刑的案子，法官只能照死刑判。苏格拉底把法庭上的申辩变成了他在雅典城邦面前的哲学陈述，即哲学在政治面前的申辩。[②]

申辩分为两个部分，第一部分是针对第一拨控告者，他们正如阿里斯托芬的《云》中所描述，把苏格拉底看成研究天上事物和修辞术的智者。苏格拉底急于与智者划清界限，于是诉诸德尔菲神谕。凯瑞丰从德尔菲女

---

① ［美］施特劳斯：《论柏拉图的〈苏格拉底的申辩〉和〈克里同〉》，载贺照田《学术思想评论》（第六辑），长春：吉林人民出版社 2002 年版，第 135 页。
② 参看吴飞疏《苏格拉底的申辩》，第 145—150 页。

祭司那里知道苏格拉底最有智慧，这让苏格拉底非常不安，于是拜访了著名的政治家、诗人和工匠，发现他们实际上都没有智慧。苏格拉底最后悟道，神谕只是借他来表明人根本没有什么智慧，他的智慧就在于知道自己一无所知。① 这种"无知之知"是德尔菲神谕"认识你自己"的另一种表达，正是因为知道自己无知，苏格拉底不像智者一样称自己是智慧的教授者。然而苏格拉底在城邦中的行为遭致诸多人的憎恨，他总是凭借自己通神，证明别人没有智慧，这就导致后来更多的控告者控告苏格拉底，因为苏格拉底在他们眼中比智者还要令人讨厌，智者不过想赚钱，赢得声名，苏格拉底处处让人难堪，不知所措。

第二部分是苏格拉底针对第二拨控告者，他们是政治家和工匠的代表阿努图斯，诗人的代表莫勒图斯，演说家的代表卢孔。诉状表面上控告苏格拉底不信城邦神，信自己的守护神（daimonia），败坏青年，真实原因是担心苏格拉底对雅典民主制的威胁。亚西比德、克里提亚和卡尔米德都与苏格拉底有密切的关系，亚西比德背叛雅典，克里提亚和卡尔米德都是推翻民主制的三十僭主的成员。针对败坏青年，苏格拉底的回答是谁能使雅典青年变得更高贵更好，是公民大会还是诗人？这里隐含的问题是城邦教育本身出了问题，不是哲人，而是城邦教育败坏青年。针对不敬之罪，苏格拉底表明自己不是如智者一般相信无神论，而是相信阿波罗存在并遵守他的神谕，并以神的名字起誓。我们从诸多对苏格拉底的描述中可以看到，苏格拉底并非不相信城邦神，也没有否认城邦的宗教仪式。在《斐多篇》中苏格拉底临终前念念不忘让克里同帮他向医神敬献一只公鸡。②作为公民，他遵守城邦礼法，从不违背城邦宗教。但问题出在苏格拉底的守护神上，他多次提到每次做事都能听到守护神的声音。在守护神与城邦神之间，苏格拉底相信神的存在，但他认为诸神并不是最高的，比如宙斯用暴力推翻克法诺斯，他更相信好的理念，苏格拉底的保护神是哲学的理念。凭借哲学的理念苏格拉底可以通神，甚至可以超越城邦神之上，这显然是对城邦宗教极大的威胁。然而苏格拉底却到处宣称自己的保护神如何灵验，这无异于将城邦对哲学的潜在恐惧彰显出来公告天下，哲学与政治的冲突由此被激化。

---

① ［古希腊］柏拉图：《苏格拉底的申辩》，23b，第 84 页。
② ［古希腊］柏拉图：《斐多篇》，118a，第 287 页。

由此，我们才能理解，苏格拉底心里明确知道自己的罪行，这也是为什么在所谓的申辩词中却根本没有为自己申辩。正如色诺芬观察到，苏格拉底当时什么事都讲了，可是就没有提到自己将要受审的事，于是问苏格拉底难道不需要为自己的申辩考虑一下。对此苏格拉底说，难道你不认为我一辈子都在申辩着吗？① 苏格拉底说自己一辈子都在申辩，显然是指自己一辈子从事哲学的使命。他将自己与阿喀琉斯对比，阿喀琉斯为神而死，苏格拉底是为哲学而死。他听从神谕，只要一息尚存，就不能停止爱智，未经省察的人生不值得追求。然而法官已在神面前发誓，那么他的哀求就等于是自己在说自己不虔敬，而陷法官于不义。最后城邦对苏格拉底的评判正是对他的荣耀，② 苏格拉底之死成就了他爱智和誓死捍卫哲学的荣耀。对此苏格拉底没有抱怨，他以诙谐的方式说自己一生都在帮助公民省察人生，一生都在服务城邦，本应该享有在市政厅用膳的荣耀。柏拉图在此用喜剧的方式化解了苏格拉底被判死刑的悲剧，苏格拉底丝毫没有感到悲伤，他称自己的守护神以前总是反对他做许多事，但这次从接受审判、申辩直至被判处死刑，都没有受到阻挠。守护神的缄默是对苏格拉底之死的认可。《斐多篇》中苏格拉底说哲学就是学习死亡，死亡意味着肉体的解脱和灵魂的不朽，这应该被看作对苏格拉底为哲学献身的最高赞美。③

苏格拉底的申辩凸显了哲学与政治的冲突。他讽刺政治家没有智慧，在《美诺篇》中，苏格拉底说政治家也许能做得很好，但并不知道真正的智慧。④ 苏格拉底已然暗指哲学的选择高于政治，因为只有哲学才能通向真正的智慧。在《申辩篇》中苏格拉底说自己遵守守护神的旨意，不参加政治活动。苏格拉底暗指如果自己参加，可能比政治家做得更好。在《高尔吉亚篇》中苏格拉底就曾说，智者教授的政治技艺对雅典城邦不过像给小孩子吃甜食，而自己不想那样做。⑤ 但苏格拉底选择了教育，他像

---

① ［古希腊］色诺芬：《苏格拉底在法官前的申辩》，2，载色诺芬《回忆苏格拉底》，第189页。
② 希腊文中 timaw 既有评判的意思，也有荣耀的意思，柏拉图在这里用词可谓一语双关。
③ ［古希腊］柏拉图：《斐多篇》，95a–95e，第259—260页。
④ ［古希腊］柏拉图：《美诺篇》，载《柏拉图对话集》，王太庆译，北京：商务印书馆2004年版，99b5–e2，第204—205页。
⑤ Platon, *Gorgias*, 521e.

牛虻一样，不断叮咬雅典这匹高头大马。教育当然是在城邦的公共空间活动，苏格拉底并没有离开政治，政治就是从教育开始。如果苏格拉底最初意识到自己不参加政治活动，是因为自己说话让人憎恨，会遭受不正义，那么在教育中，他就没有意识到自己同样会遭受不正义吗？然而，苏格拉底又说自己不是教师，谁想听话和提问都可以。他的对话是开放式的，就在城邦广场上进行。即使苏格拉底辩解，亚西比德和克里提亚自称为其学生的人，其实并不是他教坏的，但我们可以想象，这些人都是野心勃勃充满爱欲的青年，苏格拉底的教育没有让他们充分认识到自己的僭越和狂妄，而是以学习哲学和追求智慧助长了他们对城邦的不满，从而意图颠覆一切。苏格拉底当然是一位真正践行哲学的哲人，他真正热爱智慧，才会理解"无知之知"，但他对城邦青年的哲学教育却有很大危险。如果他没有真正理解应该对不同的青年实施不同的教育，既会教出亚西比德这样的狂妄之徒，也会教出儿子打老子，蔑视城邦礼法，以智慧自诩的斐狄庇得斯①这样的自命清高之徒。

人们通常的理解在于，苏格拉底是被民主社会错判而冤死的。美国学者斯东的《苏格拉底的审判》就把苏格拉底塑造成自由斗士，被政府法律迫害致死。严群先生翻译的《申辩篇》将苏格拉底看作品行高尚的哲人为城邦的正义与善含冤致死，读后不禁让人为苏格拉底叫屈。然而，如果我们从哲人与城邦的关系来看，苏格拉底这样的哲人在任何城邦，无论民主制还是君主制或僭主制，都不可能被接受，因为他忽视了城邦的礼法，无视政治活动的特质。苏格拉底的哲学教育其实已经在为城邦立法，立法者的活动处于黑暗中，想想吕库古被处死和梭伦被流放的命运，便知立法者的活动从古至今都处在危险中。因此，我们不能过度渲染苏格拉底之死是城邦对哲学的犯罪，苏格拉底的冤屈并非仅仅来自城邦，也来自他自身癫狂的哲学行动。

对苏格拉底之死的反省，构成西方政治哲学的开端。政治哲学处理哲学与政治，哲人与城邦，自然与礼法的关联。柏拉图终其一生都在不断反省苏格拉底之死，这些反省的结果构成了柏拉图的政治哲学。阿伦特认为，在柏拉图看来，苏格拉底之死造成哲学与城邦之间的敌对，因此柏拉图构建一种形而上学的政治哲学，力图以哲学的理念论统治城邦。阿伦特

---

① 斐狄庇得斯是阿里斯托芬《云》中经过苏格拉底"思想所"训练出来的青年。

称柏拉图将真理与意见对立，导致真理的暴政，意见被取消，而意见的多样才是真正城邦政治的传统。① 这种观点源自尼采和海德格尔对发端于苏格拉底和柏拉图的形而上学的批判，阿伦特借此反对形而上学的理念政治。而在施特劳斯看来，柏拉图式的政治哲学应该是苏格拉底的"第二次起航"，即对苏格拉底之死的全面反省，而不是简单地憎恨和畏惧城邦。柏拉图和色诺芬笔下的苏格拉底不同于阿里斯托芬笔下的苏格拉底，其不再是反礼法、反爱欲、反缪斯的形象，而是清明审慎的政治哲人。② 这样的哲人只有在城邦中既是教育者，又是立法者，才能既为城邦所容，又能在城邦中实现自身的哲学使命。

如前所述，阿伦特并没有明确哲人在城邦中的位置。哲人可以和公民一起处在友爱的城邦政治中，但哲学的思并不是公民的思。苏格拉底可以帮助公民净化他们的意见，但他不能摧毁公民对城邦神的信仰。公民的思，不是思考普遍的问题，不是终日使自己的生活处在这些终极而没有答案的问题中。因此，即使在城邦中苏格拉底与公民之间进行商谈，这种商谈仍然要因人而异，要考虑商谈的对方。事实上，虽然阿伦特意识到哲学之思的危险，但她坚持的仍然是苏格拉底和康德的启蒙传统。在她看来，批判不是摧毁，而是净化。批判缘于公民在城邦中承担的政治责任。批判是哲学对政治发生作用的途径。阿伦特对康德的启蒙思想评价很高，主张每个人都应该公开自由地运用自己的理性。思考不是职业思想家的特权，而是每个人天然的禀赋。③ 因此，阿伦特对哲学与政治的关系反省得仍然不够，但她开启了反形而上学的政治哲学，即交往的政治哲学之路。

相比之下，施特劳斯对现代哲人的启蒙传统反省得更彻底，因此对苏格拉底问题的理解更深刻。施特劳斯从尼采对苏格拉底的理性主义和乐观主义的批判入手，他洞悉了尼采的深刻用意，却回过头来重新省察苏格拉底问题为什么是政治哲学的开端。施特劳斯说尼采只看到青年时期的苏格拉底，也就是阿里斯托芬的苏格拉底，乃非政治、反爱欲、反缪斯的智

---

① 参看［美］阿伦特《哲学与政治》，载贺照田《学术思想评论》（第六辑），第339—357页。

② ［美］施特劳斯：《苏格拉底问题六讲》，载刘小枫主编：《苏格拉底问题》（《经典与阐释》8），北京：华夏出版社2005年版，第73页。

③ Hannah Arendt, *Lectures on Kant's Political Philosophy*, Ed. by Ronald Beiner, Chicago, University of Chicago Press, 1982, section5.

者，但他没有看到色诺芬和柏拉图笔下成熟的苏格拉底对政治和哲学的看法。在施特劳斯看来，色诺芬的苏格拉底既是明智的公民，虔敬守法，对政治事务具有出色的判断力，又是明哲审慎的完美哲人。施特劳斯将柏拉图笔下的苏格拉底描写成清明审慎的政治哲人，这尤其体现在从《理想国》到《礼法》中苏格拉底的转变。苏格拉底理解到政治事务的有限，哲学的求知正是对这种有限的超越，理论由此为政治提供更高的合法性，但哲学必然依赖城邦政治的土壤，哲学首先是政治哲学。政治哲人苏格拉底的成熟形象是《礼法》中为城邦制礼作乐的立法哲人。

阿伦特与施特劳斯对苏格拉底问题的精辟见解都建立在对西方现代性危机的深刻洞察的基础上，深化了尼采指明的"苏格拉底文化"问题，即理性形而上学的问题，我们由此认识到苏格拉底的政治哲学对于当今时代的重大意义。以下我们将考察苏格拉底的弟子——柏拉图、亚里士多德和色诺芬的政治哲学，从而继续探讨苏格拉底问题对古希腊政治哲学的影响，思考不同人物如何回应苏格拉底问题。

第 五 章

柏拉图的政治哲学

第一节 柏拉图的政治实践与其思想转变的历程

一 柏拉图的"叙拉古之梦"

要理解古希腊政治哲学中自然与礼法的根本转变，最重要的脉络就在于苏格拉底—柏拉图—亚里士多德开启的政治思想传统。该传统不仅仅体现了古希腊政治的变化，而且其中蕴含着整个西方政治思想转化的命脉。在此意义上，柏拉图是与荷马一样的开山鼻祖，是西方的圣人孔子。柏拉图既继承了荷马的英雄德性，又继承了赫西俄德对人性阴暗面的洞察，同时他又从老师苏格拉底那里学习了理性与辩证法。这些使柏拉图在面对他的时代自然与礼法的古今之争时，以哲人的身份承担起制礼作乐的立法者的使命。

我们必须从柏拉图的时代开始谈起。他出生于公元前427年，逝世于公元前347年，享年80岁，这段时间是希腊从混乱走向衰败的历史。面对智者时代就已明显，如今愈演愈烈的知识瓦解和礼崩乐坏，柏拉图的思想和行动就是要借助灵魂的力量创造出一个新的希腊。在被视为柏拉图自传的《第七封信》中，他谈到一生所经历的重大政治事件。出生于名门望族的柏拉图年轻时就想从事政治，有两件事改变了他的想法，一是公元前404年的雅典政变，雅典向斯巴达投降，结束了伯罗奔尼撒战争，建立了"三十寡头"的统治。二是苏格拉底被雅典城邦判处死刑。从此柏拉图放弃从事现实政治，广为游历，回来后开办学园，著书立说。但他的政治关怀并没有变淡，而是坚定了"哲人王"的政治理想，"除非真正的哲学家获得政治权力，或者出于某种神迹，政治家成了真正的哲学家，否则人类就不会有好日子过"。① "哲人王"的理想贯穿在柏拉图一生的政治思想与实践中，尤其是他的三次叙拉古之行，体现了柏拉图从早年到晚年政治思想的转变。《礼法》② 则是柏拉图晚年对自己一生政治经验的总结，也是对雅典与希腊政治命运的反思。

柏拉图选择叙拉古，有几个重要原因：第一，从地理位置上看，西西里的叙拉古是希腊文明在西地中海的核心。当时迦太基的崛起已对希腊和周边小国造成巨大的威胁。第二，公元前415—前413年的西西里远征失败，是雅典政治命运的转折点，也是希腊城邦衰落的序幕。此次远征军的雅典将军亚西比德是苏格拉底的学生，柏拉图在对话中多次写到这一事件。③ 第三，柏拉图格外关注从僭政到王政的转化。他认为"智慧和强权的相互吸引是一种自然法则。二者始终相互追求与结合"。④ 柏拉图对狄奥尼修二世怀有希望，也是因为他喜爱哲学，有成为"哲人王"的潜力。

纵观柏拉图的三次叙拉古之行，可谓古典政治史上哲人教化僭主的悲

---

① ［古希腊］柏拉图：《第七封信》，载《柏拉图全集》（四），王晓朝译，北京：人民出版社2003年版，326b，第80页。

② 关于柏拉图《礼法》（nomos）的翻译，国内有很多争议。在已有的译本中，张智仁、何勤华翻译为《法律篇》（上海人民出版社2001年版），王晓朝翻译为《法篇》（收入《柏拉图全集》第三卷，人民出版社2003年版），程志敏翻译为《礼法》（其第一卷的翻译收入程志敏《宫墙之门——柏拉图政治哲学发凡》，华夏出版社2005年版），刘小枫先生主编的柏拉图注疏集中，统一翻译为《法义》。首先，nomos的内涵远远大于现代西方的law，因此翻译成"法律"颇为不当，会给人造成错觉，柏拉图是现代意义上的法治主义者。其次，nomos含义颇为复杂，指习俗、方式、习惯，在早期还指曲调和歌曲，又指成文和不成文的法律、法规和法令。《政治学》的翻译者吴寿彭先生认为，"诺谟"（nomos的音译）一词含义十分广泛，"在近代已经高度分化的文字中实际上再没有那么广泛的名词可以概括法律、制度、礼仪和习俗四项内容；但在中国经典时代，'礼法'这类字样也常常是这四者的浑称"（《政治学》，第170页，注释一）。然而这种翻译又会引来非议，以为这种类比过分简单地将nomos等同为中国的"礼法"。本书的翻译暂取吴寿彭先生的看法，但绝无意将nomos与中国的"礼法"等同，而本书的意图恰恰是在阐释柏拉图的noms的真正精神后，对nomos与现代西方的law，以及孔子的"礼乐"精神进行比较。本书所引用的《礼法》的译文参考以上中译本和托马斯·潘戈（Thomas Pangle）的英译本（*The Laws of Plato*. Basic Books, Inc, Publishers, 1980），译文有改动。以下《礼法》一书所对应的页码均为潘戈的英译本页码。

③ 参看王恒《柏拉图的"克里特远征"——〈法篇〉与希腊帝国问题》，上海：上海人民出版社2008年版，第26—28页。

④ ［古希腊］柏拉图：《第二封信》，载《柏拉图全集》（四），王晓朝译，北京：人民出版社2003年版，310e，第64页。

剧。柏拉图思想的出发点在于对城邦政治的关怀，这一点在他师从苏格拉底以及苏格拉底被审判后都没有改变。从苏格拉底的教诲中，柏拉图体会到"政"与"教"之间的关联——治国必先立教。将政治等同于教化，这是柏拉图乃至整个古典政治思想的根本。第一次叙拉古之行是在柏拉图40岁时，那时他已完成《理想国》，受到僭主狄奥尼修一世的邀请访问叙拉古，到后柏拉图发现当地百姓奢侈放纵，与僭主见面后柏拉图又历陈僭主政体的弊端，激怒了狄奥尼修一世，被迫离开。但柏拉图结交了僭主的弟弟狄翁，多次向其阐发"哲人王"的宏图大志，狄翁深受感染。第二次叙拉古之行是在柏拉图60岁高龄时，此时老僭主去世，其子狄奥尼修二世继位，狄翁受到重用。他告诉柏拉图新僭主热爱哲学，励精图治，是实现"哲人王"理想的大好时机。尽管柏拉图有疑虑，但抵挡不住实现理想的诱惑，再一次来到叙拉古。结果好景不长，僭主听信谗言，狄翁受到猜忌而被流放，柏拉图被困在叙拉古。第三次是在此后几年，柏拉图受邀前往西西里调和狄奥尼修二世与其叔父狄翁的矛盾，结果发现僭主的所作所为完全与哲学教化相悖。狄翁试图推翻僭主，却又被自己的内部分裂者杀害。柏拉图再也不对僭主抱有幻想，回到雅典后，柏拉图奋笔疾书《礼法》，对自己一生的政治理想与政治实践进行全面反思。

正如泰勒所言，柏拉图在叙拉古的政治实践并不是完全模拟《理想国》所构想的城邦，而是一个实际的、类似政治家的目标，试图使年轻的狄奥尼修能担当迫切而又实际的职责。柏拉图曾经为叙拉古立过法，也为整个泛希腊联盟起草过法的序言。[①] 其中的原因在于：第一，僭主狄奥尼修二世并非经过层层选拔筛选出来的王，也没有接受王的系统的教育；第二，僭主狄奥尼修二世热爱哲学，只是热爱表面上的声名，却不肯将哲学教化作为生活方式，为之付出艰辛。柏拉图叙拉古之行的悲剧提出了这样的疑问，面对现实中的僭主政治，哲人如何教化僭主，实行王政？

透过柏拉图的政治实践，我们看到他一生关注的核心问题是如何行王政。然而面临深层的内忧（城邦礼崩乐坏与德性丧失）和外患（波斯和迦太基的威胁），柏拉图早年的理想也在一点点得到修正。从《理想国》到《政治家》和《礼法》的转变，体现的是柏拉图对哲学和礼法在政治

---

① [英]泰勒：《柏拉图——生平及其著作》，谢随知等译，济南：山东人民出版社1991年版，第16—17页。

中的作用的重新理解。叙拉古之行的失败，使柏拉图对用哲学教化僭主几乎心灰意冷，从此他致力于完善政治制度，立法教化百姓虔敬守法。"哲人王"的实现取决于命运，可遇而不可求。而在现实政治中，"哲人王"与僭主甚至很难辨认，僭主有时显现出和哲人王一样，有时也显现出超凡的魅力，例如亚西比德被雅典人看作僭主。柏拉图从狄奥尼修二世这种假"哲人王"身上深刻反省"哲人王"理想的空疏，政治的根基不是理念，而是礼法，政治家更应着眼的是通过净化礼法教化百姓。

柏拉图一生也如孔子般"惶惶然若丧家之犬"，寻求自身政治理想的实现。柏拉图的哲学与政治的联姻，是西方政治哲学史上的重大问题。按照阿伦特的看法，西方伟大的思想家，除康德外，很少有人不想做僭主的老师。柏拉图三次前往叙拉古，想用哲学教化僭主。20世纪的海德格尔重蹈柏拉图的覆辙。柏拉图和海德格尔都离开了人类世界的居所。① 这种看法有一定道理，它指出了形而上学的支配和统治性，也看到了这些哲学家身上最缺乏的是政治智慧和政治经验。然而如果要深究其中的问题，就要从西方哲学与政治的根本隔阂入手，而这种隔阂就是自然与礼法的冲突。与海德格尔完全不同，柏拉图晚年对此问题有深刻的洞察，并致力于在城邦的礼乐教化中调和二者之间的冲突。这也是我们为什么要研究《礼法》的根本所在。

二 从《理想国》到《政治家》和《礼法》

在柏拉图的政治哲学中，对自然与礼法的集中探讨体现在他的《理想国》《政治家》和《礼法》的政治三部曲中。这三部曲的主题是城邦与人，探讨什么是最好的城邦，什么样的人生活在什么样的城邦中。柏拉图的城邦类型与人的灵魂类型相互对应，政体体现了人的生活方式。柏拉图晚年思想的转向在政治上尤其体现在他对自然与礼法的态度上。

在《理想国》中，柏拉图描述的是雅典城邦的衰败。开篇比雷埃夫斯港的紧张气氛就烘托出雅典的混乱与失序。而结尾的地狱神话又回应一种阴暗凄惨的氛围。尘世的政治生活就是柏拉图所说的阴暗的洞穴。对他而言，只有通过哲学家从洞穴中上升，寻求理念，然后再回来统治城邦，

---

① Hannah Arendt, "Martin Heidegger ist achtig Jahre alt", *Hannah Arendt/Martin Heidegger Briefe* 1925 *bis* 1975, Frankfort am Main, Klostermann, 1999, S. 190 – 192.

才能给洞穴中的灵魂注入新的秩序,才能抵制雅典的腐败。《理想国》中凸现的哲学与政治的对立其实就是自然与礼法的对立。苏格拉底之死使哲学与政治的冲突尖锐化,这也是柏拉图为何要塑造"言词的城邦"的原因。在柏拉图的理想城邦中,哲学家担任城邦的统治者,勇敢与热爱荣耀的护卫者形成了友爱共同体,其余的手工业者构成了铜和铁的等级。

柏拉图在其理想城邦中表现出对礼法的蔑视。从一开始象征城邦礼法的老人克法洛斯退场,苏格拉底登场,就隐含着哲学家与礼法的对立。其后,苏格拉底在谈到法与正义的关系时,驳斥了"正义即守法"的观点,他认为唯有好的法律才能体现正义,而这只能在好的城邦中才能看到。自然或政治上的自然正当的出发点即在此。柏拉图的意思是要用哲学家的理念来衡量城邦中的政治和法律是否是正义的。

柏拉图对待家庭的态度也可以表明他对礼法的蔑视。一方面,他使家庭与城邦对立,用城邦来抑制家庭。这体现在护卫者阶层中,公民被取消家庭,公民与城邦之间的联系只是公民出于对城邦的热爱和对荣耀的追求。另一方面,柏拉图有意忽略爱欲,让爱欲与城邦处于对立中。[①] 他不提人的生育,又仅仅从优生学的角度来理解男女的结合。他根本没有从爱欲的角度来看家庭的形成。难道柏拉图不重视爱欲吗?《会饮篇》中对爱欲的赞美可谓达到了巅峰。但柏拉图赞美的是友爱,诸如男性公民之间的爱,在他看来是一种高贵的对美的追求。布鲁姆对希腊人的这种爱欲的评价十分精辟:"希腊人发明了友爱,正如蒙田所描述,那种友爱完全是自由选择的,无须考虑家庭或其他法律纽带。"[②] 在希腊人看来,所有情感关系中至情至爱的人是朋友,而不是家庭中的亲情。因此,家庭与城邦的矛盾是西方所固有的,从希腊罗马政治到基督教政治,从雅典到耶路撒冷,这个矛盾始终存在,并且成为西方个体化社会形成的关键因素。

《理想国》的主旨是希望哲学家来救赎城邦,哲学家"言词的城邦"是灵魂的逻格斯,由此构建一种超越性的秩序。在此意义上看,西方政治中超越性的秩序始于柏拉图,后来奥古斯丁的《上帝之城》则追随这种灵魂的救赎与超越性的秩序构建。按照沃格林的看法,柏拉图意义上的秩

---

① [美]施特劳斯:《政治哲学史》,第 46 页。
② [美]布鲁姆:《爱的阶梯》,载刘小枫译《柏拉图的会饮》,北京:华夏出版社 2000 年版,第 133 页。

序理论，需要一部历史哲学来完成它的体系。① 而在西方的现实政治中，超越性秩序为普世性政治奠定了基础，从城邦到帝国的转变，就是在此基础上实现的。黑格尔的《历史哲学》构建的就是适应这种转变的超越性秩序。

《理想国》中最大的困惑在于，哲学家怎样回到洞穴，如何进行统治——他只有善的理念，又没有政治经验？《政治家》就是哲学家的下降，是哲学家的"第二次起航"。柏拉图一开始就探讨何为"政治知识"。政治家不是哲学家，政治知识不是数学比例可以表达的。其后，柏拉图运用二分法划分技艺，看似表明了政治知识的科学性，最后推出了颇荒诞的结论，恰恰表明技艺在政治中的局限，这种局限也暗含着对《理想国》中共产共妻，消灭家庭等企图以无限技艺来改造社会的荒诞做法的反省。《政治家》确实比《理想国》更为理智和清醒。

柏拉图转向神话，借描述克洛诺斯黄金时代及其倒转，柏拉图告诉我们，神统治的黄金时代已经不存在，人只能自己安排生活方式，共同摹仿神的统治。② 有神的时代无须人立法，无神的时代，人则摹仿神立法。柏拉图阐释什么是王者的技艺（logos basilikos），他形容其是编织术，在经线和纬线之间编织，时而刚强，时而柔和。编织术的衡量标准是适度，要考虑各种关系、时机、需要，做到中道而非极端。拥有王者技艺的人只是城邦中的少数人，他们具有明智和权威，他们统治的目的是实现城邦的善。他们能洞见开创城邦伟业的时机，能够察人。沃格林提示我们，柏拉图《政治家》的王者是西西里僭主的代替者。③ 结合叙拉古的政治经验，柏拉图思考的是如何将僭政转化为王政。

在西方政治中，僭政与王政的转化蕴含着极度的紧张。从僭政到王政，似乎完全取决于如何教化君主（王）。而法是其中重要的调节因素。如果不引入法治，城邦中谁能真正领会和掌握王者的技艺。弄不好，对神性的技艺的摹仿就成了按僭主的意欲行事的僭政。柏拉图和后来的西方人似乎对僭政心有余悸，迫切地希望从王政转化为法治。然而，在法治中也

---

① ［美］沃格林：《〈王制〉义证》，载刘小枫选编《〈王制〉要义》，北京：华夏出版社2006年版，第220页。

② Plato, *Statesman*, translated by Seth Benardete, Chicago, 1984, 274d.

③ Eric Vogelin, *Plato and Aristotle*, p. 161.

存在超越于法之外的紧急状态，施密特所说的主权问题在古老的城邦政治中就已存在。柏拉图的理解当然是在紧急状态中诉诸王者技艺。就像医生能治病而不必求病人同意，具有王者技艺的人只要能促进城邦的善，不管他们的统治是否依据法律，也不管被统治者是否同意。为了城邦的善，他们杀一批人，放逐一批人从而缩小城邦的规模，还是广招移民从而扩大城邦的规模，都是无关紧要的。① 这段话凸显政治家所需要的实践智慧远远高于守法。无论在任何社会，君主制、贵族制还是民主制中，法律都不可能统领一切，柏拉图的《政治家》所探讨的王者技艺就是实践智慧。

在无神的时代如何建立王政，这个问题让我们想起了孟子所说的"王者之迹息而《诗》亡，《诗》亡然后《春秋》作"（《孟子·离娄下》）。在王者迹息的时候，柏拉图只能求助于技术性的法。《政治家》比较了王政和法治的利弊。"最好的不是法治，而是人治——有智慧的国王的统治……因为法律从来不曾有能力来准确理解什么对所有人同时是最好与最正义的，也没有能力施予他们最好的东西，因为人的差异性，人的行动的差异性以及人事的变易性，不承认任何技艺能对一切事物作一简单而永恒之断言。"② 在中国政治中，单纯的刑律居于很低的地位，《易经·大象》中解噬嗑卦，"先王以明罚敕法"，此卦居于末端，可见惩罚性的法实处于中国政治的末端。而到了荀子和韩非时期，法家盛行，其背景也是王者迹息，诗教衰亡。柏拉图所处的动荡时代使他对王政和法治的考虑与荀子有相似之处。

柏拉图称立法（nomothesia）是王者技艺的一部分，王者要摹仿神性的牧人，要照料自己的民众，爱护他们。唯有德者能称王，在柏拉图看来，王者的德性就是培养造就完善的人。他通过婚配的方式，将具有勇敢性格的人与具有节制性格的人，借助一致与友爱编织在一起共同生活。这是最美与最高贵的编织术，使城邦走向幸福。③ 婚配是城邦的礼法，柏拉图开始重视男性和女性的自然，他们的身体和爱欲，这完全不同于《理想国》中苏格拉底的优生论。

《政治家》的主旨是探寻王者的技艺。柏拉图已经看到了实践智慧在

---

① Plato, *Statesman*, 293d.
② Ibid, 294b.
③ Ibid, 311c.

政治中的重要作用，所谓的政治知识所摹仿的是神的技艺，而不是理念与辩证法。治国需要编织经纬，需要明智和审慎。正如罗森所言，埃利亚异邦人一开始给我们展示了哲人的疯狂，其认为实践智慧在神一样的王的全能统治中能够实现。但毕竟时代动荡，王者迹息，实践智慧必须运用礼法，政治家的技艺必须将理论家和制作性工匠的制造术结合在一起。这是柏拉图对苏格拉底哲人王的初步修正。①《政治家》没有谈到具体的礼法，只是借婚配暗含了柏拉图对礼法态度的转变。而对法治和人治的具体权衡，柏拉图更深层的考虑和更深入的讨论都集中在《礼法》中。

施特劳斯认为："《理想国》和《政治家》以各自的方式揭示了城邦的本质局限和本质特征。因为它们为回答最好的政治制度问题奠定了基础。但它们并没有阐明这种最可能好的制度。这一任务留给了《礼法》。因而可以说《礼法》是柏拉图唯一地道的政治学著作，它是柏拉图唯一一篇苏格拉底未出场的对话。"② 苏格拉底不在场意味着什么？《礼法》的对话是在三个老人之间展开，甚至没有年轻人的出场。他们很关心立法，都很热爱自己的城邦，但其中没有出现辩证法，除了第十卷论证神的存在，全篇很少使用哲学的论证。对于柏拉图而言，苏格拉底的辩证法与城邦对哲学家的敌视是相关的。如今苏格拉底不在场，也就意味着一种不同于《理想国》中的政治设想开始出场。

《礼法》是柏拉图最虔敬的著作，开篇以"神还是人是制定法律"的讨论开始，三位老人行走在克诺罗斯到宙斯的洞府和神庙的路上，对话的最后是敞开的，它并没有告诉我们老人是否到达了宙斯的神庙。然而，《礼法》本身正是朝圣路上的歌舞，朝圣者的希望在于："这就是我们现在所进行的谈话应该走过的道路，直到接近神明"。③ 许多人把柏拉图的《礼法》看作"神权政治"（theocracy），那么他是如何理解神人关系，又如何把神圣的理智（nous）转化为礼法（nomos）的精神？在《礼法》中，我们首先要探讨神权政治的自然（physis）。这将通过身体与灵魂的问题，自然、技艺与机运的问题等展开。我们希望由此勾画出柏拉图晚年

---

① [美] 罗森：《柏拉图的〈治邦者〉》，陈志伟译，北京：华夏出版社2011年版，第4页。

② [美] 施特劳斯：《政治哲学史》，第46页。

③ 参看程志敏《宫墙之门——柏拉图政治哲学发凡》，北京：华夏出版社2005年版，第75—76页。

的"政道",分析它对西方政治思想传统的影响。

既然在《礼法》中,哲人王下降为立法者,那么它所面对的对象也有相应的变化。《礼法》中没有护卫者这样的等级划分,只有自由公民、奴隶和外邦人。沃格林提示我们,柏拉图在《理想国》中已经废除了奴隶制,而在《礼法》中又恢复了它。这在制度层面尤其体现柏拉图从最低层面考虑问题,他似乎对城邦中还有能担当护卫者的等级已不抱希望。① 因此,《礼法》是在洞穴中对公民进行教化,其核心是礼教与乐教。《礼法》作为教化的著作,是为了教化公民如何虔敬,让绝大多数公民尽可能服从尽可能不变的明智的法律。当然在说服行不通的时候,还有强制,于是有惩罚性的刑法和各种规训和律令。

既明"政道",又需明"治道"。在《礼法》中,立法者与政制是重要的主题。柏拉图从历史的角度探讨古今政制变迁,从立法者的角度对斯巴达政制、克里特政制和雅典祖制置罚臧否。柏拉图穿行于神话与历史、历史与政治之间。这也是柏拉图颇具现实政治智慧的地方,尤其体现在"治道"在城邦和帝国问题上的运用。柏拉图具有"复古"与"革命"的雅努斯的双重面孔,无愧为伟大的立法者。关于立法者的培养,柏拉图最后诉诸"夜间议事会",这是培养高层政治精英的组织。许多人都看到,《礼法》的结束恰恰意味着《理想国》的开始。

《理想国》和《礼法》向我们展示了两种不同的王政。《理想国》中的王政犹如荷马在《伊利亚特》中建立的王政,因为哲人王所依据的理念论颇似荷马的"神义论",其中的人是具有神性的人,具有英雄高贵的德性。《礼法》中的王政是人间之王政,犹如荷马在《奥德赛》中让奥德修斯重建的伊塔卡,以及赫西俄德在《工作与时日》中建立的政治。柏拉图曾经用最好的政治形容《理想国》,用次好的政治形容《礼法》,最好与次好是在何种意义上而言?最好是指财产共有,因为城邦是朋友(philos)所共有,每个人都努力为城邦服务,这正是《理想国》的城邦,次好是指由于建立良好的政制和法的统治,城邦比一般城邦在德性上更好,更快乐。这种城邦也是最接近于不朽(athanasia)的城邦。② 《理想国》和《礼法》的区别不在于有没有法律,更不是现代人所理解的独裁

---

① Eric Vogelin, *Plato and Aristotle*, p. 219.
② [古希腊]柏拉图:《礼法》,739b – 740a,第 126 页。

统治和法治，而在于基于人的德性的高低所建立的不同的王政。《理想国》中的"哲人王"在现实生活中可遇而不可求，但《礼法》通过制礼作乐建立的王政在现实生活中可以达到。从《理想国》到《礼法》，中间的过渡就在于《政治家》，其中政治创世纪的神话揭示了从神的统治到人的自我统治时代的到来，正如布里松总结说：

> 柏拉图没有说明是什么原因致使神不再守护人类，只是作出了如下结论：任何城邦，如果是由凡人而非神祇来管理，便不可逃脱不幸下场。由此，人类必须用尽一切办法，从公共生活到私人生活都摹仿克罗诺斯时代的生活样式；人类遵循自身所具有的神的特质，并且只把超越一切激情的理智决策称作法律。①

如何理解柏拉图从《理想国》到《政治家》和《礼法》的思想转变，是一个非常复杂而棘手的重要问题。通过研究《礼法》，我们想要展示的是柏拉图的政治哲学中蕴涵着自然与礼法的无穷张力，这种至关重要的张力是打破西方形而上学传统的法门，然而西方两千年来的政治思想的主流却将其抛在脑后。《礼法》在西方长久以来不受哲人青睐，根本上在于其中很难找到纯粹的理念论，其所建立的礼法传统也不同于西方近代法律思想的主流。而对于政治科学和法学而言，它看起来缺乏条理，没有严格的概念，而且看上去更像是谈教育的书。从政治哲学角度对《礼法》的研究，会让我们对整个柏拉图思想有新的理解。

第二节 灵魂的自然

一 神人关系的变化

神人关系始终是影响西方自然与礼法关系的达摩克利斯之剑。我们从荷马的英雄史诗和赫西俄德的神话史诗开始，到自然哲学家的自然，到智者的"经世致用"之学，探讨了希腊思想中的神人关系的变化。在荷马与赫西俄德的神话史诗传统中，神是法的制定者，法高于城邦，一切政治

---

① ［法］布里松：《解读柏拉图〈政治家〉中的神话故事》，载刘小枫主编《荷尔德林的新神话》（《经典与解释》，4），北京：华夏出版社2004年版，第89页。

秩序都来自神。在自然哲学家和智者那里，荷马神学已经受到质疑，他们已逐渐摆脱古代的神谱，抹去各种原始神力的伟大形象，荷马构建的城邦的荣誉和王政的世界，已不再成为政治生活的基本原则，这就是我们所说的西方历史上第一次"古今之争"带来的礼崩乐坏，也是所谓希腊性的丧失，尼采称其为"不再受荷马之手引导和保护的希腊"。柏拉图如何面对这个问题？神是否是最高政治秩序的构建者，是否是法的创立者？神是否与人共同在场，如何使人能呼唤神明的出场？如何使人相信神明，保持对神明的虔敬？柏拉图在人世间中思考这些问题，这构成了其所特有的政治哲学和政治神学，它是柏拉图用来进行礼乐教化的根基所在。

在《礼法》第一卷中，雅典客人首先提出是神还是人制定礼法，克里特人克列尼亚斯回答说是神，克里特的法源于宙斯，斯巴达的法源于阿波罗。雅典客人引用荷马的看法表明克里特法是最古老、最神圣的法，此法是米诺斯制定，因为传说米诺斯是宙斯的儿子，聆听过宙斯的教诲。但在雅典客人看来，最古老的并不意味着最好或最正义的。当他提到克里特法和斯巴达法的着眼点在于战争时，他已带有损益的眼光，这引起另外两位立法者对其批评母邦礼法的不满。在保持对古老的神圣之法的敬畏的同时，雅典客人小心翼翼地讲到立法的目标在于"整权的德性"，其包含明智、节制、正义、勇敢。在德性的自然秩序中，勇敢被放在最后。熟悉希腊政治传统者皆知，勇敢是荷马史诗中贵族的德性，是贵族中男子气的体现。柏拉图《理想国》中的护卫者集中体现的是贵族式的勇敢，他引用诗人提尔泰乌斯歌颂斯巴达卫士的诗句赞美护卫者的勇敢，而在《礼法》中，明智和节制高于勇敢，正义是各种德性的结合。为什么柏拉图会挑战荷马和祖传之法，并由此对祖传之法进行损益？

《礼法》第三卷讲述的洪水神话旨在探讨政治制度和法律的起源。在柏拉图看来，原始人天真无知，却比现代人更加节制和正义。他们不需要为争夺食物而斗争，因为人口稀少，资源总是能满足人的需求。原始人的生活充满关爱和对神明的虔敬。然而世事无常，诸如洪水这样的灾难总是在人间发生，对神的信仰和祈祷也无法改变这些灾难。政治和法律是人在变易中为世间礼法。对立法者而言，最重要的德性是明智，如果缺乏明智，那么祈祷是一种冒险的行当。[①] 技艺的进步给人类带来的并非只是幸

---

① ［古希腊］柏拉图：《礼法》，688a，第72页。

福，人类的智慧是在种种生存苦苦难中产生的。我们可以从柏拉图一再讲述的洪水神话中体会他对神人关系看法的变化，尽管神明统治下的原始人生活幸福，但人类却永远无法回到过去。希腊人无法回到宙斯神学主宰的荷马时代，柏拉图必须面对智者派开启的第一次古今之争，重建礼乐并不是复古。柏拉图必须对祖先之法进行损益，因为诸神衰落和礼崩乐坏是他的时代面临的危机，纯粹的复古无异于徒劳，而只有对古法进行损益才是效仿神明立法的精神。

《礼法》所写的人间世是走向衰落的希腊城邦的写照。柏拉图晚年经常用洪水、战争、疾病的比喻描述城邦的衰变。人处在其中，其德性变得没那么高贵，金属的成分在不断减少。柏拉图这样写道：

> 咱们且把每一个活着的生物都看成是神明的玩偶，放在一起要么是为了当众神的玩偶，要么是为了某种严肃的目的——我们是不知道的。我们所知道的，是这些激情在我们体内，就向肌腱或绳索一样起作用，互相抵触着，把我们朝相反方向拉扯，去干相反的事情，在德性和邪恶泾渭分明的地区挣扎。逻各斯就在于，每一个人都应该跟随一条绳索，绝对不要松手，用这根绳索来和其他东西拔河。这根绳索拉扯着金质和神圣的逻各斯，称为城邦的共同法；其它绳索则是坚硬和铁质的，而这根则是柔软的，因为它是金质的；其它绳索就像各种各样不同的形式。必须经常裹助这种最高贵的拉扯，因为"逻各斯"虽然高贵，却是温柔而没有力量，故而它的拉扯就需要帮手，如果我们身上的金质成分要胜过其他成分的话。①

这里金银铜铁的划分已经模糊，只有金质的绳索高高在上。人是神的玩偶，这根金质的绳索岂不就是神法？而相比之下，人身上的其他绳索则是铁质的，没有银和铜，只有黑铁。由此看出，人与神之间的悬殊之大，界限之深。《理想国》中清楚地存在金、银、铜铁的三个等级，金代表哲人，银代表护卫者，铜铁代表生产者。这种金字塔形的社会等级体现了柏拉图对何为高贵，何为自然的理解。正如尼采所言，人在其最高大与最高

---

① ［古希腊］柏拉图：《礼法》，644e－645b，引自程志敏的译文，有改动，见程志敏《宫墙之门——柏拉图政治哲学发凡》，第177页。

贵的力量中,是完全自然的。在《礼法》中,最大的变化在于哲人—护卫者—生产者的等级消失了,尤其是护卫者等级消失在城邦的礼法中。那么所有人都笼罩在神法宿命论的命运中?

如何理解这种"灵魂类型学"的变化?西方思想家多从人的降格与神的上升的角度来解释。如沃格林所言,人的身份从神之子到神的玩偶,人的灵魂从由德性(arete)来规定,到由金绳索在各种交织的力量中进行调节,统治人的最高力量由从洞穴上升后看到的理念到金质的绳索,柏拉图的神学已经隐含着基督教的某些特质,神人关系变成众人顶礼膜拜的至高无上的神与善恶交织的人。[1] 更具现代意味的理性主义者认为,柏拉图写《礼法》时,已经认识到自己在《理想国》中忽视了人性的事实,过高估计了人的理性成分,低估了人的非理性成分。由此金绳索代表了神道以及像神一样的理性,用来约束人身上的非理性成分(强大的铁的成分)。[2] 这两种解释,无论是把柏拉图基督教化,还是把柏拉图形而上学化,其实都具有同样的意义,这就是把理性树为最高的德性。柏拉图主义者的工作就是将柏拉图彻底形而上学化,这样也就使礼法不可避免地走向规训与惩戒的律法。柏拉图与基督教之间的契合,就是沿着这样的解释传统得以形成和传承。

然而,柏拉图不是柏拉图主义者,正如孔子不是经学中的圣人,帝王遵奉的圣人。柏拉图晚年的思想转化是在深察变易后对自己早年"理念论"的修正,政治上是对"哲人王"的王政的修正。因此,"灵魂类型学"的转化也应该从此角度来理解。柏拉图如何看待神、人与城邦的关系,如何理解神与哲人(宗教与哲学)?

在《理想国》中,处于最高统治位置的是"哲人王",能观照永恒的理念。对于神在理想城邦中的位置,城邦神无疑是低于哲人王,这也是为什么柏拉图对荷马大加贬斥的原因。而对于永恒理念之上是否还有神,柏拉图几乎保持缄默。理念的问题出在哲人的"迷狂"(mania)上。在《斐德诺篇》中,柏拉图说:"有种迷狂的人见到尘世的美,就回忆起上界里真正的美,因而恢复羽翼,而且新生羽翼,急于高飞远举,可是心有

---

[1] Eric Vogelin, *Plato and Aristotle*, pp. 233 – 234.
[2] Christophe Rowe, *The Cambridge History of Greek and Roman Political Thought*, Cambridge, 1999, pp. 275 – 277.

余而力不足，象一个鸟儿一样，昂首向高处凝望，把下界一切置之度外，因此被人指为迷狂。"[1] 这幅画像不就是亚西比德这样的政治家的写照，雅典的政治不正是在一群迷狂者的带领下才日益衰落的吗？苏格拉底称自己是最爱智慧的人，而不是最有智慧的人。而后世哲人却忘了这个教诲，以为自己是能够直接看到真理的人，又要用真理普度众生，其实哲人本身最需要听从神的教导。哲人不是"哲人王"，但后世的哲人颇以掌握真理自居，哲人本身的"迷狂"使自己瞧不起城邦，并不是城邦要去迫害哲人。晚年的柏拉图早已意识到所谓哲人与城邦的冲突，根本上在于哲人的"迷狂"，使其藐视更高的神的存在。"理念论"以为可以替代神，这正是所有启蒙精神的共同梦想，结果是毁掉了传统、礼法、宗教等各种神性的东西，社会只剩下唯一的神——人的理性。

此外，"哲人王"的最大问题是"不世出"。唯有大德者才能以德配天，才能被称作圣人和王。孟子言"五百年必有王者兴"（《孟子·公孙丑》），与其说是对后世的期望，不如说是对现世王者迹稀的失望。孔子早年的理想是"吾从周"（《论语·八佾》），复兴周礼与周制，而其晚年删定《春秋》，绝笔于西狩获麟，也已不再执于周礼周制，否则就不会有"齐一变，至于鲁，鲁一变，至于道"（《论语·雍也》）之说。柏拉图晚年深察世间变易之道，不再执于"哲人王"的王制，而是在变易中为世间立法。

在《礼法》中，"哲人王"幻化为"立法哲人"，立法哲人效仿神，为世间立法，其余人守法，即意味着敬神。虔敬和敬畏是《礼法》的基调。第一卷中，在讲到灵魂的善恶时，雅典客人说人会对灵魂的邪恶产生恐惧，由此引出"敬畏"（aidos）。这个词柏拉图在《游叙弗伦》中经常用，修昔底德在《伯罗奔尼撒战争史》中经常用。敬畏，而不是正义、勇敢、节制和智慧成为立法的前提，可见对柏拉图而言，立法的任务是如何使人先产生敬畏之心，然后才有节制，才有勇敢，否则就会出现很多迷狂之士，以为看到真理，就可以跳出城邦，对神明大加指摘。aidos 这个词还有羞耻、谦虚、尊敬之意，在柏拉图看来，羞耻心是公民节制、勇敢和正义的源泉，德性的教化是教人确立适当的羞耻心。正如《论语》中

---

[1] [古希腊] 柏拉图：《斐德诺篇》，载《柏拉图文艺对话集》，朱光潜译，北京：人民文学出版社1980年版，第125页。

的"有耻且格","知耻方可言勇",其用意犹如《大学》的八条目中,要将正心诚意放在前面,意在主敬。

《礼法》中敬畏之心和知耻之心是城邦教化的起点,而在《理想国》中城邦教化的起点是正义,显然《礼法》中的起点更低,更贴近现实中可以实现的政治。在《理想国》中,柏拉图设想存在高低分明的社会等级,但晚年的柏拉图看到的是每个人灵魂中都有金银铜铁的因素,关键是如何使这些因素适当地交织,以使灵魂趋于和谐。《庄子·天下篇》中曾经谈到七种人——天人、神人、至人、圣人、君子、百官、民,按庄子自己对自家方术的理解,"独与天地精神往来,而不敖倪于万物,不遣是非,以与世俗处"。高人隐在人世间,其实没有绝对的划分标准,而是每个人身上都有七种人的因素,关键是找到向上的东西,在各种处境中使向上、向善的东西展示出来。柏拉图虽然隐去了金银铜铁的等级划分,却在《礼法》第一卷中给出了新的德性的等级——属人的德性与属神的德性。在属人的德性中,健康居于首位,其次是美貌、力量、财富;在属神的德性中,明智(phronesis)居于首位,其次是节制(sophrosyne)、正义(dikaiosyne)、勇敢(andereia)。属神的德性天然比属人的德性要高,也是获得属人德性的必要条件。因此,在这些德性中,属人的向属神的德性看齐,而所有属神的德性则向领头的理智(nous)看齐。① 由此可见,人还是能够在理智的指引下向神的德性看齐,追求卓越的向上之路并没有被堵塞。与其说金绳索是束缚人的高高在上的神,毋宁以为金绳索是指引人向神看齐的理智。礼法就是理智的体现。

在纷繁复杂的人间世中,像神一样的人也许并非消失,而是大隐隐于市。这或许可以启发我们理解柏拉图的"灵魂类型"的转化。护卫者并没有从城邦消失,具有神一样德性的人也并没有消失,而是不再彰显出他们的身份。这与荷马塑造的希腊人的高贵有所不同,荷马的高贵正如尼采所言是大理石一般的高大肃穆,高贵者总是渴望在灵魂内部重新扩大距离,形成更高、更远、更广阔的状态。② 这种高贵是绝对的灵魂类型,虽然每种人都可以追求向上,但柏拉图已经看到人性高低的变化,在人世间中,神性的人混杂在芸芸众生中,每个人都要靠自身的修行来追求

---

① [古希腊]柏拉图:《礼法》,631c–631e,第10页。
② 参看[德]尼采《善恶之彼岸》,程志民译,北京:华夏出版社2000年版,第184页。

神性。但柏拉图并没有走向基督教的平等。在至高无上的神面前，人与人之间的差异确实缩小，但这并不意味着人以罪者的身份匍匐在神面前，祈求神的宽恕。人仍然可以通过自身的修行追求出色，人不断向上的路并没有被斩断。柏拉图的《礼法》不是一曲哀歌，而是敬畏神明的颂歌和神曲。

二 灵魂的自然

自然（physis）的问题在柏拉图政治哲学中根本上是灵魂的问题。柏拉图认为，自然的第一性原因不是水、火、土、气等，而是灵魂，灵魂是一种特殊的自然。[①] 为什么灵魂论构成柏拉图政治哲学的基础，也是古希腊神人关系转化的关键？哲人的灵魂论与希腊城邦对灵魂的信仰有何不同？灵魂论又如何转化为城邦的礼法秩序？

灵魂的观念来自于每个人都要面对人死后到哪里去的问题。在古希腊的宗教中，葬礼是对死者的尊敬。死人生活在坟墓中，灵魂离不开身体，所以身体被葬于何处，灵魂就在何处。死者在生时的一切行为，在死后亦无所谓因果报应，一旦入了土，就不用再操心什么赏与罚了。[②] 我们可以看出，古希腊人对灵魂的信仰中没有灵魂与身体的分离，也没有因果报应的观念。这些观念来自希腊的秘教，他们在城邦的公共祭祀之外，确立一种个人得救的宗教。他们通过苦修的方式，在冥想和灵肉分离的精神修炼中达到不同于一般人的境界。毕达格拉斯学派以及俄耳浦斯教都是这种秘教。[③] 希腊哲学的产生与这种秘教传统密切相关，其内圣的一端源于秘教的灵魂不朽，其外王的一端源于城邦诗人和智者的经世致用。逻格斯的出场开始是源于神话，但由于更多受到秘教的灵魂论的渲染，逻格斯逐渐脱离神话，走向寻求自身光明之路。

古典政治哲学的基础是神义论，中西政治哲学的根本差异就在于神义论的不同。在希腊思想对灵魂的看法中，共同之处在于神与人之间存在不可逾越的距离。即使在神与人关系最近的荷马那里，英雄是像神一样的

---

① ［古希腊］柏拉图：《礼法》，892c，第289页。
② ［法］库朗热：《古代城邦》，谭立铸等译，上海：华东师范大学出版社2006年版，第7页。
③ ［法］韦尔南：《希腊思想的起源》，第46—47页。

人，人们像颂神明一样歌颂英雄，但英雄死后仍然会到冥府。英雄有神的属性，但无神的归属。这与中国思想完全不同。在中国，人与神之间没有不可逾越的距离，像神一样的人（圣人，有大德者，祖先）成为后世祭祀的对象，他们死后就成为人们心中的神。人与神之间也延续着人世间的亲亲尊尊。但在希腊，祖先很早就不再被人们当作神，不再受到无比高的赞颂。希腊宗教的血缘性淡化得很快，在荷马的众神谱系中，人与神还有着血缘性的亲亲，但到了苏格拉底—柏拉图时期，尊的一面不断上升，亲的一面不断下降，神有至高的神圣性，但与人没有亲缘性。这种趋势一直延续到基督教那里，发展出一种特殊的亲尊合一的宗教，上帝既是创世神，也是人唯一的父亲。

在柏拉图这里，神不再具有人性，神与人之间的距离已经越来越大。因此，在《理想国》中，苏格拉底会批评荷马和诸多诗人，以为神有人身上的缺点，真是亵渎神灵。在《礼法》中，雅典客人在订有关渎神的法时，批评那些不敬神的人，说神怎么可能具有人的所有缺点呢？而柏拉图最伟大的冒险在于，借希腊的诗歌和神话来阐述他的灵魂论，柏拉图也正是由此为衰败的希腊注入新的精神。灵魂论构成了柏拉图的自然秩序，即天、地、神、人之间的秩序。"天与地、神与人都相互关联，在它们中间存在着某种通过友爱、和谐、智慧和正义精神建立而成的一致性。"① 这种灵魂秩序的完美体现就是《理想国》。理想国是完美的城邦，是按照天上的城邦建立的。在其中，柏拉图针对两种人讲了三种不同的灵魂论。一种是哲人王的灵魂，观照天上的理念，摹仿神界的统治，回到城邦进行统治。柏拉图借"洞穴之喻"的神话来讲哲人王的灵魂；另一种是民众的灵魂，遵守人世间的礼法，柏拉图借"地狱神话"对民众进行惩戒，对其在人间的善恶进行赏罚；护卫者的灵魂摹仿哲人王，而不是直接观照理念的原型。护卫者的德性是爱荣耀，像狗忠实于主人一样忠诚于城邦。这种城邦的完美之处在于每种人有不同的灵魂，对应着在人间有不同的正义。每种人都在自己的分内努力做得更好，向更高的人看齐。因此，人在不断提升，城邦也在不断向上，这是一个真正展现希腊人高贵的城邦。

---

① Platon, *Gorgias*, in: *Platon: Sämtliche Werke*, *I*; Übersetzt von Schleiermachers, Baden‐Baden, 1991, 507e.

在柏拉图的对话中，经常会有天、地、神、人交汇的十字形象，诸如《高尔吉亚篇》中上下的幸福岛与塔尔塔罗斯，左右的欧罗巴和亚细亚，这种形象以变化的形式出现在《斐多篇》和《理想国》中，甚至出现在《蒂迈欧篇》中，"身体与灵魂交汇于同一个中心，再延伸至天空，展开轮回变革"。[①] 柏拉图的十字形象固然是用了许多俄尔浦斯教的传统，但这不同于基督教的末世审判，基督教十字架交汇处是永恒不变的万能的神，而在柏拉图这里，站在十字路口的神是赫尔墨斯。"他为人类创造偶然和命运。他引导死者和生者，守护亡灵，出现在每一个相遇的长河。他的脸是四面的石脸，面向四方，决定生灵与事物的变幻"。[②] 神使赫尔墨斯的变幻莫测象征着人间命运的变化多端，而手里拿着纺锤的必然女神忒弥斯是命运三女神的母亲。希腊人理解的命运的必然（ananke）更多神圣性与不可测性，而不是宿命与被拯救。赫尔墨斯的形象体现了希腊的灵魂与基督教的最大不同。

因此，柏拉图的灵魂论深深扎根于希腊性中，虽然受到俄尔浦斯教的影响，却根本没有宿命与末世论的色彩。神话与理性在柏拉图那里根本上不冲突，都是希腊追求卓越精神的体现。从内圣的层面看，灵魂论是一种德性论，它意味着追求好的生活，像神一样的生活；从外王的层面看，灵魂论是关于城邦正义的政治秩序，不同的人各自在本分内尽职，向更高的一层看齐。然而，即使如此，《理想国》中的政治秩序对城邦的礼法是蔑视的。神道只有通向上的道路，却没有去观城邦的风，更缺少如何去净化城邦的风。换言之，《理想国》中只有神道，没有设教，因此它还不是现实的城邦，而是理念的城邦，言说中的城邦。灵魂论并没有把自然与礼法联系起来，没有把神道与观民设教联系起来。

《礼法》第十卷对灵魂、宇宙与城邦的合一有非常精妙的阐释。为了驳斥那些无神论者，柏拉图首先论证灵魂先于物体，灵魂是第一性的。他通过灵魂的运动来论证，在所有的运动中，只有自我推动的运动是最强大的，而由其他运动引起并推动其他东西的运动则是第二性的，

[①] ［古希腊］柏拉图：《蒂迈欧篇》，谢文郁译注，上海：上海人民出版社2003年版，36e，第32页。

[②] ［法］马特：《柏拉图与神话之镜》，吴雅凌译，北京：华夏出版社2008年版，第184页。

灵魂是自我推动的第一性的运动。柏拉图将灵魂论运用于宇宙，宇宙的和谐运转是因为最好的灵魂照管宇宙。灵魂与理智（nous）结合能够将万物引向正确与幸福，宇宙的失序是由于被邪恶的灵魂掌控而失去理智。同样是理智将正义注入人的灵魂，带给整个城邦，使城邦成为善邦。由此来看，柏拉图将灵魂论运用于理解宇宙，而城邦的立法则是模仿宇宙的秩序。① 宇宙论、天文学和辩证法都是哲人学习的高级课程，其内容之艰深在《蒂迈欧篇》中达到顶峰。本章的重点在于探讨灵魂论在柏拉图政治哲学中的运用，故无法涉及其精妙的哲学论证，而着重关注柏拉图如何将自然与礼法结合，如何将灵魂论的神道贯穿到观民设教的礼法中去。

三　自然、灵魂与礼法

我们要特别注意柏拉图在《礼法》中谈论灵魂与自然的方式。《礼法》通篇在讲人间世中的礼法，对于自然一端，则始终放在礼法中言说，讨论礼法的自然正当。这是由《礼法》中柏拉图的言说对象所决定，他们是实际政治中的立法者。《礼法》的风格如同《春秋》隐而不显，其是非曲直尽在其中。雅典客人的谈话无论是对祖先之法，还是对神明都小心翼翼。只有在第十卷中雅典客人才谈到自然本身，这一卷和全书的基调有很大差异，有很多哲学的叙述方式。如何来理解第十卷中柏拉图对自然的论述？按照中世纪柏拉图主义者的解释，这是柏拉图的神学，与《蒂迈欧篇》一起构成柏拉图的高级神学。于是，柏拉图的神学成为通向基督教信仰的桥梁。这种立场是在用柏拉图的哲学为《圣经》做注脚，其实已然抛开了柏拉图所在的希腊城邦，抛开了历史性所赖以存在的洞穴世界。我们一定要在《礼法》的语境下去理解柏拉图如何将自然与礼法结合起来。

雅典客人的态度可以让我们看到他论及神道时的审慎。他说自己担心正在谈自己不熟悉的事情，克列尼亚斯劝他不要犹豫，不要担心自己会超出立法的范围。雅典客人把这种谈论比喻为渡河，让另外两个立法者注意

---

① 参见［德］茨莱萨克《灵魂—城邦—宇宙：论柏拉图思想之"合一"》，载刘小枫主编《柏拉图与天人政治》（《经典与解释》31），北京：华夏出版社2011年版，第13—16页。

听，而自己则凭经验丰富，一人来谈灵魂的问题。① 柏拉图讲给谁听？肯定不是讲给一般的百姓听，而是要讲给立法者听，讲给夜间议事会的人听。立法者在得其精要后，再将灵魂论的精神注入城邦的礼法中，使一般的民众得以接受。

在中国的古典思想中，神道即天道与天命，唯有圣人才能上达。此端不对百姓言，亦不对一般君子言，但最高立法者知晓，却存而不论。《庄子·齐物论》言："六合之外，圣人存而不论；六合之内，圣人论而不议；春秋经世先王之志，圣人议而不辨。"柏拉图的神道体现在他的宇宙论和灵魂论中。天是一个超凡入圣的神。在《理想国》中，哲人的理念论摹仿天的运转，构建城邦的秩序。宇宙论是柏拉图的"天官说"，灵魂论是柏拉图的"道论"。理解柏拉图的著作，不能将他的宇宙论和灵魂论从整体存在中抽出来，西方古典政治哲学与中国古典思想的相同之处在于，对于神道一端不轻言，言也只是对立法者言。神道不是一般百姓的信仰问题，与民相关的乃是圣人（哲人）将神道的精神通过设教转化到礼乐教化中。

《礼法》的主要任务不是要探讨向上的一端——高深莫测的神道，而是如何以神道来设教，即如何将理智（nous）转化为礼法（nomos）的精神。《礼法》中彰显的是柏拉图的政治神学，而不是神学，施特劳斯有一句耐人寻味的评论点明了政治神学存在的必要："相信神在，与相信神如法律宣布的那样存在，是完全不同的事"。② 这可以解释《礼法》中的神道与《蒂迈欧篇》中的神道不同。《蒂迈欧篇》中对哲人所讲的神道，是高于城邦，也是位于城邦之外的。而《礼法》中对城邦的立法者言神道，是为了让他们更好地在立法中使民众保持虔敬。立法者是自然（physis）与礼法（nomos）的上传下达者。

《礼法》第十卷论述自然的语境是立法者在为城邦制礼作乐。前面讲了很长的"法律的序言"，从第五卷开始立法。雅典客人从城邦的政制、教育、节庆仪礼讲到了刑法，由此引出如何制定渎神法。可想而知，在古代城邦中，不信神、玷污神的罪并不亚于抢劫杀人。在第十卷中，雅典客人论述灵魂问题是由外向内，从立法者熟悉的礼俗和民风谈起，涉及很多

---

① ［古希腊］柏拉图：《礼法》，891d，第 288 页；892e，第 290 页。
② Leo Strauss, *The Argument and the Action of Plato's Laws*, Chicago, 1975, p. 140.

不敬神者，他们或者不相信存在神，或者认为神不关心人的事务，或者认为神会接受人的牺牲和祈祷的贿赂。这些人中以智者为主。他们的观点为：第一，"自然"是火、水、土、气的名称，灵魂则是后来从中派生的；第二，政治家的立法纯粹是技艺，完全与自然无关；第三，人们在立法时，每个不同群体发明与自己习俗相吻合的神，根本不存在绝对真实和自然的正义。① 智者的学说割裂了自然（physis）与技艺（techne），自然与礼法之间的关联，其后果正如我们有关智者的政治哲学中讨论的，造成人心惟危，道心惟微，人们不再虔敬，作为祖先之法的神道受到质疑。智者的言论摧毁了家族，败坏了年轻人的德性。

柏拉图在《礼法》中所要做的工作就是正人心。然而，从捍卫祖先之法的角度去维护神的信仰，这条路行得通吗？荷马和诗人是城邦古风的吟唱者和守护者，各种祭礼、葬礼就是最高的政治权威，它们都是对神的歌颂。然而，在礼崩乐坏后，柏拉图还能简单地复古吗？在苏格拉底以前，没有多少人会承认自然正当的说法，因为大家坚定信守祖先之法。柏拉图深刻感到古今之间的断裂，他没有沿此道路走下去，而是接受了自然正当的观点，这是他与荷马和诗人的不同，也就是诗与哲学之争。简言之，诗人要捍卫祖先之法，柏拉图的哲学通过灵魂论捍卫自然正当，对祖先之法做出损益。

在《礼法》中，雅典客人要为未来的城邦制定渎神法，站在立法者的角度考虑，首先要像医生对待自由的病人一样用说服的方式，说服那些不信神和不敬神的人。克列尼亚斯希望"必须说出一个巧妙的理由来支持众神确实存在，他们都是善良的神，他们都比人更为尊重正义"。雅典客人心存畏惧，说"仿佛我们站在不敬神的法官席之前接受审问"，② 这让我们想起了苏格拉底受审判时的情景。雅典客人的灵魂论针对无神论者，提出法或技艺都是 nous（理智）的创造物，nous 就是灵魂，就是最自然的。换言之，法和技艺都是自然的，而不是如智者所言的非自然。灵魂论的根本内容和柏拉图在《斐德诺篇》和《斐多篇》中的描述基本相同，灵魂是能使自身运动的运动，是一切对立物的原因。只有 nous 才能把握灵魂。而不同于以前之处在于"不能在中午直接朝太阳看，这样会

---

① ［古希腊］柏拉图：《礼法》，891c，第 288 页；889d，第 286 页；890d，第 287 页。
② ［古希腊］柏拉图：《礼法》，887b，第 283 页；886e，第 282 页。

使两眼漆黑"。① 这就是柏拉图对立法哲人言说的审慎，与整个对话中三个老人行走在朝圣的路上，中间不断在树荫下歇凉是一致的。以此来看，只有 nous 才能把握灵魂，其实意味着只有立法哲人的理智才能确定法的灵魂。这种理智体现在整个对礼法的谈话中，立法哲人要将自然秩序慢慢渗入对古今之法的损益中。

《礼法》第十卷清晰地展现了柏拉图对古今神法的损益。克列尼亚斯和梅吉乌斯对神的信仰源于古代祖先之法的教化，他们甚至没有思考过诸神的来源，诸神为何存在，诸神为何照料人类事务，这些问题对于虔敬的信仰者显然是大不敬的。然而，他们此时面对的是受智者"新思维"影响的年轻人，这些人由于不再充分相信祖先之法，因而对诸神的存在和来源都产生怀疑，克列尼亚斯和梅吉乌斯要与雅典客人一起说服这些年轻人。雅典客人首先将诸神的来源归于灵魂，其存在也得益于灵魂的运转，诸神照料人类事务得益于灵魂的德性。由此，我们可以看出柏拉图的政治神学与神学的差异——柏拉图用对灵魂的信仰取代了以前对诸神的信仰。正如潘格尔指出的，"雅典客人所做的工作是将灵魂（神）的家园置于人与城邦的灵魂中"，② 由此，灵魂不仅仅体现为神学信仰问题，而且体现为如何运用理智立法对城邦与人进行教化的政治神学问题。在说服性立法之后，紧接着是根据惩罚性正义针对不虔敬者制定的强制性法律，包括设立感化院和监狱。

柏拉图借克列尼亚斯之口表明，"第十卷的讨论是所有法律的最好的序曲"，③ 旨在提示我们神学与政治学的密切关系。神学是政治学的前提，这再一次回应了第一卷开篇的问题，是"神还是人制定礼法"。柏拉图通过灵魂论展示了他的政治神学，以替代日趋瓦解的希腊传统神学，调节自然与礼法之间的紧张。由此，柏拉图为探究哲学、宗教与政治之间的关联开辟了新的道路。

---

① ［古希腊］柏拉图：《礼法》，897e，第 296 页。
② Thomas Pangle, "The Political Psychology of Religion in Plato's Laws", *The American Political Science Review*, Vol. 70, p. 107.
③ ［古希腊］柏拉图：《礼法》，887c1，第 283 页。

第三节　柏拉图的礼乐教化

一　柏拉图的礼教

"礼教"一词本来是中国儒家政治教化百姓的礼制。礼是百姓和国家在日常生活中的行动指南，礼节人心，乐和人声，与乐教相比，礼教更多的是调整人们的行为以符合一定秩序。柏拉图运用 nomos 这个词，既包括习俗，也包括法律。除了音乐和体育的教化，柏拉图还探讨了祭祀、节庆、婚姻、官员选举等各方面的礼俗。本节主要从礼俗的方面考察柏拉图的礼教思想。

开篇雅典客人与另外两位老人讨论礼法源于何处？克里特和斯巴达人都把礼法的必要性归于战争，立法者必须明白所谓的和平只是一种虚构，城邦的本性即为战争。这种看法决定了他们的立法以严苛著名，而且最高的德性是勇敢。柏拉图驳斥了"礼法源于战争"的观点，理由在于，立法者制定礼法的目的是获得最高的善，而战争不是最高的善。真正的立法者要以和平为本，将战争看作获得和平的工具。柏拉图将德性而非生存必要性看作立法的目标，这无疑是对多里安礼法宗旨的损益。柏拉图进一步提出德性的自然秩序，即明智、节制、正义与勇敢，立法者必须根据整权的德性来立法，明智是最重要的神性的德性，节制是天性与运用理智的灵魂的结合，正义是明智、节制与勇敢的结合，而勇敢本身排第四位。与《理想国》相比，《礼法》中德性的自然秩序发生的最大变化在于弘扬节制，贬低勇敢，或者更确切地说重新理解什么是真正的节制与勇敢。

柏拉图弘扬节制的立足点在于对灵魂的痛苦与快乐的洞察。痛苦与快乐是人生的根本问题。任何宗教与真正的思想者都离不开对人的痛苦与快乐的洞察，而立法者则更要求如此。如卢梭所言，立法者需要具有"一种能够洞察人类的全部感情而又不受任何感情所支配的最高的智慧，它与我们人性没有关系，但又能认识人性的深处"。① 对灵魂苦乐的洞察，就是对人心和人生的洞察。

柏拉图晚年另有一篇对话《斐莱布篇》专门讨论快乐与痛苦的问题。这篇对话继承了以往苏格拉底讨论的风格，从什么是快乐本身谈起，中间

---

① ［法］卢梭：《社会契约论》，李平沤译，北京：商务印书馆1987年版，第53页。

大量的论证要表明快乐与理性之间的关系，最后苏格拉底驳倒了快乐主义者斐莱布，表明快乐一定要服从理性的约束。《斐莱布篇》的风格十分符合西方道德哲学对享乐主义的批判，但这种基于逻辑推理的批判却非常空洞，始终在言词本身中绕圈。伦理问题如果脱离礼法，就成为道德的说教，它开启了西方道德理性主义的大门。当柏拉图最后写作《礼法》，重新讨论快乐问题时，他认识到对痛苦和快乐的体会不能通过哲人在言词的逻辑中的对话，而必须回到城邦的立法中通过教化来实现。[①]

柏拉图将灵魂的苦乐问题放在城邦中考察，他思考的是他曾经极为推崇的斯巴达城邦。[②] 斯巴达一向以其勇敢、节制而出名，柏拉图在《理想国》中所描述的护卫者的教育就是以斯巴达的教育为楷模的。然而，柏拉图逐渐发现斯巴达教育的问题，其公民缺乏对最大的快乐的体验，在快乐面前就会沉溺其中，那时他们会更加丢脸，而被更懂得快乐的人所奴役。因此"他们的灵魂部分是奴隶，部分是自由民，而且也不值得无条件地被称为勇敢和自由的人"。[③] 联想到第三卷中柏拉图居然说斯巴达的统治者对人的最高关切一无所知，缺少节制的精神，没有保持和谐，因而破坏了伯罗奔尼撒联盟，我们可以体会到柏拉图的巨大转变是基于对伯罗奔尼撒战争后的希腊城邦的再认识。雅典客人的做法让深为自己城邦骄傲的立法者梅吉乌斯感到不满。斯巴达的公民都是好战士，冬天赤脚走路，具有超强的忍耐力，在公餐中禁止战士喝酒，难道这些不是最大的节制吗？斯巴达城邦总是让我们想到训练有素的兵营，自我禁欲的中世纪教徒的组织（圣方济会等）或者伊斯兰的圣战组织。近代民族国家也一直以斯巴达为楷模，将人的激情（thumos）与欲望（eros）不断提升，将它们与民族国家的生死存亡连在一起。斯巴达精神虽然为英美自由主义者所畏惧，但他们在现实政治中所贯彻的仍然如此。卢梭受柏拉图《理想国》

---

① 当代伦理学家麦金泰尔在讲启蒙运动的道德哲学为什么失败时，对此的分析很透彻。参见［加］麦金泰尔《德性之后》，龚群等译，北京：中国社会科学出版社 1995 年版，第 5—6 章。

② 在柏拉图那里，没有自然人，所谓没有城邦的人，也就不受神的保护，就会被看作蛮人。所以柏拉图谈灵魂，谈教育不是对抽象的人（蛮人）来谈。而到了近代则不同，洛克和卢梭论教育都是从自然人开始。按照卢梭的看法，"公共的机关已不再存在了，而且也不可能存在下去，因为在没有国家的地方，是不会有公民的。'国家'和'公民'这两个词应该从现代的语言中取消"。参看［法］卢梭《爱弥尔》，李平沤译，北京：商务印书馆 1985 年版，第 11 页。

③ ［古希腊］柏拉图：《礼法》，635d，第 15 页。

的影响以及普鲁塔克名人传的熏陶，曾经热情地赞美斯巴达城邦。斯巴达的英勇，斯巴达戏剧的庄严肃穆，斯巴达的公民教育，总之，斯巴达人是卢梭心目中的古人，以此来批判今天的现代人。

　　柏拉图对斯巴达的体会应该比卢梭更深刻。他看到节制不能等于禁欲，勇敢不能等于好战。人的更高的关切应包含人的灵魂的快乐和痛苦。这两种"对立而又相互闹别扭的状态"，从婴儿时就开始有，灵魂从此时就开始获得好与坏。关键是要对这两种状态进行正确的约束，使人从一开始就厌恶他应当厌恶的东西，爱好他应当爱好的东西。① 这就是柏拉图所讲的教育，所谓教育就是获取好的东西，它的最初形式就是希腊的孩子表现的样子。教育（paideia）从教育孩子（pais）中来，孩子所具有的"赤子之心"是人的最好的德性，他把快乐和痛苦最直接、最顺畅地表达出来，心中不留，也就没有怨气和烦闷，因而最自然最纯净。人的德性如果和最直接的心灵状态保持一致，如孔子所言"如恶恶臭，如好好色"，那就是很高的德性，因为外在的实践让心中保持自然的舒畅，而不需要内在的约束和外在的强制。这就是孔子讲仁的发端。柏拉图也有此意，他说"快乐和痛苦这两股泉水依自然而流淌，那种在依时、依地、依量取水的人就是幸福的"。② 这就是做事情的分寸感（good sense），也就是明智（phronesis）的实践智慧。

　　在《礼法》中，柏拉图把节制（sophrosyne）放在最重要的德性的位置上。人的灵魂中始终存在两种力量，美德与邪恶，快乐与痛苦，能够控制这些交织在一起的力量的金绳索是"理性"（logismoi），对个人而言就是自我的节制，对城邦而言就是公共的礼法。节制源于人们的敬畏和恐惧（aidos），比如人们会因为坏名声或在众人面前醉酒感到羞耻，会因为敌人的强大感到恐惧。如果没有这种敬畏与恐惧，人们完全陷入傲慢与自大（hubis）。敬畏的对立面正是自大。节制正是对这两种极端情感的调和，节制重要的不是压制与抑制，而是获得判断好坏的分寸感。这种分寸感不可以作为知识来传授，而只能在具体的实践中体会。柏拉图认为：

　　　　那种缺乏在这些战斗中的经验和体育锻炼的人，绝对不会达到他

---

① ［古希腊］柏拉图：《礼法》，653b，第 32 页。
② 同上书，636d，第 16 页。

潜在德性的一半。一个人如果没有在言辞、行动、技艺、游戏和严肃追求的帮助下,战胜了许许多多诱使他陷于无耻和不义的那些快乐与欲望,那他还能在节制方面变得完美吗?他对所有这些事情还能毫无感觉吗?①

这种感觉就是做出判断的分寸感,也就是经过调和形成的中道。在斯巴达人身上最缺乏的就是节制。他们要么压制住对快乐的体验,要么拒绝触及任何让人恐惧的事物。柏拉图指出,斯巴达妇女的放纵以及克里特人的同性恋都是由于他们无法控制对快乐的追求,以一种违背自然的方式纵欲。这种禁欲式的苦修在西方后来的基督教中发展为自我克制的道德,即韦伯所赞美的"新教伦理"。它把人的欲求看作痛苦的来源,用自我克制的方式来减轻内心中的罪恶感,实现灵魂的救赎。而希腊宗教并非如此,希腊人天然地热爱生活,爱美,天然地扎根在土壤中,具有强大的生命力。尼采说:"希腊人本来的自然,以其宏伟规模无端挥洒的无情的自然,使我们害怕,却如此高贵。"② 柏拉图继承了希腊人身上高贵的自然,他始终主张"正义者是快乐的,最正义的生活也是最快乐的生活",③ 而且过快乐生活的人也一定是幸福的。柏拉图拒绝把快乐与正义、善与荣耀分开,这正是希腊人的精神。没有快乐,就不是顺应内心的自然感受,就不是直接的顺畅的生命。

由此,柏拉图对会饮的古礼进行损益。斯巴达人嘲笑雅典人在狄俄尼索斯节喝得烂醉如泥,举城狂欢,意欲为斯巴达人禁止会饮辩护。柏拉图提出会饮并非酗酒,而是要有一名明智又节制的首领来管理会饮者(这名首领就是后来音乐教育中的狄俄尼索斯歌队的领导者,他懂得最高贵的音乐与最好的快乐)。与朋友一同举止得体的会饮是对教育的重大贡献。在柏拉图看来,酒是神带给人类的礼物,它不是如神话中所讲为了使人疯狂和复仇,而恰恰是为了治疗人类与生俱来的疯狂,培育灵魂的节制。如果会饮没有节制,纯粹为了娱乐,那么法律应当彻底禁止饮酒。④ 柏拉图

---

① [古希腊]柏拉图:《礼法》,647e,第28页。
② [德]尼采:《善恶之彼岸》,第94页,译文有改动。
③ Plato, *The Republic*, translated by Allan Bloom, New York, 1968, 354a; [古希腊]柏拉图:《礼法》,662d,第43页。
④ [古希腊]柏拉图:《礼法》,672c,第54页。

并没有详细论述会饮如何进行，而只是阐释了会饮的基本精神乃在于节制。

在论述其他礼俗时，柏拉图基本上都遵循了节制的基本原则。例如《礼法》中的婚姻法与《理想国》不同，不再提护卫者的共产共妻，而是主张财产私有与一夫一妻制。婚姻被赋予神圣的意义并非基于男女之间的爱情，而是人与城邦追求不朽的必然。有关男女平等，《理想国》中主张男女都参加体操训练，都能担当护卫者，而在现实的希腊城邦中，女子通常被排斥在兵役之外。斯巴达妇女既不从事纺织工作，又不服兵役。斯巴达因其疏于对妇女的管理导致其放纵任性。在《礼法》中，柏拉图仍然主张坚持两性各自的自然，气势宏大和男子气魄适用于男性，端庄适度的东西适用于女性。但为了使女性热爱城邦生活，她们在婚前也要进行公餐，男女的公餐分开进行，婚后的妇女更重要的任务是持家育子，但也需要参加军事和体操训练，以备男子外出打仗时，保护孩子和城邦。因此，《礼法》中的男女之礼既考虑男女的自然，又考虑到城邦的需要，既没有完全遵从希腊古礼将妇女排除在城邦公共生活之外，也没有如《理想国》中主张基于男女绝对平等而使男女承担共同的城邦责任，而是遵循节制的精神。男女之礼既是对人类欲望的节制，又使男子和女子能够在城邦中和睦快乐相处。

二　柏拉图的乐教

柏拉图的礼教主张人的教育从知耻开始，正确地对待羞耻与畏惧。但这种以羞耻感为基础的教育并不充分，人们并不能在其中获得更高的幸福以及城邦中共同的幸福。[①] 人的灵魂不仅需要节制与约束，而且也需要在快乐中净化和提升灵魂，这就是乐教的意义。在灵魂的快乐与痛苦中，柏拉图把快乐放在很高的位置，这是当下生活的态度，是生命的活泼与畅达。唯有把快乐看作高贵的德性的民族，具有乐感文化的民族，才能真正实行礼乐的教化。教育是柏拉图的最高哲学。不讲音乐，就无法体会教育。希腊语的"教育"这个词（paideia）是"孩子"（pais）和"戏剧，游戏"（paidia）两个词融合而来。孩子在戏剧和游戏中一点点受到正确

---

① ［美］潘戈：《政制与美德：柏拉图〈法义〉疏解》，朱颖、周尚君译，北京：华夏出版社2011年版，第37页。

的滋养，使灵魂得到好的塑造。① 柏拉图对音乐教育的重视体现了城邦的诗教传统，我们从他对古今诗教的损益中可以看出柏拉图的礼乐教化思想。

希腊"音乐"这个词（musike）含义非常广，指"缪斯的艺术"，至少包含两层意思，第一，从事教育的手段及内容，包括阅读、书写、算术、绘画和诗歌；第二，我们今天狭义的音乐。古时诗、歌、舞三位一体，这在《周礼》的乐礼和古希腊都是一致的。孔子曰："志于道，据于德，依于仁，游于艺。"（《论语·述而》）古希腊的音乐大致相当于"艺"。在柏拉图这里，音乐（musike）还带有"学问"和"哲学"的含义。诗乐与哲学同源，同属缪斯的姐妹，她们的母亲是"回忆"女神（mnemosune）。② 苏格拉底在临死前突然梦到神让他学做诗，他说我一直在作乐，哲学就是诗乐。③ 柏拉图骨子里把哲学当作诗乐，更不会去分裂理性（logos）与神话（muthos），他的对话都可以看作戏剧和诗歌。柏拉图是能够与荷马相媲美的戏剧诗人。只有在此意义上，我们才可能贴近柏拉图的诗教思想。

希腊的教育从小孩子的游戏开始，这些游戏包括参加各种敬神的节日，节日中的载歌载舞被看作诸神赐予人的礼物。因此，音乐在希腊的位置极高，具有神圣性。据说最早的教育来自缪斯与阿波罗，她们是歌舞队的领袖，使人们在节奏与旋律的和谐中感到快乐。而歌舞队这个词（xopus）就来自由歌舞提供的自然的快乐（xapa）。乐来自人对万物声音之感，这一点《礼记·乐记》中亦有记载："乐者，音之所由生也，其本在人心之感于物也。"希腊的歌舞是培养对善和美（kalos）的感觉，"只要属于身体和灵魂的善的姿势和旋律都是美的，而反之则是丑的"。④ 在音乐中进行教化，与道德的说教和宗教的律法不同，它不是由外在加在人身上，而是启发人内心中和悦的情感，在音乐中培养人对善和美的感觉以及

---

① 无独有偶，中国的教育也是对孩子的教化，中文的"教"字上面是个"爻"，底下是孩子的"子"，其意为"一个小孩子在理解和模仿爻变"，这个字包含中国思想的最高境界。

② 参看陈中梅《柏拉图诗学和艺术思想研究》，北京：商务印书馆1999年版，第277页，注解2。

③ ［古希腊］柏拉图：《斐多篇》，载《柏拉图对话集》，王太庆译，北京：商务印书馆2004年版，61a，第212页。

④ ［古希腊］柏拉图：《礼法》，654d，第34页；655b，第35页。

恰到好处的分寸感。这是诗教与道德、宗教和法律最大的不同。

音乐教化的善和美并非总是一致。孔子言《关雎》"乐而不淫，哀而不伤"，可谓善与美的一致，但又言《韶》"尽美矣，又尽善也"，谓《武》"尽美矣，未尽善也"，因为《武》歌颂武王伐纣，虽是正义之举，但仍有杀气。柏拉图亦探讨音乐的正义与快乐。一般人以为快乐的生活与正义相悖，追求正义总是遏制人的快乐，斯巴达政制因此禁止人们体验强烈的快乐。柏拉图的乐教则是将正义贯穿于快乐中，例如快乐来自好名声和神的赞美，有德者受到尊敬，死后受到祭拜。对荣誉的追求是城邦政治教育所必需的。立法者所做的工作是说服年轻人，只有正义的生活才是快乐的，而不义的生活让人不快。

这项工作并不容易，快乐有不同层面的快乐，程度有高有低，犹如人的德性有高低之分。"如果一个人自幼年起直到有理智的年龄为止，一直熟悉严肃的古代音乐，那么他会排斥与之相反的音乐，斥之为野蛮的声音；但若他从小听着流行音乐长大，亦即令人发腻的那种音乐，那么他会感到与之相反的音乐是僵硬的，令人不快的。"① 为此柏拉图在讨论对孩子的教育时提出，让婴儿在摇篮中听到柔和的摇篮曲，使其恐惧的灵魂得到抚慰。母亲不能溺爱孩子，要让他既能知道快乐，又要学会承受痛苦与悲伤。通过习惯来培养孩子的音乐感，显然不仅仅是培养音乐鉴赏力，而是培养城邦交往的共通感。因此，在礼崩乐坏的社会中，就看不到音乐中的正义，而只是将音乐看作满足口腹耳目之欲。《礼记·乐记》曰："是故先王之制礼乐也，非以及口服耳目之欲也，将以教民平好恶，而反人道之正也。"柏拉图探讨音乐中的正确，认为音乐最重要的是根据逻各斯来判断，其意义亦在此，要"依于仁，游于艺"。逻各斯是德性，好的音乐是使德性的声音渗入人的灵魂，"乐者，德之华也"。柏拉图探讨音乐的正义与快乐也是这个道理。

"声音之道，与政通矣。"柏拉图所看到的礼崩乐坏早已显示出希腊城邦的衰败之相。斯巴达尚武，乐声刚硬，缺乏和谐的中和之音，故其无法领导泛希腊同盟和睦相处，以至于陷入无休止的城邦纷争。而雅典的音乐则是杂乱无序，骄奢淫逸，其政散，其民流，已有亡国乱世之音。哀歌与颂歌，严肃的悲剧与各种杂耍般的闹剧拼凑在一起。音乐的好坏不再由

---

① ［古希腊］柏拉图：《礼法》，802d，第192页。

最有德性的人来裁断，而是由听众来判断，一种"最优者的统治权"让位给一种坏的"听众统治权"。音乐可以不断创新，不断迎合观众口味。这种音乐必然使人心"抛弃敬畏，产生鲁莽"。① 柏拉图看到的雅典的"剧场政治"正是泛滥的民主政治，每个人都要自由，反抗权威，拒绝长者和父母的劝导，不服从法律，藐视誓言和宗教。② 从雅典的诗教可以看出我们当今民主国家普遍的问题，在诗教中只有《风》，缺少《雅》和《颂》，可以听到各种民风，却缺少王者之音和神明之音。《风》《雅》《颂》本同源而生，只因人心怠慢，通向更高的神明之音不再能化民风，《关雎》才会变成《柏舟》。换言之，只有音，没有乐，就很难看到安乐祥和的政治气象。

因此，柏拉图的诗教首要的是恢复颂歌的位置。他借赞美埃及的颂歌乃神或为神一样的人所作，表明颂歌是"自然正当"的音乐，是永恒正确的，而法律制度就是把颂歌的"自然正当"表达出来。颂歌为人们在敬神时歌唱舞蹈，人们要用吉祥的语言，怀着虔敬的心情，祈求神明的福佑。任何文艺诗人用流行歌曲来改动这些颂歌，当然要被看作对神明的亵渎。其他音乐都要摹仿神明之音。在柏拉图的诗教中，颂歌是至高无上的，他将颂歌的精神化到整个城邦的礼法中。柏拉图希望颂歌成为法中之"法"，其余所有音乐都遵循此法。③ 柏拉图理想的诗教是古埃及那种"把一切音乐和舞蹈都神圣化"，由此对应他的理想的城邦是最虔敬的城邦，所有祭祀与歌舞都为实现这个目的。

那么，音乐由什么样的人来进行裁判？这里最能看到柏拉图对城邦乐教的损益。除了城邦中的孩子组成的"缪斯歌队"和由年龄大一些至30岁的人组成的"阿波罗歌队"，柏拉图还组织了一个30岁以上的人构成的"狄俄尼索斯歌队"，其领导者由50岁到60岁的老人组成，他们深谙音乐，都具有很高的德性，这些人构成了城邦中的音乐督察者。④ 柏拉图为什么会让歌唱酒神的歌队成为城邦音乐教育的领导者？其一，老人通过歌唱对年轻人的灵魂进行教化，使其具有严肃庄重性。这与整个《礼法》

---

① [古希腊] 柏拉图：《礼法》，701a-b，第86页。
② 参看 [古希腊] 阿里斯托芬《云》，载《罗念生全集》（第四卷），上海：上海人民出版社2004年版。
③ [古希腊] 柏拉图：《礼法》，800b，第189页。
④ 同上书，671b-d，第53页。

由三位老人歌唱神明的颂歌的基调相一致，也是特别针对雅典城邦的"剧场政治"所缺乏的审慎和节制所开的药方。其二，最疯狂的神恰恰能治愈天然的疯狂，产生灵魂的节制。柏拉图让"狄俄尼索斯歌队"取代了缪斯和阿波罗的领导地位，是让哲人的理智（nous）成为代替希腊城邦诸神的最高立法者。[①] 联想到柏拉图在《会饮篇》中所说的，哲人具有最强大的爱欲，我们可以理解，酒神和哲人在这点上有相同之处。而对于老人而言，身上开始缺乏天然的生命力，尽管他们有很多智慧和经验，用美酒则可以医治老年人身上的干燥之气，使他们变得柔和。柏拉图将老人与酒结合在一起，其实是将政治中的审慎的德性与激情的生命力结合在一起，这是立法者身上必须具备的德性。仅执于一端的政治，如斯巴达的兵营治理方式，雅典的激情滥觞的治理方式，都不是中道的政治，他们的音乐也就没有中和之象。

柏拉图让"狄俄尼索斯歌队"对音乐和诗歌进行审查，是让立法哲人行使诗人的职责，通过礼乐对城邦进行教化。歌队的领导者即立法者必须熟悉最高贵的音乐，这种音乐比合唱队的音乐以及公共剧场的音乐更高贵。立法者必须高于民众，而非一味迎合民众的喜好。立法者是民众的教师，他们必须有勇气抵制剧场政治的闹剧。立法哲人的责任是监督诗人，使其创作处于高贵的范围内。这再一次触及诗与哲学之争。在《理想国》中，苏格拉底批评诗人是对摹仿者的摹仿，诗人摹仿的是城邦的意见，是洞穴中的东西，因此诗歌被看作不真实的言说。诗与哲学之争的实质不是哲人与城邦的冲突，而是什么样的教化更有益。这个问题在《礼法》中更加清楚，立法哲人"代表诗人"，为城邦的法律制定一个很长的序言，这个序言不是实际的成文法，而是法律的坚实基础。它就像一首颂歌，为城邦的礼乐定调。诗人用更悦耳的声音使高贵的灵魂更鲜活生动，更深入人心。毕竟理解灵魂本身的哲学不适于直接面对民众，而诗人摹仿灵魂本身可塑造出更多贴近民众的影像。雅典客人对斯巴达诗人提尔泰乌斯的审查，是哲人在诗人歌颂的最高德性勇敢中融入了更高的节制，融入了音乐的教化，不仅培养好士兵，而且培养好公民和好人。

就诗歌而言，柏拉图推崇史诗和悲剧；就乐曲而言，柏拉图推崇多利亚调，认为它稳重、庄严，是真正的希腊曲调，能够较好地表现言行的完

[①] L. Strauss, *The Argument and the Action of Plato's Laws*, p. 35.

美、和谐与统一。① 在城邦中，柏拉图推行严肃的礼乐，反对摹仿各种低俗怪诞的诗乐，甚至包括喜剧。观众应当不断听到比自己更好的人物并由此不断体会更好的快乐，喜剧摹仿低俗的灵魂，只能使人们体会更低俗的快乐。用柏拉图的话来说："我们自己就是诗人，我们具有创作悲剧的最好能力，而悲剧也是最美最好的。"② 可以说，悲剧就是希腊城邦的雅颂，能净化人的灵魂，提升人的精神。

现代艺术精神与柏拉图的乐教相去甚远。现代艺术主张自由与民主，主张个性的解放，反对国家和社会对艺术的控制。后现代艺术更加自我，更具私密性。现代艺术反对政治，反对传统，反对文以载道、乐以载道。艺术与教化的分离与现代国家机器对艺术的秘密审查有关，致使那些为国家认同的艺术往往是毫无魅力的政治说教，毫无艺术的魅力。而在柏拉图那里，立法哲人对诗乐的审查，并不是意识形态层面的控制和封杀，而是德性的高贵与低贱。他们恰恰是观风的人，根据民风的不同，设立各种礼乐。"狄俄尼索斯歌队"就是上察神意，下察民情的立法哲人。唯有此，立法哲人才能制礼作乐，才能把理智（nous）转化为城邦的礼法（nomos）。与柏拉图相比，现代社会缺乏的是对德性与灵魂高低的体察，缺乏真正懂得高贵的立法哲人，致使所有的音乐（声音）都可以自由表达。当今社会正处于如当年雅典一般的"剧场政治"中，柏拉图所言的乐教的精神值得我们深入反省缺失的乐教精神。

三　礼法、法律与律法

我们看到，上述关于柏拉图的诗教属于立法者运用说服的方式写下的长长的序言，就像颂歌的序曲一样。柏拉图用序曲这个词可谓一语双关，因为 nomos 这个词既指习俗与法律，也指音乐上的一种曲调，而"礼法"（nomos）本身就来自"牧歌"（nomes），"礼法"早先就是指瑶曲，礼俗就是在瑶曲中歌唱出来的。③ 在现代人看来，这些礼俗都是些不成文法，而古人却最重视它们，并将其提升到一种特殊的法律地位：

---

① Plato, *The Republic*, 398e.
② ［古希腊］柏拉图：《礼法》，817b，第 208 页。
③ 参看［法］布舒奇《〈法义〉导读》，谭立铸译，北京：华夏出版社 2006 年版，第 187 页，注释一；［古希腊］柏拉图：《礼法》，722e，第 110 页。

我们现在所描述的所有事情被通称为"不成文法",我们所说的祖宗大法也在此列,二者具有相同本性。我们先前的考虑是正当的,即这种不成文法既不能称之为法,但同时我们又不能置之不理,因为它们是维系整个邦国的隐秘丝带。它们无所不在地渗透和缠绕在成文法的字里行间。作为从远古流传下来的风习,如果它们得到正当的确立和沿袭,则无异于一座保护成文法的坚盾;但是如果它们误入歧途,则无异于一座大厦的古老地基发生倾斜,其结果必然是整个邦国倾颓倒塌,取而代之的是普遍的毁灭。克列尼亚斯,想想吧,作为立法者,这一点你一定要谨记在心:你必须把新的邦国维系在所有可能觉察到的丝网中,不能漏掉一根丝线,不管是粗大还是纤小,不管它被称为法律还是礼俗,还是民族的习惯。因为正是这些东西才可能使一座邦国得以屹立,而使得这些东西生命长青的秘密则在于把它们和谐地编织在一起。因此之故,当我们看到我们的法律中有那么多看似琐碎的风俗习惯纵横交错的时候,那又有什么奇怪的呢?①

然而,就如医生对待自由人和奴隶的病人使用的方法有所不同,立法者在立法中,也要运用说服和强制两种方式。强制就是制定严格的法律,对违法的人进行惩罚,诸如对偷盗、杀人、渎神和叛国等罪行的严厉惩罚。对于立法哲人而言,他怀着耻辱感制定这样的法律:

在立法行动中弥漫着耻辱感,而我们正要怀着这种感觉干下去。国家内部的所有犯罪行为的所有犯罪细节必须得到有力的约束,所有的行为都必须遵从德性实践的教导。在这么一个德性之国中,如果假定有那么一小撮人,他们将要犯下在其他国家发生的那种令人发指的罪行,以至于我们不得不提前针对他们立下法度以为防范,以此威胁、震慑、惩罚他们,就好像这些人必定会出现似的——这样的想法难道不让我们感到耻辱吗?然而,我们应该考虑到,我们并不是古代的立法者,他们为英雄和诸神的后代立法,而且据说那些立法者自己就是神的骄子,承受他们法度的子民都拥有神圣的世系。而我们只是普通的世人,我们只为世人的子孙立法。因此,我们要准备把我们国

---

① [古希腊]柏拉图:《礼法》,792b-d,第180页。

民中的某些人预想成心硬如铁、顽固不化、甚至连烈火也烧不掉的谬种，而且这种想法并非不仁！①

柏拉图很清楚，他是在世间立法，尽管法先王，但他不是先王（克洛诺斯的黄金时代的神治），也不是先王的立法者（如米诺斯）。柏拉图面对的是黑铁时代的人，他如何才能法先王？当我们不能实现最好的城邦，我们只能建立第二好的城邦，在其中可能大多数人天然对德性并不热心，只能诉诸威慑和惩罚。除了上察神道，下观风俗，为百姓制礼作乐，他还必须在他的时代中求变。柏拉图所处的时代犹如荀子所处的战国时代，不仅仅是礼崩乐坏，而且是人心惟危。他一方面要正人心，用灵魂论来立神法，使百姓恢复虔敬之心；另一方面，在礼乐和法度上进行损益，力求"礼乐刑政，四达而不悖"，但刑罚的措施和严苛程度加重。因此，柏拉图用强制方式制定的法律颇类似于中国古代的刑罚，其不可谓不重要，但却处于政治秩序的最末端。即使在制定刑罚时，柏拉图还讨论人犯罪的动机，是否自愿犯罪，犯罪是否出于无知。一个城邦中受刑罚的人越多，只能表明城邦本身是个坏城邦，没有把百姓教化好，也没有提前立法以防范，这只能是统治者和立法者的失职。②这与中国古人所说的"万方有罪，罪在朕躬，百姓有过，在予一人"的道理是一样的。居于高位的立法者没有洞察人的整体灵魂，没有通过教化使人们追求高贵与正义，应该先责己下罪己诏，以正天下人心。

柏拉图的《礼法》多数都是作为不成文法的序曲，除了有关刑法的部分与现代法律的风格比较接近。平庸的立法者会嘲笑柏拉图，认为他只是在教育民众，却没有给民众制定法律。但真正的立法者必须深刻洞察灵魂的整权，必须拥有有关高贵之物、好东西和正义之物的完整知识。雅典客人和其他两位老人称自己并不是真正的立法者，而只是在某种意义上追慕法律的人。这里足以看出立法的艰辛，并不只是颁布成文的法规，立法的重中之重乃在于德性的教化。正如孔子所言："道之以政，齐之以刑，民免而无耻；道之以德，齐之以礼，有耻且格。"（《论语·为政》）柏拉图在礼乐刑政上与孔子的想法相似，礼乐居于首位，政制居于其次，刑法

---

① ［古希腊］柏拉图：《礼法》，853b–854a，第245—246页。
② 同上书，860d，第253页。

居于最末。《礼法》凸显的是以德为本，以刑为辅的理念。

现代法律体系中的法律（law）与柏拉图的礼法（nomos）差异甚大。正如巴克所言，一个训练有素的律师会批判《礼法》的大部分内容，认为它根本不是法律。那里没有合法性与合道德性，或者法律与宗教之间的严格区分。而柏拉图的礼法既是法，同时也是道德，甚至是神学。① 现代法律体系是以权利和义务为核心建构的体系，来源于罗马法，以个体的主体性为根基，这在古代的《查斯丁尼法典》和现代的《拿破仑法典》等成文法中都有所体现。现代的法律从道德和宗教中分离后，只剩下赤裸裸的计算理性，权利也是对此的表达，义务则意味着要满足欲望必须付出的代价。这种法律中既没有过去，也没有未来，就以现在的"我"为阿基米德支点。正如梁漱溟先生指出的，西方现代法律利用人的计较心与功利心，主张人向外求，再用规则和刑罚约束和强制人的行为。② 现代法律抛去了礼俗和宗教的根基，犹如现代政治抛去了道德的根基。这要归于启蒙的"功劳"，它将古代社会的礼俗和宗教全部当作"偶像崇拜"而打碎，重新树起新的神——人的理性。现代法哲学所依据的自然法就是人的理性之光的折射。自然法理论的根基在于理性主义、个体主义和激进主义。按照近代自然法之父格劳秀斯的观点，自然法之自明性，已经使得上帝之存在成为多余。③

柏拉图礼法的精神在西方现代社会的法律体系中几乎没有保留下来，也许除了继承了一些缺乏生命力的概念。但伊斯兰教和犹太教的柏拉图大家在对柏拉图的解读中，却保留了更多东西。如果我们从柏拉图政治哲学的影响史来看，《理想国》对于西方自然法传统的形成具有不可低估的意义，这是因为理念论的形而上学对西方两千年来哲学与政治的影响是根深蒂固的。而《礼法》受重视的程度远不如《理想国》。但《礼法》在中世纪伊斯兰教的大哲如阿尔法拉比那里却颇受重视，他在"梗概"中念

---

① ［英］巴克：《希腊政治理论》，第494页。
② 梁漱溟在《中国文化要义》《人心与人生》《孔家思想史》等诸多著作中多有论述，梁先生认为在西方近代的法治社会、中国儒家的道德社会和印度的佛教社会中，西方近代的法治社会处于最低的阶段。中国一百多年的"西化"史带来的社会变化，值得我们重新认真思索梁先生的判断意义所在。
③ ［意］登特列夫：《自然法——法律哲学导论》，李日章等译，北京：新星出版社2008年版，第54、60页。

念不忘上帝、诸神、彼岸、神圣的律法、沙里亚，却又同时对哲学保持完全的沉默。哲学与神圣律法的关系被理解成了两个完全不同的领域之间的关系。① 西方自然法传统和中世纪犹太教的律法传统在对待哲学与政治关系的态度上有很大差异。施特劳斯一直想用后者来修正前者，"自然法学说在18世纪末以前一直是西方思想的标记，但在伊斯兰－犹太哲学中则完全不存在，基督教经院主义者叫做自然法、伊斯兰神学家叫做理性法的那些行为准则，伊斯兰－犹太哲学家则称之为流俗之见"。② 以下我们对柏拉图的礼法和犹太教中的律法观念做一简单辨析。

在作为一神教的犹太教中，律法是上帝通过先知传达的神律。上帝用真的声音把神律启示给摩西，这些神律是上帝想要传达给希伯来人的。先知摩西再运用立法者的权威强制人们服从他所制定的律法。斯宾诺沙说，摩西对待以色列人就像父母对待没有理性的婴儿。③ 它的基本结构是：上帝通过预言和神迹启示先知摩西，摩西再根据启示制定律法，人们只需要服从律法。我们很清楚地看到，在向下的一般信徒这一端，确实不是通过思考的自由意志来信仰上帝。在向上的先知一端，是通过获得神的启示，而不是理智思考的结果。但犹太教最典型的是政教合一，摩西要带领以色列人建立一个国家，律法兼有赋予信仰和维持统治的功能。

在柏拉图的《礼法》中，立法哲人和先知的不同之处在于，他不是通过预言和神迹获得神的启示，而是通过哲人的理智（nous）来效仿神。立法哲人和百姓都有理智，只是高低不同，前者具有属神的德性，后者具有属人的德性，后者效仿前者，前者效仿神。处于上端的神道和处于下端的民风是相通的，神道通过立法哲人观风设教得以体现，民风得以净化，而民可以通过自身的德性成为英雄和半神。④ 犹太教的律法传统则只有从上向下的一端，民的地位相比上帝和先知则是卑微的。此外，律法中看不到任何诗教的影子，律法的惩处训诫与礼乐教化的精神完全不同，它并非让人内心和乐，而是用外在的规范约束和强制，让人充满敬畏感。当然，

---

① ［法］布舒奇：《〈法义〉导读》，第36—37页。
② ［美］施特劳斯：《如何着手研究中世纪哲学》，转引自程志敏《阿尔法拉比与柏拉图》，上海：华东师范大学出版社2008年版，第73页。
③ ［荷］斯宾诺莎：《神学政治论》，温锡增译，北京：商务印书馆1982年版，第46页。
④ 严格来说，在柏拉图的《礼法》中，从下向上的一端与荷马相比，是越来越弱，因为神人之间的距离越来越远。这是与中国古代"神道设教"最大的差别。

正如前面所述，阿尔法拉比和迈门尼德乃至施特劳斯等大哲试图打通柏拉图与一神教，打通雅典与耶路撒冷，其解释也就别有一番用心。

第四节 立法者与政制

一 政制的开端与变革

我们在第二节已试图阐明柏拉图神权政治的自然乃理性政治（noocracy），即以对人的灵魂的快乐和痛苦的洞察为基础，理解神人关系，塑造人应该具有的德性，即明智、节制、正义和勇敢的结合。既阐明政治之自然，为了将神圣的理智（nous）转化为礼法（nomos）的精神，柏拉图从政制和教育两个方面诉说礼法的精神。第三节我们从教育的角度来考察，本节我们从政制的角度来考察自然与礼法的张力。

《礼法》开篇提出是神还是人立法，然后讨论克里特与斯巴达的立法。中间由饮酒的风俗引出灵魂的快乐与痛苦，引出如何节制人的灵魂，然后转到教育的问题上。第三卷似乎书归正传，回到了立法上，柏拉图提出十分重要的问题"什么是政制的开端（arche）"。arche 在希腊文中有开端和统治的意思，为柏拉图等大家经常使用（海德格尔也从 arche 的角度解释过 physis）。从政制的开端中产生人的善恶，这是一个始基，然而开端又不是一个点，而是被置于"无限的时间及其变化中"。[①] 这样，柏拉图在历史中考察人的德性的变化，政制的衰变始终与人的德性相关，政制是人的生活方式的体现。

立法的开端是什么？在神统治的时代不需要人立法，诸如黄金时代。而在神逐渐退隐后，谁有资格来立法？这个问题相当于王与"素王"的问题。在第一卷中，柏拉图引《荷马史诗》中关于米诺斯的故事来讲克里特的立法。米诺斯是宙斯的儿子，克里特的王，他每九年向宙斯讨教如何立法，荷马甚至称其为唯一受宙斯教诲的儿子。米诺斯是像奥德修斯一样的"神一样的王"。而隐身为雅典客人的柏拉图有何资格立法，更确切地说作为立法者（克列尼亚斯和梅吉乌斯）的导师？柏拉图想做"哲人王"，更确切地说做立法哲人。现实中的立法者要接受立法哲人的指导。柏拉图从灵魂入手，理智（nous）的统治是神的统治的替代。因此，第三

---

① ［古希腊］柏拉图：《礼法》，676a–b，第 58 页。

卷谈政制的开端，另一意图旨在表明从此开始，柏拉图的历史也是一个新开端，这个时代不同于第一卷中所说的克洛诺斯的时代。柏拉图逐渐将理智（nous）的精神注入对古今政制衰变的考察中，并转化为礼法（nomos）。柏拉图戏将自己的考察称作"古老的传说"，问其他两人是否相信其中有些真理，① 他已然将一个重大的新开端隐含在"古老的传说"中。

洪水的传说在《政治家》中已用来表明从神的时代到人的时代的"倒转"。在《礼法》中，柏拉图更是指出人在洪水前后的变化。政治生活的产生是由于人们在孤独无依中逐渐走到一起，人们在洪水前的生活无知而单纯，而在大洪水后，虽然由于神赐给人技艺（techne），人有了知识，但却并没有变得更有德性。"与大洪水之前相比，或与我们的时代相比，在各种技艺方面他们是未开化的、无知的、尤其是对那些战争技艺，比如像今天的陆战或水战，还有城市内部的战争，以讼争和派别的名义出现，凭着精心设计的多重诡计用言语和行动相互伤害和作恶。一般说来，他们比现在的人更加单纯，更富有男子气，因此也更加自制，更加正义。"② 洪水的故事是个比喻，它比较的是今天的雅典人和古代雅典人的变化，尤其是希波战争后人的变化。洪水在希腊历史中象征着希波战争和伯罗奔尼撒战争这两次改变希腊命运的转折点。

希腊政制的开端几乎是从荷马史诗的记载开始。柏拉图首先讲述了洪水之前荷马笔下的王（dynasty）的统治，即独眼巨人库克罗普斯（kyklopes）的统治，kyklopes 这个词在希腊文中指无心（me tis），暗含一种没有灵魂的生活。他们没有法，但却按照"古老的习俗"（ancient laws）生活。库克罗普斯的统治虽然单纯无知，但却残忍野蛮，他允许食人。在大洪水之后，人们从山顶上来到山脚下，开始种植农业。各个家庭组成胞族和部落，由于各自具有自己的宗教和礼法，他们相互之间无法达成一致，于是开始立法推选领导人，或者家长制，或者是王制。第二种政制不同于第一种王的统治，已经凸显了人类的智慧。第三种政制是在特洛伊战争后形成，号称赫拉克勒斯的后人的多里安人开始入侵伯罗奔尼撒半岛，组成多里安联盟，由斯巴达、阿尔戈斯和美塞尼亚三个城邦构成。

由此，柏拉图借助荷马史诗，勾勒了一副从蛮荒时期的王的统治，经

---

① ［古希腊］柏拉图：《礼法》，677a，第59页。
② 同上书，679e，第62页。

历洪水后在山坡上建城，又在平原上种植农业，最后回到了海边定居的历史变革图景。这段历史在修昔底德看来，根本是史料不足征，他只是寥寥几笔带过。更重要的是修昔底德质疑荷马，而我们看到柏拉图对这段希腊"黑暗时期"的描述几乎完全得益于《伊利亚特》中荷马对人类文明从高山—平原—海滨的描述，他在给荷马的史诗添加翔实的注脚。① 荷马的描述表明，政制的变革是神的变化以及人们由此对礼法作出的变革，人类的本性体现在虔敬和遵守家族礼法上。柏拉图的表述旨在表明，政制的变革是人的智慧在应对环境危机中的体现。作为立法哲人的柏拉图在希腊政制开端与变革的问题上，既效仿和尊重荷马，又在其中有所损益。荷马对于柏拉图犹如孔子之于三代，不完全是史料文献的考证，而是借古说今，托古言志。

柏拉图谈多里安联盟，主要是讲斯巴达政制。他借评价斯巴达在多里安联盟中的作用，实际上在讲斯巴达能否领导整个泛希腊联盟。在柏拉图看来，泛希腊联盟是希腊政治的必然生存之道。只要看看特洛伊的处境就明白，其外部有强大的蛮邦，只有希腊人的联盟才能将其拯救，才能使其不至于沦落为亚述王国的一部分。后来的雅典和斯巴达的命运不正和特洛伊相仿吗？希波战争时，面对强大的波斯，最后是靠斯巴达人成功地领导希腊联盟，在温泉关战役和普拉提亚战役中，才重创波斯王薛西斯的军队。柏拉图对斯巴达的军事领导力量甚为肯定，他说在多里安联盟的三个城邦中，有两个迅速退化，唯有斯巴达仍保持原样。② 然而，作为泛希腊联盟的领导者，斯巴达仅仅有强大的军事力量是不够的，柏拉图对斯巴达提出如下批评：

第一，斯巴达对人的最高关切的无知，使其无法在战争中做出明智的判断。这就是我们前面讲到斯巴达缺少对灵魂的快乐和痛苦的体察，缺少诗教。因而统治者无法体会什么是最美好、最伟大、最和谐的智慧。柏拉图于此深有感触，立法者立法不能着眼于战争，而应该着眼于整体德性，排在最高位的应该是明智和节制，即对欲望做出正确的约束，给出恰到好处的判断。从希腊历史来看，斯巴达确实无法做出明智的判断。最典型的例子是，它无法处理好同盟内部的关系。多里安联盟中，阿尔戈斯，尤其

---

① [古希腊] 修昔底德：《伯罗奔尼撒战争史》，I. 11 – 21，第 8—14 页。
② [古希腊] 柏拉图：《礼法》，685a，第 68 页。

是美塞尼亚的衰落，实际上并不是由于他们的国王权力过大而堕落，而是因为斯巴达的征服，作为斯巴达政制基础的希洛人，就是被征服的美塞尼亚人。面对斯巴达的立法者，雅典客人没有直白地说明这点，而仅仅是点到为止。① 斯巴达政制最大的隐患就是国内希洛人的暴动，它一直威胁其国内政治的安全，而且一旦外部爆发战争时，希洛人的暴动就会愈演愈烈。柏拉图在第六卷谈到奴隶制度时，曾经明确批判了斯巴达的希洛人制度。② 斯巴达对同盟内部关系的处理并不符合柏拉图所期望的友爱与和谐。以重装步兵引以为豪的斯巴达是当时的"世界警察"，到处为其他城邦驱逐僭主，通过推翻雅典的庇斯特拉图僭政，斯巴达将其同盟扩充到地峡以外的地区。③ 像斯巴达这样的城邦，其内部政制实行共和制，共和制的维持又依赖对同盟中其他城邦的征服和奴役，许多学者都看到，斯巴达共和制的维持是因为国内希洛人的奴隶为其经济生产提供制度化的保障。

第二，斯巴达缺少乐教，从而缺少对调和与和谐精神的体会。斯巴达重武轻文，将城邦推向好战和扩张的道路，而扩张又与其小共和国的本性相矛盾。斯巴达最大的不节制就是不断对外扩张，从希波战争后斯巴达强大开始，后来又与雅典争霸，最后斯巴达虽然获得胜利，却元气大伤，将自己和整个希腊都拖到灭亡的边缘。柏拉图借多里安联盟中其他两个城邦无节制的扩张，实际上也暗讽了斯巴达后来的外交政策。按照马基雅维利的看法，"扩张乃（斯巴达）这种共和国的毒枭，故其统治者当竭尽所能，阻止它从事征伐，因为这种拿弱小的共和国做本钱的征伐，无异于自取灭亡"。④ 马基雅维利言中了所有走扩张路线的古代共和国的共同命运。

二 斯巴达、波斯、雅典与混合政制

尽管柏拉图明指暗讽地批评了斯巴达政制，但他还是赞美了斯巴达国内的混合政制。它被看作神的助佑，以克服统治者的狂热和王族的专横。

---

① 王恒：《柏拉图的"克里特远征"》，第 112 页。
② ［古希腊］柏拉图：《礼法》，776c，第 164 页。
③ ［英］奥斯温·默里：《早期希腊》，第 253—255 页。
④ ［意］马基雅维利：《论李维》，第 62 页。

柏拉图承认了吕库古的说法，即吕库古为斯巴达所立的法是阿波罗的神旨。① 具体而言，斯巴达的混合政制包含以下部分：双王制，由二十八位长老构成的元老院制，由选举产生的五位监察官的监察官制，正是因为由君主制、贵族制和民主制混合而成，斯巴达在政治体制上才得以保持权力的均衡。然而，如果以为柏拉图由此就极端赞美斯巴达的政制，诸如后人将混合政制、三权分立等抬到至高无上的地位，并作为现代立宪的根本精神，那么就低估了柏拉图对混合政制的理解。"政制根本上取决于城邦公民的性格习惯，是公民生活方式的体现"，② 而我们所看到的权力制衡不过是外在制度的权力制约，在法律具有神圣性和强制力时，公民守法，这种外在制度能起到辅助作用，但当法的权威丧失，外在制度的约束也就土崩瓦解。我们只要看看吕库古在时，斯巴达人不敢违法，是害怕受到严厉的惩罚；而吕库古不在时，他们明目张胆公然违反吕库古的法律，就知道这根本上是立法者不注重真正的德性教育，"吕库古教斯巴达人仅仅懂得羞耻心，却不给他们真正的教育——文学与言辞教育，智慧、审慎和正义的教育——换句话说，他以严苛的、使人丢脸的惩罚胁迫他们顺服，就是在迫使他们不露行藏地做禁止之事"。③ 因此，由于斯巴达政制缺乏真正有关德性的教育，尤其是明智与节制，其混合政制并不是一种值得立法者效仿的真正优良的政治秩序。

在混合政制中，关键是如何以贵族制调节君主制和民主制。由此柏拉图开始讨论两种纯粹的政制——君主制与民主制。波斯实行君主制，碰上像居鲁士这样有德性的君主，能沿着自由与服从的中道前进，其政治也就达到了柏拉图的理想政治——自由、友爱与明智的完美结合。但贤王不世出，居鲁士和大流士都没有教育好他们的儿子岗比斯和薛西斯，纵容他们被后宫完全宠坏，致使波斯政制走向衰落。在柏拉图看来，君主制的最大问题在于对君主的教育，居鲁士并不懂得教育。因此，好的君主制一定要有贤明的立法者，要有能听而且会听教导的王，王必须听从贤明立法者的教导，这也是古代中国王政的智慧。

---

① [古罗马] 普鲁塔克：《古希腊罗马名人传》（上），陆永庭等译，北京：商务印书馆 1999 年版，第 91 页。
② Plato, *The Republic*, 544d.
③ [美] 施特劳斯：《斯巴达精神或色诺芬的品味》，载刘小枫主编《色诺芬的品味》（《经典与解释》，13），北京：华夏出版社 2006 年版，第 15 页。

如果说波斯君主制的毁灭是由于过度服从，那么雅典政制的衰落正好相反，是由于过度自由。关于雅典政制，柏拉图对雅典陷入极端自由的"剧场政治"深恶痛绝。雅典为什么会变成现在这样？在雅典历史上，雅典击败波斯人的马拉松战役是经典的战役，那时斯巴达人由于国内希洛人的暴动都没有赶上援助，雅典获胜的原因就是在于：

> 他们明白自己获救的机会只能掌握在他们自己手中，掌握在他们的神那里。这些原因结合在一起，激发了他们相互间的忠诚——恐惧使他们想要逃跑，但对现存礼法的服从又平息了这种恐惧，因为他们已经学会要服从现存的礼法——这就是敬畏。①

而这种敬畏在后来的扩张中却被败坏。柏拉图对大力发展雅典海军不满。他认为希腊人的得救始于马拉松战役，终于普拉蒂亚战役，其胜利使希腊人变得更优秀，但萨拉米海战却没有带来这种效果。发展海军，要依赖商人和小贩，容易培养易变和多疑的习惯，从而增大了社会的不信任和不友好。海军的训练方式往往以邪恶的不择手段的方式训练，正如米诺斯所训练的海军根本不为临阵脱逃、屈膝投降感到惭愧一样。柏拉图不会不熟悉当时的战争史，仅仅从战争胜负的重要性来看，萨拉米海战当然是雅典崛起的关键，马拉松战役只不过一时抵挡了波斯的进攻。然而马拉松战役却创造了一个英雄种族，那些在马拉松的战士们，在希波战争过去多年后仍然受到城邦的崇拜，诗人埃斯库罗斯就在自己的墓志铭中宣布自己属于马拉松的战士。②

柏拉图贬低海战，赞美陆战，其目的是针对雅典的诗教。古代雅典的优良秩序得益于优秀的诗教，它由有鉴赏力和受过良好教育的人制定规则，圣歌、哀歌、赞歌各种曲调适用不同的人，它能使人的灵魂变得高贵，追求更出色的东西。而随着雅典海军兴起，扩大了雅典民主制的基础（充当海军的多为下层民众和外来雇佣水手，伯利克里曾立法将外来雇佣水手扩大为雅典的公民），雅典民主政治的繁荣时期，即伯利克里统治时期，创造了辉煌灿烂的希腊文明，其经济基础是港口的通商贸易，其军事

---

① ［古希腊］柏拉图：《礼法》，699c，第 84 页。
② ［英］奥斯温·默里：《早期希腊》，第 273 页。

强大得益于强大的海军。雅典依靠海军,就不得不将荣誉授予这些平民水手和新贵,而他们的品性则败坏了雅典公民整体的德性。因此,柏拉图说立法并不能仅仅考虑战争胜负,而要考虑整体的德性,政制并不是仅仅为了存活,而是追求一种优良的秩序。柏拉图的思考正是对雅典政制兴衰的思考。

诗教的败坏使雅典政制堕落为"剧场政治"。那些自称是艺术天才的诗人根本不懂得正确的逻各斯,被疯狂而无度的享乐欲望紧紧抓住,把哀歌和圣歌混杂在一起,结果搅乱了音乐的秩序。如此,这些诗人教给民众的不仅仅是如何破坏音乐的秩序,而且使他们变得狂妄自大。当民众以为自己是所有音乐的评判者时,对既有的音乐秩序(甚至对城邦的礼法)开始蔑视,这离彻底的放纵已经为时不远。柏拉图称雅典用"剧场政治"取代原有的"音乐贤人政治"。①

因此,柏拉图评论雅典政制时看到,发展海军只是雅典兴盛的某个客观因素,如果有伟大的立法者同样也能在利用发展海军的时机时,不忘记有关德性的教化。柏拉图深感雅典最大的威胁来自领导者和公民丧失敬畏,甚至在雅典统帅伯利克里和亚西比德身上都出现过。雅典的极端民主制一方面与城邦内的党争密切相关,最后优秀的人才不得不由"陶片放逐法"流放海外,另一方面军事上的扩张也容易使人急功近利,德性败坏。

三 "马格尼西亚"城邦的政制构建

当雅典客人评论完古希腊历史上的斯巴达、波斯、雅典政制后,克列尼亚斯说克里特城邦委托他和九位同事为一个新殖民城邦立法,于是先前三位老人言辞中的立法开始变成事实上的立法。这个新城邦正是柏拉图的理想城邦"马格尼西亚",其政制是真正意义上的混合政制。柏拉图已经看到斯巴达和雅典身上的悖论。斯巴达不适合充当泛希腊同盟的领导者,因为它缺少诗教,不懂得和谐,尤其不能很好地调和同盟中各成员之间的关系。雅典有诗教,但诗教被败坏后,极端民主制泛滥,缺乏中道,缺少各个阶层、党派之间的妥协。斯巴达和雅典政治共同缺乏的是节制,于是在为新城邦立法时,柏拉图强调伟大的立法者必须具有明智与节制的

---

① [古希腊]柏拉图:《礼法》,776c,第164页。

德性。

　　立法是神、机运与技艺的结合。在柏拉图看来，全面控制人类事务的力量是神，从旁协助的是起次要作用的命运（tyche）与机遇（kairos），技艺（techne）则是辅助前两者。[①] 由于为新城邦立法无比艰难，柏拉图戏称虚构一个故事来解决立法困难，这就是要有一位年轻的僭主，博闻强记，勇敢节制，德行高尚，且掌控城邦的权力。柏拉图故事中的年轻的僭主就是像居鲁士一样的王，他的身上体现了节制与明智的同一，而且，这种僭主政治能以最快捷的方式改变城邦习俗。如果从立法者的易于见效来看，政制应该先后是僭主制，君主制，民主制，寡头制。这里柏拉图对僭主和君主并没有做出明显区分，他紧接着就谈到荷马笔下的王涅斯托，也体现了明智与节制结合。僭主制的优点是能够最快地改变城邦取得成效，但柏拉图并没有谈到最大的缺点是一个不受监管的僭主同样会颠覆城邦。当然，我们看到柏拉图已经做了一点修改，居鲁士和涅斯托是王，而柏拉图则寄希望于"最好的立法者和掌握实际权力者结合，来建立最好的国家"，[②] 这里突出的是由立法者教导下的掌权者。柏拉图晚年并没有放弃王政的梦想，他的叙拉古之行，本来想效仿梭伦辅佐庇斯特拉图那样，来辅佐狄奥尼修二世，可是时机不对，后者也缺乏前者的虔敬。柏拉图也已到了知天命的时候，他懂得贤王的出现也要凭借命运与机遇，而他当时能做的事情就是凭借立法的技艺，"退而求其次"，为后世的王、立法者和城邦立法。

　　既然立法是一项艰辛的事业，立法者又如何拥有立法的权威？在柏拉图所讲的古老传说中，克洛诺斯的神的统治之后是精灵的统治，精灵高于人而分有神的德性，它模仿神的统治，设立礼法，礼法（nomos）是效仿神的理智的体现，因而具有神圣性。从法是神的统治，到法是理智的统治，我们可以看到立法者的权威正是在于其德性。卢梭称"唯有立法者的伟大灵魂，才是足以证明自己使命的真正奇迹。人人都可以立石碑，或者购买神谕，或者假托神灵，或者训练一只小鸟向人耳边吐神言……只会搞这一套的人，甚至于偶尔也能纠集一群愚民，但是他决不会建立一个帝国，而他那种荒唐的把戏很快地就会随他本人一起破灭的。虚假的威望只

[①] ［古希腊］柏拉图：《礼法》，709c，第94页。
[②] 同上书，710e，第96页。

能形成一种过眼烟云的联系，唯有智慧才能使之持久不磨"。① 卢梭的这段话可以看作对柏拉图"以德配神"传统的阐释，然而西方启蒙运动直接摧毁的是敬畏的传统，直至今天我们以为立法是全民都可以参与的工作，或者是部分专家的工作。我们忽略了立法者除了技艺之外，还要考虑更深层的神和机运的因素。

在柏拉图构建的"马格尼西亚"的城邦中，他意在复古，复兴从梭伦到克里斯蒂尼改革时的"雅典祖制"，但又特别根据希腊政制史的变迁对此做出损益。例如，针对雅典发展海军带来的弊端，柏拉图特别强调要限制海军，加强重步兵的发展；柏拉图规定未来城邦人口为5040人，每人都有自己的土地，但又将公民按财产分成四个等级，这种土地划分方式其实是梭伦和克里斯蒂尼土地制度的折中，目的是既要防止贫富悬殊太大，引起民众暴动，又要体现有差异的平等精神，保留城邦中的贵族制的基础。② 针对雅典的极端民主，柏拉图还设立"夜间议事会"，试图恢复在伯利克里时期被废除的"战神山议事会"，该议事会在梭伦和克里斯蒂尼时期的雅典都还存在，它的职能和斯巴达元老院十分相似，在立法、司法、宗教等重大问题上进行商议，做出决断，保留了贵族政制的精神。柏拉图尤其赋予"夜间议事会"以护法者和教育者的重大使命，它是整个"立法的序曲"的执行。

根据"自由、明智、友爱"的理想政制精神，柏拉图设想的混合政制不是简单地把个别城邦的优点进行拼凑和叠加。什么是真正的政制，这个在《政治家》中提出的问题仍然贯穿在《礼法》中。政制是城邦精神的制度化体现，即理智（nous）精神的外化。在柏拉图的混合政制中，理智的精神与节制的德性实现了高度的同一，他试图在变易中寻求政制的中道，虔敬也一直主宰着整个混合政制的构建。柏拉图的"自由、明智、友爱"的理想政制精神在法国大革命后变成"自由、平等、博爱"的建国精神，其中明智的位置由平等代替。从古典政制到现代政制，最大的变化在于明智的德性在立法宗旨中地位的降低。所谓的现代混合政制不再强调有德者在其中的位置，平等压倒一切，很容易变成柏拉图笔下的极端民

---

① ［法］卢梭：《社会契约论》，第58页。
② 有关柏拉图对军事和土地制度的损益的出色研究，可见王恒《柏拉图的"克里特远征"》，第118—150页。

主的雅典政制。

四 城邦的"阿喀琉斯脚踵"

柏拉图对希腊政制的反省的根基在于他所处的时代，这个时代的希腊经历了伯罗奔尼撒战争，已经走向衰落。他的简要的政治史学所要思考的是雅典和整个希腊的命运。城邦政治本身无疑是柏拉图思考的核心。在《理想国》和《政治家》中，柏拉图的"最佳政制"都是一个理想的城邦（哲人王的王政或君王的王政），而在《礼法》中，所谓对"次好的城邦"的探讨从一开始就被置于战争的背景下，立法者的德性体现在如何应对战争。柏拉图把《礼法》看作一幕悲剧，他是否预见到未来的"马格尼西亚"城邦也无法挽救雅典于危难时刻，无法使雅典避免重蹈覆辙？

关于城邦政治的局限性，古往今来的学者有众多论述。最有说服力的还是库朗热所说的城邦信仰。他认为，城邦之间的分割根深蒂固，是因为城邦之间的神不同，礼典与祷辞也不同，这邦所奉的神所行的礼，不为那邦所信所行。古人相信，城邦的神只受本邦的公民所祭祷。[1] 我们从荷马的史诗也可以看到希腊城邦宗教的这种独立性。奥林匹斯诸神是希腊各个城邦的守护神，他们之间并没有严格的等级，不过是各司其职。对奥林匹斯神的信仰，意味着城邦的公共空间是安放公共之火的地方，诸如神庙。因为每个城邦都有自己的神，所以城邦的礼法、政制、宗教完全是自足的，这就是后来亚里士多德所高度赞扬的像神一样的德性——自足性（autarkie）。城邦的高度自治也一直被看作西方政治史上追求自由的象征。

然而城邦最大的局限性也正在于它的自足性，城邦自身面临的严峻问题在于，作为一种政治秩序，如何扩展和延伸？按照亚里士多德的看法，城邦的发展经历家庭、村落和城邦三个阶段，这种发生学意义上的解读并不意味着城邦以家庭为根基。在希腊政治中，城邦恰恰在本性上高于家庭，城邦的公共之火高于家庭的私人之火。在柏拉图的祭祀神谱中，对个人灵魂的荣耀仅仅次于对众神的荣耀，而对远祖和父母的祭祀则被放在最末的位置。[2] 神与人之间的伦理远远高于人与人之间的伦理，这也是西方与中国礼法的根本不同点。

---

[1] ［法］库朗热：《古代城邦》，第189页。
[2] ［古希腊］柏拉图：《礼法》，717b，第103页。

城邦的独立造成城邦的封闭，作为一种政治秩序，它的根基就在于对神的共同信仰，无法向外扩展和延伸。这与中国古代的分封制下的邦国林立也不同。其一，分封制的扩展是由天子至诸侯至卿大夫，这种扩展秩序的根基是家庭，由此才会有家—国—天下的扩展政治秩序。其二，分封制下各个国家有共同的信仰，即对周天子的信仰。即使到后来周天子形同虚设，各国对于慎终追远的祭祀传统，对于从家到国所推演的"亲亲"原则还是有共同的信仰。

然而，希腊的城邦宗教带来的后果是城邦之间的"诸神之争"。一个内部治理完备的城邦如果放在希波战争和伯罗奔尼撒战争的世界格局中，如何才能在纷纭变换中保持城邦的德性？从现实的"国际关系"格局来考量，柏拉图看到雅典仅靠自身无法维系其文明，雅典必须要成为泛希腊联盟的领导者，并能有效地调和各个城邦，共同抵御强大的外敌。尽管在希腊历史上，泰勒斯、高尔吉亚、伊索克拉特等人都是泛希腊联盟的倡导者，柏拉图也继承了他们的现实政治理想，但泛希腊联盟终究是失败的，伯罗奔尼撒战争中雅典成立提洛联盟，斯巴达成立伯罗奔尼撒联盟，最后都因为雅典和斯巴达本身的衰落，以及我们所言的"诸神之争"的天然界限而归于失败。

这似乎是关乎德性与天命。希罗多德相信城邦的命运归于诸神，历史学家只是在讲故事：

> 我将继续我的故事，而不管人间的城邦是大是小，因为先前强大的城邦，现在它们有许多都变得湮没无闻了；而在我的时代雄强的城邦，在往昔又是弱小的。两者我所以都要加以论述，是因为我相信，人间的幸福是决不会长久停留在一个地方的。①

柏拉图晚年也越来越懂得城邦的天命，他对城邦的考察从不离开"机运"，诸如有德性的王的出现要看机运，未来城邦的选址也要看机运，立法也不是只靠技艺，而要看是否有有利的时机。柏拉图一生的思考深深浸染着城邦的命运，他看到城邦的"阿喀琉斯脚踵"恰恰在于城邦的自足性。也许历史的发展并没有出乎柏拉图的预料，当雅典被真正的帝

---

① [古希腊] 希罗多德：《历史》，Ⅰ.5，第3页。

国——君主化时期的亚历山大统治替代时，恰恰意味着希腊性的终结。

柏拉图的政治哲学具有双重性：一方面它立足于城邦，试图保持城邦的远古记忆，恢复雅典的"先祖政制"，这是真正的"希腊性"所在；另一方面，它一直在寻求超越城邦的力量，在现实政制中体现为泛希腊联盟，在精神信仰上则体现为寻求超越诸神界限的新的精神力量，理念论与灵魂论都是对立足于奥林匹斯诸神的希腊城邦的超越。柏拉图与荷马之争的实质在于，荷马所代表的城邦神学和礼法已不能阻止和拯救城邦的衰败。城邦需要有超越于城邦之外的精神力量，这就是柏拉图在苏格拉底基础上构建的理念论和灵魂论，也即柏拉图的自然（physis）。柏拉图通过立法哲人将自然的精神注入城邦的礼法中，即将理智（nous）的精神化入礼法（nomos）中。柏拉图的《礼法》充分体现了二者之间的张力，这种张力也就是柏拉图对自然与礼法之争的回应。

柏拉图政治哲学的意义早已超越希腊城邦本身的兴衰，而构成西方政治思想不可逾越的根基。一方面，柏拉图为我们展现的伟大的"希腊性"在于城邦的高贵的王政。《理想国》中从民众到护卫者到哲人王的政治秩序，正是不断向上，追求卓越的希腊性。《礼法》中伟大的立法者上察神道，下观民风，以神道设教，构成另一种渗透着古希腊城邦礼法精神的王政。另一方面，柏拉图寻求超越性的努力为后世的基督教与形而上学提供了思想资源，理念论、灵魂论、自然法，这些大一统的形而上学观念为权力的扩张和统一提供了精神基础。

西方政治秩序以帝国代替城邦，在拿破仑看来是现代"政治"代替古代的"命运"，黑格尔称之为不可抵挡的"精神"的运动。① 柏拉图的城邦政治学为西方政治秩序提供了什么？按照沃格林的看法，作为希腊立法者的柏拉图将其精神局限在希腊的现实政治结构中，柏拉图的趋势是神学普遍主义，但他的结果是神学宗派主义。换言之，柏拉图的《礼法》是通向基督教神学的赞美诗。② 沃格林的政治神学立场使他看到的是信仰和行动都不彻底的柏拉图，正如黑格尔的政治神学立场使他看到，希腊属于青年，罗马属于壮年，日耳曼国家属于成熟时期一样。从城邦到帝国（无论是罗马帝国还是基督教帝国），需要观念上强大的普世主义作为支

---

① ［德］黑格尔：《历史哲学》，王造时译，上海：上海人民出版社2006年版，第287页。
② Voegelin, *Plato and Aristotle*, pp. 227–228.

撑，柏拉图的政治哲学与基督教一样，都被后来的柏拉图主义者用于此道。当今法国政治思想家科耶夫继黑格尔之后，又一次提出"普遍匀质国家"，本在表明现代民族国家的趋同化，但他在给法国总统戴高乐的《法国国是纲要》中，却提出了构建"新拉丁帝国"的设想。[①] 足可见，在普世主义理念下支撑的西方帝国的迷梦，古往今来会以各种形式出现。当今另一重要的柏拉图政治哲学的诠释者施特劳斯，其诠释柏拉图的用意值得反复体会。施特劳斯学派所在的美国有强烈的向帝国扩展的倾向，其经济上、军事上的超级大国地位表明了扩张的趋势不可避免。然而在经济和军事的强烈扩张下，现代消费主义所推动的美国缺少的是柏拉图王政中的高贵德性。施特劳斯正是致力于此，在美国向帝国扩张的趋势中，如何在国内再造柏拉图的王政？

或许可以说，各种各样的柏拉图主义构成西方两千多年的经学史。在西方思想史和政制史上，柏拉图是连接雅典与耶路撒冷、城邦与帝国的桥梁。

[①] 邱立波编译：《科耶夫的新拉丁帝国》，北京：华夏出版社2008年版，第37页。

第六章

亚里士多德的政治哲学

亚里士多德是有着根本问题的大哲学家,这个根本问题就是神(天)、人与城邦的关系。该问题在亚里士多德哲学中体现为理论与实践的关系,对此问题的探讨必须要放在政治哲学的语境下,而不能再做形而上学二元对立的思考。而将此问题置于政治哲学的语境中则体现为,亚里士多德在前人的基础上,如何处理自然(physis)与礼法(nomos)的张力,如何思考神(天)、人与城邦的关系。与前人的研究的不同之处在于,我们还将把亚里士多德的根本问题放在中国儒家传统的思想背景下进行阐释,从而试图把握中西政治哲学对天人关系,自然与礼法关系思考的异同,由此得出的亚里士多德的政治哲学才是活生生的,与我们古老的儒家传统遥相呼应。若能借此激活我们对自身的古老传统的深层体认,使其重新焕发新颜,则是本研究的深层用意。

第一节 亚里士多德晚年政治哲学的转向

亚里士多德自离开柏拉图学园后,就开始对柏拉图哲学进行反省和批评,其晚年政治哲学转向的根基在于对柏拉图理念论的批判,核心在于"一"与"多"的关系。他的基本根据如下:第一,柏拉图的理念缺乏一种推动力,而没有这种作用力,它们就不可能成为现象的原因。因此亚里士多德提出"目的因"和"动力因"来弥补其缺憾;第二,理念不可以被看作某种抽象地存在于事物之外的东西,"实体和具有该实体的东西应当分离地存在,这好像是不可能的"。理念不是统领"多"而高高在上的"一"(ton te allon estin en epi pollon),而是"多"

中之"一"。① 因此亚里士多德用"质料"和"形式"解释事物构成，将其置于"目的因"和"动力因"的作用下来解释事物变化。亚里士多德的"四因说"并没有彻底否定，而是丰富和发展了柏拉图的理念论。他的哲学更注重从"潜能"向"现实"的运动和变化过程（entlechiteia）。

这种形而上学的批判在伦理学上体现为亚里士多德对柏拉图"善"的理念的批判。苏格拉底的提问始于对普遍的善的发问，什么是正义？什么是善？由此他认为"德性即知识"，亚里士多德批评苏格拉底摒弃了人类灵魂中非理性的部分，诸如激情和欲望。他对伦理的探讨总是从正义的生活，善的生活出发，从一般人的意见出发，而不是从知识和理念出发。对于柏拉图将德性等同于善的理念，亚里士多德的批评在于，善的理念不能和现象分开，二者同属于一个世界。对于柏拉图的"分有"（xoriston）学说，亚里士多德认为不存在"善本身"，即使存在，也不能通过人的行动来实现和达到。人的行动恰恰是为了可实现、可达到的善。②由此，亚里士多德提出善必须是实践的善，与人的行动和生活密切相关的善。在亚里士多德看来，许多人一生行正义，但却不知道什么是正义，正如医术高明的医生治病救人，但却不知道什么是医术。对于人类社会而言，前者显然比后者更重要。

从政治哲学的角度来看，哲学上的"拯救现象"意味着拯救城邦中受到哲人轻视的意见和礼法。亚里士多德反省了理念论对城邦政治的危害，由于忽视城邦中的伦理和礼法，理念论的教育培养出的哲人根本不具有实践智慧，却使民众趋于癫狂。亚里士多德在《政治学》中对柏拉图的理想国有许多批评，其中最为贴切者如下：

> 城邦应该是许多分子的集合，惟有教育才能使它成为团体而达成统一。所以，这真是可诧异的，作者（指柏拉图）的本意原来是企图给城邦建立一种教育制度，他却遗忘了积习（ethesi）、文教（philosophia）和法度（nomoi）可以化民成俗，竟然信赖财产公有的方

---

① 参看［古希腊］亚里士多德《形而上学》，李真译，上海：上海人民出版社2005年版，A，990b5，第41页；［德］策勒尔：《古希腊哲学史纲》，第185页。

② ［古希腊］亚里士多德：《尼各马可伦理学》，1096a 15 – 1097a 10，第48—51页；《优台谟伦理学》，1217b，第351页；Vgl, Gadamer, *Die Idee des Guten zwishen Plato und Aristoteles*, in: Gadamer, *Gesamelte Werke*, Tübingen, 1991, Band 7, S. 199 – 203.

法，想以此使城邦达成善德，而一心采取变法更张的手段。①

亚里士多德晚年的政治哲学与柏拉图理念论的政治哲学最大的区别就在于运用积习、文教和法度化民成俗。城邦的本性是多样性，而不是单一性。作为追求善的最高的共同体，城邦的教育不是通过激进改革与变法更张，而是运用礼法行教化之实。因此，亚里士多德认为苏格拉底的"德性即知识"的教育方式必须转变，这种转变就是哲人转向柏拉图《礼法》中的立法哲人。亚里士多德看到，雅典客人就是转向之后的苏格拉底重新回到城邦中来制礼作乐教化百姓。

亚里士多德如何理解常与变，自然（physis）与礼法（nomos）的关系？对于普遍与特殊的关系，亚里士多德的思考绝非理念论式的辩证法。既然不存在普遍的理念，那么是否存在指导人类具体实践的普遍原则？按照阿奎那的解释，自然法的原则是普遍有效和永恒不变的，可变的只是具体的规则。阿奎那的解释是典型的受理念论影响而对自然法做出的解释。亚里士多德的实践科学不同于理论科学，并不探讨不可变的存在，而是探讨可变的存在。在亚里士多德看来，一切作用于城邦的自然法都是可以变易的。实践科学涉及的都是具体的善，具体的技艺，都是怎样去做事，怎样才能做好。②既然所有的规则都有例外，城邦的自然法最重要的不是确立规则，而是在变易中把握恒常，即常中有变，变中有常，我们可以称其为"权变"。之所以是权变，而不是马基雅维利式的权谋和相对主义的哲学，正是因为古典政治哲学遵循的仍然是变中有常，常中有变。

从早年在柏拉图学园中深受理念论的影响而写《规劝篇》，到晚年的自然法深谙存在与变易，自然与礼法，常与变的变易之道，亚里士多德的政治哲学的基础发生了重大转变。而这种转变在西方亚里士多德政治哲学的研究史上却很少被人注意，亚里士多德的政治学被看作更多关注现实的经验政治科学。另一方面，西方的自然法传统则是由柏拉图"理念论"主导，所有实践科学的哲学基础都在形而上学的哲学中。亚里士多德关于自然与礼法的变易之道的自然法对西方的影响则是微乎其微。西方的政治哲学受形而上学的影响，尤其缺乏常与变的变易之道。马基雅维利一变则

---

① ［古希腊］亚里士多德：《政治学》，1264a 35-40，第 59 页。
② ［古希腊］亚里士多德：《尼各马可伦理学》，1139a5-10，第 207 页。

成为权谋论的大师，施密特"主权是对非常状态的决断"，一变令自由民主派的规范法学家为之色变。直到今天，我们讲到"一切作用于城邦的自然法都是可以变易的"，就会被指斥为相对主义者。麦金泰尔支持亚里士多德的德性伦理学，被批评为历史主义者，他本人也自觉不自觉地在普遍主义和特殊主义，历史主义和非历史的争论中兜圈子。① 这些都是由于形而上学的政治哲学先天的不足，好执其两端而非执中，缺乏阴阳调和的变易之道。

亚里士多德对理论科学与实践科学的划分，并不是意味着二者之间的断裂。现代学者一方面受形而上学哲学传统的影响，强调亚里士多德的形而上学和哲学，而认为实践科学缺乏思辨性。另一方面受实践哲学影响的学者强调亚里士多德的实践科学，往往认为亚里士多德的伦理学和政治学可以独立于他的形而上学之外。这两种倾向都有偏差，其实都是理论与实践断裂后的产物。如果我们考察亚里士多德《形而上学》成书的历史，就会发现其地位被推崇到如此之高，完全是中世纪经院神学和近代形而上学的功劳。根据古典学家罗斯的考证，"形而上学"的名称在奥古斯都时期首次见于大马士革的尼克劳斯，它一直被公认为由安德罗尼柯在出版亚里士多德著作编订版时加上去的。耶格尔认为，《形而上学》的每一卷都有一定程度的独立性。② 这些都表明，《形而上学》并非亚里士多德在世时亲自编纂的作品，从其名称的本意来看，则为"后物理学"（metaphysik），即对物理学问题的继续研究。

理论科学与实践科学的关联是亚里士多德思考的根本问题，它体现为天（神）、人与城邦的关系，人行于天地之间，应该如何生活？这个根本问题贯穿于亚里士多德一生的思考和研究中。而能够上天入地，在神与城邦之间进行沟通的人则是立法哲人。对伦理与政治的思考必然要以神—人关系为背景，否则就没有向上观天的虔敬，也就更不可能有沉思静观的智慧和明哲审慎的明智。"求知是人的天性"（pantes antropoi tou eidenai opegontai physei），是因为人的一生的有限和有死，决定了人不可能像神一样

---

① 详见［加］麦金泰尔《德性之后》，龚群等译，北京：中国社会科学出版社1995年版，第322—332页。
② ［英］罗斯：《〈形而上学〉的结构》，载聂敏里选译《20世纪亚里士多德研究文选》，上海：华东师范大学出版社2010年版，第16—17页。

有智慧，而是追求知识和热爱智慧。哲学（philo - sophia）乃"爱智慧"之学，拥有追求智慧的强大的爱欲（eros）。而在现代社会中，经过启蒙后的现代人相信人拥有智慧，人定胜天，天人关系的向度由此走向闭合，于是才会消解古今之争的问题，厚今薄古。中西方社会无不如此。司马迁所言"究天人之际，通古今之变"在今天的中国也已被进化论和进步主义的思想所替代。因此，研究亚里士多德的思想从政治哲学入手，探讨理论科学与实践科学的关系，可以打通形而上学传统所导致的理论科学与实践科学，理论与实践之间的断裂，揭示亚里士多德在古希腊存在论的背景下对天人关系这一古老问题的思考。

第二节　天、人与城邦的自然

一　自然在亚里士多德作品中的根本含义

亚里士多德说，哲学始于惊诧（thaumazein），始于对自然的追问。哲学作为一门爱智慧的学问，是为了去除无知，而不是出于外在目的而存在。① 自然（physis）构成了希腊哲学的始基，而在亚里士多德这位古希腊哲学的集大成者那里，则保留了 physis 丰富的含义。这些多重含义由于后来的基督教文化和启蒙运动，在现代思想中日益被遮蔽。亚里士多德的自然哲学在今天变成了物理学，自然仅仅是一种供人类开采的材料和加工的对象，所谓的自然界是人们观察和观赏的客观世界。自然在近代西方社会中的物质化和虚无化彻底摧毁了古典世界中的天人合一，由此带来了自然与历史，自然与人为等众多形而上学的二元对立。我们若希望一点点去除这些后来的遮蔽，就有必要重新考察亚里士多德作品中自然的丰富含义。

第一，自然意味着运动事物的开端（arche），这种开端蕴含在事物本身中，伴随着事物的变化和成长。自然绝非孤立静止的本质，而是处于生生不息的变化中。"因为一切从 physis 而来是其所是和如何是的东西，都在它本身内具有对运动状态和静止状态的开端（arche）。"② 《物理学》开

---

① ［古希腊］亚里士多德：《形而上学》，982b15 - 25，第 19 页。
② ［古希腊］亚里士多德：《物理学》，张竹明译，北京：商务印书馆 1982 年版，192b13，第 43 页。

始对 physis 的定义就是与运动（kinesis）联系在一起，arche 意味着事物运动变化的开端和本原。arche 作为开端，同时有支配和统治的含义，由开端引申出来的原因（aition）是自然哲学探讨的重要范畴。关于自然的科学即探讨存在者存在的开端和本原。

第二，自然意味着事物从自身而来，始终朝向这种事物，并向自身返回，返回到保持事物开端的自身。即 physis 是"通向自然的自然道路"（physeos odos eis phsin），自然本身是它自身的起始和对自身的支配。这意味着自然在其展现、生成的过程中始终朝向其开端，永葆其身。physis（自然）与 techne（技艺）最大的区别在于，前者的开端位于其中，后者的开端位于其外。柏拉图的理念论就是在技艺的意义上提出的，因为先行被看见的外观即为 eidos（理念），它不是从自身而来，也不能使自身返回到它的 arche（开端）中。这是亚里士多德批评柏拉图理念论的关键所在。

以上两种含义是海德格尔在《论 physis 的本质和概念：亚里士多德〈物理学〉第二卷第一章》中所阐释的亚里士多德 physis 思想的基本含义。海德格尔认为，《物理学》乃是西方哲学被遮蔽的、因而从未被深思过的基本著作。[1] 这两种含义最终可以归于对亚里士多德目的论，即对"隐德来希"（entelecheia）的理解。当事物生成时，目的（telos）就是事物的 physis。黑格尔对此曾有一段解释：

> 亚里士多德的主要思想是：他把自然理解为生命，把某物的自然理解为这样一种东西，其自身即是目的，是与自身的统一，是它自己的活动性的原理，不转化为别物，而是按照它自己特有的内容，规定变化以适合它自己，并在变化中保持自己；在这里他是注意那存在于事物本身里面的内在目的性……[2]

这种"内在目的性"对德国古典哲学有很大的影响。康德的"人本身是目的"就是在此意义上提出的，黑格尔从自在到自为的辩证法正是

---

[1] ［德］海德格尔：《路标》，孙周兴译，北京：商务印书馆 2000 年版，第 341、351 页。
[2] ［德］黑格尔：《哲学史讲演录》（二），贺麟、王太庆译，北京：商务印书馆 1987 年版，第 310 页。

发展了亚里士多德的"隐德来希"思想。但是,亚里士多德的目的论与康德的目的论仍有很大差异,其根本原因在于现代社会对自然的理解是机械论式的,去目的化的自然就像一个上了发条的钟表那样,可以完全为我们服务。"自然的机械化和工具化意味着目的、规范和作为主体的人被从自然中剥离出去。在自然成为机器和原材料的同时,它也成了没有创造力、没有目的、没有规范意义的东西。作为机器的人固然属于自然,但作为主体的人又与之相分离。从此以后,自然基本就是没有意义的机械的物质世界。"① 康德关于"人作为自然终极目的"的观点试图克服近代人与自然的分裂,但却无法解决机械论自然观的矛盾,即人与自然不是共生,而是根本矛盾的。这种根本矛盾决定了现代人对自然的虚无化和缺少敬畏之心。而亚里士多德的自然目的论是有限的、关于生命自身的、人与万物的和谐观。自然(physis)的生成过程意味着成己成物的过程,它的有限蕴含在生命的限度内,由此才会有生命的不朽。而贯穿于事物变化始终,不断调节事物的自然不正是百姓日用而不知的"道"吗?"道不可须臾离也,可离非道也",对自然或道怀有敬畏之心的古典时代的人又怎么可能把实现人的自由看作高于自然或道的终极目的呢?

二 天的自然

海德格尔从希腊存在论意义上所阐释的亚里士多德的"自然",仍然是从前苏格拉底哲学的视角展开的。但海德格尔没有将"自然"置于天、人关系之下,因此没有触及亚里士多德的"自然"更深的内涵乃在于天道与人道中。因此,我们首先要深入考察亚里士多德的天文学与神学,以洞察其"自然"的天道含义。

我们在上一章已经阐释了柏拉图晚年哲学的转向体现在从存在中寻求变易,尤其体现在《蒂迈欧篇》和《礼法》中。亚里士多德对柏拉图理念论的批评以及对天和灵魂的探讨,与柏拉图的晚年转向是一致的。在身处学园之外的漫游时期,亚里士多德写了《论哲学》一书。从《论哲学》留下的残篇中,我们可以看到亚里士多德哲学思想发展的轮廓。他批评了柏拉图的理念论和数论,阐释了自己的神学观。亚里士多德认为,人们关于神的思想起源于对灵魂和对天的体验。天体处于

---

① 张汝伦:《什么是"自然"?》,载于《哲学研究》2011年第4期,第86页。

永恒无限的有秩序的运动中，灵魂则处于有限的有生有灭的运动中。①这表明，亚里士多德的神学来自于希腊古老的宇宙秩序（kosmos），是对宇宙神性的赞美，而与一神教的创世观不同。亚里士多德如此赞美宇宙秩序的和谐：

> 夏往冬来，昼尽夜继，积月成岁，四季代迁，而万物以兴，众生蕃育，哪里还可有比这更好的秩序（kosmos）？
> 宇宙间一切遭遇，虽那些若不可测的变异，揆其究竟，实还是循行于一个整秩的秩序的。②

宇宙中的变化，虽看似不可测，观其整体，却仍然遵循一种和谐的秩序。虽看似无常，实则为有常。宇宙的神性体现在万物充满生机的变易中，有一种存在的贞定之美。人的城邦秩序是对宇宙和谐秩序的摹仿，"城邦政治由复杂、涵融而为一致，由参差、整齐而为匀和；城邦就是容受任何不齐的品类与复杂的属性的"。③城邦政治摹仿宇宙秩序，在变易中寻求存在，在无常中寻求有常。神在宇宙中既不需要谋划，也不需要谁之帮助，毫不费力，却像指挥大师一般，指挥着不同的步调和谐运转，真可谓"天何言哉？四时行焉，百物生焉，天何言哉？"（《论语·阳货篇》）而人类的灵魂摹仿宇宙构建社会秩序，与自然保持和谐，"人在大地上耕耘与种植，发现了技艺，应用了礼法，制定了宪政的成规，以管理内务并御敌境外，能战争，也能和平"。④城邦中的礼法（nomos）摹仿宇宙中的神法（thesmois）。神法是正义的礼法，胜于那些刻在碑板上的条文。

亚里士多德从宇宙秩序中引出自然法的思想。天文学是高级哲学和神学。"整个天既不生成，也不可能被消灭，而是像有些人所说的那样，是单一和永恒的，它的整个时期既无开端也无终结，在自身中包含着无限的

---

① 参看汪子嵩等《希腊哲学史》（第三卷），北京：人民出版社2003年版，第106—112页。
② ［古希腊］亚里士多德：《宇宙论》，吴寿彭译，北京：商务印书馆1999年版，397a 12，第281页。
③ 同上书，396b5，第279页。
④ 同上书，399b15，第289页。

时间。"① 天的运动是处于永恒中的圆形运动，因其完美，它是万物运动的原因。最为惊人的是，亚里士多德认为存在一个不动中的永动者，它是永恒的、实体和现实性的东西。这就是神，它是最好的、最快乐、最永恒的生命。②《形而上学》第十二卷中的"第一推动者"是通过被爱慕（eros）而产生运动，它体现了希腊人对卓越者的敬仰和追求之爱。而基督教的"爱"一词（atape），则是俯视或屈尊的爱，是卓越者对于弱者怀有的爱。③ 此外，第一推动者是理智（nous）的存在，是对理智自身的思（kai estin e noesis noeseos noesis）④，代表了希腊人所向往的最高的生活——自足。天道即为神道，自然法即为法天和效仿神道。亚里士多德在《尼各马可伦理学》第十卷中提出，理智（nous）是人生的最高幸福。幸福（eudaimonia）这个词在希腊词源中指有好的神相伴，这种幸福皆来自于人一生自强不息，在生活中法天悟道。虽永远不可企及神道，人却可以通过追求德性，不断向上，以德配天，城邦的幸福亦然。

  亚里士多德的神学在后世经过柏拉图主义者和经院神学家的注疏，已成为一神教神学的注脚。但从其本身来看，它体现的是古希腊的存在论与宇宙观。亚里士多德的神学是一种理性神学，它既没有创世说，也没有神的律法，也没有先验的世界，和后世的一神教神学还是有很大差异。阿奎那对亚里士多德的解释其实抽掉了其身上的希腊色彩，尤其是理智的观照（theoria）与宇宙秩序（kosmos）的深层底蕴，直接把对理智的敬畏变成对上帝的敬畏。而亚里士多德的自然法与中国儒家法天的天道有神似之处。从中国儒家政治哲学的立场看，亚里士多德的神学体现的是人法天的虔敬，其境界可与《中庸》相通，"能尽物之性，则可以赞天地之化育；可以赞天地之化育，则可以与天地参矣"。能够参天地之变化，以此为人类立法和制礼作乐，这是人类政治所能达到的最高境界。亚里士多德和儒家都没有依赖一神的宗教作为人们的终极信仰，使人们匍匐在神的脚下，而是视天地万物本身的变化为自然和天道，使人们不断向上看，通过法天

---

  ① ［古希腊］亚里士多德：《论天》，载《亚里士多德全集》（二），苗力田等译，北京：中国人民大学出版社1991年版，283b26，第312页。
  ② ［古希腊］亚里士多德：《形而上学》，1072a24，第371页；b 25，第373页。
  ③ ［英］柯林伍德：《自然的观念》，吴国盛译，北京：北京大学出版社2006年版，第94页。
  ④ ［古希腊］亚里士多德：《形而上学》，1074b34，第381页。

来寻求不朽。

三 人的自然

人如何法天和效仿神道,其根本在于对人道或人的自然的理解。亚里士多德对苏格拉底"德性即知识"和柏拉图善的理念的批评指向一个根本问题——什么是与人的生活密切相关的德性?什么是人可以实现,可以达到的德性?由此,亚里士多德提出善必须是实践的善,与人的行动和生活密切相关的善。这构成了亚里士多德实践科学的根本问题。① 亚里士多德将人的灵魂分为理性和非理性两部分,非理性部分是没有逻各斯的部分,包含动物性的摄取营养以及人的欲求能力。理性部分是有逻各斯的部分,分为对不可变存在者和可变存在者的把握。对前者的把握即为认知能力(epistemonikon),对后者的把握即为推理能力(logistikon)。在亚里士多德看来,理性部分和非理性部分的灵魂并非截然分开,而是相互渗透。② 亚里士多德探讨了人的灵魂追求真理的五种能力,理论理性即为认知能力所把握的不可变的、永恒的存在者,它包含科学(epistēmē)和智慧(sophia)。实践理性即为推理能力所把握的可变的、有朽的存在者,它包含技艺(technē)和明智(phronēsis)。而理智(nous)③ 则隐含在以上四种能力中,是它们的总纲(见图一)。我们对人的自然的探讨,就是要弄清楚以上五种能力在人的灵魂中的位置和等级以及它们之间的关系。

先来看理论理性。关于科学,亚里士多德更多是在《物理学》《形而上学》《分析篇》中探讨。它追求普遍真理,研究永恒的事物,这种知识是从本原(archē)出发进行求证,对本原自身无须追问,它完全是可以教的。比之更高一层的是智慧,亚里士多德认为,智慧是科学与理智的结合,不仅应该知道从本原推导出来的知识,而且也应该鉴于本原本身来认识真理。这表明智慧相比科学,更要求举一反三和更深入的推理和思考能力。因此,智慧是最完善的科学,"智慧是科学和以理智来把握那些就其

---

① Gadamer, *Die Idee des Guten zwishen Plato und Aristoteles*, in: Gadamer, Gesamelte Werke, Band 7, S. 199 – 203.
② [古希腊]亚里士多德:《尼各马可伦理学》,1102b30 – 1103a,第 73 页;1139a5—a10,第 207 页。
③ 同上书,1141b,第 219—221 页。

本性而言最为高贵的存在者"。① 爱智慧的活动能给人带来幸福。

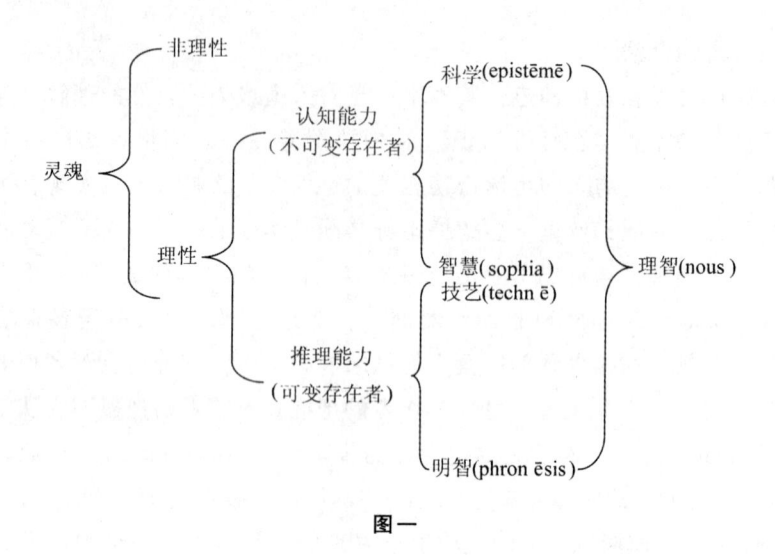

```
            ┌ 非理性
            │
            │         ┌ 认知能力       ┌ 科学(epistēmē) ┐
            │         │ (不可变存在者) │                │
灵魂 ┤              ┤                                   │
            │         │                │ 智慧(sophia)   │─ 理智(nous)
            │ 理性  ┤                  │ 技艺(technē)   │
            │         │                │                │
            │         │ 推理能力       │                │
            │         │ (可变存在者)   │                │
            │         │                └ 明智(phronēsis)┘
```

图一

再来看实践理性。关于技艺，它包含事物从无到有的产生过程，技艺的目的并不存在于自身中，而是在其最终的产物中。因此，技艺不是真正的实践，它不是以自身为目的的。比之更高的是明智，明智不同于技艺，在于其有高尚的目的，且目的蕴含在明智的行动本身中。明智是人类事务中最高的伦理德性，亚里士多德甚至认为它与理智德性相关，这暗含着明智是沟通伦理德性与理智德性的桥梁。

而处于最高层面的德性是理智（nous），因为它把握的是第一原理和最高原理：

> nous 最终从两个层面来达到行动的最终实现。因为领悟行动的最高原理如同把握行动的最终实现一样，两者都是 nous 范围内的事，而不是 logos 这个推理能力的事。理智一方面把握的是在科学证明框架内的不变和最高的"原理"；另一方面把握的是在行动的领域内自身展开的、行动的最终实现、可变的东西和小前提。②

---

① ［古希腊］亚里士多德：《尼各马可伦理学》，1141b，第 219—221 页。
② 同上书，1143b，第 229—231 页。

换言之，除了与科学一起形成智慧，把握普遍原理之外，理智还意味着行动的最终实现，意味着明智德性的上升。理智是最高的德性，因其最接近神性。理智既对理智德性的智慧，又对伦理德性的明智有推动作用，既是始点，又是终点，这表明理智是理论理性和实践理性的总纲，是一切德性的总德。

对于亚里士多德思想中智慧（sophia）、明智（phronēsis）与幸福（eudaimonia）的关系的探讨一直引发许多争论。关于智慧与明智的关系一直模糊不清，明智时而被看作最高的伦理德性，自身是自足的，时而又被看作需要理论德性来指导，是最终实现智慧的工具？① 为什么亚里士多德在整个伦理学中如此赞美明智，却在最后称沉思观照的生活是人生的最高幸福？复兴亚里士多德实践哲学的当代政治哲学家汉娜·阿伦特认为这是亚里士多德最终回归柏拉图的哲学立场，根本上应该加以摒弃。阿伦特之后的实践哲学家如麦金泰尔和努斯鲍姆都持此种观点。② 笔者以为，当代实践哲学对亚里士多德的判断有失公允，三者关系应该从天、人与城邦的合于自然之道来理解。天道即为神道，人道则体现为如何法天和效仿神道。"幸福"（eudaimonia）这个词在希腊词源中指有好的神相伴，这种幸福皆来自于人一生自强不息，在生活中法天悟道。虽永远不可企及神道，人却可以通过追求德性，不断向上，以德配天，城邦的幸福亦然。亚里士多德为什么认为智慧（sophia）高于明智（phronēsis），关键在于希腊哲人对于人在宇宙中的位置的理解。宇宙就其自然而言远远高于人的自然，因此把握最高贵的存在者的德性就要高于把握人类事务的德性。人不是宇宙中存在的最高贵的存在者，因此政治学或明智术也不是最高的科学。③ 亚里士多德的观点与柏拉图的观点一样，柏拉图批评智者"人是万物的尺度"，从而提出"神是万物的尺度"，其中的深意就在于表明人不是最高的存在者，由此才会有观照苍穹和虔敬法天的德性，才会有以德配天。而启蒙运动重新将人看作万物的尺度，通向天、神、历史、传统的向上之

---

① 参看［美］伯格《尼各马可伦理学义疏》，柯小刚译，北京：华夏出版社2012年版，第192—203页。

② Hannah Arendt, *Between Past and Future*, p.109.

③ ［古希腊］亚里士多德：《尼各马可伦理学》，1141a20，第217页；1141b，第219—221页。

路完全被阻塞，这种天人关系的倒置导致现代人成为孤零零的最高存在者。

亚里士多德对人性的看法不是绝对的性善论和性恶论，他没有预先设定人性恶或人性善。灵魂的实现意味着德性的实现，是幸福实现的过程。亚里士多德重视人的天性，"因为每个人所拥有的具体品性在某种程度上是自然赋予的，每个人似乎与生俱来地具备了正义、节制、勇敢这些品性，同时具有其他一些的品性"，① 但如果没有明智的指导，人的自然品性很难保存，就如同身强力壮的运动员缺乏视力的指引。天性惟有在明智的指引下，才会有卓越的德行。换言之，整个伦理德性的教化意在培养人的"第二天性"。而明智之所以为实践德性之首，在于它具有高贵的"灵魂之眼"或高贵的目的，由此它才不是一般的聪明和机灵。"灵魂之眼"是人的天性和第二天性共同形成，是人的感知（aisthēsis）、神智（nous）和欲求（orexis）共同作用的结果，它就是蕴含在人的行动中的本原（archē）和神智（nous）。亚里士多德与后世基督教文化最大的不同在于，在他的天人之道中并没有不可逾越的鸿沟，人并非只是服从天的命令，天也并非是固定不变的天理，天道与人道是相通的。亚里士多德没有设定固定的人的本质，而更注重人通过教化德性得以完善，由此人的德性具有无限向上，追求高贵的生命力，此乃希腊德性伦理学何以最具有生命力的根本所在。

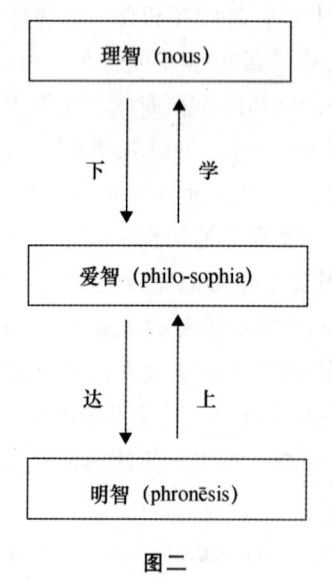

然而，尽管亚里士多德认为智慧（sophia）高于明智（phronēsis），但明智可以通过爱智之路上升达到理智（nous），理智是至高的至纯之德。反之，从理智也可以通过爱智之路下降达到明智。人的德性存在上升的三个阶梯：明智（phronēsis）—爱智（philo-sophia）—理智（nous）（见图二）。

根据亚里士多德对人在宇宙中的位置的看法，人的德性存在灵魂上升的三个阶梯：明智（phronesis）—爱智（philo-sophia）—

理智（nous）

↓下　学↑

爱智（philo-sophia）

↓达　上↑

明智（phronēsis）

图二

---

① ［古希腊］亚里士多德：《尼各马可伦理学》，1144b5，第234页。

理智（nous）。在亚里士多德看来，明智的代表人物是伯利克里，爱智的代表人物是阿那克萨戈拉，理智则无人代表，根本上近于神。众所周知，阿那克萨戈拉是伯利克里的老师和座上宾，这隐含着从明智上达爱智，存在一条向上学习之路，从爱智下及明智，存在一条向下教育之路。明智是人类社会中的君子之德，爱智则意味着更高的大人之德。如果上学和下达之路是畅通的，那么人的灵魂向上的阶梯就没有断裂。而从政治上达至哲学和从哲学下及到政治的道路也是畅通的，哲学和政治也就没有根本的冲突和相互敌视。因此，在亚里士多德这里，自然正当和政治正当是相通的，而且自然正当是政治正当的一部分。[①] 这在根本上是对柏拉图理念论下哲学与政治紧张关系的反思和纠正，自然正当与政治社会之间不存在天然的冲突。当自然正当下降到人类社会中，它就化为政治正当的一部分，由此才会有制礼作乐和礼乐教化。当政治正当向上走，一种情况是政治正当触及更高的自然正当，诸如柏拉图和亚里士多德的"理想城邦"是对现实城邦的教化和净化，由此使人的政治达到以德配天的境界。更多的情况是虽然人类政治有限，但作为个体的人的德性能够高于其所处的城邦，君子能够在一生的修行中成己成物，甚至成为圣人。柏拉图和亚里士多德作为有高贵德性的人，不是超越希腊城邦，成为西方为万世立法的圣人吗？由此可见，"内圣"之路和"外王"之路都隐含在亚里士多德灵魂上升的三个阶梯中。

四 城邦的自然

在亚里士多德一生思考的根本问题——神、人与城邦的关系中，城邦是十分重要的向度。人必然生活在城邦中，城邦之外非神即兽。人的自然最终体现为城邦的自然，在城邦中实现。然而，亚里士多德对城邦的论述绝不是空间意义上的领土和疆域，也不是时间意义上的家庭—村落—城邦，并有其更深刻的思想内涵，这些恰恰为那些把亚里士多德政治学看作经验政治科学的现代学者所忽视，而希腊政治学之大美都蕴含在城邦的自然中。

《政治学》开篇称城邦是追求最高善（agathos）的最高政治共同体（koinonia politike），然后追溯了城邦产生的历史，由男女形成夫妇与家庭

[①] 参看［美］施特劳斯：《自然权利与历史》，第160页。

(oikos)，由家庭聚合形成村落（kome），由村落联合形成城邦（polis）。然而，亚里士多德却不是在进化论的意义上理解城邦，"如果城邦的存在是为了人的生活（zen），它是为了更好的生活（eu zen）存在"。此外，亚里士多德更是在目的论的意义上阐释城邦的自然，"由于城邦是其他共同体的目的，而自然就是目的，每一事物都是在成长过程中实现其自然，诸如人、马和家庭，我们在城邦的终点中看到共同体的自然……城邦的最高目的既蕴含在始点中，又蕴含在终点中，这就是自足（autarkeia）"。①换言之，城邦是一个从潜在到现实的生长过程，从男女结合，到家庭村落，每一个阶段都有其合于自然的部分，但只有在城邦中才达到最高的最完善的自然。由此，亚里士多德提出城邦的存在是合于自然的。显然，城邦的合于自然并非指现实中的城邦就已经是自然的最高阶段，而是始终朝向完美的自然的目的而运转。由此，我们才能理解为什么亚里士多德从第一卷低级的自然谈起，逐渐上升到第二卷探讨高级的自然。亚里士多德首先探讨言辞中的城邦政制，即柏拉图、法勒亚斯和希朴达摩的政治理论，然后再批评现实中的城邦政制，即斯巴达政制、克里特政制和迦太基政制各自的优劣。亚里士多德的探讨本身正是一个使城邦朝向完美的自然的过程。

由城邦的存在是自然的，亚里士多德提出人与城邦的关系："人自然是城邦的动物，自然是政治的动物（oti ton physei he polis esti, kai oti o anthropos physei politikon zon）。"如何理解"人自然是政治的动物"？第一，人自然是言说（logos）的动物。与动物相比，人是唯一具有逻各斯的动物。人在 logos 中辨别善恶，区分正义是非。logos 这个词在希腊语中最初的含义就是言说，因此，城邦是在言说中展开，是公民交往的公共空间。而 logos 后来所指的理性、推理能力都是从言说中衍生出来的意思。第二，城邦在自然上先于个人和家庭，尽管个人与家庭比城邦先产生。因为就整体与部分的关系来看，城邦意味着整权，个人是城邦的部分，离开城邦无法过自足的生活。如果离开城邦，要么是过更低级的野兽的生活，要么过更高级的神的生活。第三，城邦在自然上是正义（dike）与礼法（nomos）的共同体。"人类由于志趋良善而有所成就，成为最优良的动

---

① ［古希腊］亚里士多德：《政治学》，1253a 30，第 9 页。

物，如果不讲礼法、违背正义，他就堕落为最恶劣的动物。"① 人本来以为自己可以明智地使用武器，但却可能事与愿违。一旦没有德性，人就会堕落为贪婪下流而残暴的野兽。由此，正义属于城邦政治共同体的美德，礼法则是对正义作出判断。

亚里士多德关于"人自然是政治的动物"的观点表明，人的自然最终是在城邦中实现。政治的自然既是人的始端，也是终端。人的存在始于人伦，终将在人伦中成己成物，实现大道。这种观点与中国儒家的政治观十分相似，最高的自然在城邦中实现，没有位于政治自然之外的自然正当。遗憾的是，西方两千年来继承发挥的多为柏拉图理念论中的自然正当，因为它与基督教的彼岸世界神似，而对于柏拉图《礼法》篇中的政治思想传统和亚里士多德政治的自然正当的传统却多有所隔。西方近代哲学与政治的基础都在于个人，这实际上是对古希腊城邦政治精神的否定。即使是卢梭的《社会契约论》和黑格尔的《法哲学原理》，也都是从论证个体权利的自然正当性入手。20世纪哲学所掀起的亚里士多德主义的革命，就是想借亚里士多德的"人自然是政治的动物"的思想纠正西方个人主义与主体哲学所走的弯路。海德格尔在1923年《亚里士多德哲学中的基本概念》的研讨课中，曾经深入阐释了亚里士多德的上述命题。他的学生汉娜·阿伦特则沿着这条道路继续前进，将海德格尔的"在世界中存在"的存在哲学与希腊城邦政治的体验结合，提出"人的复数性存在"的思想。然而，无论是海德格尔还是阿伦特，都没有赋予"城邦"以深层的礼法的内涵。海德格尔几乎没有谈论到城邦中的礼法，阿伦特几度在亚里士多德伦理政治的路上徘徊犹豫，却最终选择了康德政治美学中的判断力路向。

亚里士多德的目的论构造的一套自然等级秩序是古典自然法的核心。在神人关系上，人之幸福在于效仿神，幸福是最终的目的，伴随着人的一生，但永远无法实现。因此，梭伦说，一个人只有在死后才能评判他是否幸福，这是对神的虔敬。② 在神与城邦的关系上，城邦的秩序在于摹仿宇宙的秩序，城邦的礼法摹仿宇宙的神法。城邦是追求善的最高共同体，是宇宙的和谐秩序在人世间的再现。在城邦与人的关系上，城邦之善高于个

---

① ［古希腊］亚里士多德：《政治学》，1253a 35，第9页。
② ［古希腊］希罗多德：《历史》，I.32，第15页。

人之善,个人的最高德性的实现必然是在城邦当中,即君子从修已开始,止于至善必然体现在安人与安百姓和治国平天下中。在整个关于神、人、城邦的自然目的论中,和谐与自足是最高的目的。和谐源于有限,源于宇宙秩序之大美,自足源于神的最高德性,不依赖于外物。因此,从君子到大人,一切都从反求诸己的修身开始。

城邦的自然何以在现代西方政治思想传统中难以被接受?现代对亚里士多德目的论的摒弃始于对其自然等级秩序的质疑,这种质疑与亚里士多德学说的经院神学化密切相关。近代自然科学与理性主义的崛起影响了人文社会科学的思考方式,感觉主义、经验主义、机械唯物主义等哲学逐渐把自然理解为征服的对象,自然本身是虚无的。霍布斯与培根批评亚里士多德的伦理政治未重视情感因素,从而将人的激情与欲望放在自然正当的首位。现代政治的自然状态则奠定在此自然正当之上,以自利和自我保存作为政治的根本目的。现代民族国家的自然体现在追逐无限权力的激情和欲望中,即霍布斯所言的权力与剑的共存。就古典自然法与现代自然法来看,两者的区别绝不在于政治体的疆域大小,而是在于政治体的精神。有人以为,城邦政治的和谐自足依赖的是小国寡民,现代共和国除了需要德性,还要扩大商业和法律体系。然而,现代政治体的庞大并不能成为德性败坏的理由。有限与无限的根本差别在于人与政制的灵魂,有限的灵魂是理智统治激情和欲望,无限的灵魂则反其道而行之。当现代政制如一匹脱缰野马,挣脱了自然法与道德等各种束缚之后,它的灵魂已然被激情和欲望败坏了。

亚里士多德关于天、人与城邦的自然的思想提出一套自然等级秩序的自然法,其核心在于追求出色与高贵的生活(par excellence)。无论个人还是城邦都是向上看,效仿神或者是法天。问题在于古典的自然秩序在现代完全被平等思想颠覆了。从基督教的兴起,经启蒙运动到法国大革命,西方政治所追求的不再是赞美德性的"贤人政治",而是赞美权利的"平等政治"。而平等政治的危险在于人的僭越,在于人皆可以为上帝的潜在危险。当现代人不再效仿神或法天,不再慎终追远,民德何以归厚?亚里士多德的灵魂论包含着灵魂上升的三个阶梯:明智(phronesis)—爱智(philo - sophia)—理智(nous),从明智到爱智到理智的上学之路更注重人追求卓越德性的"内圣"之路,而从理智到爱智到明智的下达之路则更注重伦理教化的"外王"之路,也是人与城邦的自然(physis)作用于城邦的礼法（nomos），实现城邦作为至善的共同体之路。

第三节 伦理政治中的礼法

所谓伦理政治，实乃实践科学的总称。它不是我们今天意义上的伦理学和政治科学的划分，而是处理人类事务的最高学问。亚里士多德从人的自然开始，探讨了人的灵魂中的德性及其实现，然而伦理学还只是更加宏大的学问——政治学（确切地说应该是伦理政治意义上的政治学）的一部分。政治学关乎人类事务中的最高德性的实现，是最高主导意义上的科学，因为政治学关乎城邦的德性，关乎众人的德性及其幸福的实现。亚里士多德在《尼各马可伦理学》结束的地方开始讲德性、风俗、立法者与礼法，并说政治学从这里开始，可谓别有一番深意。① 如果说伦理学是关于君子的修身齐家的成己之路，那么政治学则是关于君子的治国平天下的成物之路。从自然与礼法的关系来看，亚里士多德首先探讨何为人的自然与城邦的自然，其次就要探讨两种自然如何在礼法中实现，什么样的礼法才是合乎自然的。亚里士多德从两个层面探讨礼法，其一是风俗的层面，即所谓的不成文法的层面，这关乎德性的教化；其二是法律的层面，即所谓的成文法的层面，这关乎立法者与政制。亚里士多德统一伦理与政治，极好地阐释了自然如何作用于礼法，礼法如何根据自然来制定和净化，如何实现人的自然。伦理政治实乃亚里士多德论自然与礼法变易之道的最高学问。

一 友爱在伦理政治中的位置

亚里士多德在《尼各马可伦理学》中先后阐述了伦理德性与理智德性及二者的关系，然后在第八卷和第九卷用了两卷的篇幅讲述友爱（philia），在此之后的最后一卷（第十卷）中，他将人的最高幸福诉诸"理智"（nous）的最高德性。友爱在伦理政治中占有什么样的位置？亚里士多德为什么将其置于离最高幸福最近的位置？

在亚里士多德看来，友爱存在于万事万物之间，是造化者与造化物之

---

① ［古希腊］亚里士多德：《尼各马可伦理学》，1094b，第40—41页；1181b，第355—356页。

间的共同默契。动物之间存在这种情感，人类社会亦然。他引用《伊利亚特》中的诗句"两人前行要结伴（synte du epxomevo）……"来说明友爱的自然。人类的友爱不仅仅出于必需，而且蕴含着美好与高贵。友爱的含义与中国儒家的"仁"有共通之处。《说文》中"仁"的本意为亲。段玉裁注："《中庸》：仁者，人也。"郑玄注："相人偶之人，以仁意相存问之言……独则无偶，偶则相亲，故其子从人二。""仁"与"友爱"都源于人与人之间的相亲相感，万物之应始于感，人与人之感莫不如此。然而"友爱"始于感，却并不等同于好感。亚里士多德区分了"友爱"（philia）与"善意"（eunoia）。"善意"是"友爱"之发端，但只是不作为的"友爱"，譬如希望他人好仅仅是"善意"，在具体的行动中才能实现"友爱"。出于"善意"的希望他人好可能是为了从他人那里获得好处，这也不可能通向真正的友爱。① 由此而看，从"善意"出发到"友爱"的实现还要走漫长而艰辛的道路。

亚里士多德讨论了柏拉图《拉西斯篇》中的主题——"同类相知"（koloion poti koloion）。他把友爱分成三类，基于德性（agathon）本身的友爱，基于快乐（hedu）的友爱，基于有用（xpesimon）的友爱。在这三种友爱中，基于德性本身的友爱是最完善、最高贵的友爱。因为快乐和有用都会随着时间和空间变化，以此为目的最终都可以归于爱自己，为自己寻求好处，为自己寻求快乐。而只有基于德性本身的友爱，才是相互为对方考虑，爱他人，这种友爱才能经得住时间和生活的考验，才能彼此信任。中国古人讲"二人同心，其利断金；同心之言，其臭如兰"（《周易·系辞上》），正是此理。君子交友的道理正是在于对德性的爱，"德不孤，必有邻"，"无友不如己者"，"以友辅仁"都在阐释"同类相知"的道理。由此，亚里士多德表明了一般意义上的"善意"和最高的"友爱"之间的差异。而最高的"友爱"就是君子的友爱，即有德者的友爱。

以友爱为基础，亚里士多德探讨了希腊社会中的基本伦常。友爱分为有差等与平等的友爱。在有差等的友爱中，又分为父子之爱，长幼之爱，夫妇之爱与君臣之爱，其中的关键在于尊重自然的秩序，"在所有这些基于差等的友爱中，爱必须是合乎比例的"。诸如父子之爱，子女无论给予父母再多的东西，都无法回报父母的大恩大德。因此，儿子永远不可不认

---

① ［古希腊］亚里士多德：《尼各马可伦理学》，1167a5 - a15，第310—311页。

父亲，但父亲虽然可以不认儿子，除非儿子邪恶到极点，基于自然的亲情，没有父亲能够做得出来。① 而在平等的友爱中，又分为恋爱和朋友之爱。当二者不仅仅停留在情感之爱，而是爱对方的德性品质时，才上升到友爱。亚里士多德解释"友爱即平等"的含义时认为，"爱朋友的人，同时也爱对于朋友本身是好的东西。因为当一个德性高贵者变成朋友时，对于他的朋友而言他就是高贵的东西。所以，他们每个人都爱着对他本身而言是高贵的东西，并给予对方以同样的回报，希望对方好，给予他以快乐"。② 由此看出，亚里士多德所言的友爱涵盖了人类社会的基本伦常，甚至与孟子所言的"五伦"也完全相通。孟子曰："使契为司徒，教以人伦：父子有亲，君臣有义，夫妇有别，长幼有序，朋友有信。"（《孟子·滕文公上》）

从人类社会以友爱为基础的基本伦常，亚里士多德又进一步将友爱推广到城邦共同体。城邦之所以是共同体，正如同船的旅伴，同伍的士兵一样，追求共同的利益。"友爱是把城邦联系起来的纽带，立法者心仪友爱更胜过正义。"③ 显然，政治友爱体现了更高的自然，即"和睦"（homonia），因为它与公共的善和共同利益密切相关。城邦政治家所要实现的最高目标是"和睦"，因为这是具有神性的宇宙秩序（kosmos）的德性。柏拉图曾言，"正义的效果就是在城邦中造成友爱（philia），真正的友爱也就是和睦（homonia）"。④ 当城邦实现了和睦，也就实现了共同生活的最高德性。当城邦政治与宇宙秩序一样和谐，就实现了人法天后的"天人合一"，此乃城邦的最高自然，亦即"人自然是城邦的动物"的内涵。有学者发现，在亚里士多德那里，友爱所做的事情依赖一个比正义更高的层面，正义在前面伦理德性中所占的位置如今被友爱所代替。雅法就此认为，由于《尼各马可伦理学》在不同的"道德水平"之间运动，正义"被友爱带到了一个较高的水准"。⑤ 正义更多被看作一种个人必须要遵守

---

① ［古希腊］亚里士多德，《尼各马可伦理学》，1158b25，第282页；1163b20－25，第299—300页。

② 同上书，1157b35，第280页。

③ 同上书，1155a25，第271页。

④ Platon, *Cleitophon*, in: *Platon: Sämtliche Werke*, X; Übersetzt von Schleiermachers, Baden－Baden, 1991, 409e.

⑤ ［美］伯格：《尼各马可伦理学义疏》，第257页。

的法律和履行的义务，更突出"刑政"的层面，友爱更多被看作共通感的一致和谐，更突出"礼乐"的层面。因此，友爱论实乃政治学的开端，也是政治学的最高端。

仅此来看，亚里士多德的友爱论与中国儒家的仁学有诸多共通之处。但亚里士多德何以从第八、九两卷的友爱论走向理智（nous）论，走向理智是最高的幸福？这里的关键在于亚里士多德对自爱的看法。友爱必须以自爱为基础，整个友爱从如何爱己推广到如何爱人。因为愿望自己好，乃是因其自身之故（这是基于人的理智德性，它显现出真正的自我）。从目的论与自足的最高德性来看，"有德性的人之所以热爱生存，是由于每个人都渴望自己的德性，没有人愿意因为选择某种德性，而变成他人，而是保持着本身的德性（因为神保持着自身所是）。nous 是真实的自我，而且高于一切"。自爱的地位之高，因为它体现了神的最高德性理智。"有德之人渴望与自己相处，因为他可以回忆愉快的过去，憧憬美好的未来，他的心里充满沉思的对象。他沉浸在自己的痛苦与快乐中，由于他已不再改变自己的心灵，带给他快乐与痛苦的东西无论何时都是相同，而不是不同时间的不同东西"。①待友如己，因为朋友是另一个他自己。自爱并非为自己谋利益，并非服从于激情和欲望，而是服从于灵魂中最高的部分，追求自身的高贵完美。

亚里士多德转向"友爱以自爱为基础"，并且将自爱指向最高的德性理智，这是一个重大的转向，由此彰显出他与儒家仁学的差异。当友爱指向理智，就意味着最高德性是在对自身的认识中实现，而不是在友爱的共同生活中存现。神性的生活可以没有朋友，因为它完全是自足的。由此，亚里士多德没有把人的最高德性诉诸友爱的城邦的生活，而是诉诸自爱的沉思的生活。友爱也就无法作为伦理学的根基而立足，而伦理学的根基立足于自爱。所谓待友如己，也必是从自己出发。而在儒家仁学中，则没有这样通向沉思静观的自爱。儒家的为仁由己，反求诸己，都不是基于对自己的爱，而是强调在内省和慎独中修身，所有德性都是在人与人的友爱的政治生活中实现。余纪元认为，亚里士多德的自我分为理论自我和实践自

---

① [古希腊]亚里士多德：《尼各马可伦理学》，1165a15 – a20，第 305 页；1166a25 – 30，第 308 页。

我，儒家对自我的看法相当于亚里士多德的实践自我，二者都有利他的层面。① 笔者认为，二者的区别不在于利己和利他的问题，关键在于儒家的"仁"是以友爱为根基，但亚里士多德那里，自爱高于友爱，由此引出理智是对自身的最高认识，求知的天性高于友爱的天性，由此引出沉思的生活高于明智的生活。

伽达默尔曾指出友爱在古今的重大变化。亚里士多德用两卷的篇幅阐释友爱，而在奠定现代伦理学理论基础的康德的《道德形而上学》中，友爱仅有两页纸的篇幅。② 但如果我们细思古典伦理学与现代伦理学，就会发现即使在古典伦理学的集大成者亚里士多德那里，仍然能找到与现代伦理学的隐秘关联。自爱与理智虽然不是康德道德哲学中的绝对律令，但它却与理性的道德相同，认为人的最高德性是在个体中实现，而不是在共同体中实现。亚里士多德与现代伦理学的隐秘关联的纽带在于基督教。理智在基督教中被等同于上帝的声音，道德表现为服从神的律令，这正是理性的来源。

二　明智的实现方式之一：君子与中庸

既然明智（phronesis）是实践德性的最高德性，它又如何在伦理政治中实现？明智的实现是君子的成仁之道。按照亚里士多德的表述，则意味君子（spoudaios）在行中庸（mesotes）中实现明智。spoudaios（拉丁文：honestus，德文：vortrefflich）在亚里士多德那里有丰富的含义。它是希腊 arete 含义的引申，既指技艺的出色，诸如出色的吹笛手，更是用于伦理政治中德性的卓越，诸如善邦（polis）与善法（nomos），高贵的行动（praxis）和决断（prohairesis），伟大的目的（telos）和品性（hexis），卓越德性的实现（energeia，dynamis）。③ 所有这一切，最终都可以用君子的德性来涵盖。伦理学实乃培养君子的学问，更是君子用以涵养性情，修身成仁的内圣之学。沃格林曾经讲道："（亚里士多德的）伦理学乃君子之有，君子之治，君子之享"，④ 可以说洞察到亚里士多德伦理学的精髓。

---

① 参看［美］余纪元《德性之镜：孔子与亚里士多德的伦理学》，第 334—342 页。
② 参看邓安庆《〈尼各马可伦理学〉导读》，北京：人民出版社 2010 年版，第 19 页。
③ Vgl. Otfried Hoeffe, *Aristoteles - Lexikon*, Stuttgart, 2005, S. 534.
④ Eric Voegelin, *Plato and Aristotle*, p. 301.

君子的成仁之道是在行中庸中实现明智。但在西方政治哲学尤其是哲学传统中，亚里士多德的中庸学说地位并不高。威廉姆斯就把中庸学说贬为"亚里士多德体系中最著名的但却最没用的部分之一"，伯恩斯也认为"中庸学说不具有实际效力和说服力"。① 其实问题在于在西方既有的哲学传统和伦理学传统中，亚里士多德的中庸学说更多地被从理性的认知层面来观察，把它作为科学（episteme）的对象，从而使中庸与明智之德分裂。例如，中庸的字面意思是恰到好处，避免走极端，在情感和行动的选择中具有正确的尺度（orthos logos）。亚里士多德开始举的例子很简单，甚至用算术和几何比例中的平均数和来描述适中，但这其实不过讲述了当时社会的某种意见，亚里士多德在这里完全是以诙谐的论调在讲。否则中庸在全书中为何又被赋予如此高的位置？"德性是一种中庸的品质，因为它本质上以达到中庸为目标"。② 中庸之难以实现，乃在于人的性情之偏，过（hyperbole）与不及（elleipsis）是常态，人的快乐和痛苦都没有处在适中状态（如儒家称人之喜怒哀乐未达乎中节）。因此，伦理德性即为行中庸之德，而在每件事情上达到中庸是很难的。亚里士多德引用《奥德赛》中的诗句"牢牢把住你的舵，远离惊涛与迷雾"，③ 正是以此劝诫君子时刻以修身为本，重视慎独之德。《中庸》曰："道不可须臾离也，可离非道也。是故君子戒慎乎其所不睹，恐惧乎其所不闻。莫见乎隐，莫显乎微，故君子慎其独也。"亚里士多德与儒家一样重视君子在日常生活中的行为举止得体与恰到好处。

有人以为，既然亚里士多德主张伦理德性是在习惯中培养，中庸则是习惯的固定化。这其实是对亚里士多德的误解，如此之中庸是习俗主义的没有变易的中庸。亚里士多德的中庸之道是对个人习惯的调节，由此才内化为品性（hexis）。在《尼各马可伦理学》第二卷开篇中，他讲到伦理德性源自习惯，既非自然，也非反自然，而是把自然的禀赋内化到心灵中，通过习惯使天赋更加完善，由此所形成的品性即为人的"第二天性"。伦理学通篇都在讲如何塑造人的这种"第二天性"。《中庸》曰："天命之谓性，率性之谓道，修道之谓教。""天命之谓性"是亚里士多德意义上的

---

① 转引自［美］余纪元《德性之镜：孔子与亚里士多德的伦理学》，第154页。
② ［古希腊］亚里士多德：《尼各马可伦理学》，1106b34，第89页。
③ ［古希腊］荷马：《奥德赛》，12.221，第256页。

自然法，此乃天地万物变动之理。"率性之谓道"是人法天地之道，人法自然，在亚里士多德意义上是人遵循自然法。"修道之谓教"在儒家是礼乐教化，在亚里士多德那里是伦理政治中的教化。由于人的自然皆未能达乎中节，个人的习惯和社会中的习俗都会有其偏，未达乎其正，因此需要调节和教化。"第二天性"是教化后的自然，而不是一般意义上所理解的在习惯中养成。

在亚里士多德看来，人的自然天然有差异。他引用赫西俄德的诗句"亲自思考一切事情，并且看到以后以及最终什么较善的那个人是至善的人，能听取有益忠告的人也是善者。相反，既不动脑思考，也不记住别人忠告的人是一个无用之徒"。① 第一种人对应儒家生而知之的先知先觉者，第二种人对应学而知之和困而知之的后知后觉者，第三种人对应缺乏反省的不知不觉者。亚里士多德的伦理学的目标是培养高贵和出色的君子（spoudaious），君子不仅要行为举止得体，而且还要把握更深的原则（arche），这就是明智之学。而对于城邦中不知不觉的百姓，更重要的是立法和教化，这是政治学的根本任务。

当亚里士多德将中庸的讨论转向具体德性，而不是一般的规定，显然看到中庸之德始于日用之伦常，诸如勇敢乃怯懦和鲁莽的中庸，慷慨是挥霍和吝啬的中庸，自重是自夸和自卑的中庸，温和乃暴躁与木讷的中庸等。然而行中庸之于君子，意味着实现最高的实践德性——明智。从君子修身的层面看，明智包含三种德性：善谋（euboulias）、善解（eusynesia）与体谅（syngnome）。善谋绝非计谋和小聪明，而前提是以某种善为目标，然后对实现善的正确方式和适当时机进行周到的考虑，这与决断（phroainesis）的德性相一致。善解就是明辨善断，是良好的判断力。体谅是具体情境下能体谅他人。所有这些都集中体现为君子的明智的举止行动。

中庸与明智德性的培养主要在城邦的礼乐教化中。亚里士多德格外重视音乐教育（即诗教）。如果说注重养成好的习惯，是在培养知礼，那么注重音乐教育，则是培养高尚的心灵和中庸之德。礼节人心，乐和人心。亚里士多德说，音乐的三种功能在于教化、净化情感和操修心灵。教化首先体现在音乐能使人心情欢快，使人心处在活泼与舒畅中，"令人怡悦，

---

① ［古希腊］赫西俄德：《工作与时日》，293-297，第9—10页。

莫如歌咏"。其次在更高层面上能影响人的情操，培养人对高尚德性的正确判断和快乐感。与柏拉图相比，亚里士多德最强调音乐教育中的"中庸之道"。他提倡杜里调，因为它最为庄重，尤适于表现勇毅的性情。而过于凄迷和过于狂热的乐调都不利于自由人心灵的操修。[①] 而最能体现亚里士多德诗教净化情感的功能，则在于他对悲剧的弘扬。亚里士多德在谈到悲剧的崇高时说："比较严肃的人摹仿高尚的行动，即高尚的人的行动，比较轻浮的人则摹仿下劣的人的行动，他们最初写的是讽刺诗，正如前一种人最初写的是颂神诗和赞美诗。"[②] 悲剧的特点是庄严肃穆，通过摹仿高尚人物的行动，使人的情感得以净化（katharsis），得以淳厚。诗教是城邦教育的重要部分，亚里士多德《政治学》最后一卷谈城邦教育，诗教是其中最主要的部分。

亚里士多德的中庸思想主要体现在他的实践哲学中，在理论哲学中却没有中庸的位置。亚里士多德不言在 sophia（智慧）和 nous（理智）一端需要中庸，致使其"德性即行中庸之道"的思想缺乏坚实的理论基础，也使其在后世被西方哲学家所轻视。与亚里士多德相比，中庸在儒家思想中的地位非常高，"极高明而道中庸"，其思想之深远与《易》相通，其在伦理政治中的实现贯穿在中国数千年的礼乐教化的文明传统中，此远非亚里士多德的中庸思想可相比拟。

三 明智的实现方式之二：立法者与正义

君子行中庸之德，以修身为本，以明智为目标。而明智的最终实现是在城邦政治中。亚里士多德说，明智根本上是政治术。[③] 这也从另一角度说明，伦理学为什么是政治学的一部分。君子以修己修身为本，在治国平天下中成仁，由此君子弘道的使命才得以实现。在亚里士多德这里，治国即为治理城邦，立法者（nomothesia）在洞察城邦伦理的基础上，通过对政制（politeia）和礼法（nomos）进行损益，从而建立更具德性的政治秩序（taxis）。

亚里士多德对正义与法的关系的洞察，是西方法律思想传统的根基。

[①] ［古希腊］亚里士多德：《政治学》，1339b15，第418页；1342b15，第433页。
[②] ［古希腊］亚里士多德：《诗学》，1448 b20，第47页。
[③] ［古希腊］亚里士多德：《尼各马可伦理学》，1141b25，第220页。

在他看来，法的正义部分是自然的，部分是习俗约定的。自然正义到处都具有同样的效力，习俗正义则是通过习俗约定俗成后才具有效力。亚里士多德与他人的不同之处在于，他强调两种正义都是从属于运动和变化的。他举例，右手自然地比左手更有力，但有人也能同样好地使用两只手。习俗正义诸如度量油和酒的尺规不是到处相同，买进时要比卖出时大一点。① 亚里士多德强调自然正义与习俗正义的可变性，绝非要抹杀两者之间的差异。他将法的起源追溯到不成文法与成文法，不成文法即为普通法，即自然法规定的法律。成文法即为特殊法，即城邦制定的法律。他专门举了安提戈涅的例子，认为安提戈涅埋葬哥哥符合自然正义的原则。② 既承认两者之间的差异性，又看到两者之间的可变性，亚里士多德对自然正义与习俗正义的理解绝非僵化不变，而是在其中蕴含着自然与礼法变易之道的高深智慧。在亚里士多德那里，自然正义与习俗正义之间不是截然的对立，自然正义从习俗正义中来，习俗正义中包含自然正义，因此也就看不到哲学与政治的根本冲突。西方后世所理解的自然法与实定法的法理传统其实已经是高度形而上学化的自然法传统，从中看不到亚里士多德关于自然与礼法之间调和折中的变易之道。

对于古希腊四淑德之一的"正义"，亚里士多德从法的角度作出深入探讨。"正义"（dikaiosyne）的词源为希腊正义女神（dike），正义既非知识（episteme），也非能力（dynamis），而是一种品质（hexis）。以此为基础，人们才有能力且愿意行正义。既然正义是一种品质，它必然是在好的习惯中慢慢养成，这种习惯就是礼法。因此，亚里士多德说，"正义就是尊重礼法和公民平等"。③ 这里亚里士多德并不是说任何具体城邦的礼法，无论好坏都应该无条件服从。人们应当服从的是普遍的法，即"能够给城邦共同体带来并保存幸福"的法，而不是仅仅代表统治者或者贵族利益的特殊的法。这里亚里士多德对普遍法与特殊法的划分，与后来卢梭划分"公意"和"众意"的意图相同。亚里士多德称此种正义为政治正义（politike dikaiosyne），它存在于"自由和平等的人们为了实现共同生活的

---

① ［古希腊］亚里士多德：《尼各马可伦理学》，1134b20 - b35，第188—189页。
② ［古希腊］亚里士多德：《修辞学》，罗念生译，载《罗念生全集》（一），上海：上海人民出版社2004年版，1373b，第193页。
③ ［古希腊］亚里士多德：《尼各马可伦理学》，1129a10，第164页；1129b，第167页。

自足而聚集起来的地方"。亚里士多德在法的正当性意义上谈论正义,法的正义在于培养公民的德性,诸如要培养勇敢、节制,法律会规定公民不得擅离岗位,不逃跑,不通奸,不施暴等。公民通过遵守好的礼法蕴育自身的德性,并以有德性的行动展现出来。因此,正义是立法的前提,"如果法以正确的方式制定得好,就具有正当性;反之,以较恶劣方式制定的出自临时约定的法,就失去其正当性"。① 从法的正当性角度出发,我们才能理解为什么正义是总德,是一切德行的总括。

正如孔子对鲁国大臣季康子讲,"政者正也,子帅以正,孰敢不正?"(《论语·颜渊》)正义被看作德性之首,首先体现为立法者的德性。与现代西方政治法律与道德二分的传统不同,在古典政治中,法律与道德合为一体,法律体现德性,立法者和统治者必为有德之人。"为政以德"是古典政治的传统。因此,亚里士多德在探讨"好人与好公民是否一致"时,特别强调了治国者必须具备好人的德性,除了正义、勇敢、节制的一般美德之外,尤其要具备明智的德性。② 惟有大德之人,才能在立法和执法中不偏不倚,允执其中。当代政治哲学家罗尔斯的《正义论》效仿亚里士多德谈正义,但所言及的仅仅是亚里士多德提到的分配正义和矫正正义,而对于正义的前提条件,诸如公民美德,治国者的德性都没有涉及。罗尔斯用先验论哲学和社会契约论的论证将正义的土壤全部打入黑箱中,这种对正义的探讨就是现代法律与道德二分法的产物,由此正义与个人德性无关,而仅仅是制度正义。③ 罗尔斯把正义抽象为先验的普遍的规范,这种抽象的基础是启蒙运动关于人人平等和人人皆有理性的设定原则。而亚里士多德的根本出发点是城邦的伦理秩序,而非任何抽象的规范和原则。此乃古典政治和现代政治哲学关于正义的根本差别。

对于立法者责任之重大,亚里士多德曾提出,如果青年人不是在正义的法律下成长,就难以把他教育为有德性的人。立法者必须以告诫和驱使人趋向德性为使命,以使人能因高贵之故而行动。④ 立法者针对的是整个城邦的人,其中必有天性高尚和天性恶劣之分,更多人不做恶事不是基于

---

① [古希腊]亚里士多德:《尼各马可伦理学》,1134a25,第 186 页;1129b25,第 169 页。
② 参看 [古希腊] 亚里士多德《政治学》,1277b20 – b 25,第 125 页。
③ 参看 [美] 罗尔斯《正义论》,何怀宏等译,中国社会科学出版社 1988 年版,§24,§40。
④ [古希腊] 亚里士多德:《尼各马可伦理学》,1180a5,第 351 页。

热爱德性，而是害怕惩罚。尽管亚里士多德对此问题与柏拉图的看法一致，但他并没有采用《理想国》中的地狱神话的做法，而是首先通过教化培养公民热爱高贵，憎恶邪恶的心灵，使之养成良好的习惯。这意味着礼法的首要目标是培养有良好教养的人，其次才是规训和惩罚。而现代西方的立法者则几乎放弃了法的教化功能，以防范和惩罚为主要目标，从而使人向外求利，而不是向内求义，这也导致了西方现代政治使人向下看的弊病。亚里士多德说，政治术即为立法的技艺，它绝不是像智者所认为的，政治学可以等同为修辞学或从属于修辞学，立法只不过是好的法律文件的汇编。① 立法者必须是既有普遍的政治知识，又有特殊的政治经验，尤其是具有明智判断力的有德之人。

立法者的明智最终体现在对法的正义的纠正，这就是亚里士多德所说的"公道"（epikie）。公道比某种程度上的正义更好，因为它意味着对法的调节。柏拉图在《政治家》中已经看到法的缺陷在于普遍性，因此用王者的治国技艺来弥补法的缺陷。亚里士多德亦从普遍和具体的角度指出，所有法律都是普遍的，但在具体事情上，并不能靠一个普遍的法规做出正确的规定。完全按照成文法律统治的政制不会是最优良的政制。② 公道体现的是立法者践行中庸之道的实践智慧。"要使事物合于正义（dikaion），必须有毫无偏私的中庸，法就是这样的中庸（o gar nomos to meson）"。③ 具体而言，政治家对法的解释，如何在具体情境下根据法意公正地处理和裁决，如何对法进行修订、补充和完善，这些都需要合于神性和理智的中庸之道。而具体正义门类中的分配正义、矫正正义和回报正义都是对公道的运用。

就人治和法治孰优孰劣的问题，亚里士多德绝非现代意义上的法治主义者。第一，亚氏对法的正当性的探究，指向了什么是合于自然之道的礼法。他十分重视古典自然法和古老的不成文法传统，现代法治主义者遵循的自然法并非存天理，而是存人欲，主张人欲的至高无上。第二，亚氏认为治国者和立法者须有大德，须践行明智的中庸之道。现代法治主义者则

---

① ［古希腊］亚里士多德：《尼各马可伦理学》，1181a15－a20，第 354 页。
② Plato, the statesman, 294a－296a；［古希腊］亚里士多德： 《尼各马可伦理学》，1137b15，第 200 页；《政治学》，1286a 15，第 163 页。
③ ［古希腊］亚里士多德：《政治学》，1287b，第 169 页。

几乎不讨论有关德性的问题,仅仅把德性看作个人的道德,属于私人领域,与公共的政治无关。第三,亚氏看到法治本身普遍性和抽象性的缺陷,主张法治与个人的德治结合,"作为公道的正义（epieikeia）"正是两者的结合。依法而治的君王政治和由贤人统治的贵族政治都是亚里士多德赞许的好政治。现代法治主义者则把法律看作普遍的规范（如凯尔森代表的法律普遍主义的传统,罗尔斯和哈贝马斯代表的伦理普遍主义的传统）,但他们对于规范本身的现代正当性基础（理性,正义,主权）却缺乏深入的反思,致使普遍之规范引发抽象政治之灾难。法国大革命中雅各宾派专政和魏玛共和国的垮台是为例证。由此可见,亚里士多德的政治主张是德法兼备,他看到纯粹的德治与人的驳杂的天性不相符,纯粹的法治太过于拘泥和抽象,忽视具体的实际情况,且根本上与善德善政的理念相差甚远。德法结合是亚里士多德在政治思想中行中庸之道的体现。

第四节 立法者、公民与政制

一 公民与政制

亚里士多德的伦理政治从探讨人的自然与人的灵魂入手,建立了追求德性的伦理学。伦理学的目标是培养有德性的君子。然而对于城邦中大多数百姓,仅仅依靠追求"内圣"之道的君子教育是远远不够的,还必须依靠立法者制定好的礼法,使百姓服从和遵守,从而化民成俗,以达到慎终追远,民德归厚,开启"外王"之道。在此意义上,政治学即为立法的技艺,政治学之大美最终体现在国家的政治秩序中。"礼仪三百,威仪三千",如此美轮美奂之政制实乃中西圣人所共同憧憬之矣。

亚里士多德对于通向"外王"之道的政制之学格外重视,整部《政治学》（包括对希腊158个城邦进行比较留下的残篇《雅典政制》）都是对政制之学的研究。他对政制（politeia）的定义是"整个城邦居民的政治秩序（taxis）",[①] 政制是城邦一切政治组织的依据,其性质由城邦的最高治权来决定。与马克思主义国体决定政体,政体体现国体的性质的观点不同,亚里士多德赋予政制以决定性的地位。城邦乃是公民（polites）的集合,而正如伦理学中所探讨的,人的灵魂有不同类型,城邦政制因此也

---

① ［古希腊］亚里士多德：《政治学》,1274b38,第109页。

有不同的类型。根据亚里士多德质料和形式的理论，政制是城邦的形式（eidos），公民是城邦的质料（morphe），形式决定质料，政制的好坏决定了公民的灵魂的高下。因此，决定城邦同异的应当是政制的同异。[1] 亚里士多德以悲剧和喜剧为例，虽然演员相同，但合唱队从唱慷慨激昂的悲剧转为唱轻松愉快的乐曲，就已经不再是原来意义上的戏剧。政制发生变化，城邦就不再是原来的城邦了。政制实乃城邦的灵魂。《论语》中记载一则故事，说老虎之皮如果去掉上面精美的花纹，就和犬羊之皮没有差别，"虎豹之鞟，犹犬羊之鞟"（《论语·颜渊》）。孔子以此说明礼之重要，与亚里士多德用意相同。

政制与公民之所以是形式与质料的关系，因为公民德性的最终实现取决于政治秩序的优劣，政制即为公民的生活方式。在亚里士多德看来，政制随公民德性的高下而有异，公民德性较高而后才可以缔造较高的政治制度。关于政制的德性，现代人很难接受。现代人认为只要依法而治，就是好的政制，公民只要守法即可。政治和伦理道德脱离，康德说过，哪怕是魔鬼组成的政制，也可以是好的政制。严格而论，整个现代西方政治思想建立在任何政体不需要任何道德支持的观念之上。[2] 然而，在中西的古典政治中，政制的"外王"意义可谓直指人的最高善德。中国古典政制中体现为治国平天下，西方古典政制中体现为城邦与共和国。陈寅恪先生云："汉承秦业，其官制法律亦袭用前朝。遗传自晋以后，法律与礼经并称，儒家《周官》之学说悉采入法典。夫政治社会一切公私行动莫不与法典相关，而法典为儒家学说具体之实现。故两千年来华夏民族所受儒家学说之影响最深最巨者，实在制度法制公私生活之方面。"[3] 由此可以体会，儒家政治绝非仅仅是所谓的道德学说，儒家思想最终的实现都体现在古老的中华政教文明中。亚里士多德的政制学说也绝不能和伦理政治的德性割裂，否则政制就成了僵化而没有灵魂的躯壳。古典政制学说对现代政制的启示在于，现代政制忽视德性本身正是现代政治伦理危机的体现，古典政制的秩序建立在区分良莠好坏的价值标准上，其核心是德性，现代政

---

[1] ［古希腊］亚里士多德：《政治学》，1276b10，第119页。
[2] 王绍光主编：《理想政治秩序：中西古今的探求》，北京：三联书店2012年版，第70页。
[3] 陈寅恪：《冯友兰中国哲学史下册审查报告》，载《金明馆丛稿二编》，北京：三联书店2009年版，第252页。

制恰恰彻底颠覆了古典德性的价值，而是以维系生命和安全作为目标。

划分政制类型的标准在于谁来掌握最高治权，然而这种划分又决不是仅仅根据人数多少来决定。首先就城邦统治而言，它不同于家长统治，主奴统治，不是简单的支配与服从，命令与统治的关系。亚里士多德完全否定了柏拉图《政治家》中将政治等同于家政治理的做法。这样所谓的主奴间的专制统治根本就不属于政制类型。其次，城邦政治符合正义，即以城邦的共同幸福为目的才是正宗政制（orthotatos）；反之，不符合正义，而以某个人或某些人的私人利益为目的则是变态政制（parekbaseis）。变态政制是对正宗政制的偏离和扭曲。换言之，政制的关键在于其是否具有正当性（legitimacy），是否符合"公意"（general will），然后才是谁来掌握最高治权。具有正当性的政制之下的成员才能被称为"公民"，否则就不能称之为"公民"。① 由此来看，政制的优良不在于君主制、贵族制还是民主制，而在于掌握最高治权者是否体现政治的正义，即城邦的共同幸福，而不是个人和集团的私利，这与中国古典政治中的"王道"是一致的。尧舜禹的三代之制之所以被看作"圣贤祖制"，绝不是因为君主的"家天下"，而是圣王的"天下为公"。《尚书·大禹谟》曰："德惟善政，政在养民"，三代之制的治国方略皆在于贵德不贵力。

公民（polites）是构成城邦的质料。在古典政治中，公民权是自由人的政治身份，是十分神圣的荣耀。它始于城邦中人对祭火的守护，对城邦神的虔敬。直到古罗马共和国时期，西塞罗在其名著《共和国》中还赞美公民德性之高贵，"人类的德性在任何事情中都不及在建立国家或者保卫已经建立的国家中更接近神意"。② 获得公民权的前提不仅要具备一定的财产，更重要的是公民必须是自由人。自由人和奴隶的差别，其一，自由人能够支配和主宰自己的灵魂；其二，自由人的教育区别于鄙俗的教育，以培养人的高贵德性为目标。亚里士多德提到，在古老的希腊城邦政治传统中，奴隶和工匠不能参与政治，直到出现了极端民主政制，他们才获得了城邦的公民权。③ 盖因为城邦政治需要公民有谋生之外的闲暇，用

---

① ［古希腊］亚里士多德：《政治学》，1279a30，第133页。
② ［古罗马］西塞罗：《论共和国》，王焕生译，上海：上海人民出版社2006年版，I.12, 第33页。
③ ［古希腊］亚里士多德：《政治学》，1277b，第125页。

以操修心灵和投入城邦的公共事务。在亚里士多德的理想政制中，好公民即为好人，因为公民对德性的追求达到了君子的标准，公民即为君子（spoudaios）。这是亚里士多德所心仪的共和政制（politeia），[①]统治者与被统治者是平等的公民，他们共同统治与被统治，共同维护城邦的公共空间。20世纪著名的政治哲学家汉娜·阿伦特阐发了亚里士多德所代表的城邦政治传统，赞美公民在政治中追求卓越和自由，反对支配与奴役，反对极权与暴力。以培养公民的德性为政治的首要目标，此乃共和政治的根本要义所在。

亚里士多德的公民教育学说对我们今天有诸多启示。当今天的民主政治提倡公民权时，皆在鼓励每个公民热爱政治，用法律捍卫自身的权利不受公权力的侵犯。这的确是公民精神的重要体现，然而公民教育更应该是自由人的自我教育，是公民之间的友爱教育，是维护政治共同体的公正性与正当性的正义教育。今天的民主政治认为亚里士多德的公民教育太过于贵族化，公民是否有闲暇操修心灵，这是其个人的私事。只要公民遵纪守法，以法律保障自身权利，就已经是很好的政制了。而古典共和政治更注重培养理想的公民人格，培养高尚的人是实现优良政制的前提，也是其最终目标。[②]

二 民主政制的德性

亚里士多德在《政治学》讨论现实政制的第四、五、六卷中，反复讨论的是民主政制（demokratia）与寡头政制（oligarxia）。这几部分的论述经常有矛盾和重复之处，也有残篇和让人费解之处，但究其根本，亚里士多德的深层用意在于阐释希腊政制（尤其是雅典和斯巴达政制）的变迁之道。根据亚里士多德对公民的定义，"凡得参加司法事务和治权机构的人们"即为公民。[③]换言之，公民必须有资格而且愿意参加公共事务，这种公民定义显然是如上所述的亚里士多德理想的共和政制中的公民。然

[①] Politeia在亚里士多德这里有两种用法，一种是所有政制的总称，另一种则特指正宗政制中君主制、贵族制之后的第三种政制，这里翻译为"共和政制"，以区别于变态政制中的第三种政制"民主政制"。

[②] 参看［澳］菲利普·佩迪特《共和主义的政治理论》《重申共和主义》，载应奇、刘训练编《公民共和主义》，北京：东方出版社2006年版，第86—145页。

[③] ［古希腊］亚里士多德：《政治学》，1275a20，第111页。

而，在现实政制中，亚里士多德是否主张所有公民都平等参与城邦政治呢？如果我们追溯雅典民主政制的历史，就能体会他对民主制的更深层看法。

雅典的崛起以及民主制的开端从梭伦立法开始。梭伦乃"希腊七贤"之一，受命于危难之际。公元前590年，雅典大量的"债务奴隶"阻碍了商业与经济的发展。梭伦立法废除了"六一汉"的债务制度，让那些由于欠债而沦为奴隶的农民重获自由。亚里士多德引用了当时人对梭伦的评价，称梭伦此举"消除了过分专横的寡头政治，解放贫民，使其免于奴役，并建立了雅典民主政制的祖制"。[1] 在亚里士多德看来，梭伦在政制上的立法其实是返古开新，他继承了雅典祖制中的"战神山议事会"（apreiopago boule）和执政人员选举法，又引入了民主精神，这体现为梭伦规定全体公民都有被选为公众法庭陪审员的机会。梭伦被看作雅典的"民主之父"，但亚里士多德以为，梭伦变法根本上并非激进革命派的举措，而是在古今之间的"混合政制"。梭伦立法赋予平民的政治权利极为有限，实际上，梭伦划分等级制的标准是寡头制、贵族制与民主制的综合，即财产、德性和自由的综合。他将公民按照财产数量划分为四个等级，第一、二等级的公民可以担任包括执政官在内的最高职位，第三等级可以担任低级官职，第四等级无恒产，则只有参加公民大会的权利，但不得担任任何官职。[2] 亚里士多德深受梭伦立法的影响，这体现在他认为切实可行的最好政制是"混合政制"，即寡头制和民主制的结合，其实正是受梭伦立法的影响。

梭伦立法之后，雅典的民主果实被僭主庇斯特拉图篡夺，但庇斯特拉图更多延续了梭伦的立法，直到雅典贵族克里斯提尼重新立法。克里斯提尼的目标是削弱贵族在政治上的世袭优势。他规定"五百人议事会"，并以抽签方式确定议事会的成员。克里斯提尼的变法更加民主，亚里士多德所描述的第一种民主政制，严格遵守平等的原则，由多数人决定政治，其实就是克里斯提尼确立的民主政制原则。伯利克里前后的执政者延续的多为这种民主制。伯利克里时代之后，雅典的民主制衰落，最终蜕变为"极端

---

[1] [古希腊]亚里士多德：《政治学》，1274a40，第107页。
[2] 参看[英]萨拉·波默罗伊等著《古希腊政治、社会和文化史》，傅洁莹等译，上海：上海三联书店2010年版，第191页。

民主制"。从亚里士多德的分析中我们可以将民主政制的德性总结如下：

第一，民主政制的德性在于其中隐含着贵族制的因素。雅典民主制中的"战神山议事会"即为此例。"战神山议事会"从雅典王政中来，当时功勋卓著的执政官退位后转入议事会，监督裁判现任执政者，因其设在战神山上故得此名。根据亚里士多德《雅典政制》中的记载，希波战争后，"战神山议事会"的权力逐渐减弱，民主派的领导人攻击议事会，将其保卫城邦的特权分给五百人议事会、公民大会和陪审法庭。伯利克里对抗贵族客蒙，又剥夺了"战神山议事会"的一些权力。① 柏拉图在《礼法》中曾摹仿"战神山议事会"在立法中设立"夜间议事会"。亚里士多德讲过，贵族制的特征是才德，即德才兼备。如若只根据平等原则选举，则选出的民众领袖多为民众的谄媚者，他们通过削弱"战神山议事会"的权力，给陪审法官颁发出席津贴，给观看戏剧者颁发剧场津贴等方式讨好民众。雅典的极端民主制就是在这样的"德谟咯葛"（demagogos）领导下蜕变而成，这离梭伦和克里斯提尼的立法不到一百年。从雅典政治家的变化可以看出，早期的政治家多出身名门，骁勇善战，且治国有方，到伯利克里时，雅典的民主制达到了巅峰。伯利克里之后的政治家多平民身份，既无战功，也无治国韬略，但极会利用修辞术蛊惑民众，修昔底德笔下的克里昂就属于此类。两千多年后的法国政治思想家托克维尔在感叹民主已经是大势所趋时，仍不忘提醒人们那些"天然贵族"在美国民主制中发挥的作用，他们热爱自由，投身于公共事务，品德高尚，正派、稳健、富裕和博识，自然被周围人推举为领袖。② 若没有有德者在平等的民主社会中起领导作用，民主制不可能成为好的政制。

第二，民主政制的德性在于法治。但凡民主政制建国之初，必以自由与平等作为立国之本，试看美国《独立宣言》，就将自由、平等与寻求幸福写入了宪法。然而民主政制的腐化则体现为其偏离了"宪法"的正义，亦即偏离了"公意"，成为私性的政制。亚里士多德有一段话极为精辟地阐述了民主制如何从"公天下"的政制变成"私天下"的政制：

---

① ［古希腊］亚里士多德：《雅典政制》，日知、力野译，商务印书馆1959年版，25.1－2，第48页；27.1，第50页。
② ［法］托克维尔：《论美国的民主》（上），董果良译，北京：商务印书馆1988年版，第14页。

又一种民主政体同上述这一种类似，凡属公民都可受职，但其政事的最后裁断不是决定于法律而是决定于群众，在这种政体中，依公众决议所宣布的"命令"就可以代替"法律"。城邦政治上发生这种情况都是德谟咯葛（"平民领袖"）造成的。以法律为依归的民主政体，主持公议的人物都是较高尚的公民，这就不会有"德谟咯葛"。德谟咯葛只产生在不以法律为最高权威的城邦中。这里，民众成为一位集体的君主；原来只是一个个的普通公民，现在合并为一个团体而掌握了政权，称尊于全邦。荷马的诗说"岂善政而出于多门（众主）"，他所谓"多"是指多数的民众集体地发号施令或指若干执政各自为主，我们这里不能确定。可是，这样的平民，他们为政既不以"法律"为依归，就包含着专制君主的性质。这就会渐趋于专制，佞臣一定取得君主的宠幸而成为一时的权要。［多数制中的］这种民主政体类似一长制（君主政体）中的僭主政体。两者的情调是一样的，他们都对国内较高尚的公民横施专暴，平民群众的"命令"有如僭主的"诏敕"，平民领袖（德谟咯葛）就等于、至少类似僭主的佞臣；在这种民主政体中，好像在僭主政体中一样，政权实际上落在宠幸的手里。"平民领袖"们把一切事情招揽到公民大会，于是用群众的决议发布命令以代替法律的权威。一旦群众代表了治权，他们就代表了群众的意志；群众既被他们所摆布，他们就站上了左右国政的地位。还有那些批评和指控执政的人们也是同造成这种政体有关系的。他们要求"由人民来作判断"；于是人民立即接受那些要求，执政人员的威信从此扫地而尽。这样的民主政体实在不能不受到指摘，实际上它不能算是一个政体。凡不能维持法律威信的城邦都不能说它已经建立了任何政体。法律应在任何方面受到尊重而保持无上的权威，执政人员和公民团体只应在法律（通则）所不及的"个别"事例上有所抉择，两者都不该侵犯法律。民主政体原来是各种政体中的一个类型，但这种万事以命令为依据的"特殊"制度显然就不像一个政体，按照民主政体这个名词的任何实义说，这种政体都是同它不相称的。命令永不能成为通则（"普遍"）［而任何真实的政体必须以通则即法律为基础］。①

---

① ［古希腊］亚里士多德：《政治学》，1292a，第190页。

这里的"法律"即作为建国纲领的根本宪法，它体现了人民的正义，而不是后来颁布的具体的法规条文。民主政制若让少数权贵和利益集团成为"德谟咯葛"，就成为代表"众意"的特殊政制，而不是"公意"的普遍政制。一国的政制实乃国家的根本大法，国家的守护神。亚里士多德以希腊民主的诸多实例表明，极端民主政制与僭主制只有一步之遥。"德谟咯葛"如同带刺的雄蜂危害城邦，摇身一变就成为了僭主。两千多年后，托克维尔警告人们当心"多数人的暴政"，20世纪德国议会民主制选举出僭主希特勒，这些不都在反复印证亚里士多德对民主制的警示吗？

第三，民主政制的德性在于教化。亚里士多德说："凡订有良法而有志于实行善政的城邦就得操心全邦人民生活中的一切善德和恶行。所以，要不是徒有虚名，而真正无愧于一城邦者，必然以促进善德为目的……而法律的实际意义却应该是促成全邦人民都能进于正义和善德的制度。"[①] 今天的民主制主张法治，却反对德性的教化；主张制衡，却反对立法者和政治家应为有大德者。没有高尚人士，没有君子和贤人，民主制又怎能成为以促进善德为目的的政制？因此，亚里士多德尤为重视公民教育，无论是通工致用中的诚信守法，还是城邦生活中的友爱公正；无论是借助戏剧、音乐还是体操等各种方式，无不是以净化人的灵魂为目的。亚里士多德主张的礼乐教化与儒家《周官》中的"乡治"用意相同。《周官·地官》曰："比有长，闾有胥，族有师，党有正，州有长，乡有大夫。"换言之，在民众的各个阶层中都有教化民众的贤人和君子。这些教化绝不是言词上的说理，而是贤人和君子身体力行，通过礼乐来教化百姓，形成良善的政治秩序。

现代民主政制中的公民以个体为本，更多意味着法律意义上的权利与义务。现代政制更强调公民的平等，而不是古典政治意义上的公民的美德。对奴隶制进行猛烈批判的卢梭，深深感叹古希腊斯巴达政制和古罗马共和国中的公民美德，而现代人虽然没有奴隶，然而自己却是奴隶，因为现代人以自己的自由偿付了奴隶的自由。[②] 无论是卢梭还是阿伦特，都深谙古典共和政治之道在于公民美德。孟德斯鸠指出，民主政制的根本动力

---

① ［古希腊］亚里士多德：《政治学》，1280b10，第138页。
② ［法］卢梭：《社会契约论》第三卷，第127页。

和原则是美德。

> 当美德消逝的时候,野心便进入那些能够接受野心的人们的心里,而贪婪则进入一切人们的心里。欲望改变了目标,过去人们所喜爱的,现在不再喜爱了;过去人们因有法律而获得自由,现在要求自由,只好去反抗法律;每一个公民都好像是从主人家里逃跑出来的奴隶;人们把过去的准则说成严厉,把过去的规矩说成拘束,把过去的谨慎叫做畏缩,在那里,节俭被看作贪婪,而占有欲却不是贪婪。从前,私人的财产是公共的财宝;但是现在,公共的财宝变成了私人的家业,共和国就成了巧取豪夺的对象。它的力量就只是几个公民的权力和全体的放肆而已。①

这段话完全可以被看作古希腊民主和古罗马共和国灭亡的绝佳写照。当公民不再具有德性,所谓的为共同幸福而共治就变成暴民政制,民主共和政制名存实亡。当民主政制变成以利益驱动为动力的政制,全民逐利已成为一国普遍认同之风气,举国不以贤人为荣,而对之冷嘲热讽时,民主政制早已偏离宪法的正义,而先贤所描述的腐化的民主政制的危险尤其值得当今立法者与政治家深思。

三 理想政制和现实政制

关于亚里士多德《政治学》中所阐释的理想政制与现实政制,学者们多从亚里士多德的理想主义和现实主义来解释,这种观点的代表人物是耶格尔。《政治学》的编撰一直备受质疑,耶格尔提出,第二、三、七、八卷关于理想城邦的讨论继承了柏拉图的理想国思想,是亚里士多德的政治哲学。第四、五、六卷关于现实城邦的讨论开辟了经验的政治科学的研究方法。中世纪的亚里士多德主义者阿奎那对亚里士多德《政治学》的注疏之所以终止于第三卷,显然是在后面有关现实城邦的描述中找不到"哲学"和"理念"。恩斯特·巴克也认为在《政治学》的第四、五、六

---

① [法]孟德斯鸠:《论法的精神》第一卷,许明龙译,北京:商务印书馆2009年版,第20—21页。

卷中，亚里士多德似乎丧失了所有的伦理维度。① 由此，学者普遍认为，亚里士多德的理想政制与现实政制存在不可调和的冲突。对此问题，我们将从立法者调节自然与礼法的变易之道的角度予以回应。

如前所述，亚里士多德的政治哲学与柏拉图理念论的政治哲学最大的区别就在于运用积习、文教和法度化民成俗。他的理想政制绝不是基于柏拉图的"理念论"，寻求哲人王对城邦的统治，而是对柏拉图晚年的礼法城邦的摹仿。就此而言，萨拜因的观点是正确的，他提出"亚里士多德所谓的理想政制始终是柏拉图的次优国家"。② 换言之，亚里士多德的理想政制摹仿的是柏拉图《礼法》中的"马格尼西亚"。那么，理想主义与现实主义这种划分对于作为立法哲人的亚里士多德而言，是不是过于简单？对于洞察到柏拉图晚年立法智慧，思想更加稳健成熟的亚里士多德，理想主义的光辉早已不再来自悬挂于中天的太阳，而是来自哲人的立法和对公民的教化。理想与现实绝非简单的对立，亚里士多德放弃的绝非是对人的幸福和城邦之善的理想，而是"哲人王"的理念。他始终坚守的是希腊的政治传统——真正的幸福最终只有在城邦共同体中实现，而对此没有丝毫逾越。在此意义上，"拯救现象"的亚里士多德也拯救了城邦，拯救了希腊的政治传统。

例如，亚里士多德对"好公民与贤人的德性是否应当一致"的问题，经常被看作给出了理想主义和现实主义的两种答案。在理想政制中，好公民应当像贤人一样，追求至善的德性，这才是亚里士多德意义上的"贵族政制"（ariste politeia），意即为"最优良的政制"。贤人就是《尼各马可伦理学》中培育的君子（spoudaios）。在希腊政治传统中，贤人必然是好公民。前苏格拉底时期的泰勒斯、毕达哥拉斯都曾经为母邦立法，雅典的立法者梭伦是著名的"希腊七贤"之一，柏拉图和色诺芬笔下的苏格拉底都是一个好公民。而站在现代人的立场上就会发问，为什么贤人一定要过政治的生活？西方从柏拉图主义经斯多亚学派到基督教，日益寻求一种超越政治的生活，或者是哲学的生活，或者是宗教的生活。在卢梭的《爱弥尔》中，卢梭教育的爱弥尔是一个有道德的人，有信仰的人，但卢

---

① 参看包利民《古典政治哲学史论》，北京：人民出版社2010年版，第202页。
② [美]萨拜因：《政治学说史》（上），邓正来译，上海：上海人民出版社2008年版，第131页。

梭自己坦言，爱弥尔不一定是个好公民。① 贤人与政治的距离愈来愈远，这意味着古希腊政治传统走向衰落，也意味着有德性的公共空间的衰落。

当亚里士多德作为立法哲人，为现实城邦立法时，他首先看到城邦的驳杂正如人的自然的驳杂，人的灵魂中有理性的部分和欲望的部分，城邦的构成也由多种驳杂的成分构成，因此需要统治者统治被统治者，才能构成合于自然的政治秩序。期求所有公民都能成为贤人和君子，就譬如说期求人世间由纯阳的乾德和纯阴的坤德构成，那也就不再需要有乾坤阴阳的变易。在此意义上，亚里士多德提出好公民不一定要具备贤人应有的德性，实际上是基于对人的自然和城邦的自然之驳杂的深刻洞察。作为好公民，需要把政治友爱和勇敢放在第一位。而与好公民相比，贤人即为政治中的统治者。对贤人的要求实际上更高。除了具备上述美德外，贤人还要具备专属统治者的明智之德。这里的贤人也就是政治中的立法者和政治家，是有位的君子，专属统治者的明智之德也即体现为立法的技艺和治国的技艺。

为了弥补理想政制与现实政制之间的差距，亚里士多德提出混合政制。现实政制中切实可行的最好政制必然是一种混合政制，亚里士多德用 politeia 来专门称呼它。politeia 在理想政制中指公民共同统治与被统治的共和政制，在现实政制中指混合政制，尤其用来指寡头制与民主制的混合。因此，从亚里士多德开始，共和政制包含两重含义：一重是共同统治与被统治，另一重是混合政制。混合政制的着眼点在于切实可行和稳定，诸如寡头制是富人政治，民主制是穷人政治，在财富和自由之间进行调节有利于调和富人和穷人之间的阶级矛盾。② 同时，亚里士多德强调混合政制的稳定得益于中间阶层的庞大，也是从稳定的角度来考虑。然而稳定的混合政制还是有其缺陷，即如果缺少德性，就会变得平庸。于是混合政制又会发生变革，各种政制之间都存在不足，都存在被推翻的可能。当城邦的灵魂发生变化时，政制的变化不可阻挡。③

在亚里士多德那里，混合政制更多体现为一种实践智慧，而不是评判

---

① 参看［法］卢梭《爱弥尔》，第189页。
② ［古希腊］亚里士多德：《政治学》，1294a30 - 1294b25，第200—202页。
③ ［美］戴维斯：《哲学的政治——亚里士多德〈政治学〉疏证》，郭振华译，北京：华夏出版社2012年版，第86—87页。

政制好坏的根本原则。波利比乌斯借混合政制来描述罗马共和国的三权分立，从而确立一种观念——混合政制高于民主政制，这种思想在近代英国政制和美国政制中都得到体现，它们都是实践中政治智慧的体现，但现代政制把混合政制抬高到神乎其神的地位，却远远夸大了混合政制的意义，诸如共和制优于民主制，分权制优于集权制。亚里士多德在描述现实政制中的混合政制时，清醒地意识到一切现存政制都存在不足，因此在第四、五、六卷讨论现实中的政制变革后，又回到了理想政制的主题。

现代学者把亚里士多德的理想政制理解为贵族制，批评他的贵族气息太重，为奴隶制辩护，贬低劳动人民的德性，自然是贬低民主的价值。① 这种观点过于以今评古，亚里士多德所言的理想政制并非贵族制，因为贵族制毕竟是少数贤人的统治，他所期望的最优良的政制完全由贤人构成，是平等者之间的统治与被统治，这种政制其实不需要更多的礼法来教化贤人，也无需更多的化民成俗。亚里士多德的理想政制与《易经·乾卦》"用九"中的"群龙无首"之治同为人类的大同政制，这种政制要求共同体中所有人都成为贤人，显然对人的德性要求太高，以至于它和现实中的政制差异太大。于是，亚里士多德进一步提出，"优秀的立法者和真正的政治家不应一心向往绝对至善的政制，他还须注意到本邦现实条件而寻求同它相适应的最佳政制"。② 这里已然可以看出哲人与立法者的差异，哲人可以追求《理想国》中的"哲人王"统治，但历代立法者在实践中则恪守亚里士多德的中庸之道。儒家哲人可以追求《礼运》中天下为公的大同政制，但历代立法者则以《尚书》的教诲为根本，"君子所，其无逸"，而圣王周文王所行的仁政，"文王卑服，即康功田功。徽柔懿恭，怀保小民，惠鲜鳏寡。自朝至于日中昃，不遑暇食，用咸和万民。文王不敢盘于游田，以庶邦惟正之供"（《尚书·无逸》），文王的仁政也就是严于律己，以身作则来亲民。立法者要考虑时与位，即亚里士多德所言的"一定的条件"，与时位相符，又能符合政治正义的根本，才是明智的立法者。作为立法哲人的亚里士多德，深知立法者的使命，上察神道、天道与祖宗之法，下观人的灵魂与城邦的风俗，立法者要在上下之间穿行，才

---

① Christophe Rowe, *The Cambridge History of Greek and Roman Political Thought*, Cambridge, 1999，p. 388.

② ［古希腊］亚里士多德：《政治学》，1288b25，第 176 页。

能立出合于上下以达中庸之自然的礼法。礼法绝非一般的技艺，更不能以技术进步的眼光来看，以为法像医疗术、体育术一样，随着时代的发展愈来愈先进。亚里士多德洞察最深的是法之时义大矣哉：

> （礼法）之变革（kinesis）实在是一件应当慎重考虑的大事。人们倘使习惯于轻率的变革，这不是社会的幸福。
>
> 有关政制的建议必须以当代的固有体系为张本而加上一些大家所乐于接受并易于实施的改变。改善一个旧政制就如创制一个新政制那么困难。①

兹以财产立法为例。对于财产（ploutos），亚里士多德把它看作一种"外在之善"，在立法中犹加以重视。他对柏拉图《理想国》中的共产制度大加鞭笞，柏拉图以仁心仁意为出发点，想通过共产减少人类社会的邪恶。亚里士多德说社会的邪恶来自人的本性，共产制度非但于事无补，反而更加助长邪恶。他相信不是通过激进的分配革命，惟有通过积习（ethos）、文教（philosophia）和法度（nomithonta）才能化民成俗。但亚里士多德绝不是鼓吹私有财产至上的自由主义者，他赞成斯巴达政制中立法者凭借公餐制度，以实现"产业私有而财物共用"，更好地实现公共利益。在《政治学》第二卷中，亚里士多德以立法者法勒亚的政制为例，法勒亚最先提出用节制财产的办法来消除内乱，亚里士多德十分赞成订立财产限额的做法，只是考虑得更加周详，诸如人口、家庭、子女人数等。立法者对于财产的限制的根本原则是"节制"（sophrosyne），亚里士多德不主张"平均地产"，这是纯粹的极端民主制的做法，问题是有才能者憎恨财产和名位的过分平等。"良莠不分贤愚同列"的社会违背了人的灵魂与德性的差异。而任由人们占有土地，则每个人都希望自己应该比别人多，已有的土地永远无法满足人的贪婪欲望。最好的办法在于：第一，以立法确保百姓人人有恒产，民无恒产，则无恒心，必因流离失所而犯上作乱，此则合《易经》需卦之饮食之道；第二，以立法来教化百姓节制贪欲，生活自足之余，利用闲暇操修心灵，此则合《易经》屡卦之富而好礼。亚里士多德看到，对财产的限制终不足以救治人类贪婪的欲望，"惟

---

① ［古希腊］亚里士多德：《政治学》，1269a20，第 81 页；1289a5，第 177 页。

有训导大家以贪婪为诫，使高尚之士都能知足，而卑下的众庶虽不免于非分之求，但既无能为力，也就不得不放弃妄想；至于他们分内应得的事物当然应该给予公正的分配，勿使发生民怨"。① 这也正是孔子关于财产分配所说的"庶之，富之，教之"（《论语·子路篇》），以及"不患寡而患不均"（《论语·季氏篇》）的立法宗旨。

试比较柏拉图和亚里士多德笔下立法者的不同，可以体悟二者政治哲学的差异。在《理想国》中，柏拉图主张"哲人王"在立法时如同绘画，首先要把人和城邦都擦干净，如同在一块白板上立法，由此柏拉图才会以理念论立法，完全忽视城邦的礼法。在《政治家》中，柏拉图提到立法者要超凡脱俗，其强制色彩跃然纸上。而立法禁止某个人或大多数人做有悖于礼法和成文规则之事，则是立法者的"第二次起航"。在《政治家》和《礼法》中都出现的大洪水的神话则无疑将立法者放在扭转乾坤的位置上。卢梭深谙柏拉图立法者之非同寻常，称立法者是具有神明之德的非凡人物。② 而亚里士多德却从没有提到过立法者的神性，只是强调立法者的大德，诸如洞察人的灵魂（知人），正义（dikaiosyne）与公正（epieikeia），明智（phronesis）以及行中庸之道（mesote）。亚里士多德并没有将立法者放在城邦之外，也没有强调立法者赋予城邦的公共空间以火光，而是将立法者与政治家相提并论。以亚里士多德对城邦政制的精通，他何以不知梭伦和吕库古的命运？梭伦在雅典立法后漂泊他乡，吕库古在斯巴达立法后绝食而死。亚里士多德对立法者的神性隐而不彰，其本身体现了立法哲人的明智。他已将立法者的"微言"融入《政治学》的满篇"大意"中。

---

① ［古希腊］亚里士多德：《政治学》，1267b5，第74页。
② Plato, *the Republic*, 501a; *the Statesman*, 296a；［法］卢梭：《社会契约论》，第55页。

第七章

色诺芬的政治哲学

色诺芬是雅典的公民，曾经向苏格拉底求学。公元前400年，色诺芬因为仰慕居鲁士，离开雅典，参加了居鲁士的军队。次年苏格拉底被雅典城邦判处死刑。后来居鲁士被波斯国王杀死，色诺芬带领投奔居鲁士的希腊军队与波斯王展开激烈斗争，历经劫难回到了希腊。《远征记》记述的正是这一历程。此时雅典已对色诺芬宣布放逐令，原因是色诺芬投奔小居鲁士，而小居鲁士在伯罗奔尼撒战争中支持斯巴达打败雅典。色诺芬回到斯巴达后，与斯巴达王阿格西劳关系很好，曾参与过斯巴达王领导的对波斯的作战。之后斯巴达赐给色诺芬一处领地，他在那里著书、狩猎、宴请朋友，生活了二十多年。后来雅典与斯巴达修好，色诺芬让两个儿子参加雅典军队，其中一子光荣战死沙场。据称色诺芬没有掉一滴眼泪，而是宣称："我知道我儿子是有死的"。①

色诺芬的作品众多，其中有关苏格拉底的有四部：《回忆苏格拉底》《苏格拉底在法官前的申辩》《齐家》和《会饮》。其他的政治著作包括《居鲁士的教育》《远征记》《希腊志》《斯巴达政制》《阿格西劳传》等。色诺芬的作品在西方现代文化史上地位很低，在哲学史上几乎少有人提及他，除了20世纪初英国哲学史家伯内特的《希腊哲学》中对色诺芬有所涉及，也只是称他的心智相当于退休上校，充其量属于景仰苏格拉底的哲学门外汉。这种看法来自古典学宗师维拉莫维茨，它表明，20世纪古典学的视野其实深受西方形而上学传统的影响。实际上，色诺芬在古典时代就很有名，西塞罗就曾征引色诺芬的《居鲁士教育》，近代马基雅维利在

---

① ［古希腊］拉尔修：《名哲言行录》，徐开来、溥林译，桂林：广西师范大学出版社2010年版，第195页。

《君主论》和《论李维》中数次征引色诺芬的作品,尤其是《居鲁士教育》和《希耶罗》。法国文学家蒙田笔下的苏格拉底就是色诺芬的苏格拉底形象。① 德国希腊文化的复兴者温克尔曼称赞"朴素而非凡的色诺芬"的作品充满了"高贵的质朴和宁静的庄严"。他在色诺芬的作品里发现了优雅,一种适度的愉悦,而这正有别于修昔底德的作品。② 施特劳斯对色诺芬作品的解读完全破除了形而上学传统的束缚,他让我们看到一个与柏拉图品位相当,且更加含蓄的政治哲人。本章将在施特劳斯精彩解读的基础上阐释色诺芬的政治哲学,揭示色诺芬的修身、齐家和治国的思想。与苏格拉底和柏拉图不同,色诺芬是投身于现实政治事务最多的。色诺芬更是一个政治人,通过色诺芬,我们可以真正贴近一种政治本身的哲学。由此,我们可以反省这种政治哲学的利弊。

第一节 修身

色诺芬的《回忆苏格拉底》描述的苏格拉底与柏拉图有很大的不同,色诺芬的苏格拉底常常被看作一个平常人,一个虔敬守法的公民,一个道德说教者。罗素曾经嘲笑道:"一介愚蠢小人记录一位聪明之士的言论,绝不可能确凿无误,他总会毫不自知地将所闻转换成他自己力所能及的理解。"③ 从表面上看,色诺芬的回忆录似乎没有主题,里面充满苏格拉底与三教九流的对话,拉拉杂杂,其中尤其看不到哲学的影子,这也是罗素嘲笑它的原因所在。而实际上,色诺芬通过记录苏格拉底的言辞,描述了一个生活在城邦中的哲人如何与城邦中的公民相处。通过苏格拉底与不同的人交谈讲不同的话,我们能从中体会苏格拉底如何修身,如何教育他人修身。在色诺芬这里,修身是政治哲学的基础。

修身的第一德性在于虔敬,而虔敬涉及的主题与城邦宗教或政治神学相关。在色诺芬笔下,苏格拉底处处不违背城邦宗教。他信仰城邦神,对难以确定的事向神占卜,这种占卜不仅有益于自己,而且有益于周边的

---

① Hennning Ottmann, *Geschichte des politischen Denkens*, Band 1/2, S. 225.
② [德]温克尔曼:《论文及书信选》,转引自[美]施特劳斯《色诺芬的苏格拉底言辞》导言,杜佳译,上海:华东师范大学出版社 2010 年版,第 98 页。
③ [英]罗素:《西方哲学史》(上),何兆武等译,北京:商务印书馆 2009 年版,第 118 页。

人。他还特别指出:"人的本分就是去学习神明已经使他通过学习可以学会的事情,同时试图通过占兆的方法指示他那些向人隐晦的事情,因为凡神明所宠眷的人,他总是会把事情向他们指明的。"① 这表明色诺芬敬畏神明,但并非完全宿命,他肯定人的不断学习,并将此看作真正的虔敬。然而,对于所谓的自然哲人,只知道思考天体的运行和宇宙的本性,不谙人类事务,苏格拉底称他们是"疯狂的"。色诺芬不忘在回忆录最后暗示我们,苏格拉底是懂天文学的,但他教学生学习天文学却只限于熟悉节气时令,以便于更好地生活。② 这意味着苏格拉底对宇宙绝非是今日自然科学的观察态度,而是充满虔敬之心。他相信人以为自己可以弄明白一切宇宙本性,这是人的狂妄。色诺芬为这样虔敬的苏格拉底申辩,称苏格拉底怎么可能引入新神?这个问题我们可以通过色诺芬的《苏格拉底在法官前的申辩》来解释。《申辩》中的苏格拉底不同于回忆录中的苏格拉底,他满口大话,时刻在宣扬自己受守护神的保佑,是最幸福的人。苏格拉底以他的通神不断激起法官的愤怒和嫉妒。③ 色诺芬记录苏格拉底的申辩表明,这样的苏格拉底不是一个虔敬节制的哲人,而恰恰是回忆录中他所反对的狂妄和自夸之人。

　　修身的第二德性是节制(sōphrosynē),这也是色诺芬花大量笔墨着重强调的德性。苏格拉底教人们在生活中如何自制,如何控制自己的欲望,不可贪图享乐财物,不可放纵无礼,僭越神明。色诺芬告诉我们,苏格拉底的实际行动比他的言论更好地表现了他是一个节制的人。④ 这表明节制是需要实践的德性。亚西比德和克里提亚到苏格拉底这里来学习时,苏格拉底是教他们如何节制的。色诺芬更是认为,苏格拉底是以自己的光荣人格和高尚品质来做那些与他交往的人的榜样。亚西比德和克里提亚在苏格拉底那里确实保持节制,但离开苏格拉底就变得放纵,因为他们来学习的动机不纯,他们宁愿选择死亡也不愿过苏格拉底这样一无所有的生活。对此,苏格拉底与安提丰的对话可以表明,问题的关键在于人对自己生活方

---

① [古希腊]色诺芬:《回忆苏格拉底》,吴永泉译,北京:商务印书馆2001年版,Ⅰ.1.9,第3页。

② 同上书,Ⅳ.7.5,第183页。

③ [古希腊]色诺芬:《苏格拉底在法官前的申辩》,载《回忆苏格拉底》,1-25,第189—194页。

④ [古希腊]色诺芬:《回忆苏格拉底》,Ⅰ.5.6,第33页。

式的选择。在安提丰看来，苏格拉底生活简陋，十分不幸，而苏格拉底嘲笑安提丰以为幸福就在于奢华享乐，而自己却能每日进德修业，以友辅仁，乐此不疲。由此苏格拉底说："能够一无所求才是像神一样，所需求的愈少也就愈接近神，神性就是完善，愈接近神性也就是愈接近完善。"①苏格拉底的节制以美德为基础，而不是刻意地无所需求。他追求更高的灵魂的快乐，这却是智者安提丰以及亚西比德等人所不具备的。灵魂的高低决定人对不同生活方式的追求，但各种灵魂类型的人都需要节制的德性。

修身的第三德性在于明智（phronesis）。色诺芬笔下的苏格拉底对智慧和明智并未加以区别，而是认为，凡是知道并且实行美好的事情，懂得什么是丑恶的事情而且加以谨慎防范的人，都是既智慧又明智的人。有人明知应当做的事却走向相反的路，苏格拉底说这样的人既不明智，也不节制，因为明智而又节制的人尽可能地做对他们最有益的事。②苏格拉底告诫人们要追求成为"把事情做好"的人。他认为正义就是明智，追求正义就是成为既美又好的贤人。苏格拉底提到如何通向进德修业，成为明智之人的道路，那就是不断学习，研习古圣先贤的作品。他总是讥讽那些狂妄自大的人，根本不懂得治国的技艺，却妄想成为政治家。苏格拉底先让他们看到自己的无知，然后再让他们去不断学习，这种学习正是每个人一生修身的过程。

色诺芬从来没有从哲学的角度描述苏格拉底的沉思，也没有记录苏格拉底与城邦公民交谈时发生"什么是……"的提问，而是记录苏格拉底与亲人和朋友的相处之道。苏格拉底教育儿子孝乃是敬畏神明，人不可忘恩负义，可见孝道是某种高于城邦法的不成文法。教育两兄弟要珍惜兄弟之爱乃是手足之亲，神明造兄弟彼此帮助，同心协力，而不是让人违背神明，彼此别扭。从色诺芬描述的苏格拉底的友爱之道更能看出苏格拉底的明智。与苏格拉底对话的人可谓三教九流，苏格拉底皆能应对自如。针对心性较低的一般百姓克里托布勒斯（此人也是色诺芬《齐家》中的对话者），苏格拉底先从友爱较低的起点开始，他与其讨论朋友的有用和价值，然后将其引入政治友爱——基于维系城邦正义结成的朋友。最后苏格拉底使克里托布勒斯懂得一个人友爱的美德在于"善待朋友胜于朋友善

---

① ［古希腊］色诺芬：《回忆苏格拉底》，Ⅰ.6.10，第36页。
② 同上书，Ⅲ.9.4，第116页。

待自己，伤害敌人胜于敌人伤害自己"。① 对待身边品质高尚的朋友，如果他们遇到困难，苏格拉底想方设法帮助他们。针对心性较高，热爱荣誉的青年小伯利克里、格劳孔和卡尔米德，苏格拉底教他们真正的治国术。针对工匠，苏格拉底从他们那里学习雕刻、制造盔甲的技艺。针对妓女，苏格拉底诙谐地戏称自己不会被她吸引，倒是可以教她如何猎取朋友。由此可见，苏格拉底的正义根本无法用概念来定义，而体现在特定的时候对特定的人说适合他的话。

我们可以通过苏格拉底与尤苏戴莫斯的对话体会苏格拉底的教育方式。年轻人尤苏戴莫斯十分自负，自己搜集了许多智者的书，以为已经掌握齐家治国之术，可以追求权力和荣誉。苏格拉底则嘲讽他不懂正义，他举了很多种情境，诸如如果偷窃财物是不正义，一个人去偷想自杀的朋友的剑，则是正义。又如如果欺骗是不正义，将军在看到士兵士气消沉时欺骗他们说援军快到了，则是正义。苏格拉底通过将正义置身于具体情境中做出适宜的判断，从而消除了抽象的正义的概念。尤苏戴莫斯承认自己的无知后，苏格拉底劝他重新思考德尔菲神谕"认识你自己"，又引导他学习如何敬畏神明和保持节制。敬畏神明，让神高兴的方式就是遵从城邦的习俗。之后苏格拉底提出的"正义即守法"的观点就是针对尤苏戴莫斯的正义教育。苏格拉底在这里运用了辩证法与尤苏戴莫斯讨论什么是虔敬、正义和勇敢，但辩证法着眼于"实用理性"，告诉尤苏戴莫斯如何行动，如何成为虔敬、正义和勇敢的公民，而不是让他追求真理。色诺芬称苏格拉底是荷马笔下"稳健的雄辩家"奥德修斯，因为他能把对人们公认的观点的讨论向前推进。② 总之，苏格拉底的教育对象尤苏戴莫斯是城邦中热爱权力和荣誉的青年，但眼高手低，而苏格拉底考虑的首先不是教其治国技艺，而是教其如何做个好公民。

第二节　齐家

色诺芬的对话《齐家》（oikonomia）讲述苏格拉底与城邦中人谈论如何获得齐家的技艺。oikonomia 来自家庭（oikos），直接意指家政管理，经

---

① ［古希腊］色诺芬：《回忆苏格拉底》，Ⅱ，6，35，第71页。
② 参看［古希腊］色诺芬《回忆苏格拉底》，Ⅳ.2－6，第140—182页。

济学即从此演化而来。第一位对话者克里托布勒斯是极其普通的百姓,他把齐家技艺当成赚钱的技艺。而苏格拉底则使他注意,关键不在于"拥有",而在于是否"有用"。如果有人不能支配自己的欲望,拥有再多也只是受制于填不满的欲望,这些人都是欲望的奴隶。然后,苏格拉底以自己和克里托布勒斯对比,尽管后者比苏格拉底的财富多一百倍,但在苏格拉底看来,自己还是比克里托布勒斯富有,因为他财富再多都不够使用,而苏格拉底只有很少的需求。一个人越接近神性,他的需求越少。于是,克里托布勒斯迫切地想学习如何既能赚钱,又能最好地理财。苏格拉底没有批评他赚钱致富的欲望,也没有批评他把齐家仅仅理解为赚钱理财,而是暗示他齐家还包含很多其他学问,比如要教育好妻子,夫妻和睦共同持家,要掌握农事技艺,因为它培养强健的精神和男子汉的气魄。

苏格拉底找来一位大家公认的贤人(kalos kagathos)伊斯霍马霍斯,让克里托布勒斯向他学习齐家的技艺。伊氏齐家首先从教育妻子开始,根据神明赋予女性特有的自然,使她做好家里的事务,生育子女,管好奴仆。同时神明还赋予女性与男性一样的自然,即自制和勤劳,伊氏由此教育妻子使家里整齐有序,把自己看作家庭财产的守卫者。其次,伊氏向苏格拉底讲述他自己齐家的技艺,敬奉神明,拥有健康的体魄、城邦中的荣誉、朋友的忠诚,并在战争中有高尚行动又能安然无恙,还能光明磊落地增加财富。然后,伊氏认为齐家的第三步是教育管家,教管家如何忠信勤勉,如何管理他人,如何行正义。最后,苏格拉底真诚地要求向伊氏学习农艺,因为农艺是最高尚的技艺,它与统治技艺密切相关。

为什么《齐家》中对话的主角是苏格拉底和一位一般百姓以及一位贤人?一般百姓最关注发家致富,但苏格拉底是一位哲人,对外界的需求很少。色诺芬有意让苏格拉底将自己的财富与克里托布勒斯对比,似乎是苏格拉底对自己贫困的自嘲——谁都知道,苏格拉底没什么手艺,生活靠朋友接济。而即使是像苏格拉底这样的哲人,也仍然无法摆脱和普通百姓一样的生存问题。更重要的是,苏格拉底理解"君子怀德,小人怀土",哲人首先要能够体会一般百姓的生活。《齐家》表明,哲人的活动首先要面对很低的起点——满足需求与解决生存以及体会百姓谋生的艰辛,这也是哲学活动的质朴起源。① 反之,苏格拉底嘲笑他之前的那些自然哲人只

---

① [美]施特劳斯:《色诺芬的苏格拉底言辞》,第161页。

看天上，不看地下，与疯子无异。人事活动从最低的谋生致富活动开始，这也是哲学生存的土壤，在哲人苏格拉底看来，即使是齐家的技艺，也仍然大有学问所在。

色诺芬的《齐家》可以看作对阿里斯托芬的《云》的喜剧式回应。整部《齐家》中，苏格拉底语调诙谐，丝毫没有运用"什么是齐家术"的辩证法，而是像小学生一样毕恭毕敬地向贤人伊斯霍马霍斯学习。苏格拉底说，"人们都认为我是一个爱扯闲谈、妄想丈量空气的人，他们还对我的穷困指指点点"，① 这显然与《云》中的苏格拉底相对应。而色诺芬笔下的苏格拉底开始恭敬地向贤人学习。众人皆知，苏格拉底的妻子是一悍妻，苏格拉底曾经自嘲，如果连自己的妻子都可以忍受，那么面对城邦中的任何人都应该很有涵养。② 这里伊斯霍马霍斯首先谈如何教育妻子似乎又是对苏格拉底的嘲讽。伊斯霍马霍斯作为完美的贤人，不仅训妻有方，而且拥有亚里士多德所说的一般人的幸福所具有的全部——虔敬、财富、健康、朋友、荣耀等。然而，哲人苏格拉底与贤人伊斯霍马霍斯的德性的差异如同亚里士多德所描述的沉思的生活和政治的生活的差异，前者对外在物的需求要远远低于后者。伊斯霍马霍斯耕种土地，学习农艺，最终是为了产出和赚钱，他没有时间去思考城邦的正义，只是想办法教管家正义。他是非常勤勉的农夫，却又单纯地以为财富的多少似乎与政治无关，关键是自己是否付出。哲人苏格拉底显然看到贤人伊斯霍马霍斯的局限，但他对此表示缄默。他首先尊敬政治生活本身，尊敬这些脚踏实地，乐善好施的勤勉之士，他们是城邦正义的楷模。

《齐家》在赞美农事技艺的同时，时时将其与王者的技艺作对比。色诺芬理解的"治国必先齐家"通过居鲁士的例子来表明。居鲁士既是一位杰出的统治者，又擅长农事技艺，既会耕作土地，又会保卫土地。③ 而斯巴达立法者吕库古则立法禁止自由民以技艺赚钱，尤其是靠农事技艺赚钱。色诺芬这里暗含对斯巴达政制的嘲讽，斯巴达人只懂得打仗，对齐家术一无所知。农事技艺被认为是对贤人来说最好的工作，一方面人们从中获得必需品，从而自给自足，强健体魄，另一方面农业最不会让人缺乏关

---

① ［古希腊］色诺芬:《齐家》，载施特劳斯《色诺芬的苏格拉底言辞》，XI.3，第52页。
② ［古希腊］色诺芬:《会饮》，沈默译，北京：华夏出版社，2006年，II.10，第26页。
③ ［古希腊］色诺芬:《齐家》，IV.16，第27页。

注朋友和城邦的闲暇，它使人们乐于交友，热爱城邦，从而为共同体培养出最好最善良的邦民。在色诺芬看来，王者的技艺和齐家的技艺之间没有什么差异。伊斯霍马霍斯教管家正义时，既运用了德拉古和梭伦惩罚偷盗者的法律，又运用了波斯王奖励正义者的法律。但管家不需要拥有好的自然，不需要追求德性，这是伊斯霍马霍斯与苏格拉底教育的差异。然而，在对话录的结尾，伊斯霍马霍斯的话耐人寻味，对农业、政治、齐家、战争等统治来说，共同的东西在于，人与人在才智上有很大的不同。由此，主人、将军等统治者身上只有具有王者气质，才会令人钦佩和让人心甘情愿地臣服。而王者气质和农事技艺不同，不是看看听听就会的，而是必须接受教育，必须具有优秀的自然。这种王者的气质近乎神授，而对不甘心服从的臣民实行专制统治，神将使统治者过一种地狱中坦塔罗斯的生活，永无休止地忍受着再次死亡的恐惧。① 由此，色诺芬对齐家的讨论的结束预示着对治国技艺讨论的开始。

色诺芬主张的"治国必先齐家"并不是主张专制的暴力统治，而是对统治者的"王者气质"有很高的要求。色诺芬的观点是对亚里士多德的一种反驳。亚里士多德在《政治学》中将城邦治理与家政分成公共空间与私人空间，认为两者之间完全不同。他批评色诺芬和柏拉图混淆二者的界限。② 色诺芬所言的齐家术并不是怎样赚钱的经济学，而是如何获取和管理对自己有用的财富。色诺芬弥补了我们对希腊城邦的不全面的认识——即城邦不重视齐家，齐家和治国之间没有相通之处。哲人苏格拉底和贤人伊斯霍马霍斯也不存在决然的对立，而是相互学习，苏格拉底尊重伊斯霍马霍斯的贤德，伊斯霍马霍斯最后同意了苏格拉底的观点——人与人之间在才智上有很大的不同，这是真正教育的起点。

第三节 治国

色诺芬的《居鲁士的教育》是古典作品中著名的政治教育小说。据学者考证，他所描述的波斯帝王居鲁士与历史上真实的居鲁士大帝有出

---

① ［古希腊］色诺芬：《齐家》，XXI，第91—93页。
② ［古希腊］亚里士多德：《政治学》，1252a16，第4页；1253b15，第10页。

入，与波斯的地理风俗也不完全一致。① 但这并不影响《居鲁士的教育》成为一部出色的小说，居鲁士王由此被看作"理想君主"的典范。从罗马时代的西塞罗到欧洲文艺复兴时期的精神领袖伊拉斯谟，都对其赞美有加。伊拉斯谟的《论基督君主的教育》在许多地方模仿色诺芬的居鲁士，主张君主要"仁爱慈祥"，而不能"傲慢残暴"。② 施特劳斯指出，现代思想倾向于模糊王与僭主的区别，因此忽视了古典作品中色诺芬的《居鲁士的教育》和《希耶罗》的差异。《居鲁士的教育》致力于探讨与僭主相对的高贵的王，《希耶罗》描述了一位诗人和仁慈僭主的对话。而造成现代思想如此认为的原因在于马基雅维利，他笔下的居鲁士不再是高贵的王，而是实际的僭主。③ 施特劳斯提示我们，与马基雅维利不同，色诺芬笔下的居鲁士是不同于僭主的王，我们可以由此深入探讨《齐家》结束时的问题——王（basileus）与僭主（tyrant）的差异。

在《居鲁士的教育》开篇，色诺芬摆出了政治统治不稳定的难题，无论是君主制、寡头制还是僭主制或民主制，都面临被推翻的危险。然而居鲁士的出现似乎改变了这个难题，他在无数的国家中使成千上万的人能够顺从他。然后色诺芬简要回顾了居鲁士的辉煌功绩，他从率领旧波斯的一个小分队开始，逐渐征服亚细亚的若干国家和部落，建立了一个庞大的波斯帝国。但色诺芬更欣赏的是居鲁士身上的"王者气质"——"居鲁士可以凭借他特殊的人格透彻地了解各个民族，使居住在各地的人们俯首顺从，使得几乎没有人想要起义对他做出反抗。同时，他还有能力使所有的人都渴望取悦于他，希望赢得他的欢心，而那些人所要求的就是恪守他的评判，接受他的教诲"。④ 接着色诺芬讲述了居鲁士受教育的经历，以表明真正的王必须接受出色的教育，必须具有优秀的自然。

居鲁士是旧波斯国王坎庇斯的儿子，从小身心禀赋俱佳，长相标致，内心具有三重爱，对人、对知识、对荣誉的爱，为荣誉不怕艰难险阻。居鲁士受波斯礼法的教育，波斯礼法注重孩子上学学习公平与正义，通过老师讲解讼案，来体会偷盗、斗殴、欺诈以及忘恩负义都会受到惩罚。孩子

---

① ［美］安博勒：《〈居鲁士的教育〉导言》，载《居鲁士的教育》，沈默译，北京：华夏出版社2007年版，第4页。
② 参看甘阳《从色诺芬到马基雅维利》，载《居鲁士的教育》（中文版序）。
③ ［美］施特劳斯：《论僭政》，何地译，北京：华夏出版社2006年，第26—29页。
④ ［古希腊］色诺芬：《居鲁士的教育》，Ⅰ.1.5，第5页。

通过观察长者的言行，体会节制的美德和服从权威。波斯非常尊重长者的权威，长者在 50 岁之后不用打仗，而是担任法官断案，进入议事会处理政治事务。除此之外，波斯注重身体训练，学习打猎、骑射、投枪等诸种保家卫国的战争技艺，从小孩到结婚，波斯青年每晚都必须驻守在公共建筑的周围，一来保卫国家，二来锻炼自制的能力。① 从色诺芬描述的波斯礼法来看，旧波斯国模仿斯巴达贵族共和制，但在礼法教育上有所改善，例如波斯禁止偷盗，注重节制和守法，教授修辞学等，而斯巴达政制在这些方面都有缺漏。②

居鲁士接受的旧波斯传统教育的核心在于"正义即守法"，这正是《回忆苏格拉底》中苏格拉底教育的城邦正义。而老王坎庇斯在居鲁士率兵出征前与居鲁士的谈话则与苏格拉底教授的统治术相像。首先关于虔敬，老王的教育是，一个人如果没有学会骑马，就没有权利祈求神明帮助他在骑兵的战斗中获胜。苏格拉底亦认为，"人的本分就是去学习神明已经使他通过学习可以学会的事情，同时试图通过占兆的方法指示他那些向人隐晦的事情"。③ 又如老王教育居鲁士完美的统治要求统治者拥有智慧，深谋远虑，除了作战技艺之外，还要通盘考虑鼓舞士气，士兵补给，知人用人。苏格拉底教授那些潜在的统治者时也指出统治的关键不仅在于战术，而更在于知人用人，统治者的谋略和智慧更加重要。④ 老王教育居鲁士使别人服从，不仅在于强制，更在于使他人自愿服从，这需要赢得朋友的友爱，而友谊的标志是同甘苦共患难，想他人之所想，为他人排忧解难。苏格拉底教授的政治友爱亦在于"善待朋友胜于善待自己"。至于老王教居鲁士对敌人不必诚实，可使用欺诈和计谋，马基雅维利曾对此大肆渲染，认为居鲁士不靠欺诈不可能成就大业，⑤ 这显然是将计谋当做政治的必要条件，而对其他德性弃之不顾。苏格拉底也从不排斥对敌人说谎，

---

① ［古希腊］色诺芬：《居鲁士的教育》，Ⅰ.2.2-9，第8—14页。
② ［美］施特劳斯：《斯巴达精神或色诺芬的品味》，载刘小枫主编《色诺芬的品味》（《经典与解释》，13），北京：华夏出版社 2006 年版，第8—9页。
③ ［古希腊］色诺芬：《居鲁士的教育》，Ⅰ.6.6，第53页；《回忆苏格拉底》，Ⅰ.1.9，第3页。
④ ［古希腊］色诺芬：《居鲁士的教育》，Ⅰ.6.12，第59页；《回忆苏格拉底》，Ⅰ.2-6，第6—38页。
⑤ ［意］马基雅维利：《论李维》，2.13，第242页。

也教人在统治中使用各种计谋,"伤害敌人胜于敌人伤害自己"。由此可见,居鲁士从老王那里学到的统治的技艺与苏格拉底教授的统治术相近,苏格拉底式的城邦正义"正义即守法"亦在旧波斯的传统教育中得到体现。

然而,居鲁士之所以成就波斯帝国大业,并非仅仅沿袭旧制,而是对波斯旧制进行损益。首先,旧波斯的贵族共和制到居鲁士时期已经显现出弊病,这就是贵族的特权一定程度上造成贫富分化的等级制,由此影响到孩子教育,教育的差距又进一步加剧了贫富分化,使社会等级更加凝固,由此贵族共和制的实质变成寡头制。① 为了奖励战功,居鲁士变革了波斯的贵族制,军队中只有1000贵族,却有3万平民,居鲁士宣布,平民均可以使用重武器,凡立战功,都可以改善他们的地位,获得解放。凡平民聪明睿智,提出好的建议者都会受到重用。居鲁士成功地说服了贵族,而对平民的论功行赏是保持战斗力的关键。这与战国时期的商鞅变法道理相同。其次,居鲁士除了显现出其宽厚、仁慈、公正的传统美德之外,他还受到幼年时期生活的米底亚王国奢华的影响。他试图将波斯人的教养和节制与米底亚人的奢华结合,这也造成军队的品质逐渐被腐蚀。更重要的是,居鲁士的论功行赏并非真正鼓励大家热爱传统美德,而是为了追求功绩、财富和地位。这种教育在短时间内成绩显著,长时间则会腐蚀旧波斯教育的传统美德。这同样与商鞅变法之后秦国强大,但秦历二世短命而亡的道理相同。

此外,就波斯教育而言,无论古制还是今制,都只注重守法和尚武,而忽视文教,此与其所模仿的斯巴达政制弊病相同。例如,波斯没有文学和音乐教育,没有对人的灵魂的净化,这容易使人变得僵化死板,盲目服从。柏拉图在《礼法》中有段话专门评价居鲁士,可谓深得其要:

> 对于居鲁士,我的猜测是,虽然他无疑是位好的司令官和一个忠诚的爱国者,但甚至在表面上他都没有考虑过正确的教育的问题:至于家务管理么,我敢说他决不会给予一丁点的注意……居鲁士不知道,他所期望的继承人并不是按照波斯的传统课程来教育的。这种课程是很厉害的,它能培养勇敢的牧羊人……他恰恰没有注意到,妇女

---

① 参看[美]施特劳斯等《政治哲学史》,第87页。

和宦官已经给了他的儿子们一种被所谓米底亚人的幸福所腐蚀了的教育。这就是为什么居鲁士的孩子们都成为任意妄为的人，因为他们的老师从来没有矫正他们。因此，当居鲁士死后他们继承遗产时，他们就纵欲无度，毫无节制。①

如果理解了柏拉图对居鲁士的评价，就不会对色诺芬最后所说的"居鲁士死后不久，他的儿子们便陷入了纷争之中；有些城市和国家发生了叛乱，一切都开始了衰败的过程"感到突兀。② 色诺芬以非常委婉的笔调回应了开篇对居鲁士解决人类政治统治难题的惊叹——其实居鲁士的统治并不完美，这与居鲁士受到的教育和他对臣民的教育，以及色诺芬并未书写的居鲁士对其家人的教育密切相关。

即便如此，居鲁士的统治仍可被看作王政，而非僭政。僭主一辈子生活在恐惧中，害怕别人篡权，担心别人报复；僭主不能够得到真正的爱，也没有真正的快乐；僭主一生都处在战争中；僭主害怕民众，却也害怕孤独；害怕没有卫兵，却又害怕卫兵本身。③ 色诺芬的《希耶罗》惟妙惟肖地刻画了一个心灵扭曲的僭主形象。居鲁士和希耶罗的共同点是拥有强大的爱欲，尤其是对荣耀和权力的爱欲。但居鲁士具有优秀的自然，受过良好的教育，因此行王道；希耶罗不具备这些，爱欲得不到驯服和教化，因此行霸道。色诺芬彰显居鲁士"王"的高贵德性，对其"霸"的一面则含蓄委婉地暗示。而现代的马基雅维利则相反，大肆渲染居鲁士"霸"的一面，以为其"王"的德性只是做给别人看的。

色诺芬笔下真正的"哲人王"是《远征记》中某个名为色诺芬的雅典将军。色诺芬是苏格拉底的学生，因仰慕居鲁士，决心投奔居鲁士的军队。色诺芬询问苏格拉底，苏格拉底让他到德尔菲神庙求神。色诺芬询问阿波罗神，问向什么神祈祷能保佑自己实现心中的梦想，并能安全返回希腊。阿波罗回答了色诺芬。当色诺芬回来后告诉苏格拉底时，苏格拉底批评色诺芬没有首先问问神应不应该启程，而是首先自己决定去，然后问神

---

① ［古希腊］柏拉图：《礼法》，694c—695c，第79—80页。
② ［古希腊］色诺芬：《居鲁士的教育》，Ⅷ.8.2，第481页。
③ 参看［古希腊］色诺芬《希耶罗》，何地译，载［美］施特劳斯《论僭政：色诺芬〈希耶罗〉义疏》，北京：华夏出版社2006年版，1.11，第3页；1.29，第6页；2.17，第9页；6.3-4，第13页。

怎样去最好，但既然如此，那就只能按神的指示行事。于是色诺芬按阿波罗神的指示祈祷祭祀然后启程。① 《远征记》中特别强调的是色诺芬非同寻常的虔敬，他肯定对投奔居鲁士一事的艰辛和后果有充分的考虑，因为居鲁士在伯罗奔尼撒战争中支持过斯巴达攻打雅典，因而与雅典交恶。色诺芬并非在全然不知所措的情况下求神，而是经过一番深思熟虑，这正是中国古人说"永言配命，自求多福"的道理。色诺芬的虔敬与他的坚强、精明、审慎和足智多谋无法分开。他既能使贤良正直的士兵信服，也能通过精明的策略和强硬的作风使好犯上作乱的士兵服从。《远征记》是色诺芬率领希腊雇佣军从波斯返回希腊的上行记，这种上行也是色诺芬"哲人王"品性的上升。色诺芬无疑具有居鲁士身上卓越的德性，节制、审慎、慷慨、足智多谋，但不具有居鲁士的残忍和奢华，而且色诺芬是苏格拉底的学生，热爱哲学，深受苏格拉底式城邦正义观的影响，真正热爱德性本身。然而，色诺芬与苏格拉底的正义观仍有区别，苏格拉底听从自己的守护神，色诺芬小心翼翼地求神占卜；苏格拉底的正义是不可伤害任何人，色诺芬严守"助友害敌"的政治正义；苏格拉底的申辩加剧了陪审团对他的憎恨而遭致死刑，色诺芬的申辩简洁有力，成功地免除了自己面临的死罪，并成功地化敌为友。② 色诺芬是处于居鲁士和苏格拉底之间的"哲人王"，尽管时机最后没有使他能够成为建立新城邦的王。与居鲁士相比，色诺芬不是靠继承王位，而是靠自己卓越的德性获得众人的爱戴，成为大家公推的首领。与苏格拉底相比，色诺芬更是一位政治人，他自身追求财富，而且能使民以惠。如果苏格拉底教授统治技艺真正奏效，那么《远征记》中的色诺芬应该是真正领会苏格拉底教诲的"哲人王"。③

---

① ［古希腊］色诺芬：《长征记》，崔金戎译，北京：商务印书馆1985年版，Ⅲ.Ⅰ.5-8，第61页。

② 同上书，Ⅶ，第168—207页。

③ 参看［美］施特劳斯《色诺芬的〈远征记〉》，载刘小枫主编《色诺芬的品味》（《经典与解释》，13），第33—66页。

下 编

希腊化与古罗马政治哲学

第 八 章

伊壁鸠鲁派的政治哲学

公元前322年，雅典民主政治已如日薄西山，亚历山大大帝和他的老师亚里士多德同年逝世，短暂而辉煌的古典时代至此结束，希腊进入漫长的希腊化时代。从公元前322年一直到公元前30年罗马皇帝奥古斯都即位，史称历史上的希腊化时期。希腊化哲学的三大门派——伊壁鸠鲁派、芝诺的斯多亚派和皮浪的怀疑主义派诞生在城邦衰落、政治昏暗的时代，尽管他们观点不一，但其共同的特点在于反对政治，探讨内心的幸福。他们都是苏格拉底道德哲学经过犬儒派后的传承者，与柏拉图和亚里士多德不同，他们这一支在处理哲学与政治的关系时，都对政治加以嘲讽或逃避。他们思考的中心是"自我"，而不是"世界"，内在化的道德哲学代替了古典政治哲学。

伊壁鸠鲁（公元前341—前270年）出生在萨摩斯岛，父亲是雅典移民，自小热爱哲学，曾跟从德谟克利特派的传人学习哲学。18岁时到雅典求学，正是在柏拉图学园主持人色诺克拉底（Xenokrates）那里学习。后来伊壁鸠鲁自己在乡下办了一个学校，招收男女弟子，因其环境宜人，生活舒适，史称"花园派"。伊壁鸠鲁派相当于一个准宗教组织，他的哲学并非清谈，而是自己和弟子们共同践行。伊壁鸠鲁的名言——"过遁世的生活"（late biosas），其直接意思是"过不为人知的生活"。伊壁鸠鲁为其派总结自然哲学和对待宗教、死亡、正义、友爱的纲要，要求弟子铭记在心。在他死后，学派在每年其诞辰日举行祭奠。伊壁鸠鲁朋友弟子众多，其思想很早就传入罗马，与斯多亚派哲学一起影响罗马诸多贵族。卢克莱修的《物性论》是伊壁鸠鲁派最出色、最系统的阐释。一直到公元4世纪，伊壁鸠鲁派哲学才由于与基督教神学对自然的论述相左，遭到禁止，其活力日渐衰落。①

伊壁鸠鲁派是希腊化哲学三派中对现代性影响最深远的一派。诚如马克思所言，伊壁鸠鲁作为希腊最伟大的启蒙思想家，其启蒙力度之深，足以撼动整个古典哲学的根基。伊壁鸠鲁派的政治哲学构成了对古典政治哲学的强大挑战。古典政治哲学的基础是对宇宙秩序之神性的赞美，城邦与人效仿神明，展现卓越的德性，追求不朽。但伊壁鸠鲁派的政治哲学既以唯物论的自然哲学颠覆了宇宙秩序的神性，又以个体感性的快乐哲学颠覆了以城邦为核心的德性论。基于此，我们足以如马克思一般宣称，作为希腊最伟大的启蒙思想家，伊壁鸠鲁终结了希腊古典政治哲学，从而开启了一个全新的时代。伊壁鸠鲁是现代性的真正鼻祖。

第一节　伊壁鸠鲁政治哲学中的自然与礼法之争

伊壁鸠鲁政治哲学的基础是德谟克利特的原子论思想。他的自然哲学奠定在唯物论的基础上，存在由物体和虚空构成，物体的存在处处都可以得到感觉的证明。在自然世界中，原子是不可分割的，虚空将原子分割开来，原子无法抵制这种分割，世界就是由孤立的原子和虚空构成。在伊壁鸠鲁看来，观察宇宙和认识自然不再具有神性的目的，而是为了摆脱身体的痛苦和灵魂的烦恼，这就是人的生活追求的最高目的。② 与先前的自然哲人不同，伊壁鸠鲁赋予自然以纯粹物质的根基，他反对任何希腊神话以及希腊人对命运和偶然性的看法，他对自然现象的研究是为了解构神话的力量。伊壁鸠鲁尤其告诫弟子不要畏惧死亡：

> 要习惯于相信死亡与我们无关，因为一切的好与坏都在感觉之中，而死亡是感觉的剥夺。……当死亡来临的时候，我们已经不在了。所以死亡既与活着的人无关，又与死去的人无关；因为，对于生

---

① 参看〔古希腊〕拉尔修《名哲言行录》，第 977—985 页；〔法〕罗斑：《希腊思想和科学精神的起源》，陈修斋译，桂林：广西师范大学出版社 2003 年版，第 332—335 页。

② 参看〔古希腊〕伊壁鸠鲁《致希罗多德信》，《致皮索克勒信》，载《自然与快乐：伊壁鸠鲁的哲学》，包利民等译，北京：中国社会科学出版社 2004 年版，第 6、21 页。

者,死还不存在;至于死者,他们本身已经不存在了。①

由此,我们可以说,伊壁鸠鲁的唯物论开启了通向现代自然科学和无神论的道路。卢克莱修以天才般的诗句赞美伊壁鸠鲁的冒险:

> 是一个希腊人首先敢于
> 抬起凡人的眼睛抗拒那个恐怖;
> 没有什么神灵的威名或雷电的轰击
> 或天空的吓人的雷霆能使他畏惧;
> 相反地它更激起他勇敢的心,
> 以愤怒的热情第一个去劈开
> 那古老的自然之门的横木。②

以唯物论的自然哲学为基础,伊壁鸠鲁建立了他的快乐伦理学。人生的目的是免除身体的痛苦和灵魂的烦恼。快乐本身是自然的好,也是人的幸福的最高目的。伊壁鸠鲁相信人的感觉判断,但并非无条件地肯定人的快乐与欲望的满足成正比。伊壁鸠鲁派并非后世的享乐主义者和纵欲主义者,在他们看来,自足是重大的好,如果可以以简单的饮食带来健康,人就没必要无止境地宴饮狂欢。对快乐进行选择,是一个明智的人应当具有的判断力。为了获得更大的快乐必须放弃某些快乐,为了避免更大的痛苦必须忍受某些痛苦。伊壁鸠鲁派的生活严肃自制,甚至过着苦行禁欲的生活。③

尽管伊壁鸠鲁并没有对人的快乐分等级,但毫无疑问,他否定人能从沉溺于感官享乐和纵欲无度中获取快乐,而是将最高的快乐诉诸哲人求知的快乐,即"运用清醒的理性研究和发现所有选择和规避的原因,把导致灵魂最大恐惧的观念驱赶出去"。④ 可想而知,伊壁鸠鲁派类似于最有敬业精神的现代科学家和最坚定的唯物论者,他们与享乐主义无关,而是

---

① [古希腊]伊壁鸠鲁:《致梅瑙凯信》,载《自然与快乐:伊壁鸠鲁的哲学》,第31页。
② [古罗马]卢克莱修:《物性论》,方书春译,北京:商务印书馆1981年版,第4页。
③ 参看[古罗马]西塞罗《论至善和至恶》,石敏敏译,北京:中国社会科学出版社2005年版,第19—20页。
④ [古希腊]伊壁鸠鲁:《致梅瑙凯信》,第33页。

沉浸在钻研探索的知性快乐中。伊壁鸠鲁并非无神论者,他相信神的幸福乃在于无忧无惧,于是寄希望于人通过自己的探索像神一样生活,即过一种灵魂平静而没有恐惧的快乐生活。在此意义上,伊壁鸠鲁的哲人快乐论仍然延续了希腊哲人理性求知的理想,尤其是亚里士多德所说的"哲人的生活是最高的幸福",尽管两种哲人在根本气质上完全不同。

  然而,当我们考察伊壁鸠鲁的政治哲学,就会感叹其与古典政治哲学的精神实在相距甚远。伊壁鸠鲁以人的感官快乐为始基,其余所有德性都从中衍生,而且德性不是因其本身,而是因其有用而被欲求。正义并非因为本身值得欲求,而是能在交往中给彼此带来益处,正义是基于理性的计算。友爱之可贵也并非因为本身,而是友爱最有助于增强安全感。既然伊壁鸠鲁将人的自然理解为个人的快乐,宣扬感觉至上和个体本位,他对政治的看法也就不再有古典政治哲学对城邦精神的赞美。在他看来,政治产生于人们的约定,"自然正义是人们就行为后果所作的一种相互承诺——不伤害别人,也不受别人的伤害","对那些无法就彼此互不相害而相互订立契约的动物来说,无所谓正义与不正义"。① 对于寻求个体快乐的人而言,最担心的是个人的安全,这种不安全感不是自然万物和死亡对自身的威胁,而是来自人。"任何能够帮助达到获得免除他人威胁的安全感的目的的手段,都被看作是自然的好",在实现基本安全后,他才"可以获得远离人群而宁静独处的真正安全感"。② 因此,在伊壁鸠鲁看来,政治不过是对个人基本安全的最低保障而已。正义建立在人们对法律惩罚的畏惧基础上,"任何人都不可能在隐秘地破坏了互不伤害的社会契约之后确信自己能够躲避惩罚,尽管他已经逃避了一千次。因为他直到临终时都不能确定是否不会被人发觉"。③ 伊壁鸠鲁的政治约定论我们并不陌生,柏拉图在《理想国》中曾通过格劳孔之口提出了这样一种契约论,诸多智者都持此说。正如施特劳斯指出,这种契约论不过是庸俗习俗主义的哲学版本。他从习俗和礼法的有用性来判定正义,无疑抹杀了正义的城邦与人的灵魂的德性,将德性工具化。柏拉图的政治哲学所批判的正是伊壁鸠鲁

---

  ① [古希腊]伊壁鸠鲁:《基本要道》,载《自然与快乐:伊壁鸠鲁的哲学》第31、32条,第41页。
  ② 同上书,第6、14条,第38—39页。
  ③ 同上书,第37条,第42页。

式的庸俗习俗主义。①

在伊壁鸠鲁之前的古希腊政治哲学中，自然与礼法之争呈现出各种不同的形式，从而构成不同的政治秩序，但共同的特点在于人与城邦法天（神）。品达"礼法是万物之王"赞美的是模仿神法的世间法，柏拉图以立法哲人的身份制礼作乐，将神性的自然融入人间的礼法，亚里士多德"人是城邦的动物"赋予人的政治生活以高贵的神性，因此"城邦是追求善的最高共同体"。但在伊壁鸠鲁这里，再也看不到自然与礼法之争体现出的高贵的神性。当他将自然诉诸个人的快乐，而非城邦或更高的天（神）的德性，天空也就无须被仰望，自然的神性被无神的唯物性所替代。而没有自然的神性，人看待自身事务的眼光也随之下降。正如同奴仆的眼里没有英雄，人间的礼法也被看作理性计算的结果。礼法只需要维系某种最低层面的交往，不至于造成对他人的伤害，威胁他人的安全。也难怪这样的礼法只能诉诸刑罚，因为它根本缺乏德性的基础，又从何衍生出使人内心自愿守法的德性。伊壁鸠鲁得意洋洋地向他的弟子宣扬不要畏惧自然和死亡时，曾嘲笑柏拉图的"地狱神话"之幼稚，殊不知柏拉图的"地狱神话"恰恰提供了使民众守法的政治宗教，伊壁鸠鲁对人性肤浅的理解，使他根本不曾考虑过政治宗教的问题。人除了畏惧外在的法律的刑罚，还应该有内心中对更高的东西的敬畏。伊壁鸠鲁派的政治哲学根本上是要反对政治，从而瓦解古典政治哲学的高贵精神。

第二节 伊壁鸠鲁的罗马传人——卢克莱修

伊壁鸠鲁思想的传人——古罗马的诗人卢克莱修（公元前94—前55年），为伊壁鸠鲁主义提供更加精致，更加深刻的哲学版本。卢克莱修出生于古罗马执政官的家族，本来可以自然投身政治，但或许生逢共和国内战连绵不断的时期，他宁愿弃绝公共活动，潜心实践伊壁鸠鲁的哲学。卢克莱修的长诗《物性论》讨论万物产生的自然，包括宇宙、人类以及与人类相关的政治、语言、宗教等。他关于人类文明的起源及其发展的论述对后世的影响更加深远。

在《物性论》第五卷中，卢克莱修讲述了人类发展的三个阶段：原

---

① [美] 施特劳斯：《自然权利与历史》，第110—114页。

始人时期—前政治社会—政治社会。世界本身有生有灭，绝非永恒，它会受到各种力量的袭击。在原始人时期，人和动物没有什么区别，没有家庭，过着茹毛饮血的生活，正如世界本身的自生自灭。当家庭生活产生后，人类开始进入前政治社会，人们聚集在一起，开始对弱者有恻隐之心，互相守信，文明社会由此诞生。人们在共同生活中形成语言，学会使用火。然而，由于人的智慧和能力天然的差别，不同人选择不同的生活，积累的财富不同，身份地位不等，由此人类进入政治社会。在政治社会中，人们对黄金和权力的争夺彻底打破了以前平静安乐的生活，每个人都在争夺统治权，一切陷入混乱，于是人们只有诉诸强制的权力和法律，人们遵守共同的约定只是畏惧法律的惩罚。而人之所以变得日益贪婪，一方面是因为对死亡的恐惧，要通过财富和权力使自己获得保障；另一方面是因为人的妒忌，在追求财富和权力的竞争中，没有人是安全的，因为妒忌会将他从峰顶抛入可怕的地狱。① 卢克莱修通过描述政治生活的丑恶与残酷，告诉人们要遵循伊壁鸠鲁的教诲——远离政治，寻求心灵的平静。

卢克莱修深刻地揭示了作为城邦公共之火的"诸神之墙"是如何坍塌的。赫拉克利特曾说过，礼法是城邦的墙垣，构成了城邦的界限。古典政治哲学始终捍卫这样的"诸神之墙"，诸如亚里士多德所言"城邦之外非神即兽"。但卢克莱修看到，城墙是被人类的贪欲击碎的，于是他将墙的界限向内推到了个体的心灵，追求一种哲人的平静生活才是人生的真正幸福。② 斯多亚派与伊壁鸠鲁派在政治主张上的差别在于，前者将墙的界限向外推向整个宇宙。无论是早期斯多亚派的芝诺，还是晚期的塞涅卡，都主张建立一个"宇宙共和国"，建立一种普世主义的政治。卢克莱修的政治哲学旨在揭示政治生活混乱无常的本质，哲学无法改变这种本质，也无助于政治生活的改善。

我们从卢克莱修的政治发展论中可以看到近代社会契约论的影子，看到自然社会与政治社会的差异，其中卢梭更是深受卢克莱修的影响。卢梭《论人类社会不平等的起源与基础》几乎是在模仿卢克莱修，政治社会是对自然社会的反叛，由于人的骄傲和贪婪，对财富和权力无止境的追求，人逐渐丧失了自我。同样，卢梭的《论科学与艺术》也在

---

① ［古罗马］卢克莱修：《物性论》，第 320—339 页。
② 参看包利民《古典政治哲学史论》，第 247 页。

表达与卢克莱修相近的观点——文明的发展并没有使人类社会更加完善，反而带来更多灾难；技艺的进步并没有促进人的道德，反而助长了人的妒忌、贪婪、争斗与战争。当然卢梭在此基础上为我们提供了矫正政治缺陷的希望，这就是建立在平等基础上的人民民主。而卢克莱修却使人们的注意力从政治转移到哲学，让每个人都去寻求哲人般的心灵的宁静。

与他的老师伊壁鸠鲁相比，卢克莱修更加猛烈地攻击宗教，从而使启蒙的威力席卷整个近现代社会。他认为宗教信仰源于人们对天上事情的无知、好奇与疑问，不能认识自然规律，而宗教却带来许多害处，"啊，不幸的人类！——当他们赋给神灵以这样可畏的作为，并且又加上暴怒的威力的时候，他们为自己造成多少的呻吟，为我们造成多少的创伤，为我们的子孙造成多少眼泪"。卢克莱修反复渲染阿伽门农将自己的女儿献给神明作为人祭的悲惨。① 此外，他还批评宗教仪式的顶礼膜拜，认为真正的虔诚不在于宗教信仰，而在于平静而节制的生活。在他看来，宗教源于人们对神明的恐惧，无法认识到万物的本质与原因，因此看到天空电闪雷鸣，看到海上风暴，地动山摇，都会惧怕神灵。卢克莱修对宗教无情的揭露，目的在于唤起人们的理性，让人们勇敢地面对生活，认识世界的真理。② 然而，卢克莱修在长诗的最后冷静地描述了雅典瘟疫的惨烈，他既没有如修昔底德一样把瘟疫归于人们不再畏惧神明，也没有归于人们不再遵循葬礼的神圣礼法，而是描述一种赤裸裸的真相。宗教无法消除这种惨烈的真相，不过给人们一种"甜蜜的安慰"。在将人们从宗教的幻梦中解放出来后，卢克莱修希望用一种诉诸人的理性的哲学代替宗教。③ 从卢克莱修的宗教批判这里，我们已经可以嗅出近代启蒙主义者的气息。马克思所谓"宗教是人们的精神鸦片"的无神论正是传承了德谟克利特——卢克莱修的思想，是"宗教是人们甜蜜的安慰"更激进的表达。

古典政治哲学的捍卫者西塞罗早已觉察到伊壁鸠鲁派哲学对公共精神

---

① ［古罗马］卢克莱修：《物性论》，第 335 页。
② 参看 ［美］詹姆斯·尼古拉斯《伊壁鸠鲁主义的政治哲学》，溥林译，北京：华夏出版社 2004 年版，第 102—106 页。
③ Leo Strauss, *Liberalism: Ancient and Modern*, Chicago, 1968, pp. 96 - 98.

的腐蚀，对其进行了猛烈的抨击。① 西塞罗首先质疑伊壁鸠鲁派的快乐学说，人生的最高价值是否能够等同于无痛苦的"快乐"，如果"快乐"是最高目的，那么我们的人文教育和文化机制难道不是为了培养更高尚的德性，而是为了实现"快乐"？英雄的勇敢虔敬，公民的信守承诺都是为了寻求消极无痛苦的"快乐"？② 西塞罗揭示出伊壁鸠鲁的"快乐论"与古典政治哲学的"德性论"的根本差异在于其出发点——"快乐论"的出发点是私性的个人，"德性论"的出发点是生活在公共空间中的人。在此基础上，西塞罗更进一步从自然法的视角批评伊壁鸠鲁的正义论，"法律乃是植根于自然的最高理性……法律乃是自然之力量，是明理之士的智慧和理性，是公平和不公平的标准"。③ 西塞罗称自然理性构成人与动物的区别，遵循自然法乃有德之士的选择。西塞罗和柏拉图、亚里士多德的古典政治哲学站在一起，维护法律和正义的神圣起源，否认正义源于人们之间由于畏惧而订立约定。针对伊壁鸠鲁的功利论和约定论，西塞罗指出，"如果不存在自然，便不可能存在任何正义；任何被视为有利而确立的东西都会因为对他人有利而被废弃。……事实上，哪里还可能存在慷慨、爱国、虔敬和服务他人与感激他人？所有这一切的产生都是由于我们按本性乐于敬爱他人，而这正是法的基础"。④ 如果按照伊壁鸠鲁的正义论，正义仅仅靠法律惩罚来维持，那么一个人在无人知晓时，又会犯下什么样的可怕罪行呢？西塞罗指出伊壁鸠鲁派的致命弱点——将德性和政治全部工具化。人们并非出于德性本身的美好而热爱正义和友爱，而是为了从中获利。如果以"心性哲学"立足的伊壁鸠鲁派不能够立足于自身的"慎独"，而诉诸外在的惩罚，那么他的内在心性的境界也就足以让人产生疑

---

① 西塞罗曾经为卢克莱修作为诗人的天才所折服，卢克莱修的《物性论》生前并没有出版，是后来在西塞罗的帮助下整理出版的。西塞罗的许多著作都谈到伊壁鸠鲁主义，但他绝口不提卢克莱修的名字，只有一次在一封写给朋友的私人书信中提到卢克莱修的天才。由此我们能看出在当时社会《物性论》是一本很有政治争议的书，西塞罗不愿它在自己的读者中流行。参看[美]阿德勒《维吉尔的帝国：〈埃涅阿斯纪〉中的政治思想》，王承教、朱战炜译，北京：华夏出版社2013年版，第75页。

② [古罗马]西塞罗：《论至善和至恶》，2.23，第74页。

③ [古罗马]西塞罗：《论法律》，王焕生译，上海：上海人民出版社2006年版，1.18，第33页。

④ [古罗马]西塞罗：《论法律》，1.43，第59页；参看西塞罗《论至善和至恶》，2.15－16，第60—62页。

问了。

古典共和主义者普鲁塔克对伊壁鸠鲁派的抨击则没有西塞罗的温和有礼,完全是一篇篇言辞犀利、辛辣无比的讨伐檄文。在《伊壁鸠鲁实际上使幸福生活不可能》和《"隐秘无闻的生活"是一个好准则吗?》中,普鲁塔克引经据典,使伊壁鸠鲁在古典大师的面前黯然失色。普鲁塔克对伊壁鸠鲁的挖苦在某种程度上将其歪曲成纵欲享乐主义者,这引起马克思的不满,认为普鲁塔克完全是陈词滥调和道德偏见。① 但普鲁塔克的立场非常鲜明,他揭示了远比个体的快乐和痛苦更丰富的古典世界,希腊悲剧中呈现的神、英雄和人的世界是对个人快乐和痛苦的净化,而非停留在伊壁鸠鲁所说的趋乐避苦上。普鲁塔克的立场最接近希腊罗马共和政治的精神,在他看来,人一旦进入存在,就意味着被知晓,"因为产生并不是创造被产生的东西,而是显现它们,正如毁灭并不是从存在转变到不存在,而是使分崩瓦解的东西从我们眼前消失",这正是希腊人对"荣耀"(timē)和"光"(phōs)为何如此热爱的原因。"人的品格在昏暗无为之中积攒起来厚厚一层类似于霉菌的东西",就如同没有流动的水会腐坏,人的安逸和慵懒也会消磨人的最佳精力。对古典共和政治中的公民而言,最大的惩罚就是"永远不为人知,完全被抹去。这使他们被从忘川带到无乐河,被抛入一个无底深渊,这一深渊把所有未对社会做贡献的人,所有无所事事的人,所有可耻的人和默默无闻的人都吸入一个无底洞中"。②

伊壁鸠鲁派的政治哲学容易让人联想到中国道家的思想,两者都崇尚自然,不忧不惧,淡泊名利,轻视礼法。但这种相似仅仅是表面上的,与伊壁鸠鲁派个体快乐的自然不同,道家主张的"自然"乃是"无我",容我与天地万物于一体以至于"吾丧我"。在政治上,道家崇尚无为,与民休息,与人无争,而不像伊壁鸠鲁派那样主张政治是为了寻求个人的安全和自保而订立的约定。伊壁鸠鲁派的思想与道家相比,其境界高低截然分明。正如西塞罗所言,尽管这些"花园哲人"擅长高超的哲学思辨,但也最好不要参加政治生活的讨论,"即使他们说的是真理(我们在这里也

---

① [德] 马克思:《关于伊壁鸠鲁哲学的笔记》,载《马克思恩格斯全集》(第 40 卷),北京:人民出版社 1956 年版,第 65 页。

② [古罗马] 普鲁塔克:《古典共和精神的捍卫:普罗塔克文选》,包利民等译,北京:中国社会科学出版社 2005 年版,第 50—53 页。

无需争论),让我们建议他们在他们自己的小花园里发议论吧,并请他们参与他们一无所知,甚至也不想知道的任何国家事务"。①

第三节　伊壁鸠鲁派与现代性问题

　　伊壁鸠鲁派的思想虽然在古罗马受到西塞罗和普鲁塔克等共和主义者的抵制,但在古罗马社会已经开始广为传播。基督教成为罗马国教后,伊壁鸠鲁派并没有受到抵制,一直到公元4世纪,它才由于与某些基督教义相左遭到禁止。经历漫长的中世纪,伊壁鸠鲁派伴随着文艺复兴开始兴起,17、18世纪伊壁鸠鲁和卢克莱修的著作被广泛阅读,并在许多方面成为哲学—科学事业的灵感的源泉。新的哲学与伊壁鸠鲁主义所拥有的共同基础是广泛而根本的。② 由此可以看出,近代哲学与古代哲学之间并非截然断裂,近代哲学的兴起表现为强烈地反对柏拉图主义和亚里士多德主义的正统,它所汲取的古代思想资源恰恰是古典哲学的反对者——智者派和伊壁鸠鲁派的思想。以下我们通过考察伊壁鸠鲁派与霍布斯、马克思和后现代政治哲学之间的传承关系,阐明伊壁鸠鲁派与现代性之间的谱系学。

　　施特劳斯尖锐地指出,霍布斯从来不提普罗泰戈拉或伊壁鸠鲁,他担心他的《利维坦》会让读者想起柏拉图的《理想国》,但没人会想到把《利维坦》比作卢克莱修的《物性论》。霍布斯的哲学基础是机械唯物论和怀疑论。在他看来,人类只能理解自己创造的事物,自然科学就建立在此基础上。因为人类无法理解宇宙,自然神秘莫测,所有关于自然的知识都无法确定。正由于人类对自然的控制不需要理解自然,他对自然的征服也就不存在可知与不可知的界限,人完全可以成为自然的主宰者。再加上人的自然状态无比悲惨,人不可能依靠所谓上帝之城,而只能依靠世俗的法律和权威。③ 霍布斯消解了自然目的论,古典传统的自然法不再神圣,取而代之的自然权利是个人寻求安全和自保以及对死亡的畏惧。霍布斯继承了伊壁鸠鲁将善等同于快乐,政治德性变成了人追求虚荣的好名,由此

---

　　① [古罗马]西塞罗:《论法律》,1.39,第53页。
　　② [美]詹姆斯·尼古拉斯:《伊壁鸠鲁主义的政治哲学》,第117页。
　　③ [美]施特劳斯:《自然权利与历史》,第171—172、178页。

确立了近代政治哲学的出发点乃在于个体的激情和欲望。伊壁鸠鲁对人的欲望有诸多划分，他摒弃纯粹享乐的生活，追求禁欲式的哲学生活。卢克莱修不相信人类政治社会能摆脱争权夺利，因而只有诉诸哲人自身的平静生活。但经历过文艺复兴世俗化洗礼的霍布斯对于所谓哲人隐居式的平静生活已无所好，恰恰走向了伊壁鸠鲁派的另一端——既然人们无法过苦行禁欲的幸福生活，不如彻底打碎所有对人的欲望和激情的限制。当然这样做的限度就是大家相互约定不能侵犯他人的自然权利，但公民社会的建构只是为了让大家寻求便利的生活，而不是成为有德性的人。① 尽管霍布斯比伊壁鸠鲁派对政治的态度更加乐观积极，但在政治的出发点和目的上几乎与其无甚差异。霍布斯开启的近代政治哲学的立足点在于安全和自保，这几乎成为霍布斯之后所有思想家共同遵守的前提，也成为自由主义政治所信奉的"不成文法"。

青年马克思在其博士论文《德谟克利特的自然哲学和伊壁鸠鲁自然哲学的差别》（以下简称《博士论文》）中曾提到人们对希腊哲学的一般看法——希腊哲学在亚里士多德那里达到极盛之后，接着就衰落了。但马克思从青年黑格尔派哲学的视角来看，认为伊壁鸠鲁主义、斯多亚主义和怀疑主义属于具有"自我意识"的哲学思想，它们是罗马精神的原型。② 马克思的眼光如此犀利，他敏锐地捕捉到希腊化哲学与现代启蒙哲学之间的联系。马克思在大学读书时受处于黑格尔左派的青年黑格尔派的影响，该派哲学认为，希腊化哲学所体现的自我意识和反宗教的精神，可视为18世纪启蒙运动的先声，也是反对基督教可以仰赖的思想武器。马克思之所以选择伊壁鸠鲁，正是因为他身上的启蒙气质。马克思视伊壁鸠鲁为普罗米修斯的再现，他在其哲学中发现个体从最后的限制中被释放出来，而马克思自己的痛苦也在伊壁鸠鲁的著作中找到了推动力。马克思的博士论文通过伊壁鸠鲁和德谟克利特的原子论比较，从伊壁鸠鲁的原子偏斜理论中引申出独立个体打破一切束缚的自由。③ 马克思的解释在今天看来似

---

① 参看[英]霍布斯《利维坦》，黎思复、黎廷弼译，北京：商务印书馆1985年版，第268页；《论公民》前言，应星、冯克利译，贵阳：贵州人民出版社2003年版。
② [德]马克思：《德谟克利特的自然哲学和伊壁鸠鲁自然哲学的差异》，载《马克思恩格斯全集》（第一卷），北京：人民出版社1956年版，第16页。
③ 参看罗晓颖《马克思与伊壁鸠鲁》，上海：华东师范大学出版社2010年版，第52—54页。

乎不那么可信，但他将希腊原子论哲学看作对自由的追求，这却完全符合希腊哲学的伦理精神。原子论不是今天的物理学，而是伦理学和人学的体现。

伊壁鸠鲁派对马克思最重要的影响是其对宗教的批判，这种影响体现为近代哲人以哲学质疑和反对宗教。从霍布斯开始，经斯宾诺莎、休谟、霍尔巴赫、费尔巴哈、鲍威尔一直到马克思，它们构成哲人批判宗教的近代启蒙传统。他们不同于伊壁鸠鲁追求个体心灵平静，而更多出于政治和社会的目的，将人从宗教的束缚中解放出来，诉诸人自身的理性。① 正如马克思宣称伊壁鸠鲁是希腊最伟大的启蒙思想家，马克思作为"现代的普罗米修斯"，无疑比伊壁鸠鲁更加伟大，因为伊壁鸠鲁的启蒙仅限于学园和朋友之间，马克思的启蒙则化理论为行动，影响遍及整个世界。

在《关于伊壁鸠鲁哲学的笔记》中，马克思阐明了他对希腊哲学史的理解。在他看来，希腊最早的哲人是皮托女神，她说出的只是一般的简单戒律，但在某种程度上却是政治生活的积极创造者和立法者。伊奥尼亚派和埃利亚派哲学虽然具备哲学的特征，却远离民众，到了阿那克萨戈拉那里，哲学才开始亲近民众，真理开始公开，一直到苏格拉底，他完成了哲学"走向主观化"的哲学意识的内在性，这一切在他的守护神中达到顶峰，"守护神即主体本身"，马克思称苏格拉底是"进入实际运动的哲人"：

> 在希腊哲学意识的作坊里，最终从抽象的朦胧昏暗中和它黑沉沉的帷幕的覆盖下，出现在我们面前的还是充满生命力，在世界舞台上行进着的希腊哲学所固有的那个形象。正是那个形象，他甚至在熊熊燃烧的壁炉中看到了神，正是那个形象，他饮进一杯毒酒，并且像亚里士多德的神一样，享受着最高的幸福——理论。②

马克思刻画的希腊哲人谱系由启蒙哲人构成，伊壁鸠鲁则是启蒙哲人

---

① [美]施特劳斯：《斯宾诺莎的宗教批判》，李永晶译，北京：华夏出版社2013年版，第65页。
② [德]马克思：《关于伊壁鸠鲁哲学的笔记》，载《马克思恩格斯全集》（第40卷），第71页。

的集大成者。从伊壁鸠鲁那里，马克思看到了精神的独立和精神的自由。他嘲讽历史上西塞罗和普鲁塔克对伊壁鸠鲁派的攻击都是些肤浅的道德责难，而道德何以能与精神的自由媲美？由此可见，近代启蒙运动与古希腊启蒙运动在思想渊源上并非断裂，而都体现为以理性自居的哲人对道德、宗教和礼法的蔑视。以发现自然，传播真理作为使命的近代哲人将古希腊政治哲学中的自然与礼法之争推向极端——以自然反对礼法，以哲学反对宗教。古典政治哲学中自然与礼法相互补充、相得益彰的和谐之道完全被形而上学的二元对立所取代。生活在法国大革命的特殊时代，近代启蒙哲人的启蒙力度和影响都远远超过了古代的启蒙运动，启蒙伴随革命之势席卷了从知识分子到民众的每个角落。由此，马克思关于"哲人作为造物主"的判断得以实现，哲人不再居住在阴冷的"阿门塞斯王国"，而要来到塞壬女妖的歌声到处飘荡的尘世，通过实践使它变得更加合理。

如果说马克思寄希望于通过社会启蒙和政治启蒙实现伊壁鸠鲁哲人的个人自由，那么经历尼采和海德格尔等现代哲人对启蒙哲学的批判，后现代哲人对政治和社会启蒙则不抱什么希望，而是将希望诉诸"自我快乐"和"自我治疗"。美国哲学家努斯鲍姆在其《治疗欲望》一书中充分阐述了伊壁鸠鲁派的"治疗"哲学。她引用伊壁鸠鲁的话，"哲学家的话语如果不能治疗人类的痛苦就是空洞的。正如医术如果不能解除身体疾病就是没用的一样，因此，除非哲学能解除心灵的痛苦，否则也是没有用的"。[①] 与古典政治哲学注重德性教化不同，伊壁鸠鲁派乃至整个希腊化哲学注重个体灵魂的治疗。努斯鲍姆看到希腊化哲学与现代自由主义之间的密切关系：

> 不仅古代晚期以及大部分基督教的思想，而且如笛卡尔、斯宾诺莎、康德、亚当·斯密、休谟、卢梭、美国的国父们、尼采和马克思等那样不同的现代作家的作品都在相当程度上得益于伊壁鸠鲁派、斯多亚派和怀疑论派的作品，其影响甚至远远超过了亚里士多德和柏拉图的作品。尤其当对情感进行哲学思考时，忽视希腊化的伦理学意味着放弃的不仅是西方传统中最好的，而且是对后来哲学发展有重要影

[①] M. Nussbaum, *The Therapy of Desire*，转引自曹欢荣《伊壁鸠鲁派灵魂治疗的"药"》，北京：中国社会科学出版社2010年版，第13页。

响的思想资源。①

努斯鲍姆以为古典政治哲学注重德性教化，从而忽视灵魂和情感问题，这完全是将古典政治哲学当做理性主义形而上学的误读。实际上，柏拉图与亚里士多德都是以灵魂论作为思想基础，但都不是仅仅关注原子式的个体的内在情感和痛苦，而是通过将目光投向更高的宇宙、神、城邦、他人等，使灵魂在其中获得教化和净化。古典政治哲学与伊壁鸠鲁派的区别并不是说，前者不关心个人的精神问题，而是在于哲学境界的高低。柏拉图与亚里士多德的灵魂论作为"内圣"哲学，可以培养心性颇高、追求智慧的哲人，但这些哲人都学习"外王"哲学，他们或者像柏拉图一样成为清明审慎的立法哲人，或者像逍遥派和斯多亚派的诸多哲人一样，虽然对政治没有极大的热情，但都恪守古典政治哲学的教诲，在学园中研习哲学，而非如启蒙哲人一般对所有民众公开传播哲学真理。更何况，即使是斯多亚派的道德哲学，也仍然重视德性与修身，而非激情和欲望的释放。塞涅卡曾这样批评伊壁鸠鲁派哲学："谁被美德一方吸引，谁就证明了自己的高贵天性；谁跟快乐走，谁就是虚弱的、失败的、丧失男子气的，必然向卑鄙堕落。"② 斯多亚派的道德哲学最后融入了基督教传统，成为现代自由主义"消极自由"观的思想渊源，其在哲学境界上要高于伊壁鸠鲁派哲学。

但信奉伊壁鸠鲁派哲学的后现代哲人恐怕连自由主义的"消极自由"也不相信，而是投向非理性的迷狂。尼采的《快乐的科学》别有所指地提到，要像伊壁鸠鲁哲学一样，教人怎样快乐，尼采称"每一种艺术和哲学都可能被视为治疗手段和辅助手段，它们无不以痛苦和受苦之人为前提。而受苦者又分为两类，一种是因生命力过度旺盛而痛苦，这类人需要酒神的艺术，同时也用悲观的观点审视生活；另一类则是因生命力的衰退而痛苦者，这类人寻求休憩、安宁和平静，想借着艺术和知识的助力而获得解放，要不然就借力于陶醉的快感、迷惘与疯狂来逃避"。③ 20世纪的

---

① M. Nussbaum, *The Therapy of Desire*, 转引自曹欢荣《伊壁鸠鲁派灵魂治疗的"药"》，北京：中国社会科学出版社2010年版，第28页。
② [古罗马] 塞涅卡：《强者的温柔——塞涅卡伦理文选》，包利民等译，北京：中国社会科学出版社2005年版，第356页。
③ [德] 尼采：《快乐的科学》，黄明嘉译，北京：中央编译出版社2001年版，第294页。

存在主义之所以走向虚无，在某种程度上不幸被尼采言中，人被抛入不可测的深渊，无家可归，生命呈现出碎片化和无意义。社会生活中流行的后现代思想质疑一切人生理想、生活价值，充分展露人生本无目的，强调当下即实在，快乐在此刻。李泽厚先生对中国社会流行的后现代思想的描述可谓惟妙惟肖：

> 正因为无法对抗那有限性和时间的威胁，而仍要活着，活着又并无目的，百无聊赖，于是也可以是这同一批讲究穿着、奢侈度日、疯狂做爱、写诗、玩艺术的"蛆虫"，在同一个夜晚去激情满怀高歌慷慨地为《切·格瓦拉》（中国话剧）真诚地狂呼喝彩。①

在今天的中国社会，伊壁鸠鲁派附着在后现代哲学身上，将功利论、享乐论和颓废论都发挥到极致。而在流俗的后现代人生观背后，则隐藏着伊壁鸠鲁派哲学传统所经历的漫长的现代转化。在古希腊政治哲学史上，伊壁鸠鲁派终结了古典政治哲学，其所掀起的"古今之争"至今还在加剧着现代性的危机。伊壁鸠鲁作为现代性的鼻祖，所开启的这个不同于古典时代的新时代仍然还在继续。

---

① 李泽厚：《人类学历史本体论》，天津：天津社会科学院出版社 2008 年版，第 129 页。

第九章

西塞罗的政治哲学

第一节 西塞罗与罗马共和政治

西塞罗是古罗马著名的政治家、哲学家和演说家。他在伦理学、政治学和修辞学以及古典人文主义的教育方面对西方文化的影响无与伦比。西塞罗《共和国》的原稿残缺不全，我们通过奥古斯丁等人的引用才得以了解这部书。意大利文艺复兴时期的人文主义者彼德拉克、萨卢塔提重新发现了西塞罗书信的重要价值。伊拉斯谟翻译西塞罗《图斯库鲁姆谈话录》时称其是"上帝的礼物"，具有"超世俗的美"。《论义务》成为后来几个世纪中欧洲每个受教育人士的必读书。① 西塞罗书信的翻译者，19世纪的德国文学家维兰德曾在前言中讲道："十八个多世纪以来，西塞罗的名字彪炳史册，正因为有他这样的人，文明人与野蛮人和不文明的兽性之人才得以区分。他留给我们的作品价值崇高，这已得到普遍承认，甚至当古老的罗马帝国在欧洲完全覆亡之后，在数世纪黑暗野蛮的国度里，他的伟大声望仍旧安全地守护着欧洲相当大的部分。"② 今天我们所说的"自由教育"就来自西塞罗，他区分了"自由的技艺"（artes liberals）与"鄙俗的技艺"（artes sordidae），前者是包含较高智慧的职业，如医术、建筑术、从事高尚事业的教育，适合于自由人，后者是各种工匠从事的以

---

① Henning Ottmann, *Geschichte des politischen Denkens*, *Die Römer*, Band II, Stuttgart, Metzler, 2002, S. 77.

② ［德］维兰德：《西塞罗书简》译者前言，黄瑞成译，载刘小枫主编《西塞罗的苏格拉底》（《经典与解释》，35），北京：华夏出版社2011年版，第231页。

赚钱牟利为目的的职业。① 西塞罗的区分带有浓厚的贵族教育色彩，然而他对自由和智慧的追求却为两千年来的欧洲人文主义教育所继承与发扬。

作为罗马共和政治衰亡的见证者和共和政治的拯救者，西塞罗的一生与罗马共和国有千丝万缕的联系。他生于公元前106年，在公元前44年恺撒遇刺后一年被安东尼所杀。西塞罗出生于骑士家族，从小受到良好的诗歌、哲学和演说的教育。西塞罗出色的演说才能令他的希腊修辞学教师为之折服，感叹演说和修辞是希腊仅存的光荣，现在却经由西塞罗转移到罗马的名下了。② 西塞罗因从事政治演说而闻名，成为罗马第一演说家和诉讼辩护师，受到人们的尊敬和信任。后来先后参加竞选官职，出任市政官，裁判官，占卜官，最后在公元前63年成为罗马最高的执政官。在任期间，他站在罗马元老院贵族一边，成功地揭露和粉碎了喀提林企图篡夺国家权力的阴谋。这使他的政治声誉达到最高峰，西塞罗被视为共和国的拯救者和"国父"。③

西塞罗在反对喀提林阴谋中的出色表现彰显了政治家的德性。喀提林出身贵族，但禀性邪恶堕落，他曾经支持独裁者苏拉，后来参加执政官竞选，由于犯勒索罪等被取消竞选资格。公元前63年，喀提林一面参加竞选，一面试图通过武力夺取政权。时任执政官的西塞罗识破了喀提林的阴谋，先后对元老院和人民发表四篇演说。第一篇演说迫使喀提林离开罗马，第二篇演说向人民表明喀提林对共和国的威胁。第三篇演说中，西塞罗说自己派人截获了喀提林阴谋者的书信，罪证确凿。第四篇演说商讨如何处置阴谋者，西塞罗处死了城内5名阴谋分子。④ 在整个事件的处理中，西塞罗置个人安危于不顾，勇敢地保卫共和国；他先行缓兵之计，再通过智谋获取喀提林分子谋反的证据，可谓有勇有谋。然而，元老院的腐朽已非同一般，尤其是那些从平民中选出的元老对打着"为民请命"旗号的喀提林十分同情，认为西塞罗对于喀提林分子的处置过于严

---

① [古罗马]西塞罗：《论义务》，载《西塞罗文集》（政治学卷），王焕生译，北京：中央编译出版社2010年版，1.150－151，第385—386页。
② [古罗马]普鲁塔克：《希腊罗马名人传》（三），第1544页。
③ 同上书，第1559页。
④ 参看[古罗马]西塞罗《反喀提林》，载《西塞罗全集》（演说词卷）（上），王晓朝译，北京：人民出版社2008年版，第765—833页。

厉。西塞罗只是通过元老院的批准就处死阴谋分子，侵犯了公民要求审判的权力，因为元老院只是咨询机构，而不是行政机构。与民众为伍的恺撒同样对西塞罗处死喀提林分子的合法性提出质疑。西塞罗因此得罪了一些元老和大量平民，但历史证明西塞罗的决定是正确的，喀提林率领军队走上公开叛乱的道路，幸亏早作准备，政府军才最终消灭了叛军，保卫了国家的安全。① 喀提林阴谋凸显了罗马共和国元老院与平民的尖锐矛盾，致使某些野心家利用这种矛盾为自己获得更多的权力和财富。西塞罗深深为此担忧，一直呼吁建立国内所有健康力量的党派联合。

接下来几年，罗马的政治形势大变。站在民众一边的恺撒，站在元老院一边的庞培与代表骑士等级利益的巨富克拉苏结成"三巨头"联盟。西塞罗称之为"有史以来最臭名昭著、最可耻、最可恶的联合"。他深感国家领导人的道德败坏，"元老院、法庭和国家的基础已经变了，元老们勇敢和正直的古老理念也已然忘却"。② 然而，西塞罗虽然对此反感，却始终不得不与之进行周旋。他既希望恢复罗马传统的共和制度，又深感元老院的无能为力，恺撒和庞培之间矛盾的激化使他处于非常软弱的地位。西塞罗被排除在国家事务之外，于是在乡间庄园务虚，其间写下了修辞学著作《论演说家》以及政治学著作《论共和国》和《论法律》。公元前49年，恺撒与庞培之间的内战爆发。双方都想拉拢西塞罗，西塞罗起初支持比较接近元老院的庞培，次年庞培失败后，他与恺撒和解。在恺撒专权的情况下，西塞罗在政治上已无所作为。他又写下了《论老年》《论友谊》和《论义务》等著作。

公元前44年恺撒被共和派布鲁图斯刺杀，西塞罗又一次幻想能拯救共和政治。然而僭主已死，暴政犹在，恺撒的余党安东尼和屋大维都觊觎最高统治的权力。西塞罗进退维谷，他寄希望于依靠年轻的屋大维来抵制安东尼，却招致共和派的猜疑。西塞罗想逃往希腊，他的朋友阿提库斯

---

① 参看［英］迈克尔·格兰特《罗马史》，王乃新、郝际陶译，上海：上海人民出版社2008年版，第164—165页。
② 转引自［美］麦克科马可《道德与政治：西塞罗如何捍卫罗马共和国》，载刘小枫主编《西塞罗的苏格拉底》（《经典与解释》，35），第52页。

说：" 你经常谈论高贵地死，你最好的选择就是……去吧，献身你的国家！"① 他回到罗马，从此坚定不移地与安东尼斗争，捍卫共和国。安东尼数次扬言要烧了西塞罗的房子，置其于死地。然而西塞罗仍然效仿希腊演说家德摩斯蒂尼攻击马其顿国王菲利浦二世一样，发表了著名的《反菲利浦演说》，揭露安东尼的野心，希望危机能唤醒罗马元老和民众的道德感，使他们像祖先一样行事。"所以，我们要么恢复罗马民族原初的自由和名誉，要么不甘奴役而死。我们生长的自由体中不能容忍某些东西……我们之间某些人过度热爱生命；但是我们能够容忍这邪恶的匪徒最野蛮最残忍的暴政吗？"② 然而，元老院一味向安东尼妥协，致使其得寸进尺。元老院派出的兵力又不是安东尼的对手，只有依靠屋大维攻击安东尼。而屋大维直接要元老院选其当执政官，元老院无法同意。最后屋大维带兵占领罗马，并与安东尼和解，与雷必达一起又结成"三巨头"同盟，屠杀了罗马三百个元老和两千贵族。西塞罗在逃往希腊途中又突然折返，被安东尼的追兵赶上。西塞罗让人把担架放在地上，安静地把头伸到剑锋之下。追兵砍下了西塞罗的头和双手，安东尼将它们悬挂在元老院的演讲坛上。后来的一位历史学家回忆这次事件，这样向安东尼致辞："你减少了西塞罗的忧心岁月，他的老年活在你的统治下比死于三巨头执政更不幸；但是你无法剥夺他所言所行的名誉和荣耀，而且，你还增加了这些名誉和荣耀。他活着，并且会继续活在时代的记忆中，跟这个世界一样长存"。③

罗马共和国的衰亡并非仅仅由于其制度架构被破坏，更为根本的还是德性的衰落。仅凭老加图、小加图和西塞罗这样几位德高望重的元老，不可能从根本上拯救岌岌可危的共和国。对此西塞罗有深刻洞察，"正是我们自己的道德衰败而非任何偶发因素导致我们的共和国有名无实"。④ 元老院效率低下，追逐私利，希望通过盘剥行省以中饱私囊，这就给那些野心勃勃的军事将领和政治家以腐败的机会。各党派互相倾轧，民众为自己

---

① 转引自［美］麦克科马可《道德与政治：西塞罗如何捍卫罗马共和国》，载刘小枫主编《西塞罗的苏格拉底》(《经典与解释》，35)，第55页。
② 转引自［美］麦克科马可《道德与政治：西塞罗如何捍卫罗马共和国》，载刘小枫主编《西塞罗的苏格拉底》(《经典与解释》，35)，第61页。
③ 同上书，第68页。
④ 转引自［美］巴洛《罗马人》，黄韬译，上海：上海人民出版社2000年版，第44页。

的利益吵吵嚷嚷，总督们贪婪而野心勃勃，在这样的社会氛围中，罗马共和国不可避免地走向衰亡。① 考察西塞罗与罗马共和政治的关联，有助于我们深入理解西塞罗政治哲学的主题——国家观，自然法，哲学与政治，道德与政治。

第二节 西塞罗的国家观

西塞罗《论共和国》写于公元前53年，罗马共和国即将爆发恺撒与庞培的内战前夕。正如西塞罗自己所说，他的作品不过是重复柏拉图和亚里士多德的教诲一样，《论共和国》也是运用柏拉图和亚里士多德的政体理论分析罗马的现实政治。《论共和国》的对话录中人物的核心是斯基皮奥，他是古罗马共和国著名的贵族，曾立下赫赫战功，崇尚希腊文化，维护罗马传统，在他的周边有一大批作家、诗人、历史学家、政治家，对罗马文化产生很大影响。莱利乌斯和菲卢斯是斯基皮奥门下捍卫正义的高尚的政治家。西塞罗设想的对话分三天进行，第一天谈论的主题是最好的国家体制问题（optimus status civitatis），第二天谈论的主题是国家概念的哲学基础，主要是正义问题（aquabilitas），第三天谈论的主题是最优秀的国家管理者问题。每个主题包含两卷，全书共六卷，以"斯基皮奥之梦"结束。② 然而，由于全书缺损严重，除了"斯基皮奥之梦"外，保留比较完整的只有第一卷和第二卷，有些内容可以通过奥古斯丁等经院神学家的注疏弥补。因此，我们对西塞罗的国家思想的理解非常有限。

一 最好的政体——混合政体

早在西塞罗之前，柏拉图的《礼法》已提出了混合政体的思想，即君主制和民主制的混合。亚里士多德《政治学》更详细地阐释了政体如

---

① 马基雅维利对罗马共和国的衰亡有极为敏锐的洞察，他对制度与德性的关系论述精辟，"公民良善，此种制度亦可以称良善，因为能够提出动议的每个人都是出于良好的公心，而且人人都能表达自己的看法；在听取各方的意见后，人民可以择善而从。然而，如果公民已经堕落，此种制度也会随之恶化，因为只有权贵能提出建议，他们不是为了共同的自由，而是为了自己的权势"。参见［意］马基雅维利《论李维》，冯克利译，上海：上海人民出版社2005年版，第99页。

② 参看王焕生《论共和国》译者序，第7页。

何保持稳定，最好的政制是混合政制。生活在罗马，也是斯基皮奥门下重要人物的希腊历史学家波利比乌斯在《历史》中对政体有深入研究。他认为，单一的政体根本上是不稳定的，会出现从君主专制——王政——僭主制——贵族制——寡头制——民主制——君主专制的治乱循环，这是"自然的法则"不可避免。唯有如斯巴达政体和罗马政体这样的"混合政体"才有可能避免政体不稳定的缺陷。① 西塞罗汲取了柏拉图、亚里士多德和波利比乌斯的思想，进一步向世人展示了罗马政体的独特性。

首先，西塞罗对国家给出了著名的定义："国家乃是人民的事业（res publica res populi），但人民不是人们某种随意聚合的集合体，而是许多人基于法权的一致性和利益的共同性而结合起来的集合体。"② 在此定义中，西塞罗凸显了共和国（republic 来自 res publica 共同的事务）的"共和"色彩，即基于共同的法和共同利益建立的共同体，而非突出个人的色彩。其次，共和国并非某种特殊的政体，而是政治正当性的体现。它是一切为实现公共利益的政制（诸如亚里士多德笔下的正常政体——君主制、贵族制和共和制），而不是一切为谋取私利的政制（诸如亚里士多德笔下的变态政体——僭主制、寡头制和平民制）。③ 此外，共和国要求各个阶层达成一致，致力于共同目标。这也是西塞罗一生努力所追求的目标，所谓"各种健康力量的联合"，"统一的人民，统一的元老院"。西塞罗的共和国定义为解除纷争，寻求和谐的混合政体奠定了基础。

王政的特点是最高权力集中于一人，贵族制的特点是最高权力集中于贵族，民主制的特点是一切权力归人民。最理想的状况在于，统治者是公正而智慧的国王，或是挑选出来的杰出公民，或是公正无私的人民。然而，现实中每种政体都有缺陷：王政的缺陷是其他人被过分地排除在公共政治之外，诸如居鲁士统治下的波斯；贵族制的缺陷是民众缺少参政议政的权利，诸如雅典的"三十寡头"执政；民主制的缺陷是民众过分的自由破坏了本应该存在的地位和等级，诸如雅典的民主。于是，西塞罗提出超越于三种政体之外的"第四种政体"——混合政体，"最好是一国既包

---

① 参看［法］菲利普·内莫《古罗马政治思想史讲稿》，张竝译，上海：华东师范大学出版社 2011 年版，第 109—115 页。
② ［古罗马］西塞罗：《论共和国》，1.39，第 75 页。
③ Henning Ottmann, *Geschichte des politischen Denkens*, *Die Römer*, Band II, S. 100.

含某种可以说是卓越的、王政制的因素，同时把一些事情分出托付给杰出的人的权威，把另一些事情留给民众们协商，按他们的意愿决定"。① 西塞罗说明混合政体的优点在于公平性和稳定性，它避免了前述三种政体的缺陷，例如国王变成为主宰，贵族变成为寡头集团，人民变成好骚动的乌合之众。另外，混合政体强调各个阶层的德性，王政的仁爱（capiunt reges），贵族制的智慧（consilio optimates）和民主制的自由（libertate populi）。

西塞罗并没有从政体本源的哲学层面上剖析混合政体的意义，而主要为了解决罗马现实政治中面临的威胁。他对混合政体学说的独特贡献乃在于用其解释罗马政体的历史和现实。从罗马历史来看，建国者罗慕卢斯创建了作为国家两大支柱的占卜和元老院。努马创建了罗马的宗教礼仪，使民众敬神和宽仁。直到最后一位国王塔克文因暴政激怒人民，一位没有担任公职的罗马公民布鲁图斯倡议人们放逐国王及其家族。② 罗马共和国体现了混合政体的特点。早期元老院拥有绝对权威，绝大部分事务是按照元老院的决议、法规和习俗进行；执政官类似于王政下的王，任职只有一年；人民虽然有一定监督权力，但人民会议的决议只有得到元老院的赞同才有效。这种政制实际上是以元老院贵族为核心主宰的混合政制。但罗马共和国后期由于战争不断和人民债务负担增大，不断有人挑战元老院的地位。西塞罗在诸多地方提到，罗马保民官的设立本来是为了增大民众的权力，使民意得以汇聚和表达，但格拉古兄弟担任保民官期间，却利用民众的愤怒制定许多减免债务、平均分配土地等讨好民众的措施，打破了原有的混合政体的和谐。元老院贵族的堕落和胆小懦弱又使得担任执政官一方的军方将领苏拉和恺撒大权独揽，试图联合民众孤立元老院的贵族。③ 因此，西塞罗不断呼吁恢复罗马共和国早期的混合政制，呼吁元老贵族的德性、执政官的统治德性和民众的德性。

我们从西塞罗的作品中清晰地看到传统、宗教和权威在罗马政治中发挥的重要作用。阿伦特对罗马政治的观察从西塞罗那里获得许多启示。在

---

① ［古罗马］西塞罗：《论共和国》，1.69，第119页。
② 同上书，2.45-46，第173页。
③ ［古罗马］西塞罗：《论共和国》，2.59-64，第189—197页；《论法律》，3.15-26，第191—207页。

她看来，罗马政治的精神体现为传统、宗教和权威的三位一体，它们的合法性都蕴含在神圣的开端中。权威（auctorias）这个词起源于动词扩大（augere），在权威中不断扩大的是根基。这个根基就是最初的开端——罗慕卢斯建立罗马城。它成为罗马的神圣的起源，以后的建城都是对神圣起源的分享。根基只能被不断回忆，而不能动摇。根基被罗马人作为祖先一样供奉，现实政治的权威则由此派生出来。元老院的长老或者通过世袭，或者通过开创者的授予获得权威，但其根基始终在祖先的开创活动中。①罗马宗教是政治宗教。阿伦特说："在希腊虔诚意味着直接展现在神的面前，与之相比，在罗马宗教这个词意味着 re‑ligare：被约束，承担义务，富有宗教性意味着与过去系在一起。"②宗教的神圣体验与人在现实政治中的荣耀是一体的，都来自于对根基和家园的体验。

西塞罗的名言"权力在人民，权威在元老院"（potestas in populo, auctoritas in senatu）③是罗马共和政治智慧的体现。这种混合政体的结构被现代英国的共和国和美国所继承。阿伦特曾用其来阐释美国的共和政治，古罗马权力和权威的双重架构避免了政治中的独裁和专制，美国建国者采纳了英国政制中上下两院的设置，从而将权威集中在参议院与最高法院手中。而宪法的权威源自与先祖共同承诺，是对创立政治体和殖民地人民自治经验的回忆。由此，阿伦特认为，美国革命真正继承了古罗马的共和精神，摒弃了绝对主义的政治观念。④因此，如果我们要全面理解西塞罗的混合政体思想，既要关注权力制衡的稳定的制度架构，更要关注罗马共和政治的德性和传统、宗教和权威融为一体的精神。

二　哲学与政治——"斯基皮奥之梦"释义

在《论共和国》第一卷中，西塞罗讨论了哲学与政治之争以及罗马人需要什么样的哲学。他更强调政治的实践性，"对美德的最好运用在于管理国家，并且是在实际上，而不是在口头上实现那些哲学家在他们的角落里大声议论的东西"。"人类的德性在任何事情中都不及在建立新国家

---

① Hannah Arendt, *"What is Authority"*, *Between Past and Future*, New York, 1961, pp. 120‑123.
② Ibid, p. 121.
③ ［古罗马］西塞罗：《论法律》, 3.28, 第 209 页。
④ Hannah Arendt, *On Revolution*, New York, 1963, p. 162‑163.

或者保卫已经建立的国家中更接近神意"。① 西塞罗此举意在破除伊壁鸠鲁派哲学对罗马公民的影响，使公民热爱国家，勇于投身于政治事务的实践，而不是缩在小花园中进行哲学思辨。为什么要投身于政治生活？这种政治激情和对德性的追求是自然赋予的，其力量能够战胜人的一切欲望和闲适产生的诱惑。西塞罗极为赞赏的加图和斯基皮奥都是具有高尚德性的政治领袖。

然而，罗马人是否不需要哲学和文化？要知道罗马人属于质朴而尚武的民族，在希腊文化进入罗马之前，罗马人"重质轻文"，与希腊的斯巴达非常相像。早期的罗马民族拒斥希腊哲学与修辞学，老加图于公元前155年还曾经驱逐出访罗马的希腊化哲学家，认为他们的学说对罗马传统观念和信仰是一种挑战，会腐蚀年轻人。西塞罗时期希腊化哲学已经全面进入罗马上流社会。他的朋友小加图是斯多亚派，瓦罗是柏拉图主义者，他终生的挚友阿提库斯是伊壁鸠鲁主义者。在此背景下，西塞罗更多思考如何将希腊有益的哲学思想与罗马的政治和社会结合，以此来教化公民。如何才能既保持罗马人的质朴和爱国传统，又能怡悦其心灵，陶冶其情操，净化其灵魂？"以文化质"正是西塞罗所要做的打通哲学与政治的工作。

问题的关键在于罗马人需要什么样的哲学？在开始关于共和国的谈话中，突然年轻人图贝罗兴致勃勃地插进了"两个太阳"的天象问题，斯基皮奥马上否定该问题的重要性，他援引苏格拉底的教诲，探讨自然问题或者超出人的智慧能力的许可，或者与人类生活毫不相关。但斯基皮奥的立场又有些动摇，他对纯粹的知识感兴趣，比如了解日食能消除人们对上天的畏惧。进而斯基皮奥站在斯多亚哲学一边，阐明一个排除了心灵烦忧的人，一个蔑视人生一切事物，把智慧看得更珍贵，除了永恒的神性外对其他一切从不考虑的人更幸福。这时捍卫政治的莱利乌斯对此进行批评：出身政治世家的人居然不关心国家将分裂为两个人民和两个元老院，而是关心天上的"两个太阳"。这种问题不可能给我们的生活带来幸福。你们应该研究那些能使我们成为对国家有用的人的科学。② 由此，谈话经过莱利乌斯的纠正，才回到对混合政体问题的探讨上。

---

① ［古罗马］西塞罗：《论共和国》，1.2，第20页；1.12，第33页。
② 同上书，1.15，第39页；1.26–33，第57—69页。

斯基皮奥对"罗马政体是最好政体"的观点有所怀疑。西塞罗借加图之口表明罗马政体的独特性在于"不是靠一个人的智慧,而是靠许多人的智慧,不是由一代人,而是由数代人建立的",① 然而这段对罗马政体的历史追述,如果对于共和国公民而言,就是弘扬祖先传统的政治教育。而细心揣摩斯基皮奥的修辞,会发现他反复强调,罗马建城,攫取充足的土地和居民,保障安全,成就伟业,这些都少不了掠夺和欺诈。另外,罗慕卢斯和他的继任者都很虔敬,但斯基皮奥提到,神没有惩罚对邻人行不义的罗马人,即使他们选在宗教节日里以欺诈方式掠夺了萨宾妇女。② 斯基皮奥的历史追述是理论想象与历史事实的结合,其目的类似于柏拉图的"高贵的谎言",旨在培养公民对政治传统的热爱。③ 由此才能解释,为什么西塞罗在《论共和国》第三卷探讨法与正义的关系。仅凭上面的历史追述无法表明罗马政体最正义,自然"罗马政体是最好政体"的观点也不攻自破。西塞罗引入自然法的深刻用意在于弥补罗马政体价值理念的缺失。

在《论共和国》的最后,西塞罗模仿柏拉图的"地狱神话"讲述了一个"斯基皮奥之梦"的故事。当莱利乌斯抱怨没有在公共场所为纳西卡建立雕像,以纪念其杀死僭主时,斯基皮奥讲到,由神明感召的德性本身要求的不是用铅固定的雕像,也不是用萎谢的月桂装饰的凯旋,而是来自天上的更为永久的奖赏。在梦中,斯基皮奥见到了他的祖父,祖父预言了他一生的命运,并说只有在他摆脱肉体的束缚后,灵魂才能抵达天庭,寻求真正的永恒荣耀,而尘世的荣耀只是过眼烟云。因此,斯基皮奥认为,为了能够最终抵达天庭,实现灵魂不朽,就必须在人世间各种杰出的事业中磨炼自己的灵魂,为了国家的安康尽心尽力便是最高尚的,受其激励和磨炼的灵魂会更快地实现不朽。④ 与柏拉图的神话传说不同,西塞罗的"斯基皮奥之梦"对现实政治的背景有所考虑。斯基皮奥是立下赫赫战功的政治英雄,但却在罗马残酷的政治斗争中屡遭陷害,直至最后被人杀害。这种高尚的政治人物在动荡的政治纷争中如何安身立命,显然不能

---

① [古罗马]西塞罗:《论共和国》,2.2,第129页。
② 参看[美]潘戈《苏格拉底式的世界主义:西塞罗对廊下派理想的批评和改造》,载刘小枫主编《西塞罗的苏格拉底》(《经典与解释》,35),第13页。
③ 参看[美]施特劳斯主编《政治哲学史》,第178页。
④ [古罗马]西塞罗:《论共和国》,6.8–26,第325—351页。

仅仅依靠对现实世界荣耀的渴望,而需要有更高的精神寄托。现实中的斯基皮奥是斯多亚哲学的信徒,西塞罗在很大程度上也是以斯多亚哲学的灵魂不朽作为其安身立命之本。①

因此,仅仅把西塞罗"斯基皮奥之梦"的用意理解为以灵魂不朽的教义来增强公民的爱国热情,② 这种理解不确切。西塞罗向那些具有哲人潜质的人(如斯基皮奥)表明了政治事务不可避免的有限性,例如对政治的野心永远无法察觉到罗马不断扩张的危险,只有那些爱思考的人才会去思考正义与自然法,寻求超越有限的政治存在的生活方式。由此可见,思考的生活对于政治存在至关重要,哲学是正义政治的守护者。如同柏拉图《理想国》中的苏格拉底是捍卫城邦正义的哲人典范,西塞罗《论共和国》中的斯基皮奥也是能认识到现实政治的有限的政治哲人。

西塞罗的哲学思想渊源非常复杂。在他的作品中,可以看到各种希腊化哲学的影子,但很难说西塞罗属于哪一哲学流派。西塞罗既自称学园派怀疑主义的信徒,又称自己是斯多亚派信徒。学园派推崇怀疑和不确定,斯多亚派则强调严格的道德绝对论,探究所有事物的确定本质。哲学史家策勒尔称西塞罗是一个折衷主义者,他的成就并不在于思想的新颖和敏锐,而是以清晰优美的拉丁语方式表述希腊化哲人的思想。③ 面对上述西塞罗哲学思想中表面的悖论,我们必须回到一个根本问题上——作为政治家的西塞罗如何理解哲学?西塞罗一生格外重视道德与政治的哲学。他对苏格拉底推崇备极,"苏格拉底第一次把哲学从天上拉到人间,把哲学引入城邦甚至带进家庭;他迫使哲学探讨生活和品德以及善与恶的问题"。④ 对于哲学与政治,西塞罗致力于探讨与伦理道德相关的哲学,为政治奠定伦理的基础,"哲学首先教导我们要敬奉神,其次教导我们遵守作为人类社会基础的人与人之间的公平正义,它还教导我们要保持节制,心灵高

---

① 对"灵魂不朽"更深的哲学阐释,见西塞罗《图斯库鲁姆谈话录》第一卷,在其中他阐释了斯多亚哲学家帕奈提奥斯关于灵魂的学说,提出"美好生活的全部实质在于灵魂的坚毅、心境的崇高、淡漠和蔑视人间的一切事情、具有各种美德"。载[古罗马]西塞罗《论灵魂》,王焕生译,西安:西安出版社2009年版,第90—161页。

② Christophe Rowe, *The Cambridge History of Greek and Roman Political Thought*, Cambridge, 1999, p. 496.

③ [德]策勒尔:《古希腊哲学史纲》,第271页。

④ [古罗马]西塞罗:《图斯库鲁姆谈话录》,5.10—11,转引自[美]尼科哥斯基《西塞罗的苏格拉底》,载刘小枫主编《西塞罗的苏格拉底》(《经典与解释》,35),第41页。

尚，犹如排除眼前的昏暗一样，哲学把我们心灵里的朦胧驱散，使我们能够看清天上的和地面的，高尚的，中间的和卑贱的东西"。① 西塞罗一生的政治生活中包含了哲学的思考，"有什么能比把参与和从事伟大的事业与对那些科学的研究和认识结合起来更美好呢？……他们既没有忽略能使杰出人士获得巨大荣誉的那些东西，又给本国的、祖辈传下的习俗增添了源自苏格拉底的学说"。② 加图用来赞美老斯基皮奥的话也可以看作西塞罗一生的写照，"他永远不会比在无为时更加有为，永远不会比在独处时更不孤独（numquam se plus agree, quam nihil cum ageret, numquam minus solum esse, quam cum solus esset）"。③ 一个伟大而睿智的人在闲暇时也在思考公共世界，在独处时也在与天地精神对话。

第三节 西塞罗的自然法学说

一 斯多亚派的自然法学说

在亚里士多德去世之后，斯多亚派的自然法学说造成了政治哲学传统的中断。人不再是城邦的动物，而是作为个人在这个居住的世界生存。亚里士多德以后的一切哲学都成了进行伦理教育和安慰的手段，而且愈来愈具有宗教的特色。正是在此过程中，哲学产生自我意识，注重私人性的内在意识，并赋予其崇高的地位，这在古典时代的希腊人那里是看不见的。斯多亚派自然法学说具有两个鲜明特色：一是强调"个人"，作为人类中一分子而非作为公民的人；二是强调"普世性"，即整个世界范围内的人类都具有共同的人性。这种对个体权利和普世价值的强调对近现代西方文化具有决定性的影响。④

斯多亚派的创始人芝诺提出，人的目的就是要与自然相一致地生活，也即依照德性而生活。其后继者提出，"遵循目的即等同于遵循自然，因为我们自身的自然乃整个自然的一部分。不做普遍法则惯常所禁止的事情，这普遍法则就是那渗透万物的正确理性，也即那统治主宰万物的宙

---

① [古罗马]西塞罗：《图斯库鲁姆谈话录》第一卷，载《论灵魂》，第125页。
② [古罗马]西塞罗：《论共和国》，3.5，第215页。
③ [古罗马]西塞罗：《论共和国》，1.27，第59页；《论义务》，3.1，第430页。
④ 参看[美]萨拜因《政治学说史》（上），第183—187页。

斯"。① 但早期的斯多亚派受犬儒学派的影响，经常以哲人和贤人自居，超越一切外在环境和肉体的束缚，嘲笑世俗的生活，视哲人之外的人为愚人。这就使得他们鄙视世俗世界的政治，嘲笑神话史诗和传统礼俗。据说把自己装入酒桶的第欧根尼最早形容自己是"世界邦民"，柏拉图认为他是"变疯了的苏格拉底"。②

萨拜因指出，斯多亚派的自然法学说与君主政治有密切联系。斯多亚派一开始就是一个希腊化学派（a Hellenistic School），而非希腊学派（a Greek School），其创始人多生活在雅典周边的地区。关于希腊人和蛮族人之间的和谐理念很可能来自亚历山大的君主统治的需要，只是后来斯多亚派哲人从中引申出"世界城邦"和"普世法律"的观念，赋予其特殊的道德意义。公元前2世纪，斯多亚派哲学进入罗马时已经经过罗马人的改造，这主要归功于罗德岛的帕奈提奥斯（Panaetius of Rhodes）。他更多考虑如何发挥斯多亚哲学的社会和政治功能，吸引那些不懂哲学的罗马贵族。一方面，斯多亚派的果敢、坚韧、忠于职守、抵制享乐的道德自律很容易激发罗马人对自身传统道德的自豪感，如自我控制、忠于职守；另一方面，斯多亚派的"世界城邦"思想美化了罗马人对外扩张征服世界的统治野心。斯基皮奥圈子中的贵族多为这种罗马化的斯多亚哲学的信奉者。例如波利比乌斯的关注点在于"罗马人用什么样的方法以及通过何种政体在不到五十三年的时期内征服了全世界"。这种"世界城邦"的思想在现实政治中的应用容易滋长一种帝国主义野心，罗马人以为自己肩负着拯救者的使命，把和平与秩序送给那些政治上无能的民族。③

二 西塞罗对斯多亚派自然法学说的扬弃

西塞罗所做的工作继承了罗德岛的帕奈提奥斯（西塞罗系帕奈提奥斯的徒孙），将斯多亚哲学罗马化，使其在罗马社会和政治生活中发挥积极的作用。由于西塞罗文笔优美，能言善辩，而且他的写作基本上都面对的是共和国公民，作品通俗易懂，具有很强的感染力。因此，西塞罗的自

---

① ［古希腊］拉尔修：《名哲言行录》，VII.1，第679页。
② 参看［美］潘戈《苏格拉底式的世界主义》，载刘小枫主编《西塞罗的苏格拉底》（《经典与解释》，35），第9页。
③ ［美］萨拜因：《政治学说史》（上），第192—199页。

然法学说即使重述了帕奈提奥斯的观点,也仍然对罗马乃至后世文化产生重要的影响。如前所述,斯多亚派的政治哲学中有乌托邦主义的因素,诸如一个人与全人类的联系远比他与他的民族的联系更重要,个人道德远远高于为公众服务的公共精神,这些观念对于罗马当时的共和国政治显然是颠覆性的。西塞罗一方面汲取斯多亚派自然法的理性思想,另一方面又将自然法运用于共同体政治的学说中,融入公民社会,而非超越于共同体政治之外。

首先,西塞罗认为,"法(lex)是植根于自然的最高理性,它允许做应该做的事情,禁止相反的行为。当这种理性确立于人的心智并得到充分体现,便是法……法是自然之力量,是明理之士的智慧和理性,是公正和不公正的标准"。[1] 法源于自然而非意见,通过追溯法的起源,西塞罗提出衡量成文法的自然法标准。而这种不成文法(自然法)与成文法(实定法)的划分,也是对亚里士多德"自然正当"观念的运用。自然法保证成文法的公正性,当现实制定的法律违背正义,也就违背自然法,它就不再是法,因为法(lex)这个词包含公正、正确地进行选择的意思。[2] 西塞罗这里已经提出了"恶法非法"的思想。自然法是永恒的,它不随成文法一起产生和消失。它不是人类意志的体现,而是神明的体现。这种"法上之法"(leges legum)的自然法思想在后世很长时间都是立法者的立法准则。在伦理政治中,自然法体现为德性,诸如良知、节制、高贵等。西塞罗将自然法化入伦理政治的教化中,教导人们如何做一个好公民和好人。

受斯多亚派普世主义思想的影响,西塞罗对人道(humanitas)有很多阐述。第一,人是社会性的存在。人在与人的交往中存在互利和互惠。人只有通过他人的帮助,才能实现幸福。因此,西塞罗赞美仁爱与友谊,赞美大度、忠诚、正义的道德美。在所有的社会关系中,没有哪一种比人与国家的关系更重要。[3] 第二,人是理性的存在。世间万物中只有人与神共同具有理性,这种理性就是法。凡是具有这种共同法的人们,理应属于

---

[1] [古罗马]西塞罗:《论法律》,1.18-19,第33页。
[2] 同上书,1.23,第39页。
[3] [古罗马]西塞罗:《论义务》,1.16,第345页。

一个社会共同体。因此，应该把整个世界视为神明和人类的一个共同的社会。① 西塞罗所描述的人性具有普世性，他摒弃了希腊经典作家关于希腊人与蛮族的对立，而是主张不管何种人何种文化，只要具有智慧，都是文明人。"我们对人种不感兴趣，而是对智慧感兴趣"。这种声音成为西方后世人文主义的先声。对人的尊严和人的权利的维护都可以从西塞罗这里找到渊源。② 第三，人是世界性的存在。如果由仁爱和理性构成的这个共同社会的纽带被那些狭隘的人破坏，他们只关心自己邦民的利益，对外邦人却毫不关心，这是对神明的自然法的亵渎。③ 西塞罗从中引申出适合于所有人的自然法——人与人之间存在共同利益，禁止人们为实现自己的利益侵害他人。

西塞罗关于人道主义的论述凸显了人的尊严和平等，这已经让人看到 18 世纪康德论"人是目的"的先声。对西塞罗而言，平等更多是道德的要求，就人之为人，共同遵守自然法的理性而言，每个人的尊严和权利都必须得到尊重。同时平等意味着法律所保证的权利平等（isonomia），"既然法律是公民联盟的纽带，由法律确定的权利是平等的，那么当公民的地位不相同时，公民联盟又依靠什么法权来维系呢？要知道，要是公民不愿意均等财富，要是人们的才能不可能完全一致，那么作为同一个国家的公民起码应该在权利方面是相互平等的"。④ 但这种权利平等并不意味着西塞罗在政治中主张人人平等的民主制。罗马共和政治的传统强调权威与秩序，权威由元老院的贵族维系，虽然权力在人民，但这只是十分抽象的政治合法性表述。与柏拉图一样，西塞罗对过度自由的民众放纵的政治心有余悸，时时在考虑运用混合政体的法治防止"激情政治"的上演。同时，西塞罗对财产问题持相当保守的态度，他反对减免民众的债务，反对对财产重新分配。西塞罗并非出于对私有财产神圣不可侵犯的捍卫，而是出于对民众与专制君主联合引发党争的担忧。对荣耀有过分野心的潜在君主总是利用民众对他人财产的贪欲而号召"重新分配"。他们自己也经常表现出反常的"慷慨"，散尽家产向只懂得马戏和面包的穷人施舍，收买人

---

① ［古罗马］西塞罗：《论义务》，1.16，第 345 页；《论法律》，1.23，第 39 页。

② ［古罗马］西塞罗：《论共和国》，1.37，第 71 页，参看 ［法］内莫：《古罗马政治思想史讲稿》，第 125 页。

③ ［古罗马］西塞罗：《论义务》，3.6，第 439 页。

④ ［古罗马］西塞罗：《论共和国》，1.32，第 67 页。

心，而后当上独裁者，最终推翻共和。①

西塞罗将自然法引入罗马的法律和政治，可谓是对罗马独特的贡献。在此之前，罗马法完全是从习俗出发，而非从自然和理性出发。《论法律》第二卷的宗教法规定任何人不得另奉神明，要保持虔敬，避免奢华，要崇拜家神，遵循祖先习俗，从中可以看出罗马法律相当世俗的特点。为什么西塞罗要在《论法律》第一卷引入斯多亚派的自然法思想，难道他没有注意到这种思想有可能会消解罗马的公民宗教，甚至导致超越"城邦的城垣"的"普世主义政治"，从而彻底瓦解罗马共和国？有学者已经对此提出疑问。② 这种疑问没有看到西塞罗对斯多亚派自然法的扬弃。他保留了其对法的本质的论述，为罗马法奠定了理性的基础，但摒弃了其超越城邦的普世主义倾向。即使他在多处讲到共同的社会，要服务于普遍的利益，他也是小心翼翼地把其引向共和国的政治。在西塞罗看来，自然法与公民社会并不矛盾，这与受犬儒学派影响的斯多亚派鄙视公民社会完全不同。只有理解西塞罗对斯多亚派自然法的扬弃，我们才能体会到他的思想为什么更接近柏拉图和亚里士多德的古典政治传统，"宁可与柏拉图一起犯错误，也不与那伙人一起正确"。③

三 法与正义

在《论共和国》中，菲卢斯从怀疑派的角度（尤其阐述怀疑主义者卡尔涅阿德斯的看法）出发否定法的正义基础，根本上否定自然法的存在。他的论证如下：第一，没有人天生正义，法不包含任何自然因素。各个民族都制定对自己有利的法律，利益和正义之间存在巨大差距。因此由于习俗不同和时代要求不同，法必然是不断变化，自然法不可能存在。第二，正义是最大的愚蠢。如果关心他人的利益，势必损害自己的利益。罗马凭借权力而昌盛，如果追求正义，就要把他人的东西归还原主，过贫穷可怜的日子。正义之母不是自然，而是软弱妥协。由于人内心的恐惧和不安全感驱使其寻求妥协，保护自己的利益。④ 菲卢斯的观点完全站在习俗

---

① 包利民：《古典政治哲学史论》，第305页。
② Christophe Rowe, *The Cambridge History of Greek and Roman Political Thought*, p. 501.
③ ［古罗马］西塞罗：《图斯库鲁姆谈话录》，1.17，载《论灵魂》，第112页。
④ ［古罗马］西塞罗：《论共和国》，3.18，第231页；3.21，第235页；3.23，第237页。

主义的立场理解法,这种声音曾经出现在古希腊智者派"正义是强者的利益"中,也曾经出现在伊壁鸠鲁主义中:"自然正义是人们就行为后果所做的相互承诺——不伤害别人,也不受别人的伤害"。①

莱利乌斯代表捍卫法的正义价值的罗马贵族,他从自然法的角度驳斥了菲卢斯习俗主义的观点。由于《论共和国》诸多篇章残缺,我们已经看不到莱利乌斯的系统论证,其中保留了一段有关自然法的经典论述:

> 真正的法律乃是正确的理性,与自然相吻合,适用于所有的人,稳定,恒常,以命令的方式召唤履行义务,以禁止的方式阻止犯罪行为,但它不会徒然地对好人行命令和禁止,以命令和禁止感召坏人。企图改变这种法律是亵渎,取消它的某个方面是不被允许的,完全废止它是不可能的;我们无论是以元老院的决议或是以人民的决议都不可能摆脱这种法律的束缚,无需寻找说明者和阐释者,也不会在罗马是一种法律,在雅典是另一种法律,现在是一种法律,将来是另一种法律。对于所有的民族,所有的时代,它是唯一的法律,永恒的,不变的法律。而且也只有一个对所有的人是共同的、如同教师和统帅的神,它是这一法律的创造者、裁断者、立法者,谁不服从它,谁就是自我逃避,蔑视人的本性,从而将会受到严厉的惩罚,尽管他可能躲过被人们视为惩罚本身的其他惩罚。②

莱利乌斯显然是一个捍卫罗马传统的政治人,他曾经对希腊哲学表示抵触,希望讨论对国家有用的东西,并认为这是智慧最光荣的义务,德性的最高表现。莱利乌斯正是西塞罗希望教化成的共和国公民的楷模。在他身上,自然法是一种坚定的信仰,使他更加坚信要行正义之事,而非对正义有任何怀疑和犹豫。按自然法行事会给自己和共和国带来荣耀,否则就会受到严厉的惩罚。显然,在莱利乌斯身上,我们看到西塞罗将自然法化作罗马公民宗教的一部分。

在《论法律》中,西塞罗模仿柏拉图写了一个很长的"立法的序

---

① [古希腊]伊壁鸠鲁:《基本要道》,第31条,载《自然与快乐:伊壁鸠鲁的哲学》,第41页。
② [古罗马]西塞罗:《论共和国》,3.33,第251页。

曲",即第一卷对自然法的论述,他甚至现身说教,对他的朋友伊壁鸠鲁主义者阿提库斯表明自己立法的良苦用心,关于法律谈话的目的则在于"巩固国家,稳定城邦,医治所有的民族",因此"所有安排的讨论都是经过认真考虑和仔细研究的",希望得到那些高尚人士的赞同(特别强调这些人不包括花园中的伊壁鸠鲁主义者和新学园派的怀疑主义者卡尔涅阿德斯之流)。① 由此来看,对话中的阿提库斯的身份也是作为罗马公民,而非作为伊壁鸠鲁主义者。我们甚至可以说,西塞罗《论法律》的意义正是在于为罗马传统的宗教法和官职法奠定理性和正义的基础,由此我们才能解开前述学者对西塞罗的疑问,自然法非但不会瓦解罗马的公民宗教,而且还会使其变得更加强有力。

因此,西塞罗的自然法是对斯多亚派自然法的扬弃,它缓和了后者所导致的自然法与公民政治的紧张。由此来看,西塞罗的自然法秉承了柏拉图和亚里士多德调和自然与礼法之争的传统,其对政治社会所发挥的积极作用远远超过斯多亚派自然法。有学者甚至因此而称西塞罗的自然法是前现代的自然法。②

第四节 道德与政治——西塞罗的义利观

《论义务》(公元前43年)是西塞罗的最后一部作品。彼时恺撒已经遇刺,西塞罗已经在元老院进行了两次《反菲利浦》的演说,揭露安东尼的独裁野心。《论义务》的形式不是对话,而是西塞罗写给仍在雅典学习哲学,未来将步入罗马政坛的儿子,教育他如何履行政治家的义务。这本书主要阐释的是斯多亚派哲学家帕奈提奥斯的道德学说,但对其进行了改造,使其更适合一般人,尤其适合罗马共和国的政治家和公民。"义务"(officum)这个词是西塞罗对希腊语 kathēkon 的翻译,希腊语原意指"合适的行动"(the appropriate action),拉丁文 officum 更具有罗马意味,它更强调关系的角色,比如元老的义务,政治家的义务,朋友的义务等。它不仅有"义务"的含义,还强调某种善行。义务反映了罗马各种社会

---

① [古罗马]西塞罗:《论法律》,1.23,第37页;参看[美]施特劳斯主编《政治哲学史》,第183—184页。
② [美]施特劳斯:《自然权利与历史》,第156页。

关系中的道德生活。西塞罗用共和国的美德充实了义务，赋予其更加丰富的内涵。①

我们要特别注意《论义务》的写作目的。如西塞罗所言，斯多亚派的义务观念是为了培养有智慧的人，在他们那里，高尚是唯一的善，与高尚相矛盾的利不会使生活更美好，于是也不可能有义与利之间的冲突。西塞罗所探讨的并非这种完美的、绝对的"直接"义务，而是普遍的、广泛应用的"一般"义务，它们在斯多亚派看来是次一级的高尚行动。诸如加图、莱利乌斯，甚至"希腊七贤"都会被认为并非真正的智慧之人，而是在生活中履行"一般"义务之人。② 由此来看，《论义务》的目的是为了呼唤政治家与公民的政治美德，以拯救行将衰亡的罗马共和国于危难之中。

《论义务》的主题是如何理解义与利，如何处理义与利之间的冲突。第一卷阐释什么是义（honestas），这个词主要指道德高尚与道德美，也可以翻译为"美德"，这里翻译为"义"主要是为了方便在义利冲突中理解西塞罗的思想。"义"包含四种美德：第一，对真理的认识和领悟；第二，维护人类社会，给予每个人所应得，忠于协约事务；第三，崇高、不可战胜的心灵的伟大和力量；第四，一切行为和言论的秩序和分寸，即节制和克己。③ 在谈论追求真理的美德时，西塞罗特别强调要把精力和用心放在高尚而值得认识的问题上，脱离实际事务则与义务相悖。西塞罗论述的重点在于第二种美德——正义。他强调正义的基础是诚信（fides），在词源上，fides 来自说过的话应该兑现（fiat）。正义遵循自然法的原则——不能伤害他人，有利于公共利益。正义体现在善行和慷慨中。善行本身使接受的人受益，但不能伤害其他人。诸如恺撒把合法的财产转移到其他人手中就决非慷慨。慷慨包含行善与回报两类。实现正义是基于人与人之间的关系中，友爱是根本。"朋友之间一切共有"（毕达哥拉斯），"给人以光明，自己的光亮也不黯淡"（恩尼乌斯），西塞罗强调在所有人与人之间的关系中，"没有哪一种比习性相似的高尚的人们以亲密的友谊

---

① Christophe Rowe, *The Cambridge History of Greek and Roman Political Thought*, p. 506.
② [古罗马] 西塞罗：《论义务》，3.12 – 16，第 434—435 页。
③ 同上书，1.15，第 330 页。

建立起来的联系更美好"。① 在各种关系中，西塞罗认为履行义务应按一定次序——从对永生的天神到对祖国、对父母、对子女、对亲属的义务，这是罗马共和国传统下的宗教虔敬、国家伦理与家庭伦理的体现。

第三和第四种美德是典型的斯多亚式的智慧之人的美德。西塞罗用其要求一般人的义务，显然希望用这种美德提升和净化罗马政治家的德性。针对罗马民族的尚武好战，西塞罗引用柏拉图的话批评一种狂热的穷兵黩武，"不受公共利益的激励而甘冒危险，那么与其称其为英勇，不如称其为厚颜无耻"，"拉克得蒙人的整个风俗燃烧着求胜的欲望"。② 英勇而伟大的心灵能在命运的变幻中使心灵归于平静，甚至对荣耀和权力也要有清醒的认识。我们会联想到《论共和国》中的"斯基皮奥之梦"，政治家对于尘世的荣耀亦应当有超然的一面，为公共利益不辞劳苦，真正的回报在于"灵魂的不朽"。

第四种美德可以用拉丁语 decorum 来概括，它包括敬畏、克己、节制、对心灵各种混乱的平息和保持对事物的尺度。西塞罗重视人与人之间天性的差异，每个人要思考什么对自己合适，希望成为什么样的人。比如加图为了不屈服于恺撒的淫威而自杀，这是他的高贵天性使然。所谓节制（modestia）即保持做事情的分寸感，例如不同年龄的人如何生活，在什么场合下如何讲话，以及不同天性、不同等级的人如何做适合自己天性的工作。

值得思考的是，西塞罗对"义"的四种义务进行了排序。他明确指出，追求真理的智慧（sophia）在重要性上应当让位于追求明智（phronesis）（拉丁文：prudentia），因为"与源自知识的义务相比较，源自社会生活的义务更适合于天性"。③ 西塞罗继承了亚里士多德实践政治的传统，将明智融入罗马共和国的德性实践中。然而，尽管西塞罗最重视第二种关于人类共同生活的正义德性，但这并不意味着正义永远高于个人的高尚和节制，因为"有些事情如此丑陋，如此可鄙，以至于智慧之人甚至为了拯救国家也不会去做"。④ 我们可以想象西塞罗或许在暗讽那些失德的元

---

① ［古罗马］西塞罗：《论义务》，1.55，第 347 页。
② ［古希腊］柏拉图：《墨涅克塞诺斯篇》，载《柏拉图全集》（一），246e，第 272 页；《拉凯斯篇》，182e，第 112 页。
③ ［古罗马］西塞罗：《论义务》，1.153，第 387 页。
④ 同上书，1.159，第 389 页。

老谄媚那些掌权的独裁者,他同时也在赞美老加图不屈服于权力的高尚和坚毅。

第二卷阐释什么是"利"(utile)。"利"涉及人的生活享受、财富、影响、权势等,即我们一般所说的生活的外部条件。西塞罗从人的生活需要的角度论述"利"的必然性,由获利产生技艺,产生法律。这里谈到的"利"都是合乎上述"义"的德性,例如政治家靠善意与善行赢得民众信任,订立契约者需遵守契约,要公正地获得荣誉,而不是为了追求荣誉不择手段。要保证每个人拥有自己的财产,并且私人财产不会从国家方面遭受损失。要避免贪婪之心和谋取私利之嫌。西塞罗实际上是在讲如何按照"义"的原则谋利,要符合正义与慷慨的善行,符合节制与适宜的品质。西塞罗的"利"与功利主义的"功利"有很大区别。西塞罗评价"利"的尺度并非满足人的快乐,而是合于自然,合于"义"的原则。而功利主义的思路则继承了伊壁鸠鲁主义者,把趋利避害、趋乐避苦当作根本准则,以算计理性为根本,以自私和欲望的满足为目标,这只会导致"一切人反对一切人的战争"。①

第三卷讨论义利冲突的问题。西塞罗既没有赞同斯多亚派义利无冲突的观点,也不赞同日常生活中义利对立的观点,而是认为,人们之所以认为义利冲突,看到的都是利益的表象,被其扰乱了心灵,放弃了对高尚的义的追求。因此,道德的自制和节制成为西塞罗所要着力弘扬的美德,他赞美了两军作战遵守盟誓的罗马将军雷古卢斯,批评了为夺取统治权杀死自己兄弟的罗马建国者罗慕卢斯,举出古希腊"古革斯的戒指"的故事使人们敬畏神明,永远对自身的行动自我反省。西塞罗强调任何契约都不能弄虚作假和欺瞒他人,利用旁人的无知则违反自然法。他最后的结论与斯多亚派一致,义与利必然趋于一致,"凡是鄙陋的,永远不可能是高尚的,甚至当你认为它是有利的而得到它的时候,它也不是高尚的"。②

《论义务》中凸显了诸多德性:义(honestas)、尊重(dignitas)、义务(officium)、善行(beneficia)、荣耀(gloria)等,这些都是罗马贵族社会的美德。面对眼前风雨飘摇的共和国,西塞罗呼唤的是保守的贵族美

---

① 参看[美]尼科哥斯基《西塞罗的悖论和义利观》,载刘小枫主编《西塞罗的苏格拉底》(《经典与解释》,35),第105页。

② [古罗马]西塞罗:《论义务》,3.50,第448页。

德，期望有德的政治家和公民能够改变国家的命运。对于恺撒和安东尼的独裁，西塞罗予以无情的批判。诸如在饥寒中夺去僭主的食物和衣服并不违背正义，而满足自己的野心，视公共利益于不顾的"荣耀"则违背正义，并非真正的高尚。诚如有学者所言，《论义务》是西塞罗《反菲利浦》演说的哲学论证。①

《论义务》对西方文化意义重大，它影响了古罗马的塞涅卡、普林尼和奥古斯丁，文艺复兴时期的彼得拉克和萨卢塔提，启蒙运动时期的沙夫茨伯里、伏尔泰和康德。②但特别耐人寻味的是，一千多年后现代政治学的开创者马基雅维利在《君主论》中所标明的新君主的品质却处处与西塞罗作对。西塞罗说人不能像狮子一样依靠武力，像狐狸一样依靠欺诈，马基雅维利说君主要同时具有狮子和狐狸的品质。西塞罗赞美慷慨与善意，让政治家避免贪婪吝啬，马基雅维利说君主既要吝啬，又要保持慷慨的美名。③霍布斯在《利维坦》中论述了现代自然法——人的所有自然权利都源于对死亡的恐惧和对自我的保全，因此人可以根据自己的理性做任何有利于自我保全和满足欲望的事。④古典政治与现代政治的断裂如此鲜明，古典政治强调政治的德性基础，现代政治强调政治与道德的二分。古典政治的目标是培养具有高尚德性的人，现代政治的目标是对自我生命的保全和对激情和欲望的满足。在西塞罗这里，我们仍然能够看到与苏格拉底、柏拉图、亚里士多德一脉相承的古典政治的德性。然而在西塞罗之后，随着古罗马共和政治的终结，古典政治的德性亦变得日益黯淡，一种新的斯多亚主义的道德政治逐渐兴盛，成为基督教政治崛起的先声。

---

① Christophe Rowe, *The Cambridge History of Greek and Roman Political Thought*, p. 513.
② Henning Ottmann, *Geschichte des politischen Denkens, Die Römer*, Band II, S. 122.
③ ［意］马基雅维利：《君主论》，潘汉典译，北京：商务印书馆1997年版，第76、84页。
④ ［英］霍布斯：《利维坦》，第97—99页。

第 十 章

塞涅卡的政治哲学

公元前 27 年，奥古斯都·屋大维自封为"恺撒"，建立元首政体（princeps），罗马正式进入帝国时代。共和国逐渐成为人们心目中遥不可及的梦想，只有李维的《罗马史》还在缅怀共和国的历史，提醒人们不要忘记光荣的过去。还有身处罗马殖民地希腊的普鲁塔克仍然坚守古典共和政治的精神。然而，时代的精神已变，帝国时代的文学家、历史学家、法学家和哲学家都在寻找如何与帝国共存，如何实现"奥古斯都式的和平"。① 维吉尔的史诗《埃涅阿斯纪》在追溯罗马民族的起源的同时，也是在书写奥古斯都家族的英雄史。塔西佗和小普林尼的历史书写寻求如何在日趋专制的政治中融入真正的元首政体的精神。法学家寻求如何通过法律来限制君王的权力。哲学家塞涅卡也受到这种帝国时代精神的影响，由于其特殊的斯多亚派哲学的观察视角，他对罗马政治与社会的观察和书写迥异于他人。塞涅卡并不思考如何通过外在的政制和法律来影响帝国，而是思考如何通过内在的道德来影响君主和社会中的每个人。这种道德政治的观念对基督教和现代政治产生了很大影响。

塞涅卡（公元前 4—公元 65 年）是古罗马帝国著名的哲学家和演说家，也是晚期斯多亚哲学最著名的代表人物。他写作的时代约比西塞罗晚一个世纪，但对共和政治已无半点热情，对帝国政治也没有传统罗马人的雄心壮志。塞涅卡是非常虔诚的斯多亚哲学家，是古罗马将宗教的

---

① 奥古斯都本人曾写过《奥古斯都的神圣成就》，宣扬自己创立"元首政体"时，除了恢复共和国末期因动荡而毁于一旦的"祖先的体制"之外，别无他求。"元首政体"继承了"混合政体"的架构和精神。人们用"奥古斯都式的和平"形容罗马帝国政治下的和平。参看［法］内莫《古罗马政治思想史讲稿》，第 221—223 页。

虔诚诉诸内在道德的第一人。在塞涅卡生活的时代，基督教的传播已经开始在下层民众中展开，所有研究都无法表明他与基督教之间有联系。然而塞涅卡作品中的倾向和观念与基督教思想似乎又只有咫尺相隔，以至于公元 4 世纪甚至有人杜撰了塞涅卡与使徒保罗的通信。① 塞涅卡接受过修辞术的训练，能运用高超的修辞才华来指导、劝说或者吸引读者接受斯多亚派的学说。他极善于写一种道德小品文，在其笔下极力渲染道德情感，引起人们内心的共鸣。塞涅卡的文风华丽，字里行间透露着机敏，格言警句不断。他保留下来的主要作品有《论仁慈》《论恩惠》和《论愤怒》，除此之外，塞涅卡还创作了许多悲剧，他写给朋友的 124 封道德书信也非常重要，影响了后世的加尔文和蒙田等人。

这样一位在文学和哲学上造诣颇丰的斯多亚哲学家居然位居罗马皇帝尼禄的"太傅"和"宰相"，这不禁使我们对塞涅卡的生平感兴趣。他出生在罗马的行省西班牙的骑士家族，父亲是修辞学教师，对三个儿子的希望都是走仕途，自然让他们在罗马接受最好的修辞学教育。据说塞涅卡从小体弱多病，对神秘主义哲学格外着迷。但为了父亲的心愿，他在 30 岁时才开始从政。十年过去，塞涅卡成了声名显赫的演说家，连皇帝卡里古拉都嫉妒他的演说成就，要不是因为塞涅卡有病，就直接判他死刑。② 卡里古拉之后克劳狄乌斯继位，塞涅卡因为牵涉到宫廷斗争而被流放到科西嘉岛八年。后来尼禄的母亲阿格里皮娜把他召回担任太子尼禄的老师，塞涅卡被要求只能教尼禄修辞学，不能学哲学。但塞涅卡在尼禄年少时，可以通过给皇帝写演说稿从侧面影响帝国政治。在历史学家塔西佗看来，尼禄王朝早期有赖于塞涅卡和同僚布鲁斯的辅佐，政治秩序比较良好。尼禄后来急于摆脱他母亲的操纵，设立阴谋杀死了他的母亲，毒死了他的弟弟，日益变得嗜血残忍。公元 62 年，塞涅卡向尼禄请辞，请求退还所有皇帝赐予的财产，但尼禄不允许。公元 65 年，塞涅卡被指控牵涉到一个企图谋反的阴谋，主谋者是他的侄子诗人卢坎，尼禄命令其自杀，塞涅卡割断静脉自杀不成，最后被用蒸汽

---

① Henning Ottmann, *Geschichte des politischen Denkens*, *Die Römer*, Band Ⅱ, S. 242.
② ［古罗马］苏维托尼乌斯：《十二帝王传》，田丽娟、邹恺莉译，上海：上海三联书店 2010 年版，4.53，第 179 页。

窒息闷死。①

后世对塞涅卡的政治人生有很多争议。塞涅卡研究的专家葛瑞芬（Griffin）以为，塞涅卡以仁慈教化尼禄，却眼睁睁地看着尼禄杀死自己的母亲和弟弟而无能为力。塞涅卡的学说对罗马帝国政治没有什么实际影响。② 罗马史专家蒙森以为，塞涅卡主张一种简单而恬淡的生活，自己却拥有巨大的财富，这不免让人对其言行的一致产生怀疑。③ 对于这些争议，我们将在以下对塞涅卡的作品进行深入探究后作出回答。然而，毋庸置疑，塞涅卡的政治哲学是对古典政治精神的反叛，它用"道德人"代替了"政治人"，将人们对政治的热爱引向了对个人高尚道德的追求。

第一节 君主的仁慈——塞涅卡论政治道德

塞涅卡《论仁慈》写于尼禄登基之时，通篇围绕君主为什么以及如何以仁慈来统治。有学者指责塞涅卡书中充满了对尼禄的谄媚，塞涅卡说尼禄"不曾染指一滴人类的鲜血"，而事实上尼禄在登基前已经毒死了自己的弟弟，尽管他们并没有血缘关系。塞涅卡是尼禄的老师，很难说他不知道此事。④ 由此我们会想，塞涅卡这些对尼禄的赞美之词是否是一种高明的修辞策略？即便如此，塞涅卡对君主的教化有用吗？难道塞涅卡是知其不可为而为之？

首先，我们来看塞涅卡对君主制的态度。生活在帝国时代的塞涅卡从不谈政体的问题，君主制、贵族制还是共和制对他来说无关紧要，他更关心的是政治中的人的道德。各种政体之间的差别远不如君主与僭主之间的差别重要。僭主的残暴使人憎恨和畏惧，君主的仁慈宽厚受人爱戴。对于君主制，塞涅卡几乎把它作为一种无法改变的命运来接受，这体现在他批评布鲁图斯刺杀恺撒，"他（按：指布鲁图斯，下同）以为自由还能依旧

---

① [美]约翰·库珀等：《塞涅卡道德和政治论文集》"全书导读"，袁瑜峥译，北京：北京大学出版社 2010 年版，第 1—7 页。塞涅卡与罗马三个皇帝的相处，具体参见 [古罗马] 塔西佗《编年史》，王以铸、崔妙因译，北京：商务印书馆 1982 年版。塔西佗对塞涅卡的描写持同情的立场。

② M. Griffin, *Seneca: A Philosopher in Politics*, p. 68.

③ Henning Ottmann, *Geschichte des politischen Denkens, Die Römer*, Band Ⅱ, S. 242.

④ [美]约翰·库珀等：《〈论仁慈〉导读》，第 169 页。

存在；他以为在古风尽失之后，国家早先的政体还能恢复；或者是因为他认为在其曾经目睹成千上万的人靠斗争决定成为哪一个人的奴隶，而不是决定是否做奴隶的地方，公民权利的平等依然能存在，法律还会保持公正！实际上，他对自然人性和自己国家的历史是多么健忘啊，他认为谋杀了一个专制者之后，就不会再有其他人怀有相同的目标了"。① 这种态度几乎令所有现代捍卫共和者不满，但细细品味上面引述的塞涅卡的话，会发现他对人性与政治洞察颇深。

与西塞罗不同，塞涅卡是一个对人性与政治非常悲观的人。站在斯多亚哲人的立场上，他看到的社会充满了邪恶。竞技场里人头攒动，人们为了蝇头小利毁掉别人，他们憎恨有钱的富人，又嘲弄没钱的穷人。形形色色的贪欲激励着这些人，为了享乐和占有一些很是无聊的东西。② 在对人性的看法上，塞涅卡认为人无完人，每个人都不是无辜的，都会犯错误，即使遵守法律的人也不可能在道德上无可指摘。因此，仁慈变得非常必要。尽管塞涅卡认为社会充满邪恶，但人的天性是仁慈的，这一点与西塞罗相同，他们都把人看作互助的致力于公共利益的社会动物。拉丁文"仁慈"（clementia）在希腊文中没有对应的词，它的一个重要意思接近于希腊语"爱人类"（philanthropia）。③ 斯多亚哲学先前给人的印象是非常严苛，冷酷无情，只关心贤哲的生活，但塞涅卡并非如此，如其所言，他关心整个人类的生活，"没有哪个学派的哲学家比斯多亚学派更为善良或者更为温厚，更为博爱或者更为关注公共利益——要知道，斯多亚派哲人公开宣称的目的是贡献和帮助，他关注的不是他个人，而是每一个人和所有的人"。④

君主的仁慈更加重要，塞涅卡由此提出"君权神授"的观点，君主受到神的垂爱，被选来在世上代表神来行动。君主掌握生杀予夺的大权，民族的兴亡，人民的自由，所有这一切都取决于君主的审判。君主是人民的心智，缺少他的审慎明辨，人民就会土崩瓦解。⑤ 塞涅卡是希望君主充分意识到自己的权力和使命的神圣性和重要性，由此君主的道德不能等同

---

① ［古罗马］塞涅卡：《论恩惠》，载《塞涅卡道德和政治论文集》，Ⅱ，20.3，第300页。
② ［古罗马］塞涅卡：《论愤怒》，载《塞涅卡道德和政治论文集》，Ⅱ，8.1，第82页。
③ Christophe Rowe, *The Cambridge History of Greek and Roman Political Thought*, p. 538.
④ ［古罗马］塞涅卡：《论仁慈》，载《塞涅卡道德和政治论文集》，Ⅱ.5.3，第221页。
⑤ 同上书，Ⅰ.1.2-4，第179—180页。

于一般人。塞涅卡用要求斯多亚贤哲的道德标准要求君主，君主应当追求至善，具有坚韧不拔的意志，只有为公共利益着想才能受民众爱戴。"君权神授"，"君主是祖国之父"这类政治修辞恐怕并非是赞美君主，塞涅卡说君主要像神一样对待人民。既非绝不宽容，也绝非有失理性，而是秉承高贵的精神推行命令，且能反躬自省。① 塞涅卡在尊君的同时，对君主的道德提出超高的标准。

以仁慈来统治，并不是要宽恕一切。宽恕是免除应得的惩罚，而有智慧的人不做他不当做的事，也不会遗漏他应当做的事。比如一个人犯错误时还处在可以被矫正的年龄，可以口头训诫；一个人犯错误由于被误导，可以适当减轻对他的处罚；一个敌人忠诚正直，可以将他无罪释放。这些都是行仁慈，而非宽恕。② 这里塞涅卡所理解的仁慈包含一个重要的义项，即亚里士多德所说的"公道"（epieikeia），在审判中法官考虑具体的情境，进行适宜的裁量。塞涅卡区分了仁慈与宽恕和怜悯，认为宽恕就是承认放弃了一部分本该承担的责任，怜悯是由于过度仁慈所导致的过错，是一种灵魂见不得他人不幸的状态。塞涅卡的仁慈与基督教的同情不同。如同西塞罗，塞涅卡坚信仁慈也要符合正义的原则，每个人要对自己的过错负责任，仁慈者的裁断本着矫正的原则，适当地对过错的惩罚予以调整，有节制的惩罚是高贵者德性的体现。基督教福音中的爱则基于人人有罪，神对任何罪都宽恕，为每个人哭泣。③ 塞涅卡的思想仍然受古典思想尤其是罗马贵族文化的影响，而没有走向基督教无条件的宽恕和同情。

在论证如何以仁慈来统治时，塞涅卡更多强调"为政以德"。在罗马法日益兴盛的当时，他对法律实行苛刻惩罚的效果并不看好。例如当把弑父罪的人装入麻袋成为一种稀松平常的景观后，儿女的孝行就跌倒了最低点。塞涅卡感叹道，"在一个人们很少实施处罚的城市，诚实正直就成为约定俗成的行为方式，公序良俗就是人们的生活常情。叫一个城市自信它的民风淳朴，它的民风就会淳朴；离经叛道的事情越是少见，那离经叛道的人就越是诚惶诚恐"。④ 与严厉的法律相比，塞涅卡更相信人道德中的

---

① ［古罗马］塞涅卡：《论仁慈》，载《塞涅卡道德和政治论文集》，Ⅰ.1.7，第181页。
② 同上书，Ⅱ.7，第223—224页。
③ 参看［法］内莫《古罗马政治思想史讲稿》，第236页，脚注一。
④ ［古罗马］塞涅卡：《论仁慈》，Ⅰ.23，第211页。

羞耻感和人的尊严。当严厉的惩罚反复使用时，公众的道德风气也会越变越坏。正所谓"导之以政，齐之以刑，民免而无耻；导之以德，齐之以礼，有耻且格"（《论语·为政》），塞涅卡的观点与孔子"为政以德"的思想有共通之处。

实际上，塞涅卡整个关于君主道德的思想与孟子以及后来的理学都有相似之处。孟子曰："人皆有不忍人之心，以不忍人之心，行不忍人之政，治天下可运于掌上。"（《孟子·公孙丑上》）孟子劝齐宣王既然看到活牛被祭祀都不忍而放生，何不让不忍之心恩及百姓。① 宋代理学家程颢春天陪宋仁宗观景，劝皇帝不要折断刚刚发芽的柳枝，此乃仁心仁性的体现。塞涅卡劝君主道，你对他人的仁慈就是对自己的仁慈。这种仁心的发端是"德治"的根本。但原始的儒家政治并不是塞涅卡笔下的道德政治，尽管后来的理学越来越强调内在化的道德。孔子尊君是有条件的，"君使臣以礼，臣事君以忠"（《论语·八佾》），礼就是古代的法，君道效法天道，要合于礼，礼包含一套制度化的权力架构和制衡机制。因此儒家政治不可能仅仅凭借君主仁慈的道德品质来约束君主，尽管历代政治都彰显君主"仁爱天下"的道德形象。正如钱穆先生所言，儒家的君主政治并非只有德治，而没有法治，而是类似于一种君主立宪的政治，君主要受到天道宪法的制约，天道即人道，礼正是天道宪法的体现。② 反观塞涅卡时期的罗马皇帝，其残暴肆虐在整个人类历史上都令人发指。共和国时期的独裁者苏拉曾狂言，"我死后，愿大地一片火海"，尼禄把它改成，"愿大地一片火海，在我还活着的时候"。③ 仅凭对君主仁慈的道德教育，塞涅卡既无法担当"帝王师"的使命，更可能落下"僭主师"的骂名，尽管这些罗马皇帝的暴行与塞涅卡并没有关系，塞涅卡本人也无法逃脱尼禄的施暴，极其悲惨地死去。

塞涅卡的《论仁慈》是后世"君王之鉴"的楷模。中世纪的人文主义者伊拉斯谟也曾模仿塞涅卡写过《论基督君主的教育》，也是劝君王仁慈爱民。近代的马基雅维利则反其道而行之，其笔下的君主无异于塞涅卡笔下的僭主，新君主是非道德的典范，既要看上去仁慈而获得美名，又要

---

① 参见包利民《古典政治哲学史论》，第277页。
② 钱穆：《中国历代政治得失》，北京：北京三联书店2005年版，第174页。
③ ［古罗马］苏维托尼乌斯：《十二帝王传》，6，38，第238页．

实际上不惜采用暴力和残忍。马基雅维利固然揭示了近代民族国家政治摒弃了道德基础的一面，但另一方面他也以极端的方式揭示出斯多亚派乃至基督教道德政治学说的无力。无道德的政治与纯粹依赖道德的政治是同一事物的两面，一方过于邪恶，一方过于迂阔，都没有能对现实政治产生切实有益的影响。

第二节 激情与恩惠——塞涅卡论社会道德

从以上关于君主的政治道德的阐释来看，塞涅卡对古典政治中的政体理论和公民参与都没什么兴趣，政治在他看来不过是权力斗争，掌权者若能仁慈宽厚，就能避免许多残酷杀戮的暴行。塞涅卡真正关心的是人在社会中的道德生活，他所有的著作都在思考现实生活中的伦理问题，即使是在《自然问题》中，他也反复强调写作的用意在于宣扬道德教育。[①] 在思考社会道德时，塞涅卡面对的是社会中的普通人，而非贤哲，这与西塞罗《论义务》的写作对象相同。实际上，塞涅卡本人也写过《论义务》，但没有流传下来。

一 塞涅卡的激情观

古典思想家对激情的态度主要是节制。柏拉图将人的灵魂分成理智、激情、欲望三部分，激情属于非常模糊的中间地带。希腊语 thumos 原指发怒，它是人心灵中的某个部位，因此有些中译本直接将其翻译成血气。激情与政治关系非常密切，荷马曾对阿喀琉斯致命的愤怒有过动人心魄的描述。柏拉图主张以理智统治激情和欲望，反对欲望主宰激情，这种灵魂的教育往往通过音乐来调节。亚里士多德特别强调修辞中要注重激情，它十分重要，能够影响人们的决断。《修辞学》的第二章处理的就是激情的主题。亚里士多德大量分析了《荷马史诗》中的激情：生气，高兴，痛苦，快乐，憎恨，关爱。所有对激情的分析都不是我们现代心理学意义上的主观情感或刺激—反应，而是政治德性的教化。它告诉公民什么应该生气，憎恨，什么应该高兴和关爱。修辞集伦理、激情和逻各斯（ethos，

[①] ［美］约翰·库珀等：《塞涅卡道德和政治论文集》"全书导读"，第9页。

pathos, logos）于一身。①

与古典思想家不同，斯多亚派哲学则并不为激情开脱责任。激情就是作为理性主体的人陷入其中的一种心智状态，当人们在激情冲动下荒谬行事时，不能说人的理性没有参与其中，也不能说理性应当干预或阻止，却没有做到，这些都是人应当承担的责任。因此，斯多亚派哲学对激情的要求更加严苛，它并不满足于仅仅调节激情，使人的激情能在适当的场合被适当地把握，而是要从根本上反对激情。斯多亚派哲学是一种追求内在理性的"心学"，它不看重外在的事物，而重视人对外在事物的态度，即所谓"心外无物"。激情则是人为外物所累的体现，一个人对身外之物的执着不利于其心智的涵养，而内在心智的涵养才是人要追求的最高德性。

斯多亚派哲学（尤其是塞涅卡）所说的激情更多是指过分偏执的情感和欲望，塞涅卡特别选取其中最可怕最疯狂的愤怒进行阐释。愤怒违背人合于自然的理性，完全是恣意妄为，不加约束的冲动。对于柏拉图所说的激情有时有助于理性，塞涅卡认为，愤怒不可能像打仗的工具一样任凭使用者拿起和放下，它根本不听理性的指挥，而是要控制人。因此，理性只有在远离激情时，才能保持女主人的地位；一旦她与激情混在一起并受到玷污，她就会变成奴隶。② 塞涅卡反对像亚里士多德那样对愤怒进行调和，而是彻底否定愤怒，认为从一开始人就应该控制这种冲动，而不是事后后悔说自己被恶魔附身。他也根本否定愤怒在战争和惩罚等特殊时刻的作用，一个士兵在战场上的奋勇杀敌是理性的体现，而非盲目的冲动。当一个人家人被害，朋友遇到不公正时，他不该表现出疯狂的放荡不羁的冲动，这是心智脆弱的表现，而应该基于对家人和朋友的义务理性行动，或者为家人复仇，或者为朋友讨公道。③ 由此可见，塞涅卡并不反对对所遭受的伤害予以适当惩罚。他反对的是人外表上的盲目冲动，外强中干与色厉内荏，"那些被成为超人的幻想而搅乱深思的人，自认为拥有了高尚卓越的气质。但是，他们骨子里空虚得很。那些没有根基的东西终会垮掉。愤怒便是没有根基的，它没有坚固持久的基础可以依赖。它外强中干，他和心智的强大两不相干，就像草率的狂妄和勇气两不相干，就像厚脸皮和

---

① ［古希腊］亚里士多德：《修辞学》，1390a–b，第244—247页。
② 参看包利民《古典政治哲学史论》，第274页。
③ ［古罗马］塞涅卡：《论愤怒》，Ⅰ.12.5，第61页。

信心两不相干,就像残暴和严厉两不相干"。① 从中塞涅卡看到了强者对弱者的傲慢、侮辱与伤害,这些都违背人的尊严,而即使奴隶也应当具有人的尊严。塞涅卡在第 67 封书信中,专门探讨了应当善待奴隶,奴隶与主人同样呼吸、生活和死亡,应该把奴隶看作自由的。②

塞涅卡从个人的修养层面看待激情,反对偏执过分的冲动和恣意妄为的行为。如何控制愤怒,塞涅卡提出了宽容、体谅和慎思、自省等,这些都有利于完善一个人内在的心智,提高心智的涵养。在塞涅卡之前,从来没有一个思想家如此描述人内心的残忍和疯狂,即使是欧里庇得斯的悲剧《美狄亚》也无法和塞涅卡的同名悲剧相比。"美狄亚一开口,整个宇宙都颤抖起来","可怜的孩子们要赎什么罪呢?他们的罪就是有个伊阿宋当爸爸,更大的罪就是有个美狄亚做妈妈"。③ 基督教"原罪"的观念在塞涅卡这里已然呼之欲出。哲学史家策勒尔甚至认为,塞涅卡由于完全被人的弱点和罪孽所困扰,他对这些的生动描述与其同时代人使徒保罗惊人地相似,以致他不能以原来斯多亚主义的那种自信面对道德问题。④ 从斯多亚派反对激情的道德自律到基督教的禁欲主义,再到近代自由主义道德的奠基者康德的道德哲学,这其中隐含着密切的关联。康德视情感为恶,在他构建的道德大厦中,没有为情感留下丝毫位置,这显然是受到斯多亚哲学和基督教传统的双重影响。

如果从塞涅卡生活的时代来看,就更能理解为什么他在政治生活中要反对愤怒和残忍,主张仁慈和宽容。古罗马民族是一个尚武的民族,其残忍和杀戮之道可谓臭名昭著。塞涅卡多次揭露苏拉、恺撒和卡里古拉的残酷,深感此乃罗马民族之不幸,愤怒成为整个民族的苦难。因此他才会从根本上揭露愤怒和残忍源于人的贪婪和仇恨,而人类的本性应当是友爱和互助,而不是贪婪和仇恨。塞涅卡由此反对亚里士多德对愤怒的保留,"愤怒是必需的,没有愤怒就不能赢得战争——除非它注满心灵、激励灵魂。然而,它必须不是作为一个领导者,而是作为普通战士发挥作用"。⑤

---

① [古罗马]塞涅卡:《论愤怒》,Ⅰ.20.2,第 71 页。
② Henning Ottmann, *Geschichte des politischen Denkens*, *Die Römer*, Band Ⅱ, S. 258.
③ [古罗马]塞涅卡:《美狄亚》,载《强者的温柔:塞涅卡伦理文选》,包利民等译,北京:中国社会科学出版社 2005 年版,第 144 页,第 153 页。
④ [德]策勒尔:《古希腊哲学史纲》,第 284 页。
⑤ [古希腊]亚里士多德:《尼各马可伦理学》,1117a5,第 125 页。

对于愤怒能维护贵族的"高贵伟大",捍卫荣誉和尊严,塞涅卡完全无法认同,他无法接受古典时期的"贵族伦理",无法接受古希腊政治中的"血性"与"激情"。塞涅卡认同的是人道和生命的尊严,他不再将古典政治中的荣誉看作政治的首要价值,而是关注政治的消极意义——保护每个人生命的尊严,尤其是保护那些弱者。塞涅卡的观点首先影响了基督教伦理,继而通过基督教传统成为现代自由主义政治观的重要来源,如何防止权力的滥用,如何抵制来自统治者的摧残凌辱,如何反抗政治权威的异化,所有这些都能在塞涅卡的思想中找到源头。① 塞涅卡的道德学说体现了晚期斯多亚哲学趋向于人道主义的倾向,这在罗马法中得到体现,例如保护妇女的人身和财产,保护奴隶,对罪犯给予比较人道的待遇,推行保护无助者的一般性政策等。②

二 塞涅卡论恩惠

恩惠是古典社会讨论的重要主题。亚里士多德在《尼各马可伦理学》讨论友爱时,特别讨论了社会上人与人之间如何施行恩惠和接受恩惠。在斯多亚派哲学中,克吕西波、潘尼提乌斯、赫卡顿等人都先后讨论过义务和恩惠,西塞罗的《论义务》就是一部带有鲜明的斯多亚道德色彩的教科书。恩惠的拉丁文(beneficum)严格来讲是指"施舍"或"慈善行为",而 benefit 在现代英语里主要指"利益、好处",更加突出"慈善行为"的后果。但塞涅卡的《论恩惠》更关注慈善行为本身及其动机,而不注重后果,因此有时更接近汉语的"善意"(kindness)与"感恩"(grateful)。

在塞涅卡看来,恩惠是普通人之间所实行的善意行为,是维系人类社会的纽带。人是一个社会动物,为了公共的善而生,为了相互帮助而降生世间。塞涅卡给恩惠的定义为,"恩惠是一个出于自发自愿意向的、给予快乐并在给予之中享受快乐的善意行为"。③ 他强调的是善意行为本身即是目的,重视善行的动机和善心,而非善行的后果。"施恩而不求报"是塞涅卡的基本观点,在他看来,神对人的恩赐是无限的,却不求人的回

---

① 参看包利民《古典政治哲学史论》,第 284—285 页。
② [美] 萨拜因:《政治学说史》(上),第 225 页。
③ [古罗马] 塞涅卡:《论恩惠》,Ⅰ.6.1,第 267 页。

报。即使是对神的祭祀,众神看重的并非祭品的贵重与否,而是人的虔敬和诚意。因此,伟大的心灵应当效仿神,施恩而不求报,"所谓恩惠,它不是在确定的钟点确定的日子里,一个人要翻开账本而面对的东西,它不需要贪婪的逼债的人。把恩惠当作开支记录在账本上,那就成了肮脏的高利贷"。[1] 他特别举了苏格拉底有个学生很穷,给老师送不起礼物,就说只能把自己送给老师,苏格拉底说这是伟大的礼物,他将尽力回报学生,使他成为比原来更出色的人。塞涅卡不看重人间社会中的荣耀,比如官位、桂冠,这些都不过是恩惠的标志,而不是恩惠本身。

对于如何施行恩惠,塞涅卡的细心周到体现了处处为他人考虑的高尚。比如要给予他人不可或缺、有所裨益和令人愉快的东西。施行恩惠要及时(雪中送炭),要避免他人的提醒,避免态度的傲慢(廉者不受嗟来之食),要考虑受惠者的真正利益,不能乱加施舍,为对方的激情困扰,不能使对方为恶和受害。对于如何接受恩惠,塞涅卡说首先要清楚你允许谁对你施行恩惠,以及什么才算是真正的恩惠,这有关人的德性。比如一个高贵的人不能接受权力者的贿赂,不能接受偷盗的财物等。一旦接受恩惠,则应该怀着高兴的心情,而不是把它变成包袱,从而使自己丧失勇气。对于接受恩惠者,最重要的是要有感恩的心,"人们不论是在行动上还是精神上,不仅是要向那曾经给他们恩惠的人看齐,而是要超过他们,因为任何需要报答恩惠的人只有超出那个恩惠,才能赶上那个恩惠。一个人必须学会忘记别人欠他的东西,而另一个人必须学会承认他欠得还要更多"。[2]

对于社会中的忘恩负义者,塞涅卡进行了严厉的批判,忘恩负义是人性中的恶之恶。因为贪得无厌,自私自利,人变得不知感恩,总以为自己得到的太少,嫉妒他人。如何惩罚忘恩负义者?是否可以通过法律诉讼?塞涅卡认为不可以,虽然他们也颠覆社会的正当秩序,但毕竟是个人的私下行为。把恩惠当成商品交易,必然会践踏恩惠。因此忘恩负义者最后只能由神来惩罚,依赖于社会道德的谴责,"对忘恩负义的惩罚就在于不敢接受任何人的恩惠,也不敢对任何人施与恩惠;在于被每一个人戳脊梁骨,或是以为被每一个人戳脊梁骨;在于对世间最甜蜜、最美好的东西变

---

[1] [古罗马]塞涅卡:《论恩惠》,Ⅰ.2.3,第259页。
[2] 同上书,Ⅰ.4.3,第264页。

得麻木不仁"。① 在罗马法日益兴盛的当时，塞涅卡并没有诉诸法律途径来解决社会诚信缺失的问题，而是诉诸道德教育，提高每个人的基本道德素养。而对于忘恩负义者是否还应该被施与恩惠，塞涅卡的要求也还是相当宽和。如果罪大恶极，当然不应该；如果在其他情况下，人应该像神一样还是对忘恩负义者施与恩惠。

与西塞罗相比，塞涅卡所论述的社会道德更具有宗教色彩。② 塞涅卡完全继承了斯多亚哲学的衣钵，将道德终极的正当性诉诸极具有宗教性的神意，而西塞罗则诉诸更具有古典色彩的自然法。塞涅卡更重视个人的道德，尤其是内在的心智，而西塞罗更重视古典的正义，尤其是对公共事务的热爱。③ 塞涅卡只考虑义的一面，即善行与善意，而不考虑利的一面，即善行与善意的后果，而西塞罗在整个"义利之辨"中，对道德行为的后果还是有很多考虑。

塞涅卡的道德学说对罗马上流社会受过良好教育的有思想的人产生很大影响，这些人中不乏斯多亚主义信徒。④ 但从整个社会效果来看，塞涅卡的社会道德学说却不切实际。他用道德贤人的标准要求社会中的每个普通人，让他们施与恩惠却不计回报，让他们以德报怨，这些显然都不符合社会中普通人的观念，也很难为他们所接受。按照中国人的想法，这是有悖于人情礼义的。子曰："以德报怨，何以报德？以直报怨，以德报德。"（《论语·宪问》）"以直报怨"的观念具有很深的社会基础。由此可见，中国人的"德"与西方的道德传统还是有很大差异。此外，对社会普通人而言，塞涅卡的道德学说缺乏一种生命充满激情的人们所需要的东西：

---

① ［古罗马］塞涅卡：《论恩惠》，Ⅲ.17.2，第330页。

② 有关塞涅卡思想的宗教性，萨拜因的解释是当时社会越来越需要精神的安慰。公民美德退居次位后，仁慈、宽容和感恩等道德被赋予了更高的地位。参看［美］萨拜因《政治学说史》，第223—224页。

③ Christophe Rowe, *The Cambridge History of Greek and Roman Political Thought*, p. 547. 该作者认为塞涅卡颠覆了古典政治中的公共德性，赋予私人的道德以无比崇高的地位。实际上，公私的倒转正是西方近代政治哲学和伦理学的突出表现，阿伦特称近代国家是只具有私性的商人国家。这种公私的倒转的源头应当追溯到斯多亚派哲学，尤其是晚期斯多亚派的塞涅卡、爱比克泰德和奥列留。

④ 塞涅卡的《论愤怒》一书献给他的哥哥——罗马行省总督诺瓦图斯，他的劝谏还是相当有效的。诺瓦图斯在审判地方犹太人与使徒保罗的官司时，表现出的克制和技巧令人称赞。诺瓦图斯是被后人赞美的贤人，参见《圣经·新约·使徒行传》，18：12 - 17。

一种极大的包纳善恶的容量，勃勃生机和强烈的爱恨情仇，人们在各种占星术和巫术中，在宗教仪式、净化仪式中，在各种江湖丹方和秘密膜拜中焦灼地期待着帮助。① 这或许可以解释为什么斯多亚哲学对普通人没有基督教那样深的感召力和广泛的影响力。②

第三节 贤哲的德性——塞涅卡论个人道德

一 理性与自由

尽管斯多亚哲学在其早期、中期和晚期的观点有所不同，但他们都将"贤哲"，即有智慧的人（the wise man）作为最高的目标。在他们看来，宇宙本身是有生命的理性的神，其心智是宙斯的心智，从而维系宇宙的多样和有序。整个自然世界都合乎至善的理性。除众神之外，只有人是理性的动物。人与神相通在于人能分享神的理性。因此，在斯多亚哲学中，理性被赋予无比神圣和至高无上的地位。"德性"是从理性中衍生的，斯多亚派所说的唯一的"德性"体现在，或者描述神的生活和行动，或者那些将理性思考和抉择能力发挥到完美状态的人的生活和行动。那么，人如何运用抉择能力？斯多亚派的回答是：我们应当尽可能完美地遵循自然为人类生活确立的，并为我们所知道的法则，并且需要树立一个牢固的信念，一旦我们尽了所有合乎理性的努力，不管外在的结果如何，对我们来说都应当肯定。因此，斯多亚派的"德性"就是完善的理性状态，它包括充分理解并信守自然为个人和家庭生活所确立的法则——知道你应当努力做到什么，避免什么，在你的个人生活中如此，在你的家庭和朋友中间也是如此。贤哲就是那些能完美地运用理性的人。③

塞涅卡当然赞同上述斯多亚派的一般主张，但他将"贤哲"作为与神相并列者，其与神的差异仅在于生命的有限。一般人（包括所谓的社会名流和贤达）都远非贤哲，塞涅卡说自己也并非贤哲，只是一直在用

---

① ［美］巴洛：《罗马人》，第179页。
② 关于斯多亚哲学与基督教的差异，麦克米兰指出，"基督教有别于古代哲学之处，则在于凡庸而轻信的心智因为单纯，免于智识的骄傲，所以心灵容易开放接纳福音的单纯真理"。参看［英］约翰·麦克米兰《西方政治思想史》，彭淮栋译，海口：海南出版社2003年版，第108页。
③ 参看［美］约翰·库珀等《塞涅卡道德和政治论文集》"全书导读"，第9—17页。

这种理想为自己疗伤,"如果我能日复一日地减少我的邪恶,批判我的错误,那就足够了。我还没有获得完满的健康,实际上我也永远无法获得。我只打算缓解我的顽症,而没有企图治好它。如果它发作的次数减少并使我痛得不是那么厉害,我就已经很满足了"。① 那么,谁可以称作贤哲?与西塞罗一样,塞涅卡反复提到的贤哲是加图,"加图是不朽的神给我们的榜样……因为他是不可战胜的,因为他藐视享乐,因为他无所畏惧……当权力可能落入一个人的手心时,他放弃了生命。……他与这个不堪重负而日趋没落的国家里的种种恶习孤身奋战,他尽自己所能挽救共和制度,直到最后他自己撤退,目睹自己为之长期奋斗的共和制度的结束和三头同盟中两人的败亡"。②

与前人相比,塞涅卡赋予贤哲一种无比强大的内在意志,这种意志在生活中表现为傲睨一切的大无畏精神和坚忍的毅力,尤其是对苦难和命运的抗争,甚至在面对最可怕的外部条件时都不受损伤的内在自由。在《论神意》中,塞涅卡把贤哲遇到的不幸和苦难看作神对他们美德的锤炼和考验,"不要在不朽的神明用来作为刺激我们灵魂的东西的面前害怕畏缩。灾难是美德的机会。那些被过度的好运弄得迟钝不堪的人确实应当被称为不幸的,这些人就好像休止在平静的海面上的死寂之中;一切发生的事情对于他们来说都是一个变化。残酷的命运对毫无经验的人更为严苛;对于娇嫩的脖子,套轭是沉重的"。③ 由此可见,贤哲将命运视为外在的东西,无法影响内在的理性。坚强的心灵可以承受一切,甚至直面死亡。苏格拉底坦然饮下毒酒,仿佛喝下的是长生不老的药。加图拔剑刺入自己的胸膛时,其高贵的气魄令他的敌人和神明为之震撼。在《论贤哲的坚强》中,塞涅卡将苏格拉底的命题"贤人无法受到伤害"阐发得淋漓尽致。各种侮辱和折磨都无法伤害到贤哲,因为他没有容易受到伤害的脆弱之处,他与伤害他的人并非处在同一个灵魂的层面上,他甚至在考虑如何治疗和拯救这些生病的灵魂。

塞涅卡有关贤哲的理性的阐释形成了斯多亚派独具特色的"意志自由"观。"自由拥有一个超越了伤害的头脑,它是快乐的唯一源泉,它不

---

① [古罗马]塞涅卡:《论幸福生活》,载《强者的温柔:塞涅卡伦理文选》,第361页。
② [古罗马]塞涅卡:《论贤哲的坚强》,载《强者的温柔:塞涅卡伦理文选》,第304页。
③ [古罗马]塞涅卡:《论神意》,载《强者的温柔:塞涅卡伦理文选》,第335页。

受外界的干扰，从而不生活在烦恼中，不害怕人家的嘲笑，不害怕别人的闲言碎语。"① 自由意味着参透命运的变化无常，"一切有可能发生的事情都有发生在你身上的可能，否则你就会将自己置于厄运的威力之下，而厄运的这种威力，只要一开始就能预见到，任何人都可将它碾碎"。② 塞涅卡的"意志自由"论对基督教教父的思想有很深影响，它也影响了现代自由主义的自由观，后者在德国古典哲学中得到最充分的表达。即使在日常生活中，我们也能经常感受到塞涅卡"意志自由"强大的感染力，例如贝多芬《命运交响曲》所蕴含的"扼住命运的咽喉"，战争中的囚徒或酷刑的牺牲者在面对可怕的不幸时，往往依靠斯多亚派的人生洞见来维护他们的信念和尊严。

当然，这种极高的道德准则很难要求一般人去遵守，经常有人批评斯多亚派过于忽视外在条件。一个人在外部世界的失败与他的幸福不相关，一个人在做选择时对外在的后果漠不关心，这些都是无法让社会人所接受的。③ 但我们应该看到，在斯多亚派哲人中，塞涅卡对普通人的心性，对外在条件考虑得很多。他不是摒弃外部的东西，在禁欲中实现不动心，而是不把外在的东西看作幸福的必要条件。对于财产，"贤哲并不认为自己配不上命运的任何馈赠。他并不爱财，不过他宁愿拥有之；他不会让它们进入他的心，但会让它们进入他的屋；他不会排斥自己的钱财，他会保留它们，并希望它们为自己发挥慷慨之美德提供更充分的物质保障"。④ 塞涅卡因为继承遗产，拥有巨大的财富，一直为当时和后世有些人诟病，认为他言行不一。实际上哲人并非一定在清贫中才具有高尚的道德，而是不为财富所困扰。这点与孔子对待富贵的态度很相像，子曰："富而可求也，虽执鞭之士，吾亦为之。如不可求，从吾所好。"（《论语·述而》）子曰："富与贵，是人之所欲也；不以其道得之，不处也。贫与贱，是人之所恶也；不以其道得之，不去也。"（《论语·里仁》）

---

① ［古罗马］塞涅卡：《论贤哲的坚强》，载《强者的温柔：塞涅卡伦理文选》，第 320 页。
② ［古罗马］塞涅卡：《论心灵的宁静》，载《哲学的治疗：塞涅卡伦理文选之二》，吴欲波译，北京：中国社会科学出版社 2007 年版，第 56 页。
③ ［美］克里斯托弗·希尔兹主编：《古代哲学》，聂敏里译，北京：中国人民大学出版社 2009 年版，第 303 页。
④ ［古罗马］塞涅卡：《论幸福生活》，载《强者的温柔：塞涅卡伦理文选》，第 364 页。

二 贤哲与公共生活

古典政治德性十分注重对公共生活的热爱，这种德性在希腊化时期已经开始衰落，我们在讨论伊壁鸠鲁派的政治哲学时，已经看到其开始逃避公共生活。古罗马一直视公共德性为其传统美德，这在共和国的西塞罗那里得到充分阐释。但到了帝国时代，塞涅卡对公共生活的热情越来越淡化，对个人内在自足的生活越来越投入，这尤其反映在塞涅卡生命的晚期。在《论心灵的宁静》（公元60年）中，塞涅卡试图劝慰一位担任高官的朋友，如何摆脱公共生活与哲人生活冲突的困扰，如何使心灵归于宁静。塞涅卡说首先要正确地估价自己，要看自己的本性是更适合积极的事务，还是更加适合闲适的研究与沉思。其次，即使在退隐的生活中仍然要以其智慧、呼声和忠告有益于个体和人类。"因为对国家做出贡献的人，不仅是那提名候选人，为被告辩护的人，表决战争与和平的人，而且也是那训诫青年的人，是那在优秀教师十分匮乏时将美德灌输进青年心灵的人，是那抓住并拉回那些为追求金钱与奢华而四处乱窜者的人，即便他什么其他事情都未做成，至少他减慢了这些人的步伐。"① 由此可见，塞涅卡并非主张哲人退出公共生活，苏格拉底在雅典三十僭主统治时，仍然在鼓励绝望的同胞，在法庭中拯救自由人。当国家动乱时，贤哲也有机会展现他的力量。然而，如果真碰上一个为国家效力非常不易的时代，一个人应该争取更多的时间致力于闲暇与学问。塞涅卡此时的主张基本上与西塞罗相仿，对公共的生活与私人的生活同样重视。

然而，在塞涅卡作于生命最后几年的残篇《论闲暇》（公元63年）中，则极力主张贤哲退隐到最杰出的人群中。这种观点甚至有违斯多亚伦理学履行社会职责的一般主张，而与伊壁鸠鲁"做一个默默无闻的人"为伍。芝诺说："除非有什么事情阻止，否则就会参与到公共事务中去"，伊壁鸠鲁说："除非情况紧急，贤哲不会参与公共事务"。从塞涅卡当时的处境来看，他已经对尼禄的政治统治失望透顶，因此才特别强调政治环境的恶劣，"如果政府腐败透顶，无可救药，如果政府已完全受邪恶统治，贤哲是不会知其不可为而为之的，他自己也不会在一无所得的时候去

---

① ［古罗马］塞涅卡：《论心灵的宁静》，载《哲学的治疗：塞涅卡伦理文选之二》，第40页。

浪费时间。如果他缺乏影响力或权力，政府又不愿意接受他的帮助，如果他因身体孱弱而受阻，他是不会从事一项明知自己力所不逮的事业的"。①

此时，在塞涅卡的心中，自己所要首先服务的不是降生于其中的较小国家，而是服务于神所在的"宇宙之城"（kosmopolis），一切顺应自然的沉思生活都超越了自己所在的世俗国家。实际上，贤哲的退隐并非有益于某个政府，而是有益于整个人类。"他借助于这种闲暇，可以治理后来的世世代代，他不是只对着少许人说话，而是对着所有国家的所有人，包括那些现存的和将要存在的人说话。"② 塞涅卡的"两个国家"学说只是一种哲学思想，而不是政治行动，不可能对当时的罗马帝国产生敌对态度。在无形的"宇宙国家"中，有智慧的人散布在世界各地，它不是一个面对面的组织，其成员重在精神思想，而非政治行动。但有学者指出，斯多亚派无形的"宇宙之城"为后世基督教在罗马上流社会的广泛传播已经打下了牢固的思想基础。基督教在古代世界末期出奇成功，使那么多罗马上层阶级皈依，其缘由或许在此。③ 斯多亚派缺少的只是有形的教会，这个空缺正好由基督教填补。基督教思想的集大成者奥古斯丁提出"上帝之城"与"地上之城"时，明确地将连接二者的救赎使命赋予了教会。

即使塞涅卡最后主张贤哲隐退，也不同于伊壁鸠鲁退回到花园中不问世事，也不同于现代哲人退回到书斋中闭门造车。塞涅卡仍然有"穷则独善其身，达则兼济天下"的关怀，"人还是应该在他能力范围之内，惠泽他的众多同胞，——如果没有这个能力，他也应惠泽一些人；如果连惠泽一些人都做不到，他还应惠泽他最亲近的人；实在不行的话，至少应当能惠泽他自己。因为当他使自己对他人有益时，他就是在从事公共事务了"。④ 对于沉思与行动的生活，他越来越不执着，而是顺其自然，沉思的生活也不缺乏行动，行动中亦有沉思。

塞涅卡在其著名的道德书信集（公元62—65年）中，写下许多对日常生活的反思。他对做过的事情每晚都要自省，他与朋友一起探讨如何平静地对待死亡，他珍视友爱，追求自足的生活和心灵的宁静。"让你自己

---

① ［古罗马］塞涅卡：《论闲暇》，载《哲学的治疗：塞涅卡伦理文选之二》，第40页。
② 同上书，第74页。
③ ［英］麦克米兰：《西方政治思想史》，第109页。
④ ［古罗马］塞涅卡：《论闲暇》，载《哲学的治疗：塞涅卡伦理文选之二》，第70页。

首先获得自在",这是塞涅卡书信首篇的第一句话。"自我"的观念在他这里显现出极为重要的价值。① 塞涅卡的道德学说注重生命的个体化和内在化,注重良知与内省,它是一种"致良知"的心学,是一种精神哲学或理性化的宗教。与基督教相比,塞涅卡只注重内心的虔敬,而毫不看重外在仪式。对于普通人,塞涅卡的作品远不如基督教更具有影响力,它能影响的更多的是那些思考灵魂、道德和生活的潜在哲人。

西方的道德传统从苏格拉底经过斯多亚哲学日趋完善,在基督教传统中得以推广,在近代康德的道德哲学中达到巅峰。西方道德传统的支柱或者是宗教,或者是理性,当这两者都被破坏,濒临危难时,道德传统就很难坚守。这些问题在斯多亚哲学兴盛时也许并没有显露,但当我们今天重新反思斯多亚派道德哲学及深受其影响的现代自由主义道德观时,应当特别予以重视。首先,当代著名的"新斯多亚主义者"纳斯鲍姆在弘扬现代启蒙价值时,特别注重斯多亚哲学与现代自由主义间的渊源。她认为与柏拉图和亚里士多德代表的古典传统相比,斯多亚哲学对现代自由主义的影响更大。情感是古希腊哲学忽视的主题,而在斯多亚哲学中,尤其是在塞涅卡那里,则令人信服地论证了社会规范如何在个人的情感中逐渐内化,一切根深蒂固的习惯都植根于个人的心理,因此很难改变。但通过反抗那些不明智的愤怒和仇恨,个人就可能转变为一个开明的人。② 其次,在纳斯鲍姆看来,古典传统等级森严,对普遍的人类的尊严没有认识,更不用说人在价值和尊严上的平等。而斯多亚哲学则凸显人道和尊严,尤其是平等,这些为启蒙现代性所继承。此外,在政治上,斯多亚学派的"世界公民"(kosmopolitai)观念更值得现代政治学学习,它将政治学引到超越城邦世界的方向上。纳斯鲍姆还专门写了一本大部头的著作呼唤公民教育改革,旨在树立一种世界主义意识。③

纳斯鲍姆的观点在西方自由主义者中得到诸多响应。然而,当我们深入考察古典传统与斯多亚传统时,会发现纳斯鲍姆的观点并不公允,第一,情感怎么会为古希腊思想忽视呢?大概只有通过被裁剪过的理性主义

---

① Henning Ottmann, *Geschichte des politischen Denkens*, *Die Römer*, Band Ⅱ, S. 257.

② [美]纳斯鲍姆:《善的脆弱性》,徐向东、陆萌译,南京:译林出版社2007年版,第6—8页。

③ Martha Nussbaum, *Cultivating Humanity: A Classical Defense of Reform in Liberal Education*, Cambridge, 1997.

形而上学来看，才会得出如此结论。第二，关于平等与人道和古典传统的"德性"的论争，十分复杂但非常重要。平等与人道是较低意义的消极价值，德性是较高意义的积极价值。我们不能因为古典传统具有捍卫共同体的意识，就认为它没有对普遍人类的关怀。毕竟古典传统之所以源远流长，不可能只适用于雅典和罗马的特殊城邦。第三，主张对全人类的责任的世界主义固然能抵制种族主义和民族国家的狭隘，但以为普世主义伦理可以消除国家间难以克服的分歧，却只能是空想。尤其是在当今的国际关系中，潜伏在世界主义背后的主宰者仍是那些大国的文化政治霸权。因此，西塞罗对斯多亚自然法的"世界主义"倾向的批判和保留，尤其值得我们深入反思。①

---

① 参看本章第三节"西塞罗的自然法学说"；另参看［美］潘戈《苏格拉底式的世界主义：西塞罗对廊下派理想的批评和改造》，载刘小枫主编《西塞罗的苏格拉底》（《经典与解释》，35），第2—30页。

第十一章

奥古斯丁的政治哲学

奥古斯丁是古罗马最后一位伟大的思想家，也是古典文明的终结者。他对后世更大的影响乃在于开启了另一个与古典文明不同的时代——基督教文明的时代。而对于近现代西方社会而言，基督教文明的影响更具有决定性的意义。就我们始终探寻的现代性危机的根源来看，奥古斯丁开启的基督教文明中孕育了现代性危机的种子。本章对奥古斯丁政治哲学的考察，并非在信仰和神学的立场上，而是从宗教与政治的关系出发，理解处于古今之间的奥古斯丁的政治哲学对西方文明的潜在影响。雅典与耶路撒冷的冲突与斗争至今仍在影响着当今的西方文明，奥古斯丁恰好是一只脚踏在希腊罗马文明中，另一只脚则踏在基督教文明中，最终奥古斯丁在他的皇皇巨著《上帝之城》中，通过对古典文明的彻底否定，开启了中世纪长达近千年的基督教统治时代以及深受基督教影响的近现代。只有从奥古斯丁身上，我们才能更好地去理解雅典与耶路撒冷的冲突与斗争，理解西方文明现代性危机的根源。

第一节 奥古斯丁与罗马

一 奥古斯丁与罗马的陷落

公元354年，奥古斯丁出生在晚期罗马帝国的行省北非，他的母亲是一位虔诚的公教信徒，父亲是当地的市议员。奥古斯丁从小受到基督教文化的影响，青年时期他接受了古典文化的教育，并长时间信奉摩尼教。他与西塞罗、塞涅卡同样受罗马社会的影响，通过教授修辞学来寻求功名，获得上流社会的赏识。但奥古斯丁更关注内在的思想危机，他接触了新柏拉图主义，听米兰主教圣安布罗斯布道，阅读保罗的福音书更对他产生决定影响。公元 386 年，奥古斯丁下定决心在米兰接受公教会的洗礼，从此步入宗教的生活。起初他回到北非，在家乡的修道院进行隐修，后来在地方的要求下，勉强出任教士，直到成为希波城的主教。公元 410 年，罗马被蛮族洗劫，奥古斯丁开始写《上帝之城》，此书写了十几年，长达 22 卷。公元 430 年，汪达尔人围攻希波城时，奥古斯丁病逝在自己的图书馆内。①

为什么像奥古斯丁这样一位浸染古典文化如此之深的思想家会在外敌洗劫自己的祖国时，不是积极鼓舞同胞的爱国热情，而是用文字去批判祖国的政治和宗教，以使更多的罗马人皈依上帝？他希望每个罗马人都能像自己一样凭借信仰上帝获得救赎，即使蛮族烧杀抢掠，即使祖国的城垣已经崩塌？如果说奥古斯丁是一位神学家，而非哲学家，在他那里信仰高于知识，那么他又是如何思考宗教与政治、信仰与国家之间的关系的呢？

首先，我们要回顾一下基督教与罗马帝国的关系。罗马对异族宗教一直都很宽容，这从罗马的万神殿可以看出。在罗马帝国早期，基督教也是万神殿中的一员。公元 6 年，罗马人占领耶路撒冷，允许犹太人自治，接受其祭司的领导，即使保罗传福音也并没有受到罗马政府的阻挠。然而，某些基督徒拒绝效忠罗马皇帝，拒绝参加罗马宗教节日庆典，拒绝承担公民职责，拒绝服兵役，这些都使罗马帝国以为基督教要建立一个"国中之国"，于是才有公元 64 年，罗马皇帝尼禄大规模迫害基督徒。公元 239 年，罗马规定每个公民必须在异教神前宣誓。甚至公元 303 年，罗马一度规定基督徒不能获得公民权。然而，基督教与罗马帝国的关系在逐渐改善，这一方面是因为基督教的殉教者（耶稣、彼得、保罗）受到人们敬仰，更重要的原因是基督教已经成功渗入罗马帝国核心的上层社会。直到公元 313 年，罗马皇帝君士坦丁颁布"宽容敕令"，宣布基督教为罗马国教，基督教完全从受迫害转而变得尊贵体面。即使在那时，基督教和罗马宗教之间仍然相安无事。②

公元 4 世纪到 5 世纪，罗马社会居于主流的思想是思考如何构建永恒的罗马帝国，而只有基督教才能担此重任。《启示录》中那种对罗马的仇

---

① 关于奥古斯丁的传记，最权威的是英国学者彼得·布朗的《希波的奥古斯丁》，钱金飞、沈小龙译，中国社会科学出版社 2013 年版。

② 参看 [美] 巴洛《罗马人》，第九章。

视已经淡化，罗马皇帝也已不再迫害基督徒，当时的罗马上层和基督教的教父共同认为，罗马是基督教的神圣之城，基督的天上王国将在罗马实现。基督教历史学家尤西比乌斯盛赞君士坦丁大帝对基督教的推崇，基督教以新的方式来论证罗马的伟大与永恒。① 奥古斯丁的导师米兰主教圣安布罗斯具有强烈的罗马爱国主义和普遍救世的观念，他更强调教会的精神领袖地位，比如皇帝从属于教会而不能超越教会，神圣的教会不受帝国权力制约。安布罗斯认为未来的罗马帝国应当是一个完全基督教化的社会，其中教会将担负起塑造公共生活和风俗习惯的重任。② 由此可见，罗马社会的主流都支持基督教担负构建永恒的罗马帝国的使命，而唯独奥古斯丁质疑基督教与罗马帝国之间的关联。为什么奥古斯丁不再为永恒罗马的神圣地位辩护，而且致力于撇清基督教与罗马帝国的关联呢？

　　奥古斯丁在回顾《上帝之城》时写道，当蛮族洗劫罗马时，许多异教徒将其归罪于基督教，并且污蔑上帝，因此他写《上帝之城》的目的是为了驳斥这些异教徒。③ 这种思考完全符合当时的历史背景。事实上，不仅罗马贵族胆小懦弱，灾难发生时有许多人逃到了北非的迦太基，而且基督教当时关注的不是国难当头，而是宗教冲突，尤其是基督教内部的纷争。当阿拉里克的铁骑横扫罗马时，在北非的大公教正在忙于清理被斥为基督教异端的多纳图派。奥古斯丁也参与了此次清理，大公教依赖罗马世俗权力的支持，镇压多纳图派，对其课以重税，迫使其转入地下，逼其教徒不断自杀。大公教会在看似取得绝对胜利时，却眼睁睁地看着虔诚的信徒政治家马西利努成为世俗政治权力斗争的牺牲品。此次事件是对奥古斯丁的重大打击。他原来还曾写信给马西利努，称基督教帝国可能是最好的国家，因为帝国中的基督教会扮演公民学校的角色，起到"神圣讲堂"的作用。但奥古斯丁从此不再相信基督教与罗马帝国之间政教合一的迷梦，在撰写《上帝之城》第三卷之后，他彻底放弃了罗马，告诫基督徒不要对尘世的政治抱有任何幻想。④ 根据上述布朗传记中的材料可以看

---

① 吴飞：《奥古斯丁对西方古典文明的终结》，北京：三联书店2013年版，第9—10页。
② 参看［英］伯恩斯主编《剑桥中世纪政治思想史》（上），程志敏等译，北京：北京三联书店2009年版，第127—134页。
③ ［古罗马］奥古斯丁：《上帝之城》（上），"回顾"，吴飞译，上海：上海三联书店2008年版，第3页。
④ 参看［英］彼得·布朗《希波的奥古斯丁》，第393—400页。

出,奥古斯丁晚年走向政教分离的道路,一方面因为他过于理想主义,认为现实的政治过于残酷,充满阴谋诡计;另一方面奥古斯丁认为政治应当完全为信仰服务,现实政治的残酷会玷污宗教的纯洁,致使信徒对上帝的信仰受到外在权力的干预。

英国历史学家吉本在《罗马帝国衰亡史》中将罗马帝国衰亡的原因直指基督教,在他看来,基督教徒对尘世俗务的厌恶程度不亚于他们对享乐的厌恶。他们虽然念念不忘消极服从国家权威,却拒绝积极参与帝国的民政和军事防御工作。基督徒对公共利益的无情甚至是犯罪的冷漠态度,使他们因而遭受异教徒的鄙视和谴责。[①] 这种看法并不客观。我们应该看到,罗马传统德性的衰败才是内因,西塞罗和塞涅卡都对此有许多描述。基督教不过是填补了因传统德性衰败而造成的信仰的真空,为那些苦难的民众提供了希望和寄托,为上层的贵族提供了新的精神皈依。况且基督教要求其信徒具有高尚的道德,有助于克服邪恶和腐败,这也正是罗马帝国衰败的根本原因。[②] 至于君士坦丁大帝奉基督教为国教,我们很难否认其通过君权神授赋予自己无上权威的政治动机。当基督教仍然担负构建永恒的罗马帝国的使命时,我们看到的还是它积极的政治影响力。然而,当奥古斯丁平静而冷酷地对待罗马的灾难时,当他将罗马的衰亡看作异教徒的罪,看作上帝对渎神的罗马民族的惩罚时,吉本的批评也就不再是空穴来风。更重要的是,奥古斯丁的政治态度对西方近现代政治传统产生了决定性的影响。

奥古斯丁看到罗马陷落时举国上下一片恐慌,神学家哲罗姆也哀叹末世即将到来,"如果连罗马都会毁灭,那么还有什么是安全的呢?"[③] 异教徒开始攻击基督教毁灭罗马,奥古斯丁担忧的是人们的信仰。在他此时的布道辞中,他安慰罗马人,每个地上的王国都会有终结,就像每个人都会死一样。难道罗马城陷落与否真的会改变每个罗马人的命运?奥古斯丁劝大家相信只有上帝之城才是永恒的,政治灾难并不可怕,而每个人只要有坚定的信仰,就能获得救赎。即使真正的信仰者在苦难的尘世死去,也会

[①] [英] 吉本:《罗马帝国衰亡史》(上),黄宜思、黄雨石译,北京:商务印书馆1996年版,第284—285页。
[②] [美] 施特劳斯主编:《政治哲学史》(上),第214页。
[③] [英] 彼得·布朗:《希波的奥古斯丁》,第341页。

经历末世审判，进入永恒的上帝之城。奥古斯丁曾说到，"恺撒的形象在一枚钱币上，而上帝的形象在你当中"，这就意味着面对蛮族的进攻，哪个皇帝或哪个世俗政权并不重要，关键是要在你的心中信仰上帝。① 毫无疑问，奥古斯丁所做的一切是在瓦解罗马人的爱国热情，摧毁罗马人的公民宗教。在亡国灭种的灾难面前，基督徒更关心自身的救赎甚于祖国和同胞的命运，这就是奥古斯丁的教诲。

奥古斯丁或许以为信奉基督教的民族会对兄弟姐妹宽恕仁慈，然而，当汪达尔人最终占领希波城时，他们是将哥特语的圣经放在自己头上来战斗的。在教堂中，主教被折磨致死，妇女被强暴，教堂被焚毁。而奥古斯丁只有向上帝祈祷请他解救希波城，只有在临终时念叨普罗提诺的话，"谁若以为城垣的崩塌，必朽者的死亡是大事，那他就不是伟大的人"。②现实似乎是对奥古斯丁的巨大嘲讽，尽管他自己可能成为一位普罗提诺所说的伟大的人。

二 奥古斯丁对罗马历史和宗教的批判

《上帝之城》的前十卷都在批评罗马的历史与宗教。首先，奥古斯丁将矛头对准罗马历史学家撒路斯提乌斯所说的"统治欲"（libido dominandi）。在撒路斯提乌斯看来，"统治欲"是人身上所固有的，无所谓善恶，关键在于是高尚的人还是卑劣的人运用。罗马的强大依靠的是勇敢和热爱荣耀的德性，但是当军事上强大到一定时期，罗马人没有外患，却因奢侈与腐败而堕落，喀提林阴谋就是腐败的象征。撒路斯提乌斯代表传统的罗马史观，即德性创造光荣的历史。尽管奥古斯丁肯定了撒路斯提乌斯对罗马兴衰原因的分析，但他却从根本上割断"统治欲"与德性间的联系，因为"统治欲"是原罪的体现，它和贪婪、固执、虚荣一样是人性的弱点。由此，奥古斯丁分析，即使在罗马的强敌迦太基灭亡之前，罗马就已经完全被"统治欲"征服，"那无比高傲的心智中的统治欲何时才会安宁？直到随着尊位的提升，到达了称王的大权。如果野心不那么流行，这种尊位的提升也就没了作用。如果不是在一群被贪婪与奢侈腐化的民众当

---

① 参看吴飞《奥古斯丁对西方古典文明的终结》，第9—10页。
② ［英］彼得·布朗：《希波的奥古斯丁》，第508—509页。

中，野心也难以流行"。① 奥古斯丁抓住"统治欲"大做文章，消解了古典政治德性的根基。在古典政治中，欲望并非邪恶，而是人类一切德性的土壤。基督教原罪说影响下的奥古斯丁几乎取消了政治存在的可能性。

其次，奥古斯丁将一切问题的根源指向罗马宗教。奥古斯丁的观点是罗马人的诸神无法保护他们，使其陷入不道德和灾难中。他引用了罗马最有学问的人瓦罗的观点，将宗教分为神话神学、城邦神学和自然神学，瓦罗塑造了罗马民族的城邦神学，他认为城邦的神不是独立于人而存在的，而是人类精神的产物，这在一神教的奥古斯丁看来完全是对上帝的亵渎，人只能是神的奴仆。奥古斯丁继承了历代哲学家对神话神学和城邦神学的批判，走自然神学的理性宗教的路径。由此，他否认宗教中的祭祀仪式，否认宗教在世俗生活中的戏剧表演，否认宗教在社会伦理中所体现出的孝敬父母，忠于祖国。奥古斯丁给宗教的定义是"宗教是对上帝的服侍"，②因此，罗马民族的灾难当然被看作不信上帝而遭到的惩罚。这种在宗教卫道士意义上对罗马宗教的批判不过是信仰的纷争，但奥古斯丁对城邦神学的批判却将自然（physis）与礼法（nomos）的冲突推至极端，几乎瓦解了一切作为公民宗教的政治伦理。宗教的内在化带来了道德的内在化，从而将社会与政治的生活变得完全世俗化，甚至陷入丧失意义的虚无主义。

奥古斯丁对罗马的抛弃并非仅仅体现在罗马陷落时的冷静漠然，而是从根本上扼杀了古典文明的内在灵魂。罗马文明从此成为异教邪恶的象征，永远无法摆脱与基督教文明的抗争，甚至在抗争中依然被扭曲。奥古斯丁一手打造了一个新罗马的形象，从而使其后的政治家得了一个先入为主的印象，如同由历史学家李维树立了罗马之永恒伟大的旧形象一样。③吴飞对此有非常精彩的评论：

> 奥古斯丁用一种新的文明理想，即上帝之城，来否定罗马的精神追求。于是，人类历史的意义彻底转向了心灵秩序，光荣伟大的罗马帝国所剩下的，只有残酷的政治斗争、虚妄的人生追求和阴冷的权谋

---

① ［古罗马］奥古斯丁：《上帝之城》（上），1.31，第 42 页。
② ［古罗马］奥古斯丁：《上帝之城》（中），吴飞译，上海：上海三联书店 2008 年版，10.1，第 29 页。
③ ［美］施特劳斯主编：《政治哲学史》（上），第 204 页。

之争，不再具有历史的神圣意义。奥古斯丁的工作，就是把自己身处其中且深深热爱的祖国变成了一个尔虞我诈的罪恶渊薮。他脱下了披在罗马帝国身上的托袈袍，甚至进一步剥去了罗马文明的骨肉，使罗马帝国变成一具赤裸裸的僵尸，于是它的政治表演不再具有任何传奇的色彩，而完全变成了可怕的骷髅之舞。正是在这个意义上，奥古斯丁终结了西方古典文明理想。他对罗马精神的戕害远远大于阿拉里克对罗马城垣的攻打。①

第二节 奥古斯丁的历史神学

一 至善与至恶

基督教传统对西方近现代文化最重要的影响就是对善恶的理解，而这毫无疑问离不开奥古斯丁的阐释。正如每个伟大的思想家最根本的问题都离不开对善恶的思考一样，奥古斯丁也不例外。在他的自传《忏悔录》中，奥古斯丁说恶的起源的问题困扰其一生。② 青年时代的奥古斯丁是摩尼教徒，摩尼教激进的善恶二元论对他有很深影响。在摩尼教看来，善神与恶神始终处于激烈的斗争中，恶神所在的"黑暗王国"是一种主动的力量，由贪婪的力量支配，而善神所在的"光明王国"是一种被动的力量，对于恶的侵袭显得无能为力。但当奥古斯丁接触到新柏拉图主义者普罗提诺的《九章集》时，却改变了他对善恶的看法。普罗提诺认为，恶神并不单独存在，而是被锁链束缚，只有善神的力量处于主动地位，它能塑造一切被动之物并赋予其意义，而自身不受任何损伤。这使奥古斯丁的思想发生革命性的变化，他坚信主宰世界的乃是一种万有。③ 由此，奥古斯丁将善恶的斗争置于基督教视角下的世界历史中，将世界历史诠释成善恶斗争的历史。

在世界的开端即所谓"创世"的开始，上帝创造的一切都是善的，奥古斯丁需要解释恶的来源。在他看来，上帝第一天造了天使，有一部分

---

① 吴飞：《奥古斯丁对西方古典文明的终结》，第283页。
② 参看［古罗马］奥古斯丁《忏悔录》，周士良译，北京：商务印书馆2009年版，第123—125页。
③ 参看［英］彼得·布朗《希波的奥古斯丁》，第47、103页。

天使由于充满骄傲而堕落成为魔鬼。而人也是一样,上帝按照自己的形象造人,首先用土造了人的身体,又对土吹气造了人的灵魂,而灵魂也是善的。但正如天使一样,人的灵魂也会堕落,当灵魂的低级理性统治高级理性时,上帝在人身上的形象不再保存。于是人类始祖亚当必将因受到魔鬼的诱惑而堕落,被赶出伊甸园,进入苦难的尘世。这就是奥古斯丁在阐释《创世纪》时所着力突出的"原罪"观。在解释恶的起源时,奥古斯丁受到保罗决定性的影响,亚当的原罪造成后世子孙永远背负着原罪带来的恶果:生病死亡、辛苦劳作、羞耻的性欲以及分裂与战争,等等。然而,奥古斯丁的创新在于将"原罪"阐释为"意志之罪",无论是魔鬼从天使中叛离,还是人背离上帝,都要归因于意志的堕落。"意志之罪"主要表现在骄傲和淫欲上:骄傲是妄自尊大的欲求,就是抛弃心灵本来应该亲近的上帝,而转向自己,因为人太爱自己。① 淫欲则是由肉体之罪引起的奸淫放荡以及嫉妒仇恨等。奥古斯丁用人的意志的分裂、对抗与冲突来描述人无法摆脱的原罪。灵魂的游移,信仰的不坚定,甚至人的激情和欲望都充满了罪。正是这种沉重的"原罪"观构成了奥古斯丁与古典思想根本性的决裂——古希腊罗马文明都是充满生生不息之道的"乐感文化",他们都注重"当下",注重此生此世的幸福,哪怕是柏拉图的"理想国"的希望也仍然在希腊当下的城邦,亚里士多德追求的像神一样的"沉思的生活",其根基也仍然在当下"行动的生活"中。奥古斯丁从此使西方人背负起永远无法卸载的沉重,不仅仅是沉重的肉身,更是沉重的心灵。

　　善与恶的斗争永远贯穿在"上帝之城"与"地上之城"的斗争中,直到世界历史的终结——末世审判之后,至善就是永生,那些虔诚信仰上帝的极少数人永远生活在"上帝之城"中;至恶就是永死,那些不信仰上帝的多数人要遭受重重惩罚,除了在大火中被烧死又会复活,基督审判后还将再一次死去,身体和灵魂全部死去。② 由末世审判的惨烈可见人的罪恶之重以及上帝对人的惩罚之重。经历了末世审判的终极生死后,终于迎来了极少数人与上帝同在的"上帝之城",这是个没有终结的终结,也是一个绝对的终结,既是对善恶的终结,从此只有至善,又是对人类历史的终结,从此只有上帝的永恒,没有人类的时间。因此,奥古斯丁最终将

---

① [古罗马] 奥古斯丁:《上帝之城》(中),14.13,第 207 页。
② 参看吴飞《奥古斯丁对西方古典文明的终结》,第十二章,第 442—464 页。

对人类善恶问题的解决寄托于某种神义论的末世审判，寄托于人类力量之外的上帝的救赎。

二 历史神学中的"上帝之城"与"地上之城"

奥古斯丁将自己对善恶的思考融入以基督教神学为背景的特殊的历史中，构成了其独特而影响深远的历史神学。尽管他对罗马史很感兴趣，对《圣经》中的历史研究颇为投入，但他的出发点仅仅在于，"历史"对理解《圣经》有莫大的益处。奥古斯丁所关注的是叙述上帝拯救工作的，蒙受神之特殊灵感的"圣史"，而非除此以外的"俗史"。从神学的角度来看，在世界历史上，真正重要的事件只有创世、堕落和审判几个宗教意义的重大时刻。除此之外，其他的历史变迁都是相对次要的，都不具有根本的意义。① 奥古斯丁的历史神学可以概括为"乐园—尘世—天国"的三阶段：乐园是上帝创世纪的阶段，上帝从虚无中创造的世界遵循善的秩序，但人由于意志堕落而犯罪，从而被上帝惩罚进入尘世的第二阶段。尘世的历史是善恶并存的历史，其中所谓"俗史"的代表是罗马的历史，如前所述，奥古斯丁对此完全否定；所谓"圣史"的代表是以色列的历史，然而奥古斯丁并不真正在意犹太民族政治的兴衰变迁，而是在意它对耶稣基督的象征。无论从亚当到亚伯拉罕，还是到犹太祭司的改变，都预示着耶稣基督的称王。以色列最终迎来耶稣称王，此时犹太人也就结束了其特殊的历史使命，耶路撒冷也沦落为普通的城。② 在奥古斯丁历史神学的三阶段中，乐园和天国都没有时间，只有尘世处于时间中，也只有尘世构成我们通常所理解的"世界历史"。而在整个尘世的历史中，又只有耶稣基督的"道成肉身"是唯一的历史事件。

基督来临，构成了奥古斯丁世界历史的根本转折点。在这之前，世界历史是魔鬼主宰的地上之城的历史，是罪恶的历史、堕落的历史；对于上帝之城的公民来说，则是预言的历史、盼望的历史。基督的来临，打败了统治世界的魔鬼，将人类从原罪的渊薮中拯救出来。

---

① 夏洞奇：《奥古斯丁的社会政治思想》，北京：三联书店2013年版，第57页。
② [古罗马]奥古斯丁：《上帝之城》（下），吴飞译，上海：上海三联书店2008年版，18.47，第110页。

人类历史中的所有历史事件都变成可有可无的，上帝的道成肉身才是对历史的根本改变。耶稣这个中保的受难，是一个永恒的祭祀事件，表达了人和上帝之间唯一的正确关系。基督作为第二亚当，人类堕落之后唯一无罪的人，将所有的追随者都吸收到自己当中，在祭献自己的同时，所有悲伤愧悔的心都献了出去。耶稣基督的到来，否定了人类的一切政治制度，否定了人类的一切自然关系，将人类按照新的灵性原则，根据每个人与上帝的关系重新组织起来。①

在奥古斯丁独特的历史神学中，"上帝之城"与"地上之城"的斗争贯穿于整个人类历史。这两个城的划分并非基于世俗的差异，诸如民族与种族，地理与历史，而完全是信仰的差异——信仰与异教，灵与肉，爱上帝与爱自己。② 两种爱导致了人类社会两座城的差异，一为正义之城，一为非正义之城；一为荣耀者的社会，一为卑微者的社会；一为虔敬者的社会，一为不敬者的社会；一为被上帝选中者的社会，一为被上帝摒弃者的社会；一为获得救赎者的社会，一为注定受到诅咒者的社会。总之，无视上帝的自私之爱造就了"地上之城"，忽视自我的对上帝的爱造就了"上帝之城"。③

两座城的源头可以追溯到亚当的子孙，该隐因为嫉妒上帝对亚伯的恩典，杀死了自己的弟弟亚伯，该隐建立了第一座"地上之城"，亚伯则建立了第一座"上帝之城"，从此两城的对立就永远伴随着该隐和亚伯的子孙。尽管两城的差别是基于信仰，但奥古斯丁同样用两城的斗争来解释尘世的历史。"地上之城"寻求自我的利益，充满争执与战争，"常自相分裂"，而"上帝之城的和平是最有序、最和谐的团契"。在"地上之城"中，"统治欲统治其王侯，如同统治它所征服的民族"；而在"上帝之城"中，双方"在爱中彼此服务，掌权者以看顾，附属者以服从"。④ 从人类历史来看，耶路撒冷在基督"道成肉身"前是"上帝之城"的代表，而罗马和巴比伦则是"地上之城"的代表。在末世审判后，"上帝之城"的

---

① 吴飞：《奥古斯丁对西方古典文明的终结》，第403—404页。
② [古罗马] 奥古斯丁：《上帝之城》（中），14.13，第209页；14.28，第226页。
③ [英] 伯恩斯主编：《剑桥中世纪政治思想史》（上），第142页。
④ 夏洞奇：《奥古斯丁的社会政治思想》，第91页。

人会进入永恒的天国，"地上之城"的人则会堕入永久的地狱。

尽管两座城在人类历史中相互交织，但每个人都不知道自己属于哪个城。在尘世中，也有人属于"上帝之城"，但在末世审判之前，他们并不知道，而且也一样要忍受尘世的苦难。当下生活在"地上之城"的人将来也可能成为"上帝之城"的公民，而尘世中的教会中也有一批成员最终未必能得救，"在教会中，谷子与稗子一起生长，直到世界终了稗子才会被除掉"。① 这种"预定论"要求人生在世必须终身不断修行，在信仰和希望中生活。与其说"上帝之城"是社会组织，不如说它是抽象的信仰共同体，任何人试图具体区分两种城都是危险而靠不住的，都是在妄测隐秘而不可知的神意，因为只有上帝的末世审判才能在最终的意义上知道一个人是否真正为善。关于双城说的现实影响，我们将在第四节详细讨论。

三 奥古斯丁与现代西方的历史哲学

奥古斯丁并非"上帝之城"学说的最先提出者，他的真正贡献在于塑造了基督教宏大的历史神学。首先，从世界观的层面来看，奥古斯丁以一种线性史观代替了古典的循环史观。按古人的理解，圆周是唯一完善的运动，它在自身中不断循环往复，例如柏拉图的宇宙运行模式以及效仿宇宙运行的城邦运转都是一个圆。晚期柏拉图主义的普罗提诺也遵循从一到多，又从多到一的古典原则，最终万物回归以太。奥古斯丁用上帝指导的历史神学来反驳循环往复的古典史观。上帝是不变和无时间的，上帝创造宇宙和审判人类都不是在时间中，只有有死的、不断变化的人类历史处于时间中，处于时间中的东西必然会消亡。在奥古斯丁看来，人类历史有开端，这就是亚当和他的子孙由于罪遭受惩罚进入尘世，其终结则是上帝的末世审判。奥古斯丁之所以反对古典的循环史观，乃是基于神学的信仰。因为基督教的希望和信仰在本质上指向未来，如果历史如人类事务一样脆弱易逝，怎么能给人以希望和终极的救赎？因此，永恒的幸福只能在未来确定的终极目标中实现，而不可能在循环往复、变化易逝的尘世历史中实现。奥古斯丁用基督的降临和复活这两个具有普世意义的一次性事件，终结了对循环史观的讨论，"我们连想都没有想过相信这种东西。这是因

---

① ［古罗马］奥古斯丁：《上帝之城》（下），20.9，第186页。

为，由于基督曾为我们的罪而死去，并又从死者复活，他将不会再死"。①古典意义上完美的圆周运动被看作恶的运动，圆周运动是无目的的，十字架的意义在终极目标中实现，由此，十字架代替了圆周，基督教的线性史观代替了古典的循环史观。②

其次，从政治哲学的层面来看，古典史观的根本在于"不朽"（immortality）。阿伦特对此有最精湛的阐述。她引用希腊历史学之父希罗多德的话，"历史的目的在于保存由于人而存在的东西，使其不致为时间所湮没，赋予希腊人与野蛮人光荣，赋予令人赞叹的行为以充分的颂扬，使后世能纪念他们，并使他们的荣耀能光照数个世纪"，这就是历史的"不朽"。③ 与宇宙的"永恒"相比，正是由于人的言说与行动的易逝，由于人的"有死"（mortality），诗人和历史学家才会赋予伟大的言说与行动以不朽的英名，使它能够在人生命结束后仍然能流芳百世。而奥古斯丁则颠覆了古典史观的"不朽"，否定了人的历史与德性本身的意义。他用唯一有意义的历史事件，即基督的降临和复活，否定了一切民族的历史，不管是罗马还是以色列。"奥古斯丁的历史，之所以能成为普世的世界历史，恰恰是因为它否定了每个民族的历史，使帝王将相的故事都变得不再重要。于是，历史和宗教都变成了哲学，时间在永恒中被消解，才变成了普世的大道"。④ 洛维特形象地把古典史观与基督教史观的差异概括为"世界历史"与"救赎历史"，对古典时代而言，历史是政治的历史，这样的历史也是政治家与政治史学家的旨趣。而对于基督教时代而言，历史是救赎的历史，这样的历史也是先知和教士的旨趣。⑤ 这种"救赎历史"的历史神学给政治史带来了灾难性影响，古典的政体学说不再被关注，政治的德性与荣耀被当作"统治欲"之罪，政治领域由此注定被抛入现实主义的无神的"世俗"世界中。

现代的进步史观深受基督教历史神学的影响。"未来是历史的真正焦点，其前提条件是，这种真理是建立在基督教西方的宗教基础之上的。从

---

① ［古罗马］奥古斯丁：《上帝之城》（中），12.17，第138页。
② 参看［德］洛维特《世界历史与救赎历史》，李秋零、田薇译，北京：三联书店2002年版，第194—197页。
③ Hannah Arendt, *The Concept of History*, in: *Between Past and Future*, pp. 41 – 43.
④ 吴飞：《奥古斯丁对西方古典文明的终结》，第403页。
⑤ ［德］洛维特：《世界历史与救赎历史》，第8页。

以赛亚到马克思，从奥古斯丁到黑格尔，从约阿希姆到谢林，基督教西方的历史意识是由末世论的主题规定的。……它提供了一个具有不断进步的秩序和意义，能够克服古代对'宿命'与'命运'的畏惧"。① 现代社会的世俗化使基督教的"历史神学"发生逆转，"历史神学"变成了"历史哲学"，在黑格尔那里达到了巅峰。黑格尔的历史哲学肯定了尘世历史的意义，把尘世历史作为核心。他用"精神"（Geist）的发展代替了上帝的意志，来解释世界历史的不同时期。但毫无疑问，黑格尔仍然借用了奥古斯丁的线性史观，奥古斯丁的末世论变成了"历史的终结"。黑格尔的"历史哲学"在19世纪的回光返照已经充分暴露了历史主义的危害，这就是过量的历史感使人失去了行动的力量。尼采在《历史的用途与滥用》中提问，历史对于人生的意义是什么？当一个绝对的"历史过程"高悬于人的生活之上，历史则失去了它本真的意义，而是由外在的目标和终极意义来决定。② 尼采的问题可谓是振聋发聩，它使我们反思，从奥古斯丁的历史神学到黑格尔的历史哲学，都是抹杀历史感的非历史的方式。尽管奥古斯丁并不是进步主义者，但他的历史神学在现代世俗化社会的变异却充分暴露了基督教末世论史观背后的巨大问题。

第三节　奥古斯丁的国家观

一　从正义到爱——政治伦理的转化

在整个古典政治思想传统中，正义一直是居于核心的德性，而正义的地位正是为奥古斯丁所阐释的基督教传统所动摇。在奥古斯丁以信仰为主导的神学体系中，政治的地位十分卑微，甚至政治就意味着邪恶。整个《上帝之城》中，奥古斯丁谈到政治的地方几乎就是批判其罪恶的"统治欲"。在仅有的第二卷和第十九卷中，奥古斯丁通过批评罗马共和，批评西塞罗的正义观，提出一种以信仰之爱为核心的"真正的正义"。尽管奥古斯丁并没有系统的，而且也很少有关政治思想的论述，但他的政治思想却彻底颠覆了古典政治思想传统，实现了从正义到爱，从古典到现代政治

---

① ［德］洛维特：《世界历史与救赎历史》，第24页。
② 孙磊：《汉娜·阿伦特的交往政治哲学研究》，北京：北京师范大学出版社2013年版，第31—34页。

思想传统的转化。

　　奥古斯丁对古典政治思想传统的认识主要通过阅读西塞罗的作品。在第二卷中，奥古斯丁首先回顾了西塞罗《论共和国》的主要内容，西塞罗认为国家若无正义就不可能存在。接着，奥古斯丁引述了西塞罗的国家定义，"国家（res publica）就是'人民之事'（rem populi），人民指的并不是所有人和大众的集合，而是按照对'正义'（iuris）的认同和共同的利益集合起来的团体（sociatum）"，他完全同意西塞罗有关国家的基础是正义和人民的共同利益的观点，甚至给出了经常为后人称道的解释：如果没有正义，那么海盗与亚历山大，强盗与皇帝就没有实质区别，只是规模大小的差别而已。① 然后，奥古斯丁对西塞罗开始"以子之矛攻子之盾"：国王和贵族的不义统治本来就违背共和的精神，因为并非众人之事，"而当人民自身也变得不义的时候，他们也不能算作人民，因为按照人民的定义，他们不是由对正义的认同和共同的利益组合起来的大众的团体"。② 既然撒路斯提乌斯已经承认罗马共和国的道德状况是"彻底的恶和腐朽"，西塞罗也不断哀叹当今的罗马已经失去了作为罗马共和国护卫者的原初德性，那么共和国其实就是有名无实，"我们只剩了共和的名字，却早已失去了它真正的自身，这不是因为什么偶然，而是因为我们的罪过"。③ 不仅仅因为罗马后来变得腐朽而堕落，即使被西塞罗所称道的罗马早期的正义也不存在。罗马建国者罗慕卢斯杀死亲兄弟，被奥古斯丁比作《圣经》中的该隐杀死亚伯，这成了罗马政治的"原罪"，正如后者意味着第一座"地上之城"的出现一样。④ 奥古斯丁用基督教道德的眼光看待罗马政治，他看到的都是罗马政治中的阴暗面，杀弟、弑父、奸淫、背信弃义，罗马建国的政治英雄被奥古斯丁抹去了一切光荣，而成为残忍和邪恶的代表。

　　在第十九卷中，奥古斯丁更进一步论证，罗马从来没有真正的正义，罗马共和国从来没有存在过，因为罗马人从未真正实现过人民的福祉。首先，在没有真正正义的地方就没有"正当"（ius），人类的邪恶制度不能

---

① ［古罗马］奥古斯丁：《上帝之城》（上），4.4，第137页。
② 同上书，2.21，第72—73页。
③ 同上。
④ ［古罗马］奥古斯丁：《上帝之城》（中），15.5，第232页。

被认为是正当的；其次，在没有真正正义的地方，就没有西塞罗严格意义上的人民，"如果没有人民，就没有人民之事，而只有某种大众，他们是不配有人民之名的"；① 由此，奥古斯丁得出推论，在没有真正正义的地方，就不会有共和。

这里的关键是何为"真正的正义"？在奥古斯丁看来，"让人自身离开上帝，让他屈从于肮脏的鬼怪的，算是什么人的正义？难道这是让人各得其所吗？"②

"真正的正义"属于"上帝之城"："唯一至高的上帝依照他的恩典统治一个服从的城，那里，祭祀全都归于他，也只有那里才有正义。在那里，在所有属于那个城、遵从上帝的人那里，心灵统治身体，理性依照法律秩序充满信仰地统治罪过。在那里每个正义的人，以及正义者组成的人民都在信仰中生活，信仰靠爱起作用。人按照上帝应该被爱的程度来爱上帝，爱邻人如爱自己。"③ 由此，我们已然可以看出，奥古斯丁将"真正的正义"诉诸一种宗教的超验正义，这种超验正义与古典正义的差异在于，古典正义以德性为根本，超验正义以爱为根本。奥古斯丁并不否认西塞罗的自然法的秩序观念，然而，他将西塞罗自然法核心的理性置换为爱与信，由此正义不可能是一个世俗的概念，不可能在人间的法律中实现，也不可能在社会中实现，而只能通过宗教信仰来实现。在奥古斯丁那里，"真正的正义"乃是人与上帝的关系，也就是信仰虔诚的问题。这充分体现了他对人类经由理性获得美好生活的悲观态度，正义的理想只能诉诸超验的宗教，诉诸"因信仰和希望"而称义。与其说正义关乎美好生活的实现，不如说正义取决于上帝的恩典。④

从西塞罗到奥古斯丁，可谓是实现了正义观的巨大转化。奥古斯丁彻底否定了人能通过德性实现正义，哲人竟然相信此生能靠自己实现幸福，完全是高傲和虚妄，那些明智、勇敢、节制的德性并不能使人承受悲惨的生活，并不能使人获得救赎。⑤ 由此，奥古斯丁颠覆了古典政治思想的核

---

① ［古罗马］奥古斯丁：《上帝之城》（下），19.21，第157页。
② 同上。
③ 同上书，19.23，第164页。
④ 参看［芬］罗明嘉《奥古斯丁上帝之城中的社会生活神学》，张晓梅译，北京：中国社会科学出版社2008年版，第83—88页。
⑤ ［古罗马］奥古斯丁：《上帝之城》（下），19.4，第131—136页。

心，颠覆了政治生活的根本意义。在亚里士多德和西塞罗那里，自然法强调自然秩序的完美，但"合于自然"的"自然正义"精神渗透到"政治正义"中，二者之间并没有分裂，人通过法天，通过不断提升德性，能够使"政治正义"不断"合于自然"。然而，奥古斯丁直接斩断了从人到神，从政治到宇宙不断上升的梯子，将人与政治打入了充满罪恶的最底层，"魔鬼从被创造的时候就反对正义。只有虔敬地遵从上帝的意志，才能拥有正义"，① 由此，奥古斯丁将尘世生活的意义诉诸对"上帝之城"的信仰，对末世宗教的希望。正义不再是一个政治与法律的问题，而首先是一个宗教的问题。

奥古斯丁汲取了柏拉图《理想国》中的理念论，将其进行了形而上学化的改造，将柏拉图的"哲人王"的城邦置换成末世终结后的"上帝之城"。柏拉图以"天上的城邦"表明，"哲人王"的理想旨在关注现实城邦，而非将城邦交给神，人只是信仰和服从。奥古斯丁的"上帝之城"旨在上帝拯救国家和人类，希望在于彼岸的世界。尽管柏拉图的《理想国》尤其是新柏拉图主义所阐释的柏拉图理念论对奥古斯丁的思想产生了决定性影响，但我们还是能够看到柏拉图与奥古斯丁的根本区别——柏拉图热爱尘世的生活，赞美政治的德性；奥古斯丁颠覆政治的德性，热爱基于信仰的彼岸的生活。

二 从国家到个人——政治中心的转移

如前所述，奥古斯丁在批评罗马政治时已经指出，政治的根本是奴役他人的"统治欲"，这也是"地上之城"的根本属性。在他看来，"针对罗马人民与共和所说的，也可以理解为针对雅典人、任何希腊人，埃及的城邦，亚述人先前的巴比伦，以及或大或小曾经建立共和的帝国，以及别的民族中的别的帝国的所说所感"。② 因此，任何"地上之城"都不可能是正义的。那么，奥古斯丁批评"统治欲"的深层意图是什么？他如何理解人类集体生活的善恶？

正如奥古斯丁相信人性本善，人是由于意志之罪才堕落，对于原初的社会生活，奥古斯丁也认为它是善的，因为其中充满了仁爱关怀，家庭就

---

① ［古罗马］奥古斯丁：《上帝之城》（中），11.13，第93页。
② ［古罗马］奥古斯丁：《上帝之城》（下），19.24，第165页。

是例证,上帝造人为一个个体;但这并不意味着他要永远独处,无人陪伴。上帝的意图是,如果人的联合,不仅仅是出于性本相近,更有亲人之情,则依此方式,人类社会的统一,以及人类同情心的联系将更被认同。① 类似于家庭的是团契,它们都贯彻的是"爱邻人如爱自己"的原则。特别值得注意的是,奥古斯丁并不反对社会生活中的等级秩序,并不反对权威,但其出发点必须是关怀,而非统治欲。

> 家中的和谐,即共居之人都有秩序而和谐地命令和服从。发布命令的人,帮助被命令的人:丈夫命令妻子,父母命令儿女,主人命令奴仆。遵从命令的,是被帮助的人,正如女人遵从男人,儿女遵从父母,奴仆遵从主人。而"因信得生"的人还在走向上帝之城,在他的家里,即使发布命令的人,也是那好像被命令的人的奴仆。他们并不是因统治欲发命令,而是出于助人的职责,不是出于领袖的高傲,而是因为他们心怀悲悯。②

然而,政治国家却不属于奥古斯丁所理解的出于关怀的命令,而是基于统治欲,这正是人类堕落的体现。上帝造人并非让人统治人,而是让人管理牲畜。按照自然,没有人是人的奴仆,奴役是神发布的惩罚。奴役他人者受到的惩罚胜于被奴役者,因为"受别人统治的人可以产生服从的谦卑,这是有益的;而统治的高傲是害人的"。③ 基于此,任何政治权力结构都充满了不平等、强制与暴力,都意味着"统治欲"的罪恶。究其根本,"统治欲"是人的骄傲和自私的体现,"骄傲是对上帝的恶意模仿。骄傲者不愿意和自己的同伴平等地侍奉共同的主人,而想给同伴施加自己的霸权。他憎恨上帝正义的和平,喜爱自己邪恶的和平"。④ 因此,政治统治根本上违背了上帝所安排的自然平等的秩序,因而属于"地上之城"的罪恶。

奥古斯丁推翻了亚里士多德"人自然是政治的动物"的观点,而提

---

① [古罗马] 奥古斯丁:《上帝之城》(中),12.22,第145页。
② [古罗马] 奥古斯丁:《上帝之城》(下),19.14,第150页。
③ 同上书,19.15,第151页。
④ 同上书,19.12,第145页。

出"人是社会的动物"的观点。但他对人的社会性也有保留,因为人类,甚于其他动物,既在本质上是社会性的,又因败坏而是反社会的。① "社会性"在奥古斯丁那里是褒义词,意指原初自然秩序的和谐与平等,但当人堕落后,这种"社会性"也难以保留,于是人类社会的生活充满悲苦,只有上帝能拯救,"此世的悲苦就如人间地狱,除了依凭基督我们的救主、我们的上帝和我们主的恩典,我们将不得解脱"。② 在家庭的层面,尽管有亲情的温暖,但却也有阴谋与伤害,朋友的友爱也是如此,如果家庭都不能阻挡人类共同遭受的坏事,城邦又怎么可能避免这些危险?城邦中充满了民事诉讼与刑事犯罪,而法律的审判也无法深入被审判者的良知,审判者往往通过严刑拷问折磨那些无辜的人。从整个世界来看,语言的分化导致了人类社会的分裂,即使是号称正义的战争,也是人的邪恶的体现。因此,人类社会的和平永远达不到"永恒的和平","永恒的和平"只能属于"上帝之城"。

在奥古斯丁这里,国家和社会的作用都是消极的,它们能在消极的意义上限制邪恶,但绝对谈不上"扬善"。即使国家是"统治欲"的恶的体现,但它能维系一定的秩序,保护公民的生命与财产,通过法律惩罚来限制人为恶,这些都是一种补救的手段。国家是一种必要的恶,却不能促进善,无法提升人的德性,无法改善社会的正义。作为罪的产物,国家的目的不是通过教化使人向善,而只是满足堕落状态下的现世需求。③ 即使家庭是充满仁爱关怀的"家之和平"的体现,但在奥古斯丁的"上帝之城"中,只有男女,没有婚姻家庭,足可见家庭仍然是人的罪的体现,他对家庭根本上还是持否定态度。④

如果国家与社会都是消极的,那么奥古斯丁唯一寄予希望的是个人的信仰。个人在尘世中的生活如同驿站与客旅,如同对工具的利用,并非希望所在,真正的希望在"上帝之城"。"上帝之城"不是政治意义上,而是宗教意义上的现实。"上帝之城"是基督徒的"参照",以此来评判尘世的生活。"朝圣之城的朝圣者,不会自我欺骗地爱尘世之物,将它们作

---

① [古罗马] 奥古斯丁:《上帝之城》(中),12.27,第 150 页。
② [古罗马] 奥古斯丁:《上帝之城》(下),22.22,第 325 页。
③ 这些观点的代表人物是迪恩和马库斯,参看夏洞奇《奥古斯丁的社会政治思想》,第 218—222 页。
④ 参看吴飞《奥古斯丁对西方古典文明的终结》,第 426—427 页。

为目的本身来追求；它们只是用来忍受人世之苦的工具而已。上帝之城的民，像朝圣者那样使用尘世间无常之物，不会依恋难舍。除至善之外，贪恋任何东西，都是维持'悖乱的爱的秩序'，只会加重'自然秩序'的混乱"。① 唯一重要的是个人与上帝的关系。只有心中有上帝，服从上帝，才能最终获得上帝的恩典，进入"上帝之城"，尽管这种希望也终究是基于信仰的末世论的希望，而不是当下的现实。

政治中心从国家转移到个人，这是奥古斯丁所阐释的基督教传统对政治哲学最大的影响，它决定了西方近现代政治传统的根本走向。从此，国家被看作必要的恶，国家最终要走向消亡，个人才是政治生活的根本。奥古斯丁所寄希望的是个人的信仰，而在近代世俗化后的政治中，个人的道德已然和政治决裂，在有关政治的追求中，世俗化的个人的激情和欲望，个人的财产与安全成为政治首要的目标。因此，近代政治传统在某种程度上是世俗化的基督教传统的延伸，对世俗政治并不关心的奥古斯丁却在无意间铸就了近代政治个人主义的传统。

第四节　奥古斯丁政治哲学的现实影响

奥古斯丁的两城说对现实中的教会与国家关系阐释得非常复杂。尽管进入"上帝之城"的资格取决于个人信仰，教会中的人不一定都是为善者，尽管两座城在尘世生活中就相互混杂，但作为主教的奥古斯丁仍然赋予教会神圣的地位。"无论如何，我所学会信靠的是大公教会，而不是将我的望放在任何人身上"，教会是"基督徒最真的母亲"，养育着"在怀中哭泣的婴儿"。在奥古斯丁心目中，尘世中的教会也就是"天国"的代名词，它是为了未来的永恒生命而聚集的。而且，教会在历史中也有一个逐步实现的过程。"可见的事实"与"精神的事实"之间的张力将长期存在，教会中的"稗子"到了末世才会被分离出去。② 由此可见，虽然尘世中的教会不能等同于"上帝之城"，但教会的精神本质等于"上帝之城"。这其中存在着解释的张力：一种解释强调教会的重要作用，教会高于国家，国家为教会服务，这正是主宰中世纪的"政治奥古斯丁主义"；另一

---

① [芬] 罗明嘉：《奥古斯丁上帝之城中的社会生活神学》，第187—188页。
② 夏洞奇：《奥古斯丁的社会政治思想》，第268、238—239页。

种解释强调教会仍然是尘世历史中的组织,对于作为"地上之城"的国家的恶是必要的补救,这正是受新教影响的近代自由主义的消极国家观。

一 中世纪的"政治奥古斯丁主义"

在晚期罗马帝国,教会与国家已经相互渗透。一方面,皇帝可以干涉教会的内部事务,罗马政府有权实行宗教强制;另一方面,教会已经拥有了大量土地和财富,承担大量社会管理与协调的功能,并不是一个单纯的宗教团体。基督教会常常在社会中照顾寡妇和孤儿,给穷人施舍,对"弱势群体"的格外照顾是福音书中"山上宝训"的教诲。[1] 在奥古斯丁的书信中,可以看到大量与罗马高级官员的通信,其中多为请求官员本着基督教温和仁慈的精神审判罪犯,勿对异教徒施以死刑,但主教对当时的政治影响仍然十分有限,不可能与中世纪时期的教皇同日而语。奥古斯丁本人对帝国官员的为非歹也是徒然伤悲,甚至宁愿躲在修道院里过读经和祈祷的生活。[2]

然而,奥古斯丁对中世纪最大的影响莫过于他对宗教强制的辩护,甚至有人将迫害异端的始作俑者也归于奥古斯丁。作为希波主教的奥古斯丁,在北非公教与多纳图派的论争中发挥了重要作用。这场论争涉及教会的本质,圣事的有效性以及教会与国家的关系。奥古斯丁起初并不赞成凭借世俗权威,以暴力迫使其他教派的人回归公教,但在《书信93》中,奥古斯丁说在其他主教的影响下,他放弃了自己原来的观点。多纳图派是北非传统的教会,强调教会的纯洁,抵制世俗权力对教会的干预。在多纳图派与公教的论战中,多纳图派失败,但他们不断煽动,甚至采用恐怖主义的手段。这不仅对宗教统一的持续存在造成威胁,而且还威胁到当地的社会稳定。鉴于此种形势,奥古斯丁才不得不同意借助罗马政府的世俗权力来迫使多纳图派皈依公教。奥古斯丁强调教会的强制是"慈父般的关爱",而那些顽固的裂教分子是"因爱而非因恨而遭受鞭打"。他用《新约》中的观点论证自己的观点,"没有权威不出于上帝;所以,抗拒掌权的就是抗拒上帝的命;做官的原不是叫行善的惧怕,乃是叫作恶的惧

---

[1] 包利民:《古典政治哲学史论》,第380—381页。
[2] 夏洞奇:《奥古斯丁的社会政治思想》,第302—304页。

怕"。①

由此可见，奥古斯丁宗教强制思想的特点在于：第一，从强制的效果出发，认为宗教强制更能克服恶习的束缚，使异教分子得到拯救；第二，基督教并不否定一切强制手段，教会可以正当地借助世俗权威的力量；第三，在教会权威与个人自由冲突时，奥古斯丁支持教会权威，维护教会的教导和强制。②奥古斯丁的宗教强制思想在一定程度上有其积极意义，它不同于中世纪狂热的迫害异端，而是在宗教纷争严重到造成流血冲突，影响社会稳定时才不得不采取的措施。同时，我们也不能用现代自由主义社会的"良心自由"和"信仰权利"来评判奥古斯丁，毕竟他是古代基督教罗马帝国的主教，所有的古代国家都有为宗教理由而进行强制的准备。使一个人可以骄傲地反抗大家共同信仰的神，往往会给政治社会带来麻烦，苏格拉底就是最明显的例子。宗教强制真正成为问题是中世纪的狂热迫害所致。③但就奥古斯丁的影响来看，不得不说他所开启的迫害异端和打击叛教者的先例，在整个中世纪变得日益残忍野蛮。纵观古今人类历史上的宗教战争，因为信仰纷争导致的战争远远大于人类的和平，这与宗教本身反对暴力、崇尚和平的宗旨完全相悖。

除了宗教强制，所谓中世纪的"政治奥古斯丁主义"其实并不符合奥古斯丁本人的思想。如前所述，与当时的教会主流不同，奥古斯丁并不赞成永恒的罗马帝国，反对世俗权力对教会的渗透。"奥古斯丁强调基督徒的任何德性都是因他的信仰才有的，政治社会是被污染的人类生活的黑暗舞台，是被斗争和贪欲主宰的；它绝非真正德性的安身之处，更不是虔诚的立命之处。很明显，在《上帝之城》中，奥古斯丁并不相信所谓的基督教政治或基督教国家的概念，这与他关于秩序、爱和城的教义直接抵触"。④中世纪的"教会国家论"只是借用了奥古斯丁的某些观念，而奥古斯丁的思想本身却远比其复杂。例如，与奥古斯丁相差 200 年的教皇格列高利一世就比他明确清晰。对于教会的作用和未来，格列高利充满信心，而非奥古斯丁那样不可知；对于世俗权力应该如何使用，格列高利认

---

① 《新约·罗马书》，第 13 章。
② 对此问题最详细的论述，参见夏洞奇《奥古斯丁的社会政治思想》，第 322—337 页。
③ 参看[英]麦克里兰《西方政治思想史》，第 128—129 页。
④ [芬]罗明嘉：《奥古斯丁上帝之城中的社会生活神学》，第 201 页。

为必须接受基督教思想的指导，而非奥古斯丁那样模糊。因此，与奥古斯丁的导师圣安布罗斯更接近的教皇格列高利一世，其简化而明确的"教会国家论"才对中世纪政治思想产生了更大影响。①

有人认为，奥古斯丁赞美基督徒皇帝也是"政治奥古斯丁主义"的体现。在《上帝之城》第五卷的第24、25、26三节中，奥古斯丁赞美了基督徒皇帝康斯坦丁和西奥多一世的幸福。他评价罗马皇帝的标准并不是文治武功，而是是否符合一个基督徒的道德标准——谦卑、忏悔、祈祷，然后才考虑能否治理好国家。皇帝当基督徒并不能只是为了像康斯坦丁那样享福，而是为了永恒的生命，也有基督徒皇帝死在僭主的剑下。比起在地上称王，皇帝西奥多一世更乐于把自己当作教会的成员。"当他以帝王之尊面对民众俯伏于地的时候，人们更多为这景象而哭泣，而不是因为自己的罪引起他的愤怒而害怕。什么会比这样一种宗教的谦卑更神奇呀？他做的这类好事很多，数也数不清。他在此世做了这些事，而人间的巅峰和至高点也不过是泡影。"② 奥古斯丁显然对西奥多一世有更多赞美，因为他对上帝更加虔敬，而不是他在此世的政治统治更合于正义。更何况，皇帝如果能将国家治理好，也是上帝通过他赐给臣民的各种好处，但这些对皇帝本人而言并没有实质的意义，因为这并不能增加他的虔敬。③ 我们可以这样说，尘世政治与基督徒的救赎没有直接关系，皇帝亦然如此，基督徒皇帝是作为个体的基督徒与上帝之间有关系。无论如何，不管基督徒统治，还是非基督徒统治的国家都是由"统治欲"主宰的"地上之城"，基督君主（教会）无法改变这种根本性质。但奥古斯丁也表达了这样一层意思：基督君主的仁慈和信仰可以缓解和平衡"地上之城"的"统治欲"，使其在信仰和希望中朝向"上帝之城"前进。对此，布朗曾经作如下解释："基督徒君主区别于异教君主，不在于他手中权柄的大小，或者他所维持的国家的本质；他的不同仅仅在于，他意识到自己的权力在上帝的秩序中的位置，它的关联，以及它所服务的目的。"④ 与中世纪的教皇政教合一的权力相比，奥古斯丁对基督君主的态度过于消极，他根本上不

---

① 参看 [英] 伯恩斯主编《剑桥中世纪政治思想史》（上），第157—164页。
② [古罗马] 奥古斯丁：《上帝之城》（上），5.26，第213页。
③ 吴飞：《奥古斯丁对西方古典文明的终结》，第274页。
④ 转引自 [芬] 罗明嘉《奥古斯丁上帝之城中的社会生活神学》，第203页，注解一。

相信基督教与政治联合可以拯救人类。与"上帝之城"和"地上之城"的天壤之别相比，基督君主的统治与非基督君主的统治的差别微乎其微。无论是古罗马塞涅卡教化君主的《论仁慈》，还是中世纪伊拉斯谟劝诫君主的《论基督君主的教育》，都比奥古斯丁对尘世政治怀有更多热情和信心，更坚定政教合一的统治方式。

二 现代的"政治现实主义"

现代越来越多的学者受新教的影响，对"政治奥古斯丁主义"的传统解释提出批判，他们注意到奥古斯丁与西塞罗在国家观上的重要差别，奥古斯丁用爱的神学概念替代了正义观念。《西方中世纪政治理论史》（1936）的作者卡莱尔认为，奥古斯丁在这一点上抛弃了古典政治与教父神学的传统。马库斯在《尘世：奥古斯丁神学中的历史与社会》（1970）中提出，奥古斯丁从早期的乐观主义转变为悲观主义，最显著的莫过于他对社会的思考，社会生活的现实不服从理性，罪的力量主宰人类生存。奥古斯丁对基督教帝国的理念失去了信仰，同时把政治权威和国家的理念世俗化了。另一位杰出的奥古斯丁研究者布朗在《奥古斯丁的政治社会》（1972）中也指出，成熟的奥古斯丁逐渐意识到罪的那种搅乱秩序的力量，如果人无法决定自己的道德意念，政治自治就更是无能为力了。[①] 罗明嘉以及《政治哲学史》中奥古斯丁一章的撰写者恩斯特·福廷也都从政教分离的角度理解奥古斯丁。对于奥古斯丁政教分离思想的后果，西方学者也有两种解释：马库斯认为政教分离导致信仰的多元化，世俗政治能够与道德分开；另有研究者认为政教分离导致世俗政治与历史意义的丧失。近年来针对从新教视角解释奥古斯丁的政教分离思想，又有新的批评，其代表者是伯内尔。他认为奥古斯丁按照另一种理解来定义政治，并不意味着政治必然是非正义的。对奥古斯丁而言，公民国家是实现正义的主要手段，公民德性是人类最主要的道德善好之一。伯内尔显然将奥古斯丁解释为古典政治哲学的继承者，奥古斯丁更像城邦中的柏拉图和亚里士多德。[②]

中世纪之后，随着文艺复兴和世俗化的展开，政教分离的观念进一步

[①] 转引自［芬］罗明嘉《奥古斯丁上帝之城中的社会生活神学》，第 203、8—14 页。
[②] 参看吴飞《奥古斯丁对西方古典文明的终结》，第 262—268 页。

渗入近现代政治社会。教会与国家分离导致宗教从公共生活中消失，所有的宗教裁决从政治中移除，宗教丧失了自罗马大公教会扮演起罗马帝国的继承者开始就获得的政治因素。现代世俗领域兴起的最重要的后果是，个人的"不朽"和"信仰"都丧失了它在政治上的影响力。[①] 即使现代社会推翻神权统治，也并不意味着可以回到古典时代。马基雅维利试图调和宗教与政治的矛盾，却呈现了一个比奥古斯丁更加怪异的罗马。一方面，马基雅维利试图通过复兴罗马政治精神，重新唤起人们对尘世生活的热爱，抵制基督教非政治的负面影响；另一方面，马基雅维利所构建的民族国家已不再遵循古典政治的德性，只遵循与道德自由无关的政治自由。马基雅维利无论如何都无法跳出奥古斯丁的手掌心，他的继承者霍布斯亦如此。为了凸显国家自身的神性，霍布斯塑造了一个半神半兽的利维坦，拥有至上的权威，但人自身却从亚里士多德"人自然是政治的动物"，奥古斯丁"人是社会的动物"堕落为"人是（计算）理性的动物"，人的自私自利，激情与欲望都成为新的自然权利。现实主义的政治中毫无道德可言，而自由主义的规范权利传统却又将国家看作要加以限制的必要的恶，将真正的道德看作与国家无关的个人自由的实现。这种非政治的态度同样助长了现代政治实践的危机。[②] 政治与道德的分离，无论是在现实主义的传统中，还是在自由主义的规范权利传统中，无不受到奥古斯丁政教分离思想的影响，其所带来的现代性危机仍然在现代人的宗教、道德、政治、社会等各个领域蔓延。

三 小结

上述对奥古斯丁政治哲学从天主教、新教和古典政治哲学不同角度的解释凸显了奥古斯丁思想本身的巨大张力。然而，从西方政治思想传统的现代转化以及现代性危机的视角来看，我们更倾向于从新教视角出发理解奥古斯丁政教分离的思想对近现代政治思想传统的巨大影响。奥古斯丁赋予国家更多限制邪恶的消极功能，赋予宗教更多道德教化的积极功能，这促成了政教分离的现代政治思想传统的生成。尽管从奥古斯丁到西方现代国家还有很长的过渡期，他也不可能与世俗化的现代政治思想家的观点完

[①] Hannah Arendt, *"The Concept of History"*, *Between Past and Future*, pp. 68–73.
[②] 参见孙磊《阿伦特的交往政治哲学研究》，第51—53页。

全相同，但现代政治思想传统还是从奥古斯丁所阐释的基督教政治思想传统中衍生出来的。奥古斯丁给现代政治思想带来的巨大灾难在于"政治现实主义"，他剥去了政治本身的意义——德性与荣耀，否定了尘世生活的道德意义，把内在化的道德交给了宗教信仰，从而使政治完全世俗化。从此，人们完全以现实主义的眼光看待政治，政治必然是魔鬼之城，必然是权力纷争和阴谋诡计，必然是暴力流血和霸术横行。政治中不再有追求高贵的王道，不再有像神一样的英雄。总之，政治被剥去了神圣的光环，被"除魅"，而成为罪与邪恶的象征。

当然，如果我们客观公允地看待这位古典时代最后一位伟大的政治思想家，我们就不能抹杀奥古斯丁在西方政治思想史上的重要意义。奥古斯丁从信仰的角度提升人的道德，用宗教净化政治社会。受其影响的那些伟大的基督徒（例如圣本尼迪克特），用自身的行动向世人证明人的道德的崇高。深受奥古斯丁影响的现代西方更重视个人的信仰与道德，重视基督徒个人的社会使命，以及在此基础上形成的社会团体，以此来抵制和净化政治的邪恶。甚至在现代民主政治中，以个体为本的公民社会以及自由平等的民主政治主张都可以从奥古斯丁所阐释的基督教传统中找到源头。①奥古斯丁是理解雅典与耶路撒冷，理解古今之争不可逾越的一座桥梁。

---

① 现代民主政治对平等的统治，对反抗剥削和压迫的格外强调都是受基督教政治传统的影响，例如卢梭将人类社会不平等的起源归于私有制和政治统治，马克思的共产主义理想是消灭国家，消灭剥削和压迫，建立平等自由的社会。

主要参考文献

一 中文

(一) 古希腊罗马著作

1. [古希腊] 荷马：《伊利亚特》，罗念生、王焕生译，北京：人民文学出版社 1994 年版。
2. [古希腊] 荷马：《奥德赛》，王焕生译，北京：人民文学出版社 1997 年版。
3. [古希腊] 赫西俄德：《工作与时日 神谱》，张竹明、蒋评译，北京：商务印书馆 1991 年版。
4. [古希腊] 希罗多德：《历史》(上、下)，王以铸译，北京：商务印书馆 1983 年版。
5. [古希腊] 修昔底德：《伯罗奔尼撒战争史》(上、下)，徐松岩、黄贤全译，桂林：广西师范大学出版社 2004 年版。
6. [古希腊] 阿里斯托芬：《阿里斯托芬喜剧六种》，罗念生译，载《罗念生全集》(第四卷)，上海：上海人民出版社 2004 年版。
7. 《古希腊戏剧选》，罗念生译，北京：人民文学出版社 1998 年版。
8. [古希腊] 埃斯库罗斯：《埃斯库罗斯悲剧集》，陈中梅译，北京：华夏出版社 2008 年版。
9. [古希腊] 柏拉图：《柏拉图文艺对话集》，朱光潜译，北京：人民文学出版社 1980 年版。
10. [古希腊] 柏拉图：《柏拉图对话集》，王太庆译，北京：商务印书馆 2004 年版。
11. [古希腊] 柏拉图：《柏拉图全集》，王晓朝译，北京：人民出版社 2003 年版。

12. ［古希腊］柏拉图：《苏格拉底的申辩》，吴飞译疏，北京：华夏出版社 2007 年版。
13. ［古希腊］柏拉图：《蒂迈欧篇》，谢文郁译注，上海：上海人民出版社 2003 年版。
14. ［古希腊］柏拉图：《米诺斯》，林志猛译疏，北京：华夏出版社 2009 年版。
15. ［古希腊］柏拉图：《法律篇》，张志仁、何勤华译，上海：上海人民出版社 2001 年版。
16. ［古希腊］亚里士多德：《形而上学》，李真译，上海：上海人民出版社 2005 年版。
17. ［古希腊］亚里士多德：《尼哥马科伦理学》，邓安庆译，北京：人民出版社 2010 年版。
18. ［古希腊］亚里士多德：《优台谟伦理学》，苗力田、徐开来译，载《亚里士多德全集》（第八卷），北京：中国人民大学出版社 1997 年版。
19. ［古希腊］亚里士多德：《诗学》，陈中梅译注，北京：商务印书馆 2002 年版。
20. ［古希腊］亚里士多德：《政治学》，吴寿彭译，北京：商务印书馆 1996 年版。
21. ［古希腊］亚里士多德：《雅典政制》，日知、力野译，北京：商务印书馆 1959 年版。
22. ［古希腊］亚里士多德：《修辞学》，罗念生译，载《罗念生全集》（第一卷），上海：上海人民出版社 2004 年版。
23. ［古希腊］亚里士多德：《物理学》，张竹明译，北京：商务印书馆 1982 年版。
24. ［古希腊］亚里士多德：《天象论宇宙论》，吴寿彭译，北京：商务印书馆 1999 年版。
25. ［古希腊］亚里士多德：《论天》，载《亚里士多德全集》（第二卷），苗力田等译，北京：中国人民大学出版社 1991 年版。
26. ［古希腊］色诺芬：《回忆苏格拉底》，吴永泉译，北京：商务印书馆 2001 年版。
27. ［古希腊］色诺芬：《居鲁士的教育》，沈默译，北京：华夏出版社

2007 年版。

28. ［古希腊］色诺芬：《齐家》，载施特劳斯《色诺芬的苏格拉底言辞》，杜佳译，上海：华东师范大学出版社 2010 年版。

29. ［古希腊］色诺芬：《会饮》，沈默译，北京：华夏出版社 2006 年版。

30. ［古希腊］色诺芬：《长征记》，崔金戎译，北京：商务印书馆 1985 年版。

31. ［古希腊］色诺芬：《希耶罗》，何地译，载施特劳斯《论僭政：色诺芬〈希耶罗〉义疏》，北京：华夏出版社 2006 年版。

32. ［古希腊］第欧根尼·拉尔修：《名哲言行录》，徐开来、溥林译，桂林：广西师范大学出版社 2010 年版。

33. ［古希腊］伊壁鸠鲁：《致希罗多德信》《致皮索克勒信》《致梅瑙凯信》《基本要道》，载《自然与快乐：伊壁鸠鲁的哲学》，包利民等译，北京：中国社会科学出版社 2004 年版。

34. ［古罗马］卢克莱修：《物性论》，方书春译，北京：商务印书馆 1981 年版。

35. ［古罗马］普鲁塔克：《希腊罗马名人传》（上），陆永庭等译，北京：商务印书馆 1999 年版。

36. ［古罗马］普鲁塔克：《希腊罗马名人传》（中、下），席代岳译，长春：吉林出版集团 2011 年版。

37. ［古罗马］普鲁塔克：《古典共和精神的捍卫：普罗塔克文选》，包利民等译，北京：中国社科出版社 2005 年版。

38. ［古罗马］西塞罗：《论共和国》，王焕生译，上海：上海人民出版社 2006 年版。

39. ［古罗马］西塞罗：《论法律》，王焕生译，上海：上海人民出版社 2006 年版。

40. ［古罗马］西塞罗：《论义务》，载《西塞罗文集》（政治学卷），王焕生译，北京：中央编译出版社 2010 年版。

41. ［古罗马］西塞罗：《论至善和至恶》，石敏敏译，北京：中国社会科学出版社 2005 年版。

42. ［古罗马］西塞罗：《反喀提林》，载《西塞罗全集》（演说词卷）（上），王晓朝译，北京：人民出版社 2008 年版。

43. ［古罗马］西塞罗：《论灵魂》，王焕生译，西安：西安出版社 2009 年版。

44. ［古罗马］西塞罗：《论演说家》，王焕生译，北京：中国政法大学出版社 2003 年版。

45. ［古罗马］塞涅卡：《道德和政治论文集》，袁瑜峥译，北京：北京大学出版社 2010 年版。

46. ［古罗马］塞涅卡：《强者的温柔：塞涅卡伦理文选》，包利民等译，北京：中国社会科学出版社 2005 年版。

47. ［古罗马］塞涅卡：《哲学的治疗：塞涅卡伦理文选之二》，吴欲波译，北京：中国社会科学出版社 2007 年版。

48. ［古罗马］维吉尔：《埃涅阿斯纪》，杨周翰译，南京：译林出版社 1999 年版。

49. ［古罗马］塔西佗：《编年史》，王以铸、崔妙因译，北京：商务印书馆 1982 年版。

50. ［古罗马］查斯丁尼：《法学总论：法学阶梯》，张企泰译，北京：商务印书馆 1989 年版。

51. ［古罗马］奥古斯丁：《忏悔录》，周士良译，北京：商务印书馆 2009 年版。

52. ［古罗马］奥古斯丁：《上帝之城》（上、中、下），吴飞译，上海：上海三联书店 2008 年版。

53. ［古罗马］苏维托尼乌斯：《十二帝王传》，田丽娟、邹恺莉译，上海：上海三联书店 2010 年版。

（二）西方政治哲学经典著作

54. ［意］维柯：《新科学》（上，下），朱光潜译，北京：商务印书馆 1987 年版。

55. ［意］马基雅维利：《君主论》，潘汉典译，北京：商务印书馆 1997 年版。

56. ［意］马基雅维利：《论李维》，冯克利译，上海：上海人民出版社 2005 年版。

57. ［荷］斯宾诺莎：《神学政治论》，温锡增译，北京：商务印书馆 1982 年版。

58. ［英］霍布斯：《利维坦》，黎思复、黎廷弼译，北京：商务印书馆

1985 年版。

59. ［英］霍布斯：《论公民》，应星、冯克利译，贵州：贵州人民出版社 2003 年版。

60. ［英］洛克：《政府论》（下），瞿菊农、叶启芳译，北京：商务印书馆 1996 年版。

61. ［法］卢梭：《社会契约论》，李平沤译，北京：商务印书馆 1987 年版。

62. ［法］卢梭：《爱弥尔》，李平沤译，北京：商务印书馆 1985 年版。

63. ［法］孟德斯鸠：《论法的精神》，许明龙译，北京：商务印书馆 2009 年版。

64. ［德］黑格尔：《哲学史讲演录》（一、二），贺麟、王太庆译，北京：商务印书馆 1987 年版。

65. ［德］黑格尔：《宗教哲学》，魏庆征译，北京：中国社会出版社 1999 年版。

66. ［德］黑格尔：《法哲学原理》，范扬、张企泰译，北京：商务印书馆 2007 年版。

67. ［法］托克维尔：《论美国的民主》（上），董果良译，北京：商务印书馆 1988 年版。

68. ［德］马克思：《关于伊壁鸠鲁哲学的笔记》，载《马克思恩格斯全集》（第 40 卷），北京：人民出版社 1956 年版。

69. ［德］马克思：《德谟克利特的自然哲学和伊壁鸠鲁自然哲学的差别》，载《马克思恩格斯全集》（第 1 卷），北京：人民出版社 1956 年版。

70. ［德］荷尔德林：《荷尔德林文集》，戴晖译，北京：商务印书馆 1999 年版。

71. ［英］吉本：《罗马帝国衰亡史》（上、下），黄宜思、黄雨石译，北京：商务印书馆 1996 年版。

72. ［德］韦伯：《民族国家与经济政策》，甘阳等译，北京：三联书店 1997 年版。

73. ［德］尼采：《悲剧的诞生》，周国平译，北京：商务印书馆 2006 年版。

74. ［德］尼采：《希腊悲剧时代的哲学》，李超杰译，北京：商务印书馆

2006 年版。

75. ［德］尼采：《善恶之彼岸》，程志民译，北京：华夏出版社 2000 年版。

76. ［德］尼采：《偶像的黄昏》，卫茂平译，上海：华东师范大学出版社 2007 年版。

77. ［德］尼采：《快乐的科学》，黄明嘉译，北京：中央编译出版社 2001 年版。

78. ［德］海德格尔：《形而上学导论》，熊伟、王庆节译，北京：商务印书馆 1996 年版。

79. ［德］海德格尔：《海德格尔选集》，孙周兴选编，上海：上海三联书店 1996 年版。

80. ［德］海德格尔：《路标》，孙周兴译，北京：商务印书馆 2000 年版。

81. ［美］阿伦特：《公民不服从》，载《共和危机》，蔡佩君译，台北：时报文化出版公司 1996 年版。

82. ［德］洛维特：《世界历史与救赎历史》，李秋零、田薇译，北京：三联书店 2002 年版。

83. ［美］施特劳斯：《自然权利与历史》，彭刚译，北京：三联书店 2003 年版。

84. ［美］施特劳斯：《关于马基雅维利的思考》，申彤译，南京：译林出版社 2003 年版。

85. ［美］施特劳斯：《论僭政》，何地译，北京：华夏出版社 2006 年版。

86. ［美］施特劳斯：《苏格拉底与阿里斯托芬》，李小均译，上海：华东师范大学出版社 2011 年版。

87. ［美］施特劳斯：《色诺芬的苏格拉底言辞》，杜佳译，上海：华东师范大学出版社 2010 年版。

88. ［美］施特劳斯：《斯宾诺莎的宗教批判》，李永晶译，北京：华夏出版社 2013 年版。

89. 《信仰与政治哲学——施特劳斯与沃格林通信集》，谢华育、张新樟等译，上海：华东师范大学出版社 2007 年版。

90. ［美］施特劳斯：《论柏拉图的苏格拉底的申辩和克里同》，收入《学术思想评论》（第六辑），贺照田主编，长春：吉林人民出版社 2002 年版

91. [美] 施特劳斯主编：《政治哲学史》（上、下），李天然译，石家庄：河北人民出版社1993年版。
92. [美] 沃格林：《城邦的世界》，陈周旺译，南京：译林出版社2009年版。
93. [加] 麦金泰尔：《德性之后》，龚群等译，北京：中国社会科学出版社1995年版。
94. [加] 麦金泰尔：《谁之正义，何种合理性？》，万俊人等译，北京：当代中国出版社1996年版。
95. [美] 罗尔斯：《正义论》，何怀宏等译，北京：中国社会科学出版社1988年版。
96. [美] 纳斯鲍姆：《善的脆弱性》，徐向东译，南京：译林出版社2007年版。
97. [美] 萨拜因：《政治学说史》（上），邓正来译，上海：上海人民出版社2008年版。
98. [英] 约翰·麦克米兰：《西方政治思想史》，彭淮栋译，海口：海南出版社2003年版。
99. [英] 伯恩斯主编：《剑桥中世纪政治思想史》（上），程志敏等译，北京：三联书店2009年版。
100. [英] 罗素：《西方哲学史》（上），何兆武等译，北京：商务印书馆2009年版。

（三）其他研究著作

101. [苏] 兹拉特科夫斯卡雅：《欧洲文化的起源》，陈筠、沈澄译，北京：三联书店1984年版。
102. [美] 策勒尔：《古希腊哲学史纲》，翁绍军译，济南：山东人民出版社1992年版。
103. [德] 斯威布：《希腊的神话和传说》（上），楚图南译，北京：人民文学出版社1996年版。
104. [法] 韦尔南：《希腊思想的起源》，秦海鹰译，北京：三联书店1996年版。
105. [法] 韦尔南：《神话与政治之间》，余中先译，北京：三联书店2001年版。
106. [法] 罗斑：《希腊思想和科学精神的起源》，陈修斋译，桂林：广西师范大学出版社 2003 年版。

107. ［英］巴克：《希腊政治理论》，卢华萍译，长春：吉林人民出版社 2003 年版。

108. ［英］芬利主编：《希腊的遗产》，张强等译，上海：上海人民出版社 2004 年版。

109. ［法］库朗热：《古代城邦》，谭立铸等译，上海：华东师范大学出版社 2006 年版。

110. ［德］雅各布·布克哈特：《希腊人和希腊文明》，王大庆译，上海：上海人民出版社 2008 年版。

111. ［英］奥斯温·默里：《早期希腊》，晏绍祥译，上海：上海人民出版社 2008 年版。

112. ［美］克里斯托弗·希尔兹主编：《古代哲学》，聂敏里译，北京：中国人民大学出版社 2009 年版。

113. ［英］萨拉·波默罗伊等：《古希腊政治、社会和文化史》，傅洁莹等译，上海：上海三联书店 2010 年版。

114. ［美］马丁·贝尔纳：《黑色雅典娜：古典文明的亚非之根》，郝田虎、程英译，长春：吉林出版社 2011 年版。

115. ［美］伯纳德特：《弓弦与竖琴》，程志敏译，北京：华夏出版社 2006 年版。

116. ［英］弗朗西斯·康福德：《修昔底德——神话与历史之间》，孙艳萍译，上海：上海三联书店 2006 年版。

117. ［英］柯费尔德：《智者运动》，刘开会、徐名驹译，兰州：兰州大学出版社 1996 年版。

118. ［英］A. E. 泰勒：《柏拉图——生平及其著作》，谢随知等译，济南：山东人民出版社 1991 年版。

119. ［英］A. E. 泰勒：《苏格拉底传》，李真译，北京：商务印书馆 1999 年版。

120. ［英］泰勒主编：《从开端到柏拉图》，韩东晖等译，北京：中国人民大学出版社 2003 年版。

121. ［中世纪］阿尔法拉比：《柏拉图的哲学》，程志敏译，上海：华东师范大学出版社 2006 年版。

122. ［美］布鲁姆：《爱的阶梯》，收入刘小枫译《柏拉图的会饮》，北京：华夏出版社 2000 年版。

123. [法] 马特：《柏拉图与神话之镜》，吴雅凌译，北京：华夏出版社 2008 年版。

124. [美] 罗森：《柏拉图的〈治邦者〉》，陈志伟译，北京：华夏出版社 2011 年版。

125. [法] 布舒奇：《〈法义〉导读》，谭立铸译，北京：华夏出版社 2006 年版。

126. [美] 潘戈：《政制与美德：柏拉图〈法义〉疏解》，朱颖、周尚君译，北京：华夏出版社 2011 年版。

127. [美] 伯格：《尼各马可伦理学义疏》，柯小刚译，北京：华夏出版社 2012 年版。

128. [美] 戴维斯：《哲学的政治——亚里士多德〈政治学〉疏证》，郭振华译，北京：华夏出版社 2012 年版。

129. [英] 柯林伍德：《自然的观念》，吴国盛译，北京：北京大学出版社 2006 年版。

130. [意] 登特列夫：《自然法——法律哲学导论》，李日章等译，北京：新星出版社 2008 年版。

131. [美] 詹姆斯·尼古拉斯：《伊壁鸠鲁主义的政治哲学》，溥林译，北京：华夏出版社 2004 年版。

132. [美] 巴洛：《罗马人》，黄韬译，上海：上海人民出版社 2000 年版。

133. [英] 詹金斯主编：《罗马的遗产》，晏绍祥、吴舒屏译，上海：上海人民出版社 2002 年版。

134. [英] 迈克尔·格兰特：《罗马史》，王乃新、郝际陶译，上海：上海人民出版社 2008 年版。

135. [法] 菲利普·内莫：《古罗马政治思想史讲稿》，张飒译，上海：华东师范大学出版社 2011 年版。

136. [美] 阿德勒：《维吉尔的帝国：〈埃涅阿斯纪〉中的政治思想》，王承教、朱战炜译，北京：华夏出版社 2013 年版。

137. [芬] 罗明嘉：《奥古斯丁上帝之城中的社会生活神学》，张晓梅译，北京：中国社会科学出版社 2008 年版。

138. [英] 彼得·布朗：《希波的奥古斯丁》，钱金飞、沈小龙译，北京：中国社会科学出版社 2013 年版。

139. 汪子嵩等：《希腊哲学史》（第一卷、第二卷、第三卷），北京：人民出版社 1993—2003 年版。
140. 陈中梅：《柏拉图诗学和艺术思想研究》，北京：商务印书馆 1999 年版。
141. 刘小枫：《柏拉图的会饮》，北京：华夏出版社 2000 年版。
142. 刘小枫编：《施特劳斯与古典政治哲学》，上海：上海三联书店 2002 年版。
143. 刘小枫选编：《〈王制〉要义》，北京：华夏出版社 2006 年版。
144. 刘小枫：《重启古典诗学》，北京：华夏出版社 2010 年版。
145. 程志敏：《宫墙之门——柏拉图政治哲学发凡》，北京：华夏出版社 2005 年版。
146. 程志敏：《荷马史诗导读》，上海：华东师范大学出版社 2007 年版。
147. 程志敏：《阿尔法拉比与柏拉图》，上海：华东师范大学出版社 2008 年版。
148. 程志敏：《历史中的修辞：从荷马史诗到两汉经学》，上海：华东师范大学出版社 2012 年版。
149. 林国华：《古典的"立法诗"——政治哲学主题研究》，上海：华东师范大学出版社 2006 年版。
150. 余纪元：《德性之镜：孔子与亚里士多德的伦理学》，北京：中国人民大学出版社 2009 年版。
151. 韩潮：《海德格尔与伦理学问题》，上海：同济大学出版社 2007 年版。
152. 王恒：《柏拉图的"克里特远征"——〈法篇〉与希腊帝国问题》，上海：上海人民出版社 2008 年版。
153. 包利民：《古典政治哲学史论》，北京：人民出版社 2010 年版。
154. 肖厚国：《古希腊的思想与历史》，上海：上海人民出版社 2010 年版。
155. 沈默：《高贵的言辞：索福克勒斯〈埃阿斯〉疏证》，上海：华东师范大学出版社 2010 年版。
156. 罗晓颖：《马克思与伊壁鸠鲁》，上海：华东师范大学出版社 2010 年版。
157. 曹欢荣：《伊壁鸠鲁派灵魂治疗的"药"》，北京：中国社会科学出版社 2010 年版。

158. 夏洞奇：《奥古斯丁的社会政治思想》，上海：上海三联书店 2007 年版。

159. 吴飞：《奥古斯丁对西方古典文明的终结》，北京：三联书店 2013 年版。

160. 李泽厚：《人类学历史本体论》，天津：天津社会科学院出版社 2008 年版。

161. 李泽厚、刘绪源：《中国哲学如何登场?》，上海：上海译文出版社 2012 年版。

162. 柯小刚：《道学导论（外篇）》，上海：华东师范大学出版社 2010 年版。

163. 孙磊：《汉娜·阿伦特的交往政治哲学研究》，北京：北京师范大学出版社 2013 年版。

164. 林国荣：《伯利克里与他的帝国》，载《复旦政治学评论》2007 年第 5 期。

165. 张汝伦：《什么是"自然"?》，载《哲学研究》2011 年第 4 期。

166. 徐戬选编：《鸿蒙中的歌声：柏拉图〈蒂迈欧〉疏证》，上海：华东师范大学出版社 2008 年版。

167. 吴小峰编译：《希罗多德的王霸之辩》，北京：华夏出版社 2011 年版。

168. 刘小枫、陈少明主编：《苏格拉底问题》（《经典与阐释》8），北京：华夏出版社 2005 年版。

169. 刘小枫、陈少明主编：《色诺芬的品味》（《经典与解释》，13），北京：华夏出版社 2006 年版。

170. 刘小枫、陈少明主编：《政治哲学中的摩西》（《经典与解释》，14），北京：华夏出版社 2006 年版。

171. 刘小枫、陈少明主编：《诗学解诂》（《经典与阐释》，15），北京：华夏出版社 2006 年版。

172. 刘小枫、陈少明主编：《修昔底德的春秋笔法》（《经典与解释》，17），北京：华夏出版社 2007 年版。

173. 刘小枫、陈少明主编：《血气与政治》（《经典与解释》，18），北京：华夏出版社 2007 年版。

174. 刘小枫、陈少明主编：《索福克勒斯与雅典启蒙》（《经典与阐释》，19），北京：华夏出版社 2007 年版。
175. 刘小枫、陈少明主编：《柏拉图与天人政治》（《经典与解释》，31）北京：华夏出版社 2011 年版。
176. 刘小枫、陈少明主编：《西塞罗的苏格拉底》（《经典与解释》，35），北京：华夏出版社 2011 年版。
177. 聂敏里选译：《20 世纪亚里士多德研究文选》，上海：华东师范大学出版社 2010 年版。
178. 邱立波编译：《科耶夫的新拉丁帝国》，北京：华夏出版社 2008 年版。
179. 王绍光主编：《理想政治秩序：中西古今的探求》，北京：三联书店 2012 年版。
180. 应奇、刘训练编：《公民共和主义》，北京：东方出版社 2006 年版。
181. 《二程集》，北京：中华书局 1981 年版。
182. 《礼记正义》，北京：北京大学出版社 1999 年版。
183. 《春秋左传正义》（上），北京：北京大学出版社 1999 年版。
184. 《春秋穀梁传注疏》，北京：北京大学出版社 1999 年版。
185. 皮鹿门：《王制笺》，王锦民校笺，北京：华夏出版社 2005 年版。
186. 钱穆：《中国历代政治得失》，北京：三联书店 2005 年版。
187. 陈寅恪：《金明馆丛稿二编》，北京：三联书店 2009 年版。

二 外文著作

188. Hannah Arendt, *The Human Condition*, Chicago, University of Chicago Press, 1958.
189. Hannah Arendt, *Between Past and Future*, New York, Viking Press, 1961.
190. Hannah Arendt, *On Revolution*, New York, 1963.
191. Hannah Arendt, *The Life of the Mind*, New York, Harcourt Brace Jovanovich, 1978.
192. Hannah Arendt, *Lectures on Kant's Political Philosophy* Ed. by Ronald Beiner, Chicago, University of Chicago Press, 1982.
193. Hannah Arendt, Martin Heidegger ist achtig Jahre alt, in: *Hannah*

Arendt/Martin Heidegger Briefe: 1925 *bis* 1975, Frankfort am Main, Klostermann, 1999.

194. Hannah Arendt, "Socrates", *The Promise of Politics*, Ed. by Jerome Kohn, New York, Schocken, 2005.
195. S. Benardete, *Plato's Laws*: *The Discovery of Being*, Chicago, 2000.
196. H. Diels, *Die Fragmente der Vorsokratiker*, Ⅰ, Ⅱ, Weidmann, 1974.
197. Otfried Hoeffe, *Aristoteles – Lexikon*, Stuttgart, 2005.
198. Hans – Georg Gadamer, *Gesammelte Werke*, Band 7, Tübingen, 1991.
199. C. Gill, *Form and Argument in Late Plato*, Oxford, 1996.
200. W. K. C. Guthrie, *A History of Greek Philosophy*, Vol Ⅲ, Ⅳ, Cambridge, 1975.
201. Martin Heidegger, *Plato*: *Sophistes*, Gesamtausgabe, Band 19, Frankfurt am Main, Klostermann, 1992.
202. Martin Heidegger, "Brief über den Humanismus", *Wegmarken*, Frankfurt am Main, 1967.
203. H. Heinimann, *Nomos und Physis*, Basel, 1965.
204. Werner Jaeger, *Aristotle*: *Fundmentals of the History of His Development*, Oxford, 1948.
205. Werner Jaeger, *Paideia*, Ⅰ, Ⅱ, Berlin, 1959.
206. K. Jaspers, *Die großen Philosophen*. Band Ⅰ, München, 1988.
207. W. Nestle, *Vom Mythos zum Logos*, Stuttgart, 1942.
208. W. Nestle, *Griechische Geistesgeschichte*, Stuttgart, 1944.
209. Nietsche, "Homers Wettkampf", *Nietsche Werke*, Ⅲ, Herausgeben von Karl Schlechta, Frankfort am Main, 1969.
210. Martha Nussbaum, *Cultivating Humanity*: *A Classical Defense of Reform in Liberal Education*, Cambridge, 1997.
211. Plato, *The Republic*, translated by Allan Bloom, New York, 1968.
212. Plato, *Statesman*, translated by Seth Benardete, Chicago, 1984.
213. Plato, *The Laws*, translated by Thomas Pangle, New York, 1979.
214. Platon, *Protagoras*, *Gorgias*usw, in: *Platon*: *Sämtliche Werke*, Ⅰ, Ⅱ; Übersetzt von Schleiermachers, Baden – Baden, 1991.
215. M. Pohlenz, "Physis und Nomos", *Kleine Schriften* Ⅱ, Hildesheim, 1965.

216. Christophe Rowe, *The Cambridge History of Greek and Roman Political Thought*, Cambridge, 1999.
217. Leo Strauss, *Liberalism: Ancient and Modern*, Chicago, 1968.
218. LeoStrauss, *The City and Man*, Chicago, 1964.
219. Leo Strauss, *The Argument and the Action of Plato's Laws*, Chicago, 1975
220. Henning Ottmann, *Geschichte des politischen Denkens*, Band 1/2, Stuttgart, Metzler, 2002.
221. Henning Ottmann, *Geschichte des politischen Denkens*, *Die Römer*, Band Ⅱ, Stuttgart, Metzler, 2002.
222. Thomas Pangle, "The Political Psychology of Religion in Plato's Laws", *The American Political Science Review*, Vol. 70.
223. Eric Voegelin, *Plato and Aristotle*, Louisiana, 1957.
224. Eric Voegelin, "What is Nature?" *The collected Works of Eric Voegelin*, Volume 6, Columbia, 1989.